缔造的"中兴"

南宋绍兴三十二年的政局与人物

王晨 著

上海社会科学院出版社

目 录

楔　子　绍开中兴的尾巴 / 1

第一章　中兴四大诗人 / 24

第二章　孤光自照：两难的张孝祥 / 74

第三章　胡铨的起复与岳飞之平反 / 129

第四章　绍兴内禅与龙飞在天 / 226

第五章　典型的成功官僚和非典型文臣 / 287

第六章　西军的黄昏 / 333

尾　声　新的年号，旧的轮回 / 386

参考文献 / 414

后记 / 420

楔子
绍开中兴的尾巴

绍兴三十一年(1161年)是极其动荡而不平静的一年。

十月,行都临安。

大宋的最高统治者皇帝赵构此刻正坐在垂拱殿的宝座上一筹莫展,这位官家自建炎元年至今,已经做了三十五年的皇帝了。然而靖康之难时天崩地坼,宗庙倾颓,自己仓皇南逃的恐惧仍然如午夜梦魇般挥之不去,时不时折磨着自己。

他已经知晓了两淮防线一触即溃的可怕军报。

此次完颜亮大举南寇,兵马凡六十万之众,几乎倾国而来,其危急程度,不亚于当年完颜宗望、完颜宗翰南下陷东京之时。西路金军超五万,由金人河中尹徒单合喜为西蜀道行营兵马都统制,从凤翔取道大散关攻略川陕;中路金军超十万,由太原尹刘萼任汉南道行营兵马都统制,自蔡州逼近荆襄;海路以工部尚书苏保衡为浙东道水军都统制,有水军七万人,将由山东走海路直取临安府。

东路则是金军主力所在,由女真皇帝完颜亮亲自统率,人马凡三四十万(其中主力约二十万),自东京汴梁南下,预备突破大宋的两淮防线,直扑长江,最后从陆路攻陷临安。十月初二以来,金军所到之处,大宋军队几乎不战即溃,率皆望风而逃。

赵构本安排了素有威名的刘锜担任江淮浙西制置使,即实际上的两淮防线统帅,此人非但与西夏有过交兵的经验,亦曾在顺昌之战中有过击败金兀术的辉煌战绩。赵构又委任建康府都统制王权为前线副统帅,然而王权却怯懦恐金。刘锜命其引兵迎敌时,王权与姬妾泣别而行,却又声言犒军,将家中财货满载舟船之中,泊于新河以为逃遁做准备,他对刘锜下达的扼守淮西的军令阳奉阴违,赖在和州不愿前进。刘锜命他率军往寿春布置防线,他却拖拖拉拉行至庐州便又一次止步不前。

完颜亮的百余哨骑抵清流关,本作探查,居然发现此地毫无守御,金军大队人马便几乎不费一兵一卒地就顺利进抵寿春,池州都统制李显忠部不能敌,仓皇撤军。王权非但不敢率兵迎击作阻遏之计,居然还"金蝉脱壳",从庐州一路逃至昭关,又自昭关而归和州。在这种情况下,刘锜也只得从淮阴率军退归扬州。

金军铁蹄快马,一路乘胜追击,无亡矢遗镞之费就将王权所部赶得狼狈逃窜。王权惜命畏惧的心理到了近乎疯狂的地步,他见金人势不可挡,追亡逐北迅猛无比,便捏造自己已然接到新的军令,命他放弃和州,守御长江防线,于是竟然厚颜无耻地又从和州出逃,一路跑到长江以南,收拢残兵,驻守于东采石。而金军自十月二日渡过淮河之后,一路上在二十日内轻易攻陷滁州、庐州、和州,几乎将整个淮西都吃进了口中。

两淮防线节节败退的噩耗传到大内时,正在用御膳的赵构甚至全然忘记了帝王气度和本已练就得炉火纯青的掩饰功夫,惊吓之间,手中的镶玉象箸都掉到了殿内的地板上。

无数噩梦般的回忆涌入心间。建炎二年年末金人南下,三年二月就近抵扬州附近,这甚至让他在惊吓中失去了生育能力,他二月十三日抵达杭州,下了个罪己诏自欺欺人,谁料建炎三年的噩梦仍然没有结束!

金军在两淮抢掠得心满意足,已在二月下旬从扬州撤军,赵构本以为大祸已去,居然又变生肘腋!苗傅、刘正彦两个领军的贼丘八居然趁着自己身边当时只有他们万余兵丁的机会,借口"清君侧",将西府执政佐贰王渊乱兵杀死,要求斩杀内侍康履等人,甚至要逼迫大宋官家禅位给太子,请太后听政!

这一切赵构都忍了下来,把用得顺手、甚是宠信的康履交给了他们,自己宣布退位,住进显忠寺里,让位给了三岁的儿子赵旉⋯⋯

虽然一个月后,这场兵变闹剧就在张浚、韩世忠、吕颐浩等人的勤王大军赶到之时宣告结束,苗傅、刘正彦也随之在数月后被处死,但他赵构永远不会忘记那种屈辱!

这之后还没完,此年七月金人又以完颜宗弼为统帅,再次兵分三路,南下入寇。建康失守,杜充误朕(这鸟厮在四太子金兀术许他中原称帝的糖衣炮弹下兵败投降了)!大宋官家又一次开始了逃跑,这一次他不得不从越州逃到了明州,又从明州巡幸大海波涛之间⋯⋯

金兀术攻陷明州后,逗留十七日之多,再次烧杀劫掠,焚城荼民,之后才意兴阑珊地引军北还⋯⋯

最后,是岳飞⋯⋯

朕知道他根本没有反谋,知道他一片忠心,但是——他为什么不能体会朕心?为什么要阻挠和议?他以为自己可以一己之力光复中原,打败所有凶残的金人吗?朕把他从一个小小的河北"敢战士"(勇敢效用,一种低于使臣,高于普通军兵的上等军士),提拔到开府建牙的两镇节度使,武职贵为太尉,出领京西湖北两路宣抚使,即便是解除兵权,也令他入西府执政,除为枢密副使,如此宠信恩重,他如何仍要恃功骄横,甚至妄议立储,反对和议?!

可如果岳飞尚在,完颜亮之辈或许又何足道哉,两淮闹剧,何至于此!

无尽的悔恨和恐惧正涌上他的心头,仿佛看不见边际的黑暗已张开了吞噬一切的帷幔,把他的灵魂包裹在即将窒息的空间里。

"官家,陈相公和杨太尉到了。"閤门官吏禀报的声音打断了赵构的思绪。

从一连串不堪回首、沉痛阴暗的记忆里抽身的赵构终于平复了心情,准备好接见他的宰相陈康伯和御营宿卫使杨存中。

左相陈康伯在内侍引领下走在前头,杨存中虽已封同安郡王却自觉地跟在后面,这是因为大宋官制,宰相礼绝百僚,亲王避道,所谓"宰相压亲王,亲王压使相",何况是他屈屈一个郡王的武臣。

赵构令内侍拿了两个杌凳给二人赐座,此时尤须展示自己的风度和对近臣的恩宠。

陈康伯乃是素来坚持抗金主张的。去年年底,赵构在多方压力下罢免了对金态度暧昧不明、无所作为的左相汤思退,到了这一年三月,即擢已于绍兴二十九年拜右相的陈康伯为左相。这标志着赵构开始正视金人大举南侵的事实,被迫做出抵御的准备。

杨存中则是打赢了柘皋之战的当今官家亲信之武臣,自绍兴二年起就执掌宿卫亲军,为人沉稳有谋,在赵构眼中算得上是勇敢与忠贞并存的一员武将,实为不可多得。此番为了守御长江乃至临安府,赵构又临时设置御营宿卫使司,下辖先锋、前军、右军、中军、左军共四万人,由杨存中统领。

"相公与太尉已是知晓了前线事吧?"大宋的这位官家看着自己的宰相和将帅,声音中并听不出半分喜怒来。

陈康伯已逾一甲子,须发皆是银白,此刻却目光如炬,声如洪钟地开口道:"此盖王权上负陛下圣恩,下愧士庶企望,至有房马饮江之危。虽然,事犹大可为之,愿陛下振作奋武,自可鞭笞夷狄,雪丙午之耻,成中兴事业。"

"相公言之有理。然古之善用兵者,未虑胜,先虑败,如此方能百战不殆。"赵构的口吻仿佛在说一件大中至正的事情,平静而不容质疑,"朕荷天下万民生死,非爱身惜命也,乃是要为列祖列宗的基业,为天下苍生,为宗庙社稷计,早作打算。假如此番北房未能退兵,一路逞凶,可令百官先自临安府散去,朕当巡幸海上,彼入我出,彼出我入,此正兵家之奇也,使其不知究竟,而后可与北房周旋,不令其凶暴戕害吾民。"

陈康伯本来在机凳上正襟危坐,如今听到眼前这位御座上的官家居然脸厚胆小到又要乘船逃跑到海上去,还扯了一堆什么兵法正奇的理论来遮羞,立刻站将起来,高声喝道:"陛下!百官若散,陛下势单力孤,设若有奸宄邪佞,弄权作乱;愚氓细民,为其蛊惑,则如之何?"

"众卿皆是忠贞之士,朕虽不德,百姓咸错爱,常令朕中夜难眠,惭愧难当,想来无有可忧之事。相公怕是多虑了。"赵构被陈康伯这么一说,心里虽有担心,但此刻想要逃跑求生的欲望和恐金的心理还是占了上风,便继续狡辩起来,但语气上却是说不出的一股子谦逊诚挚。

"陛下！金敌败盟，天人共愤，今日之事有进无退，圣意坚决，则将士之意自倍！况今北虏兴兵数十万，此非但欲劫掠耳，乃是要妄图灭亡我皇宋！陛下，现在往后退，一步就是万丈悬崖，往前进，军民拥戴，岂能不胜？"陈康伯急得直趋御座之前，就差像过往谏官余靖把唾沫星子喷仁宗皇帝一脸那般了。

杨存中此时也坐不住了，赶紧从机凳上站起身来，犹自先朝赵构抱拳拱手，"陛下，敌空国远来，已临淮甸，虏人虽然人多，但必然有驰骛不足的弊端，愿率将士北面向敌，为陛下，为大宋拼死而战！"

赵构已是过了知天命年龄的人了，轻易是不会被臣下所说动的，但是他此刻保养甚好的脸面上虽然古井无波，看不出任何情绪，心里却明白，自己刚刚擢升的左相和亲卫统帅都坚持与金人决战，反对自己巡幸出海的计划，如果一意孤行，将毫无疑问大失百官支持。皇帝要驾驭控制得了群臣才是天子，才是九五之尊，如果失去了士大夫群体的支持，那不过是一匹夫亦可杀之的"哀帝"，抑或什么"昏侯"罢了！

想明白这些，其实不过在脑海中用了不到一秒钟，他便也从御座上站起身来，走向前亲热地拉住陈康伯和杨存中二人的手，"相公与太尉一心为国，朕得二卿辅弼，如得谢东山、郭汾阳耳！即如此，当如卿所议，先商量破敌之策，待时机成熟，朕还要亲临前线，激励将士！"

"当务之急，须派遣两府宰执坐镇前线督军，使沿江将士咸知朝廷战守之意，断绝怯战者侥幸观望之心。臣以为不若令知枢密院事叶义问至建康府，给予其督视江淮军马差遣，中书舍人直学士院虞允文、枢密院检详诸房文字洪迈晓畅兵机，可为参谋军事，亦令赴前线，视营劳军,令其鼓舞士气……"陈康伯有条不紊地将心中腹稿一一说出。

杨存中此时却不再开口了,他一向心思审慎,如果作为御营统帅,却始终与宰辅共进退,那就真的是亡无日矣!先前不过是情势所逼,如今既然已经劝得官家留在临安府,他作为一个武臣,自然不能再多嘴了。大宋从来都是一个文臣至上的国家,选派前线帅臣武将等事,武夫如何插得上手。

"太尉以为如何?"赵构却忽然这么一问。

"臣鲁钝,选任将帅臣工,岂臣粗鄙无识之流可以置喙,惟陛下圣裁!"

赵构重又端坐回御座上,这会的声音听着颇是沉稳镇定,"依相公所奏,可令中书省即刻堂除;着枢密院出札子,交付门下省书读后由尚书省颁行。"

"陛下圣明!"陈康伯和杨存中俱是说道。

出得殿来,陈康伯朝杨存中拱了拱手,"郡王公忠体国,今日之事,老夫感佩甚深,先在此谢过。"

杨存中急忙让开自己魁梧的身躯,"相公大礼,存中愧不敢当。不过是为了国事,一时口不择言罢了。相公切莫羞杀了俺这样的厮杀汉。"

"哎,若地方上诸将都如太尉这般忠勇,北虏又何足惧哉。我大宋军将,还是须要多一些太尉这样的才好啊。"陈康伯叹了口气,兀自先走了。

杨存中看着宰相那道斜长的背影,心里也是一阵惆怅。

目送自己的宰臣与太尉离开内殿,皇帝赵构却转起了别样心思。

他的这一生,经历过无数次风浪,内忧外患、强敌权臣……他的心早已练就了极端利己和硬如铁石的本领。阻碍自己的,都可以抛弃,为了保住权力与富贵,无做不出之事。这么多年来,最让他害怕的,一是淮河以北的女真人渡江南侵,二是武将跋扈做大,羽翼渐丰。

这两件事情,在赵构看来,本都已经得到了妥善完美的解决。自绍兴七年罢刘光世宣抚使,绍兴十一年末赐死岳飞而渐次收四大将兵权,加之与金人达成绍兴和议,这两个大目标都解决了。刘光世、张俊、韩世忠都俯首帖耳,四川虽然交给了吴氏兄弟守御,但隔着襄汉,便也稍可安心。何况,当年提拔吴玠、吴璘的前宰相张浚还在地方上呢,料吴璘也不敢!各地的屯驻大军都被冠以"某州(府)驻扎御前诸军",重新收归枢密院管辖,四大将的军队被重新调整,大宋的军队又完完全全姓赵了。而绍兴和议之后,秦桧所说的南自南、北自北终于是实现了,再也没有金人入寇,再也没有巡幸江海,和平安定的"绍开中兴"局面,已经持续了近二十年。

正所谓:"旰食宵衣,导率以身。行之期年,天下归仁。皇帝躬行,过于尧禹!"是啊,自己在兵荒马乱、社稷不保的时候力挽天倾,坐上这个天下最艰难的位子,尔来三十五年矣!四方有罪,罪在朕躬,多少个日夜勤劳国事,才有眼下四海归心、国家中兴的局面!想来尧舜禹,也不过如是了!

自绍兴和议以后,赵构几乎始终处在这样的吹捧和政治语境下,可当野心勃勃的完颜亮弑君篡位,宋金之间的和平终于在这位女真枭雄登极后的第十二年被打破了。

中兴的盛世图景朝野内外歌颂了二十年,可居然一下就给击得粉碎。昔日四大将在时,岳飞、韩世忠的军队可都是能和金军野战决胜的,吴玠的西军也有数次大捷,可如今完颜亮之来,两淮竟是一溃千里,事到如今,为之奈何?

宰臣和将帅都要自己迎敌,可若是终究不能敌呢?

赵构知道,聪明的帝王总是做两手准备。

于是,十月十九日,赵官家一面令知枢密院事叶义问至建康府督视江淮军马,令中书舍人虞允文为都督府参谋军事至前线催促李显忠率部驰援采石,另一面又在三日后下达了一道别有深意的诏令。

诏令起复左金紫光禄大夫、提领江州太平兴国宫汤思退复为观文殿大学士充醴泉观使兼侍读——这是让被罢相的秦桧余党汤思退立刻来行都临安,这位前宰相的政治生命显然已经复活过来。

皇帝的这道诏令,明眼人都知道,这是赵官家害怕了。一方面准备着如果战败屈辱求和,另一方面他仍是有战局不利便出狩巡幸的打算,也就是他惯用的伎俩,逃跑,甚至可以一路逃到汪洋大海之中,于碧波万顷之间制金人于千里之外。

若是打不赢,便让汤思退留在临安替朕折冲樽俎,跟女真议和吧!

但完颜亮几乎是举国而来,即便愿意和谈,又会开出怎样的条件呢?在赵构的心中,到底做了一番怎样的权衡,又预备将多少土地、人口和财货拿去送给金人,向他们买一个中兴的太平盛世呢?这或许只有赵构自己的心里才清楚了。

在起复汤思退的次日,赵官家又克己复礼地下诏:"朕德不足以怀远人,致金人复背盟好。劳我将士,蒙犯矢石。念之坐不安席,食不甘味。自今月二十四日,当避正殿,减常膳。"

好一个忧国忧民、自奉俭约的皇帝!大约自董仲舒《春秋繁露》大张旗鼓地提出天人感应之说后,帝王总要将自己的德行与天地间的灾异丰登和蛮夷猾夏联系起来,仿佛确乎有一个机械式的宇宙系统,而帝王这一齿轮关联着人世间的一切变化。

所谓的正殿或说正衙,在宋代通常都是指外朝的文德殿。北宋一百六十八年繁华造就的东京汴梁皇城,乃是有着许多宫殿的,举凡文德殿、大庆殿、紫宸殿、垂拱殿、崇政殿、延和殿等俱在其中。然而靖康之后,宋室南渡,赵官家的行宫甚至起初只有一殿来接见大臣、处理政务,自绍兴十二年之后,才进行了宫殿的扩建,南宋的行都方稍稍有了些帝王气象,而不至于太过类似危亡之陋邦小国。不过礼法制度似乎总具有先验正义和至高无上的力量,至少在充斥繁文缛节的朝廷官方语境里,礼法是人君和国家开创太平的利器,但不知为何竟然不能用以鞭笞四夷,令万邦来朝。

十月二十二日(辛酉)这天,除了起复汤思退之外,临安的南宋朝廷还刚刚知悉刘锜自楚州撤军南归的军报。淮东之地,宋军都拱手让给了金人,只是恐慌之中的赵构还不知道,此时王权甚至已经逃到了长江以南。

不久,边报云金军已犯长江采石矶渡口,然而并未说清是尚在采石之西、长江北岸还是已经到了采石之东、长江南岸。于是极度恐慌的气氛立刻弥漫在临安宫府之中,朝野中外一时间人人自危。三省枢密院里的文书吏员这时候连工作也不要了,带着一家老小逃离临安,想要往更南方避难,甚至临安府的百姓也有逃难的,都堂和府衙完全无力阻止。随后军报又说女真人已到了杨林,没说清是杨林渡,更没说在长江的北岸抑或南岸。结果自然是朝廷也不知道杨林在江之南北,人心益惧,无不股栗。

自绍兴十一年宋金和议,又杀害了岳飞自毁长城,张浚则因淮西兵变而久黜地方，三大将兵权被收——整个南宋事实上都在赵构、秦桧二人主导的绍兴体制下，刀枪入库而马放南山。不必说进图中原的锐气已无，便是守御的将相也竟到了不知长江南北情况的地步。

也或许，该打出一些牌好让人觉得自己确实是一心一意抗金的吧？

十月二十五日(甲子)，诏特进、提举江州太平兴国宫、和国公张浚复观文殿大学士，判潭州。其实赵官家哪里是想重新起用曾经总中外军政的老相公张浚，不过是要借张浚的名望，来敷衍此时高涨的救亡图存的主战声音，也好掩盖自己起复汤思退，准备屈辱求和的丑态罢了。

女真皇帝完颜亮昔年曾在金兀术帐下亲历戎马，后者搜山检海捉赵构，让大宋的官家好生狼狈，此番完颜亮六十万大军之来，偏安的南宋能保住自己绍开中兴的漂亮壳子么？

绍兴三十一年十一月初六(甲戌)，虞允文得到了朝廷新的指挥命令。

虞允文今年也已过天命之年，为五十二岁。他凭借父荫入仕，又于绍兴二十四年高中进士，如今做到中书舍人、直学士院，虽然因为当年秦桧专权，压制蜀人的关系，不惑之年以后才进士及第，年龄上确实大了点，但仍然升迁迅猛，不过七八年间已经做到了正四品的中书舍人，成为中书后省的长官，有行诰命，签押中书省诸房文书的大权，直学士院则表明他与翰林学士一样可以起草诏令，也就是说虞允文是名副其实的两制高官(有宋一代，通常惯称翰林学士为内制，中书舍人为外制)。这一文臣高级官员的金身，才能指望压住前线那些字不识几个的丘八将领,这几乎是京朝官们的共识。

只是虞允文对眼下朝廷里两府大臣的素质大约是不会感到乐观的。

十月十七日(丙辰)的时候,尚在临安府的虞允文听说了王权兵退濡须(今安徽无为市)一事,他立刻敏锐地意识到这是王权在畏敌怯战,事态十分紧急。虞允文推断,王权一旦后撤逃跑,前线的江淮浙西制置使刘锜必然独木难支,也只能无奈移师向南。"中夜四五叹,常为大国忧"的他自认为不能置之不理,于是率领数位和自己一样的侍从高官往都堂与宰辅们商议。此时朝廷的两府之中,除了左相陈康伯、知枢密院事叶义问之外,尚有右相朱倬、参知政事杨椿、同知枢密院事黄祖舜。虞允文提醒宰辅们,说王权率军退到长江沿岸,直接连淮东都不要了,必败国事。结果右相朱倬和参知政事杨椿相顾而笑,告诉虞允文稍安毋躁,其实这是王权的诱敌深入之计。原来,王权向都堂诡称,说率军后撤是为了令金军鲁莽追击,而自己所部将甘冒矢石锋锐,身当其冲,再令步军司左军统制邵宏渊所部与池州都统制李显忠所部出敌之左右,从而三面夹击金军,以兵法论,破敌无疑。右仆射朱倬和参政杨椿完全相信了王权的鬼话,虞允文等侍从反复辩言,指出事情大有不然,王权必定只是在谋划逃跑,然而朱倬等宰辅无动于衷。后来赵官家本想命朱倬出为都督诸路军马,结果朱倬百般推辞,这才改命叶义问。

但是,此时在建康府都督军马的执政叶义问,虞允文心里也是完全知晓其不堪重任的。十月二十六日(乙丑)镇江府左军统领员琦在扬州皂角林战胜了一支金军部队,随后刘锜奏捷,叶义问这位枢密院长官读到捷报中"金人又添生兵",竟问左右说:"生兵是何物?"闻者谁人不掩面而笑,以至于给叶枢密取了个诨名,唤作"兔园枢密"——唐五代时期,私塾里用以教育孺子的浅薄书籍有名曰"兔园册"的,故兔园枢密,便是讥笑叶义问全不通行伍军事。

而虞允文随叶义问刚到镇江的时候,他又见到了病榻上几乎是奄奄一息的老将刘锜。刘锜对此番南北战事的悲观令虞允文十分震惊和不快。可垂垂老矣的白发将军已经看透了朝廷里各种尔虞我诈的肮脏把戏,面对虞允文这位都督行府参谋军事的质问,他淡然地答以"兵凶器,圣人不得已而用之。"这话自老子、李白、张载等人都曾说过,可刘锜一个武夫,此时说来,自然是令虞允文觉得十分刺耳。他诘问道:"敌人席卷两淮,直窥江表,今日之用兵,为得已乎?"刘锜吐字艰难地表示,自己并非贪慕爵禄官位,如今只想把制置使、招讨使的大印还给朝廷,以待能者为之。

刘锜是指望不上了,可叶义问贵为执政,当此国难之时,方略如何呢?早在镇江时,叶义问听闻宋军与金人在瓜洲相持,张皇失措之下他命民夫在江水低浅的沙洲处掘沙为沟,又栽植木枝作为拒马的鹿角于其中,做了层层叠叠的数重,弄了个所谓的防御工事,自以为得计,乃向人云:"金人若渡江,姑此障之。"被役使的民夫都要笑话他,因为夜来涨潮,沙沟毫无疑问将被全部淹没,木枝搭成的鹿角只能被潮水之力推得消失在浩浩江水之中。叶义问沿陆路至建康的途中,刚走了不过三十里,到达下蜀镇,早有军情急报,原来长江北岸的瓜洲渡竟是已经被金军攻陷。这时候的叶义问所想的并非是以宰执大臣都督军马的身份力挽狂澜,而居然想要逃回离前线更远的镇江。他在马背上惊慌失措地问左右可有山路通入浙东,好一路逃回。看到眼前枢密院的长官竟如此做派,将士们无不沸腾喧嚣:"枢密至此,不可回,回则有不测!"无奈之下,叶义问只得继续赶往建康府。武夫兵卒们尚有这样的见识,西府执政却畏怯颟顸到了这种地步,虞允文又如何指望呢?

叶义问在十一月十六日这天总算到了建康,是夜,叶义问以朝廷旨意罢免逃跑的王权,而以李显忠取而代之。但此时正遇上一个十分尴尬的局面,王权余部的残兵败将目前驻扎在长江南岸的东采石,而李显忠所部尚在芜湖。倘若金军忽然强渡长江,而李显忠尚未来得及驰援采石,节制王权余部,则这只缺乏统帅的残军如何能抵挡金人的抢滩登陆?一旦女真拿下了东采石,二三十万大军源源不断地渡江登岸,等待诸公慌乱、士气低迷之南宋的,很可能就真的是灭顶之灾。督府便命虞允文往芜湖督促李显忠驰援采石,接管王权所部,并令虞允文要往采石犒师,鼓舞士气。对此时的大宋而言,守住长江防线,就是守住半壁江山的生命线。完颜亮的数十万大军只要渡过这条长江,宋军望风披靡的溃逃就很可能发生,届时赵宋天下还能不能苟延残喘下去,确乎是一个很大的疑问。

十一月初七日(丙子),虞允文往至采石十余里处,已见到宋军官兵竟有不在军营之中,十十五五围坐路旁的现象。他策马走到诸军士间,问以原因,众人见他文官打扮,战事到了这程度,兵丁们都一肚子气,这时候都大着胆子向他抱怨起来。原来这群士卒乃是王权麾下精贵的骑兵,可王权在淮西时只下令撤军,一道迎敌的命令都不曾下达,又令诸骑兵皆弃马渡江,这会一众无马的骑士们便向虞允文说不懂步战,又劝道:"事势至此,皆为他人坏之。且督府只委公犒师耳,非委督战也,奈何代人任责?"这些骑士们的问题直击虞允文内心,战事败坏至此，王权等将帅固然罪无可恕，但朝廷就没有对虏人缺乏防备，自以为和议可恃的失策之责么？可督府只让自己犒师劳军，并未指望他虞允文督战指挥，但当此之时，真的能随波逐流，将国家大事都敷衍了去么？

虞允文一声叹息，仍是策马向前，又走了些路程终于抵达了采石矶宋军大营外。但他发现自己进入军营时居然没有遇到任何阻拦、盘查，也没有士兵要求查验文书。这便令他大为惊异的同时再也坐不住，当即吩咐停下车马，走将下来，这视线所及的景象，几乎令虞允文瞠目结舌，半晌什么反应都无法做出地愣在原地。

只见宋军大营里几乎见不到巡逻的士卒，兵丁们三五一堆地随意散坐在各处，几乎全都解鞍卸甲，马也没人管了，不少人甚至升起了炊火，烤着不知道何处打来的野味鱼鲜，就差在军中喝酒了——虞允文看到的这支宋军，已经全无纪律可言了。

他一路往大营深处走去，也没人管他，只听到附近的军士们无不在痛骂王权。

"王太尉丢下俺们先跑了，留着弟兄们送死，他自个儿却溜得比兔子还快，这他娘的打的什么仗！"一个肤色黝黑的士兵坐在地上破口大骂。

"小声点，吴阿四！没瞧见有个大官来了嘛！还要不要你的鸟头啊。"他边上一个汉子见到虞允文快要经过他们这边，赶紧规劝那口无遮拦的袍泽。

"怕他个鸟！反正俺们这些都是贱命，文官相公那群老爷们动动嘴就可以要了俺们的脑袋，如今败成这鸟样，朝廷又派个不懂打仗的大头巾过来，俺看八成是来贪墨俺们粮饷的……"

那吴阿四还待再说下去,就被左右的几个军士捂住了嘴巴。在大宋,当兵的就几乎没有不怕文官的。无他,文官代表着朝廷,那奉命统军的帅臣几乎从来都是文官,杀你一个惑乱军心的大头兵,那真是眼睛都不用眨一下。

虞允文如何能听不到这些话?但他已非二三十年纪初入仕途的文臣,他情知此时如果去理会这些满口怨言的士卒,重罚他们则可能引起士兵大溃逃甚至兵变;想和稀泥必然就是自取其辱,不如来个视若无睹……

他在心里重重地叹了口气,径自往中军大营方向走去,这样走了许久,才在中军的帅帐门口给拦下来。

"敢问来的是哪位天使,可否有文书出具,小人自当通传。"守在中军大营外的亲兵见到虞允文一身绯红官袍,便态度恭敬得很,连连施礼。

"某乃中书舍人、督视江淮军马府参谋军事,速去通传!"言毕,虞允文即负手而立,颇为高大的身躯笔直得犹如一棵铁松。

无多时,中军大营中走出了五六个面色颓丧的将领,快步朝虞允文走来,到得他身前,纷纷抱拳拱手,执礼甚恭,只是脸上那萎靡消沉的样子却根本无从掩饰,一望便知。

"末将等不知天使到来,有失远迎,死罪死罪。"这几员将领异口同声地低头说道。

"且到帐内叙话。"虞允文也不管他们,迈开脚步,先往营帐里而去。

众将面面相觑,不知道这位中书舍人带来的是赵官家怎样的旨意和相公们怎样的钧令,该不是因为王权那个混蛋怯战而逃,要拿他们一并开刀?

是福不是祸,是祸躲不过,几个人稍一合计,只得咬咬牙,也跟进了营帐,只能见招拆招了。

入得帐内,众将看到虞允文正负手而立,背对着他们,几个人心里更是害怕,赶紧低头哈腰地把虞允文请入了上座,几个人都站着,不敢坐下,弓着背脸上无不带着谄媚而尴尬的干笑,看着眼前的这位中书舍人。

"朝廷是何指挥,还请舍人示下,好让俺们几个晓得。"

看着他们脸上比哭还难看的假笑,虞允文已经打消了在来的路上准备斥责前线将佐的那套言辞。

他不由地想起,自己离开临安府前陛辞入对时,皇帝曾对自己说,"卿儒臣,不当遣。以卿洞达军事,勉为朕行。"

他在赶赴采石的路上始终不敢或忘皇帝对自己的期望,一句"洞达军事,勉为朕行"深深打动了虞允文,在这样国难当头,几乎可以说是大厦将倾的危急关头,官家想到的是任用自己到前线参谋军事,虽然知道这必定离不开赏识自己的左相陈康伯的举荐,但临危受命,仍然让五十出头又颇有功名之心,自许才通天地的他颇为意动。

虞允文当下淡淡地道:"诸位将军且入座了说话。"

众人都是皮笑肉不笑地接过话头:"天使舍人面前,哪有俺们这些丘八坐的份……"

"将为军之首,一军之将,能够这样战战兢兢,没有志气么?某令尔等坐下,便坐下,谄事朝廷使臣,全无武臣体面,有失体统,岂不辜负陛下厚望?"虞允文目光一冷,吓得众将又是一哆嗦。

众人听着眼前这位天使的训话,本来都在心里腹诽:"俺们武人没有体面,那是祖宗的家法,不从来都是你们文臣大头巾们骑在俺们头上吃拿卡要,拉屎撒尿么,却跑到前线来说什么骗人的鬼话!"但当他们听到"岂不辜负陛下厚望",终于有些明白过来,大概这次朝廷派天使过来,不是要惩治他们!

于是众人又诣笑着向虞允文行礼,这才各自挨了小半个屁股,算是坐在了位子上。

虞允文目光扫过众将,捋须而道:"朝廷此番令某参谋军事,自然亦有指挥要晓谕尔等。"

听到这话,诸将都是竖尖了耳朵,生怕听漏一个字。

实际上虞允文并非如知枢密院事的叶义问那般得了督视江淮军马这样重要的差遣,督府给自己的任务不过是劳军和往芜湖催促李显忠带兵马来采石并接管王权所部、布置防线,哪里有什么重大指挥交付给他,要他下达给王权帐下将领的?

但在目睹营中军心涣散到了极点以后,虞允文改变了主意,李显忠那边枢密院自然会有指挥交到他手中,督府让自己过去,不过是担心他也学王权怯战逃避,然而完颜亮的东路大军已至两淮,要渡江极有可能就是从采石矶或者瓜洲登岸!此时东采石大营宋军眼见不过区区如此,恐怕不会超过两万人,金人哨探一望可知采石防御力量之薄弱……如果自己跑去芜湖找李显忠的时候,完颜亮大军强渡采石,以自己所见的这支宋军的士气,不问可知,必然是一触即溃,说不定见到金人仿佛投鞭断流般布满江上而来的时候就未战先逃了。那时候才是天倾地陷!

自己必须留在军中设法鼓舞士气,稳定住军心,还要拿文臣的名义收服这几名将领,好节制全军,方便战时指挥他们阻遏金人渡江,支撑到李显忠率军赶来那一刻。

于是虞允文道："两淮失守,陛下震怒,都堂和西府的相公们也都怒不可遏。罪在王权,诸将却是无过。诸位将军留在采石大营中,自然是报效君父、为国尽忠,当然是有功劳的。"

听到这里,众将都连声说着岂敢岂敢、惭愧惭愧的套话,脸上的笑容终于舒展开来,不再是尴尬的假笑了。

"但是!某今日来到大营中,所见所闻,简直是不堪入目!军营大寨居然无人把守勘察,营内士卒三五星散,甲胄弗披,嬉骂有声,战意全无,军心消亡!此虽有王权之罪,但尔等治军如此,莫非以为朝廷典宪可玩,诛殛无术,以为某杀不得你们几个军汉嘛!"

一番话把此前已经放心地开始坐半个屁股的诸将都吓得滚落到地上,纷纷跪伏低头,连道"不敢""舍人饶命"等话语。大宋立朝以来以文御武,文重武轻的形势早已深入人心,莫说虞允文这样人高马大的两制朝官,就是一绿袍小臣,只要得了都堂给的军中差遣,一样可以一声号令便砍几个将佐的脑袋。除非一军将士都造反了,否则只要在大宋,文人士大夫永远骑在军将头上,当年的狄青即便做了枢密使,仍然在忧惧中惶惶不可终日,最后心病而死,何况眼下这些小将官们!

虞允文道:"北虏几乎空国而来,金人军马万一渡江得逞,汝辈就算逃跑,又能跑到何处?今前控大江,地利在我,何不死中求生,奋勇而博富贵?况且朝廷养汝辈三十年,尔曹图一时苟且,临战而逃,你们身后自己的父老乡亲,到时候都要给鞑子屠戮残害,既然如此,难道不能为国一战?"

帐中张振、王琪、时俊、戴皋、盛新等统制都应声说:"俺们也想和北虏打,可谁来指挥俺们呢?"

虞允文道："前番盖因王权误国，现在朝廷已经别选良将驰援采石，乃是宁国军节度使、御营先锋都统制李显忠！"

诸将闻言，顿时稍稍心安，以为朝廷选帅得人矣。

虞允文继续说着："现在李节使还没到，但北虏颇有明日渡江之势，我当身先进死，与诸军勠力决一战。且官家圣明，出内帑钱九百万贯作为犒军之用，如今节度、承宣、观察使（均为武臣阶官正任官名称，为很难获得的高级武臣官衔。节度使为宋代武臣正任最高阶，南宋绍兴后为从二品。承宣使为节度观察留后改名，正四品，位次于节度使。观察使正五品，位次于承宣使。）告身皆在某这里，此是朝廷明重赏之意！尔等若有功，即发帑赏之，书告授之，某代表朝廷而来，绝对不吝赏赐！"

众将闻言心里一喜，直接带着正任官到顶的奢遮告命，看来赵官家这回是玩真的啦！当下齐声道："今既有舍人为天使到军中做主，请为舍人效死力！"

次日，完颜亮果然下令金军渡江。而这，便是有名的采石之战。

采石矶宋军打赢了，先后两次阻遏了金军抢滩登陆。但讽刺的是，在十一月十三日（辛巳）捷报传到之前，恐慌中的皇帝赵构已于十一月十二日（庚辰）任命汤思退为行宫留守。也就是说，赵官家做好了金军一旦渡江，立刻逃跑的打算。

绍兴二十四年的状元郎张孝祥在听闻了采石矶大捷后写下过一首《水调歌头》：

> 雪洗虏尘静，风约楚云留。何人为写悲壮，吹角古城楼。湖海平生豪气，关塞如今风景，剪烛看吴钩。剩喜然犀处，骇浪与天浮。

忆当年,周与谢,富春秋,小乔初嫁,香囊未解,勋业故优游。赤壁矶头落照,肥水桥边衰草,渺渺唤人愁。我欲乘风去,击楫誓中流。

端的是星星般灿烂的文字,端的是憋屈了太久之后方有的狂喜和呐喊。

采石矶金军渡江终究是失败了,这很大程度上改变了历史发展的轨迹,因为完颜亮于采石受阻后,移师扬州,准备从瓜洲渡江,结果死于部下兵变。客观来说,完颜亮算得上女真贵族中的一代枭雄,纯粹以志大才疏来评价应当是有失公允的,他那些所谓罄竹难书的恶行大约不少也出自世宗皇帝完颜雍统治下所制造的"前朝罪名"。采石之战,以及随后导致的完颜亮殒命扬州龟山寺,实在是有着许多偶然和侥幸的因素。

首先是因为梁山泊水路干涸,金军先期所造的一些颇大的船都没法行驶进长江水道,只能令尚书右丞李通重新督造一批新船。一时间工匠和督造的将士七八个昼夜几乎不得半点休息,江畔城池民众之屋,多遭拆毁,以取木材,甚至煮死人膏脂以为油用于造船……这样赶工出来的小船,运载量极其有限。而反观宋军,王权所部水军战舰大体还在,尚有数十艘海鳅船。海鳅船乃是一种南宋军用的车船,所谓"车"指的是在船舷两侧的车轮状螺旋桨,也就是"翼轮",通常每轮有八个翼片或更多,车船大的甚至有三四十车,即有三四十个车轮螺旋桨在船舷的两侧,因此航速极快,唯一的缺点就是不能在浅水和大海中航行。至于车船的发明者,传闻甚多,有说是南北朝大科学家祖冲之所设计。因此尽管金军不计其数的小船企图强行渡江,但大多数都给宋军的车船撞沉和阻拦住了,而登岸的七十余艘船上下来的金军也在虞允文亲入阵中督战的情况下,被宋军击退。宋军的克敌弓、神臂弓、床子弩等重武器也发挥了防御的作用。

其次,完颜亮本有极其阴狠的一步棋,他任命工部尚书苏保衡为浙东道水军都统制,令其率领水师战舰沿海道南下,奇袭临安府。试想前线宋军本就士气低落,如果苏保衡率水师偷袭临安得逞,则行都沦陷的消息传到将校士卒耳中,必定就是万念俱灰,更不用说如果俘虏了赵构又是如何。但令完颜亮没想到的是,宋军将领浙西路马步军副总管兼提督海船李宝在胶西唐岛全歼苏保衡的金军舰队,令完颜亮的计划彻底破产。《宋史》李宝之本传云:"亮闻胶西之败,大怒,召诸酋约以三日渡江,于是内变杀亮。向微唐岛之捷,则亮之死未可期,钱唐之危可忧也。宝之功亦大矣。"可见唐岛大捷确实是促成完颜亮孤注一掷、麾下兵变的一大原因。甚至据《三朝北盟会编》所云"世忠令宝戍海州。飞到楚州,即呼宝至楚州,慰劳甚至,使下海往登州以来牵制。宝焚登州及文登县而还"来看,岳飞在绍兴十一年与张俊往淮东视师时,很是指点了一番李宝利用水军打击金人的战略思想。从这一层角度而言,岳飞就是死了竟然还能保护赵宋的江山。

再者,虞允文的横空出现也是至关重要的偶然因素。倘若没有他在东采石宋军大营中鼓舞将校、指挥若定,金军七十余艘靠岸登陆而宋军稍却的时候又亲冒矢石、督战戎阵之中,则没有统帅的王权残部,极可能在金军渡江时如昔日金兀朮渡江一般,一哄而散,拱手把东采石让给了女真人。而一旦金军能有二三十万渡过长江,战争究竟会打到何种程度,是很难预料的,结局或许也极不乐观。李宝所歼灭的金军舰队毕竟只是女真皇帝的一支用以奇袭的偏师,真正的战场仍是在长江两岸的完颜亮东路金军处。而虞允文当时所能节制的王权残部不过一万八千人,且士气低迷,如果金军渡江成功,兵力悬殊之下恐怕是断然抵挡不住的。然而虞允文当仁不让,一力荷之,于是才有了天时地利人和之下的奇迹。他不仅在初八日成功阻遏了金军强渡长江的计划,更在次日于杨林渡口以车船水师堵住金军船队,焚毁其一百五十余艘渡江船只,直接导致完颜亮只能转而打算从瓜洲渡江。

采石大捷后自然是赏功罚罪。

张振、王琪等先后升三官,又以虞允文之奏,并落阶官,张振为定江军承宣使,时俊为宁国军承宣使,戴皋为舒州观察使,王琪为宣州观察使,盛新为濠州团练使——除盛新外,都一跃成为正任贵品的武臣。

李宝更是以胶西之捷授靖海军节度使,两浙西路通、泰、海州沿海制置使,京东东路招讨使,成了建节的节帅。

而败逃的镇江府中军统制刘汜除名（从官籍中除去,废为庶民）,英州编管;清远军节度使王权追毁出身以来文字,除名勒停,琼州编管。

至于居功至伟的虞允文,他自信,更大的舞台在等待着自己。

第一章
中兴四大诗人

"中兴四大诗人"又被称为"南宋四大家",即陆游、范成大、杨万里、尤袤四人是也。

如果从所处年代来看,这完全是同时代的四个人。陆游年龄最大,出生于北宋徽宗宣和七年(1125年),范成大次之,出生于靖康元年(1126年),尤袤和杨万里都出生于一年后,只不过尤袤诞生时犹是北宋钦宗靖康二年(1127年)的年号,但杨万里来到人世之时,已是南宋高宗皇帝建炎元年(1127年)的年号了。

完颜亮大军南侵的时候,这四人中尤袤在淮南东路、长江以北的泰兴县,杨万里则远在荆湖南路永州的零陵县,而陆游和范成大都在南宋的行都临安。

他们的仕途差不多算刚刚开始。

绍兴三十一年,尤袤三十五岁,他却已经在治下的泰兴县拥有了生祠。尤袤在这一年刚刚到泰兴县任县令,他是绍兴十八年(1148年)王佐榜的进士,名列三甲第三十七人。据说他在礼部试时名冠南宫,春闱夺魁,本当为状元,只因没走过太师秦桧的门路,被秦相公认为是不识好歹,乃与廷试的第一失之交臂。值得一提的是,后来与辛弃疾交好的宰相叶衡、副宰相参知政事董德元乃至理学大宗师朱熹也是同一年的进士。譬如董德元此人便与尤袤绝不相同,他阿附秦桧,进士及第后七年工夫便坐到了副宰相的位子上。

尤袤祖上三代都算是生前没做官的布衣百姓,但后来竟有传言说他的堂祖父尤辉曾为知枢密院事的国家执政,后来还以观文殿学士知建康府云云。然而这大约全是不实之言。记载这一说法的乃是元人笔记《万柳溪边旧话》,作者为尤玘——他自称为尤袤之后,可却拿不出族谱定世系相承的先后,而这篇《万柳溪边旧话》又多荒诞语,殊不可信。相反,时代更近尤袤的南宋人徐自明所撰《宋宰辅编年录》与周应合的《景定建康志》都没有尤辉为枢密院执政又后知建康府的记载。可见,这大约是急于认亲的尤玘在往祖上贴金。

总而言之,尤袤的家庭与"显赫"可能关系并不大。相反,大约是因为秦桧的缘故,进士及第后始终得不到差遣实缺,便也只能游学读书。这样过了七年,到了绍兴二十五年(1155年)秦桧终于去见老太祖皇帝完颜阿骨打和大恩公挞懒了,但太师的薨逝并没有改变他的仕宦命运,尤袤这样一个小人物似乎被朝廷忘记了。又如是过了六年,才被任命为泰兴县令。

做的是县令而非知县,这一字之差实际上也是天差地别的,中国政治文化的奥妙尽在其中。县令在南宋时为从八品,但县令乃是由选人所充任,如果是京朝官,则为知县。这说明尤袤在绍兴三十一年的寄禄官仍然是选人官阶的。选人和京官之间存在着巨大的鸿沟,以今日的语言来不恰当而又直观地类比,就好似京官是985、211大学的出身,选人却是大专。因此在有宋一代,无法实现鲤鱼跃龙门,一辈子老死选海,升迁不到京官的不计其数。如果一个官员的官阶始终是选人,那么绝大多数重要差遣都是不可以担任的,也不可能去做州郡的长官或者中央朝廷各部门的卿、郎官等职务,换句话来说,一辈子选人就注定升迁不上去,只能在基层埋没于侄傺之中。

但尤袤没有因为官位低微而心灰意冷,更没有做一个"摸鱼"县令而尸位素餐。他甫一上任,便寻访县内民情,亲自下到乡野间了解民生疾苦。泰兴县下辖的邵伯镇民众见到父母官来了,纷纷上前叫苦不迭。其中有尚且伶牙俐齿的,便道:"明府!我邵伯镇置顿,用来招待金国使节,但金使来回往往不住宿在我们这里,等于说白白耗费财力!我们都是苦不堪言啊!"

泰兴县现在隶属扬州,而淮东在金军数次南侵中都屡受摧残,可谓是饱经兵燹之祸,尤袤想到这些在满目疮痍之中重建家园、恢复耕织的贫苦百姓们还要出钱来维持一个几乎只是摆设的"金国使节宾馆",便悲从中来。侵略者们摧毁了他们的家园,却还要他们好生招待其跋扈的使者,甚至于虽使者常不宿于此,而礼数不可或缺——这可真是滑天下之大稽!

尤袤领首点头,看着邵伯镇父老们殷切渴求的眼神,他在这一刻深深体会到了什么是父母官。离开邵伯镇,在走访中,他又听闻百姓们说淮南东路的转运司令泰兴县缴纳藁秸,结果导致一束稻麦杆子居然卖到几十文钱。邵伯镇置顿和藁秸输纳之弊都是长久以来泰兴县的大问题,但此前的知县、县令都视而不见或应付了事,并没有真的把百姓疾苦放在心上。

从制度上来说,这原本也怪不得小小的县衙长官。置顿招待金国使节,这往大了说关乎南北和平稳定的大局,是两国邦交礼仪的一个具体层面和事件,怎么看可能都要上报到尚书省下的礼部才行。而藁秸输纳既然是转运使司的命令,自然要由扬州府衙上报淮东漕司。换言之,尤袤作为泰兴县令,他甚至没有办法直接为民请命。但他不愿放弃。其本传中云"乃力请台阃奏免之",即是说尤袤极力请求上司奏免泰兴县的两大问题。

尤袤在走访民情的时候还发现泰兴县外城城墙几乎尽是断壁残垣,颓毁严重。他一方面担心盗寇袭扰,另一方面又听闻了完颜亮在东京虎视眈眈的各种传闻,倘若金人毁约渝盟,大举而来,则两淮必定是首当其冲。女真人何其凶残,一旦城破,或许就是不堪设想的后果,于是尤袤下令修筑外城,以备不虞。

到了这一年七月,看到淮南东路下属的扬州、楚州屡屡更换地方长官,又有感于民生凋敝,尤袤情不自禁地作诗云:"如其数移易,是使政纷糅。彼席不得温,设施亦何有。淮南重雕瘵(zhài),十室空八九。况复苦将迎,不忍更回首。"(《易帅守》)。他位卑言轻,也闹不明白朝廷将淮东重镇的帅守频繁调换的原因究竟何在。他只知道,维扬五易帅、山阳四易守,这样的频率则根本不可能指望州郡长官有什么为官一任、造福一方的施政。而淮南因为屡遭战火,十室九空的惨状也看不到任何改变。他更要感慨,自己苦于迎送上司领导,这就如同高适所谓"拜迎长官心欲碎,鞭挞黎庶令人悲",又仿佛白居易所说"公私颇多事,衰意殊少欢。迎送宾客懒,鞭笞黎庶难"。古代政治在这里呈现出一种官本位的特点,诗人在当时并不能免于这样的繁文缛节。另一方面,我们自然也能看到元、白诗风对尤袤的影响,诸如对时政在民间执行利弊的写实,对百姓深重苦难的关怀,这些都成为了尤袤诗歌的重要内容。

不久，他看到淮南官府设置山水寨来要求百姓自购刀剑兵器，以成民兵，造成了严重的扰民悲剧，于是又创作了一首《淮民谣》：

东府买舟船，西府买器械。问侬欲何为，团结山水寨。寨长过我庐，意气甚雄粗。青衫两承局，暮夜连勾呼。勾呼且未已，椎剥到鸡豕。供应稍不如，向前受笞箠。驱东复驱西，弃却锄与犁。无钱买刀剑，典尽浑家衣。去年江南荒，趁熟过江北。江北不可往，江南归未得。父母生我时，教我学耕桑。不识官府严，安能事戎行。执枪不解刺，执弓不能射。团结我何为，徒劳定无益。流离重流离，忍冻复忍饥。谁谓天地宽，一身无所依。淮南丧乱后，安集亦未久。死者积如麻，生者能几口。荒村日西斜，破屋两三家。抚摩力不足，将奈此扰何。

通篇几乎以口语直截了当地摹写了淮南民众不堪其扰的窘迫，其中语言的质朴仿佛再现了底层百姓的累累控诉，也令人想到杜甫"三吏三别"的写实主义色彩。但尤袤亦深知自己的诗歌实际不能改变任何事情，因而他要徒叹奈何，要感慨自己"抚摩力不足"。这就好似《新安吏》中"眼枯即见骨，天地终无情"的现实悲剧，然而彼时的杜甫尚且可以说一声"送行勿泣血，仆射如父兄"，可如果此时的大宋遇上了南北存亡之危，又有谁能像平定安史之乱的郭子仪一样指望得上呢？

扬州、楚州等地淮南东路的帅守们频繁更易，可地方衙门居然玩起了强迫百姓为民兵、结水寨的形式主义游戏。尤袤想到的是，如果金人大举南寇，则这些素不习战的百姓，不过是群羊而入虎狼之口，焉能抵御女真大军？又哪里会有什么实效？但自己眼下所能做的，便也只有借诗歌来纾解悲愤了！

绍兴三十一年十一月间，完颜亮的大军已经进入扬州，当殿前司右军统制王刚率部抵达泰兴县的时候，他十分惊讶地发现泰兴县的外城修筑得十分完善，而县衙里的芝麻官居然安之若素，并没有逃跑！要知道，早在十月份时，两淮前线像王权这样的大帅都溜得飞快，统帅刘锜都不得不撤退，没想到小小的泰兴县却有一个不曾逃跑的县令！后来金军一支兵马来攻，正是依靠着修筑完备的外城和王刚所部的抵抗，泰兴县这个弹丸之地自始至终插着大宋旗帜。当时，整个扬州几乎都陷落敌手，只有泰兴县是例外。

没有沦陷便意味着生命和财产都得到了最大程度的保障。泰兴县的百姓们自是沉浸在狂喜和感恩中，于是他们为尤袤这个小小的选人官阶的县令建起了生祠。老百姓的感情是多么朴素，谁给到他们一点点恩惠，他们便铭记一生。

如此气节与能力，又守土有功，想来尤袤应当是有机会从选人跳京官，差遣职务上也升一升的吧？然而从现存史料来看，似乎只能认为，从绍兴三十二年（1162年）到乾道三年（1168年）的这六年间，尤袤经历了从三十六岁到四十二岁，他却始终处于赋闲状态，并没有做官。一直到乾道四年（1169年），才开始在江阴军做一个小小的军州教授。但值得一提的是，在这六年间他终于是跨过了选海，寄禄官升迁到了从八品的京官宣教郎。那么他在短暂出任泰兴县令后赋闲六年的原因何在呢？其本传中说他"需次七年，为读书计"，这也是说他几乎待次候缺了有七年，在第七年才做了江阴学官，原因是他退而潜心治学。联想到尤袤在绍兴三十一年泰兴县令任上作的两首诗，完全有理由推

第一章 中兴四大诗人　29

测,他自认为官位低微,对于百弊丛生的现状自己是无能为力的,不如赋闲读书,图个自在!

尤袤一直到四十二岁都可谓是真正的沉沦下僚,不过此后他不到十年就做到了监司级别,约相当于今人所谓的省级干部,最后更是官拜礼部尚书,官运不可认为不亨通。

不妨再把目光投向远在永州零陵县担任着县丞一职的杨万里。绍兴三十二年的杨万里亦是三十六岁的年纪,他已经在零陵县丞的位子上干了两年了。他在绍兴二十四年(1154年)中进士丙科后于次年即得补阙得官,为赣州司户参军。赣州过去叫虔州,在北宋元丰时是昭信军节度使所在,即是一节度州,据《元丰九域志》又可知虔州乃是一上州。哲宗皇帝元祐之后,上州司户参军乃从八品。但是司户参军究竟是做什么的呢?首先这是一种地方上的幕职官,实际来说就是州郡长官底下的僚佐,是州郡衙门里的文职干部。司户参军在南宋乾道六年前主要都是掌管地方上户籍赋税、仓库受纳等事务的。因为与地方老百姓的诸多切身事情相关,司户参军又有民掾之称。

只是这份工作杨万里似乎做得不怎么高兴。在后来他写给儿子杨长孺的信中,就能轻易感受到早年工作的不快。杨万里告诉儿子,自己平生寡合,能真正谈谈心事的人可谓极少,又不肯同流合污,以至于起初做赣州司户参军的时候,干了一个月就准备弃官而去,是不是学陶渊明不知道,那种想要闲云野鹤、安乐自适的心是几乎一样的。然而父亲的一顿毒打,让杨万里明白了有些话说不得更做不得,只能放弃了高卧北窗,做个羲皇上人的打算了。

杨万里便只好在江南西路的赣州做着琐屑的民政事务,间或与人谈诗论道，打发时间，彼时的诚斋野客小杨司户大约还处在人生之中的迷茫期，他初入仕途，看着后秦桧时代沈该、万俟卨、汤思退、汤鹏举等人弹冠相庆，国家的路在何方，他还参与不上，自己的路怎么走，他恐怕也只顾得上眼前。我们的小杨司户自然不是那种"顾惟蝼蚁辈，但自求其穴"的人，他心里装着一方天地，藏着万卷诗书，可他还没遇到那个影响他一生的男人，他注定还要等待。

绍兴二十八年(1158年)时值三十二岁的杨万里在赣州司户参军任上做满了三年，于是回到家乡待次候缺。不久，新的差遣任命来了，乃是要命杨万里往永州零陵县担任县丞一职。由司户参军而为县丞，也算是个小小的升迁吧，那么便去往荆湖南路的永州吧！在那里，参与王叔文集团永贞革新而变法失败被贬的"二王八司马"之一的柳宗元曾写下《永州八记》，他雄浑朴实的笔力除了将山河俊秀幽邃给勾勒描摹出来，更记录下了中唐衰颓凋敝的一幕幕写实惨剧。杨万里或许会想到柳河东，循着这种古来文人士大夫横遭不公的宿命，他一定还会想到此时正谪居永州的另一位文臣，一位名震中外的大人物。

这个人便是曾经的尚书右仆射、同平章事兼知枢密院事、都督诸路军马张浚！这份头衔很长，简单的来说就是右丞相兼枢密院长官，同时在外节制、指挥南宋兵马，用五个字来概括，那便是：总中外军政。二十四年前张浚最辉煌的时候，不光是刘光世、张俊、韩世忠、岳飞四大建节的宣抚使大帅之军队要受他这位大丞相节制，连蜀中的川陕宣抚副使吴玠也是张浚经略西北时一手提拔起来的大帅，要知道，当时的南宋朝廷里，真正具备战斗力的就只有这五支建节大帅的野战军，而张浚乃是具备名正言顺的指挥他们之权力的。绍兴六年淮西战役大败伪齐三十万侵略军的张浚可谓是真真切切地成功于淮上，杨沂中藕塘大捷后,受到刘光世、张俊怯战愚弄差点误事的左相赵鼎罢相,同样与张浚意见相左的签书枢密院事折彦质罢执政,中外之人都将北伐中原、收复河山的希望寄托在了张浚身上。这样说似乎有点违背大众的历史常识,毕竟张浚是如此不知名的一个人物,"收拾旧山河"的伟大事业不是应当由岳元帅来主持的吗？但在当时,事实上这项事业的主持者只能是张浚这样的宰执大臣,岳飞也好,韩世忠也罢,只是前线的统兵将领,至多是他们自己的方面集团军的大帅,绝不可能做指挥全局的统帅。甚至完全有理由相信,在绍兴六年伪齐一败涂地的时候,南宋的官家赵构确实有北伐的心思,确乎有想试一试做个中兴雄主的念头,也确实将这些希望寄托在了张浚身上。但这所有的一切在绍兴七年的淮西兵变后完全化为了泡影,张浚遭到了自己提携的枢密使秦桧之背叛,后来权倾天下的太师、此时的执政秦桧以极其高明的政治手段和阴谋诡计,四两拨千斤地诱发了刘光世麾下大军闹出整编投敌的大乱子——这直接导致张浚罢相,而皇帝赵构也开始逐渐倒向秦桧的路线。

  总而言之,张浚绝非是一个在当时无足轻重的小人物,他不光是时代风口浪尖的巨人,也是一个在后来千年的历史中饱受争议的宰相。我们必须明白的是,在杨万里生活的时代,张浚就是北伐中原和主战的一个符号与象征,不可能绕开他去谈收复河山。有关张浚更多的谜团之解读,可参看拙作《大宋文臣的品格》,此按下不表。

  在杨万里来到零陵县担任县丞的时候,张浚差不多是一个政治生命已经被判了死刑的人物。他张浚固然有过苗刘兵变时勤王救驾的大功,也曾击退金人和伪齐,又平定了湖寇杨幺,有着这样那样的功勋,但在秦桧与皇帝赵构共同建构的绍开中兴体制里,张浚显然是个惹人厌的异类,是妨碍南北和平的多事之徒。这也就是何以秦桧于绍兴二十五年一命呜呼以后,张浚并没有重新得到重用,一直到完颜亮空国而来,王权、刘锜尽退,两淮沦陷之时,赵构在慌乱中才想到起用张浚做一个吉祥物,好鼓舞朝野主战之人和前线将士的信心。

那么这样一来,杨万里想要求见张浚的缘故,自然不是攀上高枝,升官发财。原来张浚除了曾经是总中外军政、位高权重的宰辅大臣之外,还是一位在当时颇有名望的儒家学者,且在《易》学上造诣很深,较有心得。

于是杨万里自然要以求学的名义去拜谒谪居永州的老丞相。然而张浚数次都不愿见杨万里。这倒并非是因为杨万里官卑职小,五年前的绍兴二十五年(1155年),久已罢废闲居的张浚相公被官家赵构起复为观文殿大学士判洪州。当时张浚已闻完颜亮篡位自立,以为其狼子野心,必将举兵南侵,便上疏直言,说国家溺于宴安,荡然无备,恐非社稷之福。张浚上疏,事在绍兴二十六年。彼时之左丞相沈该乃是奸脏狼藉的贪官污吏出身,不过以谄媚阿附秦桧而平步青云,右丞相万俟卨也一样是秦桧党羽,这两人当时都被重新召回行在不久,因为他们后来位高权重之后均受秦桧猜忌而遭到排挤,于是正合赵官家瓦解秦桧势力的同时继续与北虏媾和政策的需要,这投降主和的二元老就又回来了。他们和当时知枢密院事的汤思退看到了张浚的奏疏,无不大为恐慌,继而又笑张浚狂言胡语,是想借此重新回到两府来做宰执相公。他们便指使御史中丞汤鹏举、侍御史周方崇、右正言凌哲等台谏鹰犬,累章弹劾张浚,甚至说他"倡为异议,以动摇国是。欺愚惑众,冀于再用。不顾国家之利害,罪不容诛。望破其奸谋,重加贬窜!"于是乎,下诏再次令张浚贬居永州,以本官奉祠。

基于这个原因,张浚此后数年闭门谢客的日子不在少数,小杨县丞只得屡次三番地去信给张浚,求拜谒请教。他在信函中甚至说:"天其或者使小子得与于斯道,则必有得见之日;使天下得福于斯道,则亦必有启金縢之日。"

杨万里把自己若能得到张浚接见一事,说成了一位虚心虔诚的学子得以参悟、体认圣贤大道的宝贵机会,更是上升到使大道造福天下万民的高度——言下之意,圣贤之道,斯握于大丞相您手中矣,但您谦退冲和,不令天下得以学习,未免使苍生无福。这话就说得漂亮了。

张浚终于是决定开门迎客,接见自己谪居之地的这位小小县丞。时移势易,想当年,莫说是县丞,便是知州、监司长贰想要见到张浚也是不容易的事情。可人一旦虎落平阳,权力带给他们的东西便往往会烟消云散。但学问却不会!

杨万里无疑庆幸自己有机会见到昔日的大丞相,他恭恭敬敬地深深一揖,做足了礼数。

"无学浅人杨万里冒昧参见大丞相!"

张浚只是坐着道:"既无学,怎生来见某,为底甚事?"

杨万里知道这是在考验自己,他恳切地回答:"只为修身治学,明白做人的道理。"

张浚微微颔首,已是在心里初步认可了这位三十出头的年轻人。

"天地阴阳之流行,所谓生生之谓易。易者,即天地之心。圣人何以为圣?即是他合乎易,合乎天地,是以圣人之心即易之心,圣人之心即天地心!但是,以心观之,吾又安知孰为天地、孰为易、孰为圣人也哉?学者当反求诸心,以极夫虚静之道,心光所烛,理自不昧!"

"反求诸心,以极夫虚静之道,心光所烛,理自不昧"这一句话令杨万里茅塞顿开,世间万事万物,其中道理只在自己心头,反躬自问,自心若能归于虚静本原,如太极之森然无朕,便能以无照有,无一事不清楚理会,再无糊涂迷惑。

在此后的往来中,杨万里便以学生自居,张浚则教以儒家正心诚意之学,当然实则张浚的学问受到一定程度的禅宗思想影响,但确乎令杨万里感到受益匪浅,以至日后将自己的书斋命名为"诚斋"。

张浚也许并不知道,杨万里会终身把他当作传道授业解惑的恩师,无关他是不是大宋的宰相。

张浚之子张栻此时二十七八岁年纪,与杨万里相差仿佛,便也在诗词文章和义理之学的探讨中熟络起来。而另一位被贬谪地方的主战名臣胡铨此时也到了永州来拜访老领导张浚,于是杨万里便也从游于其左右,日后更是也以澹庵门人自居。张浚与胡铨对杨万里一生的影响不可谓不巨大。

到了绍兴三十一年冬,采石大捷的消息传到了永州,杨万里自然也是激动不已,他挥毫写下《海鳅赋》,极力摹写了宋军海鳅船的无可阻挡和金人的狼狈溺亡:

> 于是海鳅交驰,搅西蹂东;江水皆沸,天色改容:冲飙为之扬沙,秋日为之退红。贼之舟楫,皆蹒藉于海鳅之腹底;吾之戈铤矢石,乱发如雨而横纵;马不必射,人不必攻;隐显出没,争入于阳侯之珠宫。牙斯匹马而宵遁,未几自毙于瓜步之棘丛。

远在已经有些蛮荒的永州,小杨县丞想象着长江采石的滚滚波涛和完颜亮不可一世的张狂,他更想象着虞允文指挥若定的毅然决然,想象着宋军置之死地而后生,这真是怎样的波澜壮阔,怎样的惊天动地!以至于在铺陈水师战舰威力无匹之余,尚且要用诙谐的语言,讽刺金军将士纷纷落入江水之中的丑态,将他们的溺毙说成了争相赴水神之宫殿;又谓逆亮单骑而逃,不久便殁命瓜洲。

实际上采石大战不过是阻击了金军渡江,并未伤及金军元气,且赢得颇是侥幸,完颜亮又哪里是匹马宵遁,而是率领近二十万大军移师扬州而已。但他终于是死于部下的兵变,在杨万里看来,这正是天意,是人心,是大宋的气运压过了金人。

张浚被起复为观文殿大学士、判建康府,杨万里由衷地为恩师高兴,并写下《贺张丞相判建康启》,其中云:

忧以王室,居江湖而未忘;乐乎韦编,去洙泗而无间。人仰傅岩之雨,天开衡岳之云……乾旋坤转,方期用夏以变夷;风挥日舒,且要整文而经武!仰惟勋德之元老,素定国家之远谋;诸将震乎威名,百蛮问其容貌。

信中说张浚虽然谪居永州,地处江湖之远,但是仍然为国家和赵宋天下昼夜忧思难忘;又精研《周易》之学问,仿佛与礼乐弦歌的圣贤之地近在咫尺。人们翘首以盼张老相公如商朝贤臣傅说举于版筑之间一般,被起用于闲退罢黜,而天意果然吹散衡山之云……

小杨县丞更不忘赞美张浚,说他必能扭转乾坤,成就用夏变夷、整文经武、克复中原而还于旧都的伟业!不信看看老相公过去的无数功勋,有多少次安邦定国,将帅士卒无不服膺教诲、甘受节制,连四方蛮夷也心知畏惧!

或许，后世之人读到这里会觉得大诗人杨万里也不外如是，也一样不能免俗，总要对高高在上的"上级"曲意逢迎，以求被提携升迁……但如果我们去审视杨万里后来的仕宦言行，便能知晓，他绝不是见风使舵、阿谀奉承之辈，相反乃是一根筋、认死理的恪守原则和信念之人。

到了绍兴三十二年的七月，杨万里看着过往写的诗稿，忽然潇洒地付之一炬。看着那跃动的火焰，他仿佛在火的预言里看到了自己的重生，这是诗歌的巫术，这是高手的悟道。

被焚烧毁去的千余首"江西体"诗歌，写得再好，也只是对苏门学士黄庭坚的模仿，却不是自己的风格！如果落了前人窠臼，再惟妙惟肖，也只是鹦鹉学舌！杨万里已经决心走出一条自己的诗人之路，大道朝天，是时候去虚步太清、驾鸿紫冥而手摘星辰了！

"江西体"即是以黄庭坚为首的"江西诗派"的诗歌风格。他们宗法杜甫，又强调"无一字无来处"，所谓"夺胎换骨""点铁成金"。江西诗派的诗固然精妙，但后人学之，一味模仿前人，导致几乎完全丢弃了从生活中创造诗歌的这一应有原则。但客观来说，江西体自然也有好诗，如黄庭坚的《登快阁》："痴儿了却公家事，快阁东西倚晚晴。落木千山天远大，澄江一道月分明。朱弦已为佳人绝，青眼聊因美酒横。万里归船弄长笛，此心吾与白鸥盟。"但其中首联用晋人清淡务虚、鄙薄实干之典，颈联用钟子期、俞伯牙与阮籍青白眼之典，尾联又用《列子》鸥鹭忘机之典，整首诗总共用了四个典故，平均下来一联就要用一典，这便招致后人有江西体尽行拾人牙慧之举而全无新意之讥。杨万里从对江西体的崇拜和迷信、模仿中醒悟过来，他要走出非凡的一条路来。

这之后，杨万里受荆湖南路转运司之命，以考官身份参与了湖南转运司的解试。所谓解试，即是明清时期的乡试。过了解试便可参加礼部的会试，之后则是排定进士名次的殿试，一般并不黜落。

荆湖南路的转运司乃在潭州（长沙），而这漕司的解试原是照顾官宦子弟或避嫌之用的，比州府解试在员额上要宽容些，大概是十中取三的比例。如果学子有亲戚在自己所在的州府为官，或有亲戚担任州府解试的差遣，则令学子不参加州府解试，转而参加转运司解试，这是避嫌；又如果学子随仕宦于其他地方的亲戚，到了离家乡州府达两千里之遥的所在，那么也不需要赶两千里路回故乡州府解试，可于当地州府所在漕司直接解试，这是照顾。

杨万里成了这次漕司解试的考官之一，成了个可以决定他人命运的角色。这决定的还不是一般人的命运，还是在大宋最尊贵的读书人的命运。于是杨万里便和其他考官们一起阅卷，其中有一份卷子以《周易》的义理来铺陈议论，大家准备把这篇文章点为漕司解试第一名，结果杨万里极力反对。

原因就在于写这张卷子的考生不够像个合格的读书人。何以见得呢？杨万里说，诸君且看，文章里"盡"字在这考生笔下居然写成了俗字"尽"，这简直是斯文扫地！必须摈斥黜落！正字、俗字之争在当时也算不得小事，随意在正式场合书写俗字确实是比较出格的。

杨万里说："明日揭榜，有喧传以为场屋取得个尺二秀才，则吾辈将胡颜？"

其余考官一听，也是啊，到时候学子们便要说科场上居然点了个写俗字的做漕司解试第一名，朝廷抡才大典轻疏如此，大家的脸面往哪里搁？况且如果闹出点什么事来，必然都要吃转运司的批评，谁也落不到好处!

这"尽"作为"盡"的俗字,拆开来便是尺和二了。杨万里的讥讽不可谓不切中要害,更值得引起我们注意的是,这一件或许改变了一位学子之命运,却在整个绍兴三十二年里无足轻重的"小事",其背后映射出的却是一个大问题。这个问题便是所谓"规矩"与"人心"。

科场有科场的规矩,读书人写诗作文有读书人的规矩,正字俗字其实只是诸多金科玉律中的一个小小的闪现。而这背后的规矩是官场的规矩,规矩背后又是官员们的人心。实际上杨万里之所以能最终说服其他考官,而将这位写了俗字的考生黜落,并非是因为正字俗字的规范问题本身,只是因为考官们想到了自己的脸面,想到了承担责任的风险问题,想到了仕宦前途的现实问题。当意识到以上三种问题的时候,其他一切都要为此服务。

恐怕看穿了同僚们苟且猥琐之态的杨万里不会有力排众议的喜悦,相反,多半仍是要为自己沉沦下僚而感到一种生命的荒废。

于是他写下一首《考试湖南漕司南归值雨》:

我亦知吾生有涯,长将病骨抵风沙。
天寒短日仍为客,酒暖长亭未是家。
又苦征夫催去去,更甘飞雨故斜斜。
旧闻行路令人老,便恐霜毛一半加。

庄子曾说:"吾生也有涯,而知也无涯,以有涯随无涯,殆已!"杨万里在潭州为漕司解试的考官,他在南归零陵的途中,恐怕颇有自己大好年华将长如此番一般陷入琐屑无趣的焦虑。有限的生命,若只是去追求错误的东西,无法体悟圣贤大道,也无法施展胸中抱负,那终将衰老多病的人生便是多么荒诞!暮色秋雨添新凉,羁旅异乡家万里,纵是杯酒下肚,却也难驱寒意,毕竟登临望故国,谁识天涯倦客?长亭路,年去岁来,应折柔条过千尺,知音何在,谁欲相留,谁无奈相送?何处都是暂时停驻,尚要在斜风飞雨中赶往住宿的地方,人生如逆旅,我亦是行人,只恐山高水长,行路之难而添一头愁白的银霜!

如同他不久后另一首诗中所说,此一时期,他心里多半是"我岂登名晚,今仍作吏卑"这样的感叹和牢骚。绍兴二十四年时,杨万里二十八岁进士及第,这确实不算晚,唐时有所谓"三十老明经,五十少进士"的俗语极言进士之难,实则唐代试卷不糊名,宋代便要一概糊名,可见宋代中进士之难犹在李唐之上了。杨万里大约也是"自谓颇挺出"的,但"立登要路津"总多是瓦子里的戏说,现实的人生里哪有那么多的青云梯,多的反而是一头栽进去的臭水坑。当理想与实际的困境碰撞之时,人大抵总要惆怅痛苦,平凡之人如是,大文豪们亦如是。

不久,友人周必大除监察御史,获得了台谏系统的美官,而他不免要在心里等待被逐步起复的张浚举荐,以获得更大、更适合自己的舞台来实现自我。

可此时的杨万里无论如何都想不到,不管是哪一方面,留给张浚的时间不多了。

多年以后,杨万里因为为张浚力争配享高宗皇帝太庙,而得罪到许多同僚,尤其是主张以吕颐浩等配享高宗太庙的翰林学士洪迈,甚至因为说出了洪迈此举无异于"指鹿为马",而令孝宗赵昚怫然不悦,有所谓"万里以朕为何如主?"的诛心之问。这十分好理解,杨万里怒斥洪迈以吕颐浩等配享高宗太庙而排除了张浚是指鹿为马,则莫非当今皇帝赵眘是昏聩无能的秦二世胡亥么?这如何能不令官家大怒,于是以直秘阁贬谪出外,知筠州而去。

许多年以后,杨万里会在淮河写下四首绝句组诗:

> 船离洪泽岸头沙,人到淮河意不佳。
> 何必桑乾方是远,中流以北即天涯!

> 刘岳张韩宣国威,赵张二相筑皇基。
> 长淮咫尺分南北,泪湿秋风欲怨谁?

> 两岸舟船各背驰,波浪交涉亦难为。
> 只余鸥鹭无拘管,北去南来自在飞。

> 中原父老莫空谈,逢着王人诉不堪。
> 却是归鸿不能语,一年一度到江南。

张浚、胡铨念念不忘的中原河山,至死不能放下的恢复之心,杨万里终于还是在人生中体验到了。

且让我们的视线来到南宋的行都临安。临安过去自然是叫杭州,乃是两浙路的路治所在,也就是相当于现在的省会城市。自靖康年间这天下分了南北,两浙路也分了东西,杭州便成了两浙西路的路治。建炎三年(1129年)七月的时候,皇帝赵构下令升杭州为临安府,这名字倒也切合偏安一时的意思,竟是有些一语成谶了。这位"绍开中兴"的赵官家本来也颇有以建康为行在的意思,但在绍兴七年(1137年)的淮西兵变之后,他彻底倒向了秦桧的路线,于是在绍兴八年(1138年)定临安为行都,这就如同后来朱熹所说"欲进取则可都建康,欲自守则莫若都临安"。

杭州城的繁华早在北宋时节便天下闻名。柳永的《望海潮》云:

> 东南形胜,三吴都会,钱塘自古繁华。烟柳画桥,风帘翠幕,参差十万人家。云树绕堤沙,怒涛卷霜雪,天堑无涯。市列珠玑,户盈罗绮,竞豪奢。
>
> 重湖叠巘清嘉,有三秋桂子,十里荷花。羌管弄晴,菱歌泛夜,嬉嬉钓叟莲娃。千骑拥高牙,乘醉听箫鼓,吟赏烟霞。异日图将好景,归去凤池夸。

富庶的市民生活和商品经济乃至湖山胜景、官宦名流都尽在柳七笔端了。北宋时的杭州已经如此"甲于东南",到了南宋定都后,经过二十余年的营造,便更是成为当时的超级大都市。虽然经历建炎四年(1130年)金军的陷城屠杀,但因为后来官家赵构的大驾驻跸之故,士民来归、商旅复业,甚至西北之人也辐辏骈集,富户平民都大量涌入,临安的人丁自然兴旺,通衢市肆、瓦子勾栏便也热闹非凡起来。

古语云"民以食为天"。自汴梁东京渡江而来开设酒店的人迅速在临安城里打开了局面,引领起一股在各行各业仿效旧都气象的风尚来。临安城里的酒楼茶肆,也如开封时一样,排设权子和栀子灯,那仿佛路障式的权子便如官宦人家宅邸前一般,图的是气派,而栀子灯一挂,却是告诉贵客们,此间大酒店有娼妓坐伴陪酒——如果栀子灯外面不论晴雨都罩着一个竹子编的箬帽,则是表明甚至这间酒店里就可以寻欢作乐。至于其他插四时花,挂名人画以装点门面,又或者厅院廊庑广植花木,追求酒座之雅洁,且分阁坐次,重帘遮隔,使自成天地,便于私谈,从而留连食客之类,更是皆学东京之风,难以说尽。

学自是学得足以以假乱真,甚至连东京的烹饪方式都带到了临安,但无法改变的一点在于,彼时大宋的四京:北京大名府、南京应天府、西京河南府、东京开封府全部都沦丧于金人之手。临安城固然繁华豪奢,可临安的小天地装不下大宋的四京,更装不下淮河以北广大的江山。西湖虽好,画舫相连、暖风习习,可汴河漕运吞吐天下财货的气派,竟是再难见到了。

民间争相效仿东京气象那是其来有自,而官方层面的继承当然是为了表明这江左的朝廷仍然是宋室正统,非是衰世危邦的小国。譬如在北宋神宗皇帝熙宁九年(1076年)时,便设立了太医局熟药所,出售加工好的中药,而这大约是世界上第一个官办的国家药店。赵构建立南宋后,便也须表现出子爱万民的君父之姿,于是在绍兴六年(1136年)也于临安设立了"行在太医局熟药东、西、南、北所"。绍兴十八年改熟药所名称为"太平惠民局",又是太平盛世的光景,又是要惠及百姓,其寓意之好,自不待言。大约官家赵构考虑到自己的父亲,也就是道君皇帝徽宗赵佶在位的时候置惠民局有五局之多,于是他也不能示弱,便在三省前设了太平惠民局南局,在众安桥北面设立了西局,在市西坊之南设立了北局,在浙江亭则设南外局,在北郭又设北外局——这便一样在都下有了五个惠民局了。说一千道一万,总是官家大爱无疆,心里头装着老百姓呐!由于徽宗朝崇宁年间在惠民局之外还设立了和剂局(顾名思义是专门配方制药,然后运到惠民局里去卖的),于是在绍兴年间,总二局便有了个"太平惠民和剂局"的称呼,而这个局的领导便是"监行在太平惠民和剂局"了。

我们的大诗人范成大便是绍兴三十二年(1162年)的"监行在太平惠民和剂局"了,换言之,他此时是个医药系统的官员,类似于药企总经理吧,似乎也是个说大不大、说小不小的肥缺。

实际上范成大此时的寄禄官只是区区从八品的从事郎,这表明他甚至还未脱离选海,没能跻身京朝官的行列,仍然在"选人"的泥沼里待着。选人和京官那是泾渭分明,倒起霉来一辈子成不了京朝官也是有的。如此想来,在遍地朱紫的临安城里,范成大这小小的"医药局局长"便实在是不起眼得很,不过是个看不到太多升迁机会的冷板凳而已。

范成大在这个"局长"位子上很是见识到了什么叫京师衙门里的威风,什么叫宰相门前七品官。

这一年的一天,有一位堂吏趾高气扬地走进了行在惠民局里,上来就开口要一堆药品。所谓堂吏,指的是此时元丰改制后的"中书省录事",过去叫作"制敕院五房堂后官"(如制敕院孔目房堂后官,吏房、户房、兵礼房、刑房堂后官),虽然只有正八品,但任职一年就可以补为京官宣教郎,可见这堂吏的诸多好处,更不用说平时在都堂里给宰辅们办差跑腿写文书,还能接触到许多大政机密,类似宰相们的机要秘书班子。那可不就是"见官大一级"了么?

惠民局里的小吏在范成大的严格管理下表示,不能违规拿药品给在政事堂办公的这位堂吏,因为盘点药品的时候,按进出账目如果药品数量少了一大批,到时候你堂吏"事了拂衣去",却要留下他们受罚,哪有这等道理?

堂吏见这惠民局小小衙门里竟是如此"不近人情"，于是也觉得不便撕破脸皮而自降身份，要文斗不要武斗！

当时太平惠民和剂局是属于太府寺管辖的，故而堂吏心生一计，他利用在都堂工作的职务之便，大约是找机会以熟状（宋时要紧事多由宰执奏禀皇帝取旨，寻常事则事先拟草，于白纸上写好事体，经宰相签署押字后由皇帝画可，批示同意，然后便可由尚书省出省札，作为朝旨指挥施行下去，这就是所谓"熟状"，通常皇帝根本不会看，宰相也可能疏于检查直接签押）的办法，从而以朝旨形式下发太府寺，令其对下属的太平惠民和剂局进行突击检查，并嘱咐其中一名太府寺吏员要搜罗一切细小过失，不许漏过。太府吏当即表示："录事哥哥，您放心，在下一定给你出气。"太府吏心里透亮，这中书省录事乃是宰相的机要秘书，有机会为他办事，想办法帮他泄愤以讨好他，岂不是求之不得？

于是这下还真查出了当时不给他药品的那名惠民局小吏存在一些实在不值得计较的小毛病、小疏忽，于是太府吏大喜，这不揍你，你就不知道堂吏和小吏一字之差，霄壤之别，就不知道天高地厚！

那秉公拒绝了中书省录事的行在惠民局小吏便被前来检查的太府吏以上级部门的权威上纲上线，下令好一顿杖打。权力的金字塔从任何一层更高的地方扔下来的哪怕一根鸿毛，都像是千钧之重，令人不堪承受。太府吏把这事谄媚地回报给堂吏，这位中书省录事自是解恨了，但我们无从知晓那被杖打的小吏后来是否还在惠民局里点卯上班，是否还留在临安生活，有没有落下什么病根……人们实际并不善于铭记他人的苦痛，尤其当这只是发生在一个注定消失于时间长河里的普通人身上的时候。关于普通人叙述的缺位，可以把它看成是对权力结构和作用乃至于时人之理解的一个构成，这一缺位的现象，暗示

第一章 中兴四大诗人 45

了权力横行无忌的一大原因：那便是人们的遗忘和事不关己。反正鸿毛没落到自己身上，哪有什么千钧之重呢？

但好在范成大的好友周必大在我们大诗人的神道碑里记载下了这件事，从中基本可以推敲出范成大的反应以及他的性格。

当自己的下属被这般杖打折辱后，范成大很容易便弄清楚了事情的原委。如果是个普通个性的寻常人，大约不会为了一个小小的下属出头，毕竟太府寺是上级部门，而那名狐假虎威的太府吏背后还有一位中书省录事，宰相的机要秘书谁敢轻易得罪？但范成大不这么看，他绝不愿意忍气吞声，恶心自己。

太府寺固然是行在太平惠民和剂局的上级部门，可太府寺按例还要被尚书省户部给管着。范成大一想，自己和户部侍郎汪应辰有些交情，便把这事情捅到了汪侍郎那里。汪应辰昔年连秦桧都不怕，颇是有些疾恶如仇的个性，听到范成大说了原委之后拍案大怒，他虽然管不到宰相的机要秘书，没法去教训那名堂吏，可太府寺的事情他还是能管一管的。

汪侍郎下令，杖打太府吏以示惩戒！这可真是以直报怨，报应不爽。

范成大因而对这位时任户部侍郎的汪应辰评价甚高，绍兴三十二年下半年，户部侍郎汪应辰大好前途之下，因为卷入反对新官家赵昚给太上皇赵构上尊号的政治风波里，只得自请出外，最终出知福州（此年六月，皇帝赵构禅位给了养子赵昚，此即是高宗内禅，孝宗即位）。

范成大作诗《送汪圣锡侍郎帅福唐》为其送别：

承明才入又南州，重见旌旗照柁楼。

道义平生无捷径,风波随处有虚舟。

如公未可违文石,稽古何妨欠碧油。

我亦登门烦著录,此行无力为王留。

范石湖为汪侍郎正得到大用之时被迫买舟南下,出知福州而感到遗憾。原来,当时朝廷正在议论给太上皇上尊号的事情,宰相陈康伯和荣州知州李焘密议以"光尧寿圣"为太上皇的尊号。等到大臣们集议此事,便有一些耿直的士大夫极力反对,甚至声称:"尊号始自开元,罢于元丰,今不当复,况太上视天下如弃敝屣,岂复顾此?"也就是说,尊号这事情是从唐玄宗李隆基开元时候才有的,到了本朝神宗皇帝元丰年间被废除了,所以这等于也算是有祖宗家法可循,不应该违背神宗的决定,不能恢复尊号!何况太上皇帝连天下都让给了今上,又怎么会在乎区区的尊号呢?只是这话很容易有歧义,若从褒义来说是赞扬高宗赵构如尧舜一般无私无已,把天下禅让给了如今的官家,可也很容易被理解为赵构把中原丢在了脑后,乐得在江南偏安一隅——当然了,在群臣集议时,说这话的大臣心里真要表达这个意思,恐怕没这胆子,但传到德寿宫的太上皇赵构耳朵里,究竟怎么想,可不好说。汪应辰便极其支持这种观点,力主不可上尊号。

但不少大臣又十分精明,说如今官家以孝道奉亲,怎么能援引元丰的故事来阻止上尊号呢?大臣们大约半数反对,半数支持上尊号。后来官家赵昚往德寿宫朝太上,赵构便撇撇嘴说:"汪应辰素不乐吾。"这汪侍郎一向让我不太快活啊!

此年八月,官家赵昚正式下诏,奉上光尧寿圣太上皇帝、寿圣太上皇后尊号册宝行礼。

因此,反对上尊号的汪应辰见状,便连章请求补外,出任地方长官。范成大无疑对此十分可惜,汪侍郎乃是绍兴五年(1135年)的状元,当时他甚至只有十八岁,可见其高才。"道义平生无捷径,风波随处有虚舟。"范成大敬仰汪应辰的立朝大节,而这也影响到了后来他的仕宦风格。北内德寿上尊号一事汪应辰敢反对,那正是因为他不在乎有没有碧油轩车的虚荣,真儒事,乃在诗书文章,稽古以学圣贤之道耳!

不过,范成大也有许多无奈之处。由于自己是绍兴二十四年(1154年)的进士,当时以权礼部侍郎兼直学士院同知贡举的礼部省试主考官汤思退便算是范成大的座师,而自己则是其门生。由于此后范成大文名日盛,汤思退当亦有些注意到他。

早在这一年的闰二月,汤思退以观文殿大学士出知绍兴,范成大也与当时许多在行都的官员一样,作诗送行,毕竟这汤思退在两年前还是朝廷的首相呢!

范成大在这首《镇东行送汤丞相帅绍兴》里固然也难免这类官场礼节性诗歌的一些谀美之辞,如说:"前驱传道相君来,一夜鉴湖春涨起。鉴湖如鉴涵空明,相君出处如湖清。"又说:"十年勋业泰山重,五鼎富贵浮云轻。"实则汤思退阿附秦桧,于社稷有何功业可言?末尾仍要恭维汤思退他日必定再回临安,而"丁宁湖水莫断渡,早晚归来绝江去"也仿佛是一语成谶,次年七月,即隆兴元年(1163年)汤思退便借着金人的东风,再次入东府拜右相,年底又擢升左相,再次位极人臣。

然而大约在绍兴三十二年下半年,范成大又写了两首颇耐人寻味的诗寄给汤思退,即《古风二首上汤丞相》。

其一云:

抱瑟游孔门,岂识宫与商？古曲一再行,乃杂巴人倡。知音顾之笑,解弦为更张。归来掩关卧,冰炭交愁肠。平生桑濮手,未省歌虞唐。明发理朱丝,复登君子堂。遗音入三叹,山高水汤汤。

其二云：

空山学仙子,穷年卧岩扃。煮石不得饱,秋鬓苍已星。道逢紫霄翁,示我餐霞经。采采晨之华,涤濯腐与腥。向来役薪水,终然槁柴荆。跪谢起再拜,飘飘蜕蝉轻。飞升那敢学？倘许学长生。

看第一首的诗意,似是在自谦,说自己不识宫商之音律,只能作些下里巴人、不登大雅之堂的俚曲。第二首则以游仙诗似的笔调描摹意欲归隐的旨趣,且结尾"跪谢起再拜,飘飘蜕蝉轻。飞升那敢学？倘许学长生"——竟似乎有表示不能追随汤思退之意。联想到此时日益高涨的北伐呼声,主战派正处在上升掌权之时,范成大在爱国之心激荡下,委婉地在诗书中告诉座师汤思退自己的心志,便也可以理解了。

实际上范成大和汤思退一派的关系远非仅是科场上的座师门生之关系,范成大此时已与洪适、洪迈、洪遵兄弟交好,后来亦受洪氏兄弟提携,而洪适在当时被视为汤思退党羽。且审视范成大绍兴三十二年之前的仕宦经历,其于绍兴二十六年（1156年）除徽州司户参军,与洪适结识交好当是在绍兴二十九年（1159年）,后者来徽州为知州,成为自己的上司;绍兴三十一年（1161年）在家乡待次候缺,次年即调任行都,成为"监行在太平惠民和剂局"。值得注意的是,惠民局包括其前身——北宋的"太医局熟药所"固然其监官以文臣担任,则选人、京官皆可,但和剂局监官若任以文臣,一般需要京朝官充任。而范成大所任的差遣乃是总领行在的太平惠民局、和剂局两局之事,既管制药,也管销售,但他的本官只是选人官阶的从事郎,按理说不足以总领两局之事。这就说明,里面很可能有来自高层的力量,促成了这一次的调任。而汤思退在绍兴三十一年末被起复后,一度为临安府行宫留守,权力非常大,范成大在次年初入临安担任监太平惠民和剂局,极有可能便是汤思退的提携。虽然这个差遣看似卑微,但毕竟胜在这是行都的仕宦机会,便于范成大发展自己在官场中的人脉。从后来他很快得除枢密院编修,接着又除秘书省正字,特免试而为馆职,便能见到在京师做官的好处。离权力中心越近,升迁的机会便越多!

在座师门生之外又有了这一层恩惠,便可以理解何以范成大这样耿直的个性,也要写一些诗作违心地赞颂汤思退,仿佛他真是中兴贤臣、千古名相。

但就在两年后的隆兴二年(1164年),汤思退于十一月被罢左相后屡遭弹劾,于是落职谪居永州,结果刚走到虔州地界,便病逝于下榻的灵山寺。在如今流传下来的范成大文稿中,却不见有挽词悼念前宰相汤思退的,可见范成大确乎在汤思退生前已经如前引的《古风二首上汤丞相》所暗示的一般,与其分道扬镳了。不过如果只考察导致汤思退罢相贬谪的海、泗、唐、邓四州撤戍割让一事,那么是否责任全在汤思退身上,那是很值得商榷的。

范成大的刚锐和智勇后来在仕途中既成就了他,也给他带来许多麻烦。乾道六年(1170年)他在几乎无人敢出使金国索求河南所谓国朝祖宗陵寝地以及更定受书礼仪时,毅然出使,抵燕山而见金国皇帝完颜雍,在女真人的凶焰下几乎是视死如归地将宋朝两项要求都提了出来。这次出使,使他回国后立刻被升迁为两制级别的中书舍人,成为了朝廷高层文官。

但也正是这种不畏权贵的个性,让他在淳熙五年(1178年)四月拜参知政事,成为副宰相仅仅两个月之后,便于六月被曾觌党羽侍御史谢廓然弹劾而遭罢知婺州。范成大黯然自请奉祠,于是乃以本官提举临安府洞霄宫。范成大早年便与曾觌、张说等孝宗赵昚身边的近习亲信势同水火,并曾不肯撰张说除西府执政的制书,他对于孝宗朝近习当权的激烈反对,直接导致了自己无法久在两府中枢,于是便更无从谈真正施展政治抱负了。

不过,在绍兴三十二年的时候,范成大还根本料不到自己有朝一日竟然会入参大政,毕竟二十年前在徽州时知州洪适那句"君他日必登两府"看起来只是官场上上级画大饼的场面话,虽然参知政事仅做了两个月,但却甚至比好友周必大还要早两年入两府。

刚刚三十七岁的范成大正在太平惠民和剂局里与许多倾向北伐的主战之人一样,兴奋地期待着张浚主持军政,渡淮反击金人,收复州郡,他也正经营着自己与洪氏兄弟们的交情,展望着自己的仕途。

然而他如何能知道,张浚的确会再入两府,甚至拜相,连汤思退也紧随其后会再度位极人臣,只是这二人很快就将退出历史的舞台,而北定中原的恢复大业,终范石湖一生,都只是与其他爱国之人一样,是个日夜渴盼却遥不可及的梦罢了。

南宋四大家在绍兴三十二年前后的个人轨迹已略述了三位,最后这一位自然便是有"小李白"之称的陆游陆务观了。

陆游出身于一个官宦世家,祖父陆佃曾贵为徽宗朝早年的副宰相,做过尚书左右丞,父亲陆宰做到过直秘阁、转运副使,虽然贴职只有正八品,但转运副使也大约相当于现在副省级的职务了,对普通人来说仍是高不可攀的家庭背景。

根据宋朝制度,中高级官员子侄很容易通过"门荫"直接获得官身。是以陆游在绍兴六年(1136年)便因为"任子"而被荫补为选人官阶的从八品登仕郎。这一年,他才刚刚十二岁。要知道,范成大在二十六年之后的绍兴三十二年(1162年),三十有七岁也只不过是一样的选人官阶从八品的从事郎!而陆游在十二岁就有了和范成大一样的品阶。

当然,陆游绝非不学无术的纨绔子弟。家中的学术氛围怎么会允许他做一个不羁放纵的浪荡子呢?陆游的家世已经不是传统意义上的书香门第,而是到了藏书万卷,连朝廷都有所不如的地步了。绍兴十三年(1143年),南宋朝廷重建秘书省(元丰改制后宋初由三馆秘阁负责的职能并入其中,统掌图籍、国史、天文历数、祭祀祝辞等),由于靖康之难原本朝廷收藏的书籍几乎遗失大半,于是便向陆游家中借抄藏书共一万三千余卷——可想而知,连国家都要问其借书,这是一个怎样的藏书之家!就在同一年,十九岁的陆游赴临安参加礼部试,却意外地落榜了。其实或许也并不意外,陆游的诗文之才注定要光耀千载而不知其尽,年方十九的他尚未形成自己的风格,还在适应着科场的种种规矩和标准。

不过,陆游本身终究是才高八斗,有了登仕郎的官身,虽然宋朝发解试通过后如果参加礼部的省试落榜,那么下一次还需要重新参加发解试取解，但发解试之外还有照顾无进士出身的在籍官员的"锁厅试"，通过了锁厅试，一样可以参加春闱的省试。

大约这次落榜对年少的陆游颇有打击，他后来回想起此事，自称"二十游名场，最号才智下"，似乎甚至一度自我怀疑，自我否定过。经过十年的苦读，绍兴二十三年（1153年），陆游参加锁厅试，力压秦桧之孙秦埙，被考试官陈之茂擢为第一，登科唱名的荣耀这次看来不过是易如反掌，已在囊中耳。

然而次年礼部试，在秦桧的淫威下，陆游居然被黜落了，再次落榜。这一打击，可想而知。作为绍兴二十四年同知贡举的省试主考官汤思退，在当年的阅卷中非常欣赏陆游的诗文，乃将陆游卷子的名次置于前列。谁想，秦桧还惦记着去年锁厅试里陆游夺走了自己孙子秦埙的第一名，他一发话，魏师逊、汤思退两位主考官谁敢不从，于是到手的功名，合该获得的殿试资格、进士出身这样被生生剥夺了。

"顷游场屋，首犯贵权"，三十而立的陆游本想学那鹏鸟，抟扶摇而上云天，结果却被秦桧权力的巨手一巴掌拍成了折翼的小麻雀，掉进泥沼里也变不了巨鲲，反成了寸步难行的小金鱼，这可真是青冥却垂翅，蹭蹬无纵鳞。

数年后在临安的百官宅，与陆游交谊甚笃的周必大曾作诗云："碧云欲合带红霞，知是秦人洞里花。俗眼只应窥燕麦，不如送与谪仙家。"已是将陆游比作谪仙人李太白了。既然终究是仙人下凡，或许还是会有好运降临。礼部试被黜落的次年，绍兴二十五年（1155年），不光是太师秦桧死了，昔年因为反对秦桧而遭到罢官的陆游恩师"茶山居士"曾几也因此起复，成了浙东提刑。陆游乃是越州山阴人，这下自己的老师成了越州所在的两浙东路提点刑狱公事，可算有人罩着了。

陆游与朝野的许多爱国人士一样,正观察着朝廷在秦桧死后的言行,希冀着君父与国家有所振作之心。然而,在秦桧死后的次年三月,官家赵构下诏说:

> 讲和之策,断自朕志,秦桧但能赞朕而已,岂以其存亡而渝定议耶?近者无知之辈,鼓倡浮言,以惑众听,至有伪撰诏命,召用旧臣,抗章公车,妄议边事,朕甚骇之。自今有此,当重置典宪!

就在颁布这道诏令前,官家赵构借口边事已定,罢宰相兼领枢密使。大家都知道这是要削弱相权,而另一方面,则加西蜀大帅太尉吴璘为从一品开府仪同三司,也就是元丰改制前的使相。没几天,东平府一进士梁勋伏阙上书,妄言北事,被送千里外州军编管,于是便有了上面这道诏令。吴璘在二十年前还只是张浚以宣抚处置使经略关陕时提拔起来执掌帐前亲卫的一个小小武将,随着继承了同样被张浚重用而以四川宣抚使守御全蜀的兄长吴玠之军权,吴氏将门在绍兴年间已经形成,朝廷不得不依靠吴氏的西军来保住四川,抵御金人在关中的威胁。可这样的地位,在二十年前谁能料到?当年的张相公跌落深渊,而小小的吴玠、吴璘兄弟成了一方诸侯、超级封疆……这便说明,对皇帝赵构来说,制度与否都是次要问题,形势比人强。

而那名上书议论南北之事的梁勋遭到编管远恶军州的处罚,加之诏令言之凿凿地明确了"和议"作为国是的不容置疑,聪明人自然明白,官家不会让任何人破坏"绍开中兴"的盛世局面。至于所谓"召用旧臣",如张浚这般的,自是不可再用!

陆游必然也是因此而对时局感到愤懑不平的,但他的好运接二连三地来临。那位在绍兴二十四年礼部试时赏识他的秦桧余党汤思退在绍兴二十七年(1157年)拜为右相,次年老师曾几居然一下子擢为从三品的礼部侍郎!

只有尴尬的门荫出身的陆游,在绍兴二十七年汤思退拜相后不久便被补为福州宁德县主簿,开始正式进入仕宦生涯。

虽然绍兴二十四年没能在省试中录取务观,但汤思退显然把陆游当成了自己的门生,乃以恩师自居,开始变着法地提携他。

绍兴二十九年(1159年),刚刚做了没多久的宁德县主簿陆游,忽然被调任福州司法参军。从陆游多年后自己的叙述中来看,似乎只是因为当时的福建提刑樊茂实举荐之故。但樊茂实为一路宪臣皋使,福建路毗邻大海,贼寇迭出,又颇有顽犷易乱之民生事,而宗室盘踞请费之扰,应该说忙得很,怎么就注意到一个小小的宁德县主簿了呢?或许,这背后就有着宰相汤思退的关照。这一年,汤思退晋升左相,成了一人之下万人之上的首相。

陆游不忘写贺信给他,夸赞汤思退"应变制宜,必有仁人无敌之勇,圣主以此属元辅,学者以此望真儒"。口吻之谀美犹在范成大赞颂汤思退之上。

在福州司法参军任上陆游又没有做满三年,次年五月,汤思退把陆游调到了自己身边,让务观来到临安在"详定一司敕令所"里担任删定官,做一些比照、删修历朝敕令、条法,编出条例以适用于本朝的工作。听上去仍是位卑职轻,但实际上敕令所的提举官是宰相,陆游成了宰臣的僚佐。何况人在临安,便有机会结交朝廷的重臣们,升迁的机会远过在地方上无人问津。

然而篡位的金人皇帝完颜亮野心勃勃，已经引起了不少士大夫的警觉，在这种情况下，陆游又一次不那么走运了，因为他的"恩师"，那位高高在上的左相汤思退在此年年底，因遭受台谏连章累牍的弹劾而罢相。

这便如何是好呢？失了在仕途上最大的倚仗，眼下自己连进士出身都没有，不过是个选人官阶的从八品从事郎，如果不能想办法转为京朝官，非但此后升迁无望，设若朝廷他日真有克复中原的决心，自己也绝对不够格参与其中。

并且，在绍兴三十年八月之后，敕令所里的工作已经渐渐变得很少。当时，《参附吏部敕令格式》七十卷及《刑名疑难断例》二十二卷已经修成，并由右相陈康伯呈上，陆游被调入敕令所时主要负责的就是参与编修这两部"大书"。这就使得陆游等被临时调入敕令所的官员随时面临着再次待次候缺，等待吏部的铨叙。而陆游这样区区一个没有进士出身的门荫任子的选人，如果没有朝中重臣的提携，多半是轮不到新差遣而被迫赋闲，白白浪费大好年华。

不过在绍兴三十年汤思退罢相前后，陆游似乎通过某人的援手而在绍兴三十一年（1161年）入西府，成为枢密院编修。

何以如此推断呢？首先陆游在绍兴三十一年四月上书执政。其中云：

> 自上世遗文，先秦古书，昼读夜思，开山破荒，以求圣贤致意处，虽才识浅暗，不能如古人迎见逆决，然譬于农夫之辨菽麦，盖亦专且久矣……自六经、左氏、离骚以来，历历分明，皆可指数。不附不绝，不诬不紊，正有出于奇，旧或以为新，横骛别驱，层出间

见。每考观文词之变,见其雅正,则缨冠肃衽,如对王公大人,得其怪奇,则脱帽大叫,如鱼龙之陈前,臬卢之方胜也。

他说自己专注于治书求学已经时日久矣,举凡各种经史子集都饱读涉猎,能举一反三,融会贯通。他甚至描摹了自己读书会意时欢喜踊跃的模样,说读到雅正处,必定整理冠帽衣袍如对王公与长辈,心中甚是敬重礼法;读到怪奇处,则脱帽长啸,仿佛观摩杂耍、博戏大胜般兴奋,对知识有着非凡的渴慕。

当时二府中的执政乃有参知政事杨椿、知枢密院事叶义问、同知枢密院事周麟之。而叶义问早年曾因为不肯阿附秦桧而被罢官,但却在秦桧死后得到汤思退举荐而被起复,召入临安得了殿中侍御史的言路美官,这才步步高升,几年时间就做到了枢密院长官,成为国朝执政。且考察叶义问由殿中侍御史迁吏部侍郎,再于绍兴三十年同知枢密院事的升迁过程,整个都处于汤思退当权时期。完全有理由去推测,正是因为汤思退有恩于叶义问,故而在汤思退罢相后,陆游试图上书给他,谋求以汤思退门生的身份和情谊,获得新的支持。

因此,陆游在上书的最后说:

> 然师慕下风,而未得一望履舄,此心歉然,不敢遑宁。恭惟明公道德风节,师表一世,当功名富贵之会而不矜,践山林钟鼎之异而不变,非大有得于胸中,其何以能此……此某所以忘其贱且愚,而愿有闻于左右也。

从"未得一望履舄"可知,大约原本在敕令所时,汤思退还不曾将

第一章 中兴四大诗人　57

陆游引荐给枢密院里的执政叶义问。上书中所谓"当功名富贵之会而不矜,践山林钟鼎之异而不变"也符合叶义问为官时颇有原则,后又因触怒秦桧而被罢官的仕途历程。陆游最后表达了自己想要"有闻于左右"的意愿,显然是希望执政叶义问可以提携自己进入枢密院,成为西府的属官僚佐。

那么何以知道陆游成功与否呢?

按照《宋史·陆游本传》的说法,他是在次年九月才除为枢密院编修兼编类圣政所检讨官。实则这一条记录本身应当是无误的,但本传中极可能缺失了陆游在绍兴三十一年已经担任过一次枢密院编修的仕宦经历。

就在绍兴三十一年的六月,御史中丞汪澈出为湖北京西宣谕使,前往督师荆襄,开府于荆湖北路的鄂州。汪澈似是已颇听闻陆游的文名,因而招他入自己的宣谕使幕府中。当时女真皇帝完颜亮已经在河南大治兵马舟楫,南侵的可能性非常大,朝野之间,有识之士无不忧愁万分。

纵观陆游一生的诗歌文章,始终充满着要戎马报国、沙场浴血的壮志雄心,那么面对这一次入宣谕使幕府,有可能在荆襄直面金军的宝贵机会,陆游是否不假思索地随汪澈去往鄂州了呢?

答案是令人觉得奇怪的。陆游拒绝了御史中丞、湖北京西宣谕使汪澈的邀请。多年以后,在绍熙五年(1194年)回忆起此事,陆游尚且在为汪澈之子所写的挽词中云"往者绍兴末,江淮闻战鼙。"于诗下自注中说"先相公督师荆襄,游首蒙招致幕府,会留枢属,不克行。"固然汪澈在绍兴三十二年七月也有一次督军荆襄,但当时江淮已经没有多少战事。且在《跋陈鲁公所草亲征诏》里陆游又说:"绍兴辛巳壬午之间,某由书局西府掾,亲见丞相鲁公经纶庶务……"绍兴三十一年为辛巳年，三十二年为壬午年，换言之自三十一年到三十二年中的一段时间，他已经是西府枢密院的僚属了。这一所谓枢属、西府掾应当就是本传中所说的枢密院编修一职。据"书局西府掾"之称，可以推断，当时的陆游正以敕令所删定官兼任枢密院编修。

且在绍兴三十一年九月黄祖舜同知枢密院事后，陆游所写的《贺黄枢密启》中又有一证。陆游在贺启中云："某顷联官属，获侍燕居，每妄发其戆愚，辄误蒙于许可……敢誓糜捐，以待驱策。"这便是说，近来为黄枢密之僚佐，获侍于枢密退朝办公之时，每有浅见，则蒙采纳，自己只能誓要粉骨碎身，为枢密效力一二。可见，陆游此时已为枢密院编修，当无疑问。

因此陆游在挽词中明面上的理由是自己当时正在枢密院里任职，走不开。可这并说不通。他当时只是一个小小的枢密院编修，而汪澈以御史中丞出为湖北京西宣谕使，开府于鄂州，他点名要陆游，则陆游没有任何理由会因为枢密院事务，而西府不放行。这说明真实的原因在于陆游自己不愿意去。

则此时又出现了两个疑问：陆游当时已经在敕令所任删定官，此时是谁帮助他兼任了枢密院编修的呢？为何陆游不愿意赴前线？

要试图去回答这两个问题，不妨留意在拒绝汪澈至多一个月后，七月时陆游又一次调任的仕宦经历。七月十二日(癸未)，敕令所删定官陆游为大理司直。

大理司直在元丰改制后为正八品，主要负责对六品以下文官武将触犯法令者及地方上奏案件有疑议而送到大理寺的，依法作出初步判决意见，再交给上级官员"大理寺正"进行审批。从这一调动可知，陆游在敕令所参与编修《参附吏部敕令格式》《刑名疑难断例》时必定是

第一章 中兴四大诗人　59

较为出色的,给了上面调任他为大理司直的理由。

则我们已经梳理出了一些蛛丝马迹来。似乎可以推断为,在绍兴三十年八月后,敕令所主要工作已经完成,年底汤思退罢相,陆游从三十一年初开始怀着赋闲的危机感准备自我营救,效唐人行卷干谒之风,在四月时上书执政叶义问,经过后者帮助,最迟在五六月间已经兼任枢密院编修,而在七月间又卸任敕令所删定官,以枢密院编修兼大理司直。

换言之,陆游拒绝随御史中丞汪澈赴荆襄前线的原因恐怕其中之一正是知枢密院事叶义问的某种承诺。不妨设想,贵为西府执政的叶义问念及汤思退提携举荐之恩,看在陆游是其门生的情面上,答应将他留在临安,加以提携。则陆游此时若又随汪澈赴鄂州,岂非对叶义问出尔反尔,得罪宰执?

其二,汪澈此人曾与陈俊卿一同猛烈弹劾汤思退,导致后者被罢左相。对于此时的陆游来说,若离开临安而入汪澈宣谕使幕府,在汤思退一派的官员看来,无异于叛出门庭。这是官位卑微的陆游所不敢尝试的。

基于以上的原因,陆游必定是忍痛拒绝了汪澈,放弃了这次前往荆襄前线,实地参与军务,甚至亲历戎阵兵戈的机会。

九月十月之间,陆游获得了面见天子赵构的机会,很可能这又是一次叶义问所承诺过的"提携"。按高宗赵构时期御殿视朝的班次,通常是两府先奏对(秦桧死后,乃是三省、枢密院合班奏对,然后三省、枢密院再分班奏事),次则台谏,再次则侍从,最后是轮对官上殿。以陆游此时卑微的官职而论,他不可能挤占台谏与侍从的班次,也不太可能有资格被"内引奏事"或者有机会"禁中夜对"。唯一可能有机会见到赵构而奏事的,只有轮对。所谓轮对,即是将一定范围内的官员(通常是侍从以下,朝官以上)按顺序轮流给予某官职以上殿奏事的机会之制度。但即便是轮对,按照高宗时制度,通常也须是"厘务通职郎以上",也就是如北宋一般需要升朝官以上,同时又限制为有实际差遣的朝官方可。虽然绍兴年间逐渐放宽了轮对的寄禄官阶限制,如馆职臣僚等,非朝官的也可轮对,但轮对很容易遭到其他拥有可以不经三省和枢密院取旨,直接"牒阁门"而上殿奏事的"直前请对"官员的"截班",遇到这种情况,轮对官员奏事班次就被"隔下",最快也要延后到次日才能上殿。有时候甚至会遇到被连续隔下的倒霉事,以至于不得不规定如果连续三次被隔班,可以请旨安排上殿等。从而可知,以陆游当时枢密院编修和大理司直的差遣以及从事郎的选人官阶,他要在轮对时得见天子,也是不容易的事情,很可能是在执政叶义问的安排下,给到了这样一个班次,让陆游有机会"仰望清光",得睹天颜。

从陆游的《剑南诗稿》中看,这一次与高宗赵构的奏对,似乎给自己留下了很深的印象,以至于许多年后还历历在目,反反复复地提及。

卷九《感兴》云:

少小遇丧乱,妄意忧元元。恐饥卧空山,著书十万言。贼亮负函贷,江北烟尘昏。奏记本兵府,大事得具论。请治故臣罪,深绝衰乱根。言疏卒见弃,袂有血泪痕。尔来十五年,残虏尚游魂。遗民沦左衽,何由雪烦冤。我发日益白,病骸宁久存。常恐先狗马,不见清中原。

此诗淳熙四年(1177年)冬作于成都。"言疏卒见弃,袂有血泪痕",似乎这次面圣,陆游的奏对很是激怒到了官家赵构,尽管陆游悲泪泣下,但皇帝不为所动。且"卒见弃"三字触目惊心,似有所指。

另外,"贼亮负函贷,江北烟尘昏。奏记本兵府,大事得具论"则又是一明证,本兵府即西府枢密院,可见绍兴三十一年完颜亮空国而来,江北兴兵之时,陆游确实已经任枢密院编修。

卷二十一《史院书事》中云:"孤臣曾趣龙墀对,白首为郎只自伤。"诗下陆游自注:"绍兴辛巳尝蒙恩赐对。"绍兴辛巳即绍兴三十一年,二十九年后的淳熙十六年(1189年)陆游还在回忆这次与皇帝赵构的奏对!"孤臣"之无助低下,不言皇帝而但说"龙墀"的那种高高在上,君臣的疏离都体现出来了。

卷三十一《望永思陵》中云:"贾生未解人间事,北阙犹陈痛哭书。"永思陵即是高宗赵构之帝陵。虽然当年赵官家伤害了陆务观,但成了放翁的陆游心中只有一片忠君爱国的悲恸之思。这首诗绍熙五年(1194年)冬作于陆游之故乡山阴,距绍兴三十一年(1161年)已经有三十四年之久!可陆游仍在感叹"北阙犹陈痛哭书",自己在高宗赵构面前上书言事,痛哭流泪,看来一刻也不曾忘怀。

同卷《十一月五日夜半偶作》云:"草径江村人迹绝,白头病卧一书生。窗间月出见梅影,枕上酒醒闻雁声。寂寞已甘千古笑,驰驱犹望两河平。后生谁记当年事,泪溅龙床请北征!"此诗亦作于绍熙五年的山阴。陆游当时已经古稀之年,可以说,七十岁的他志在恢复中原的不灭决心和期望,实在令人动容。值得注意的是,尾联又提到"泪溅龙床请北征"的当年事。

则我们不禁要疑惑,三十余年前,三十七岁的陆游在面对皇帝赵构时,究竟说了哪些话,发生了什么事,以至于他此后一直念念不忘,为之悲恸慨叹?

首先这次奏对并没有传世的文字留下,我们无法直接去考察君臣二人当时说了些什么。但从《十一月五日夜半偶作》中的"泪溅龙床请北征"一句所透露之信息来看,我们已经可以推断,得到轮对机会的陆游,兴奋过头,面对当时完颜亮大举南寇,陆游居然提议皇帝赵构应当御驾亲征。

赵构对外是色厉内荏之人,他后来确实是御驾亲征了,不过那是在完颜亮意外死于部下兵变,金军已经陆续撤退之后,而他御驾亲征也不过是到了建康作了番戎装天子的表演罢了。

而绍兴三十一年的九、十月间,完颜亮号称百万大军,那投鞭断流的气势早就吓坏了赵构,如何敢真的移跸长江,恐怕哪怕是往北走一步都是绝不愿意的,不往南跑已经是勉为其难!

更为可气的是,陆游不过一卑微小臣,若是宰辅如此提议,官家赵构还不得不巧言令色地诡辩托辞,可眼下他这位大宋天子却被一个选人揭穿了自己的无能和恐惧,因此赵构势必大发雷霆。

我们没法知道赵构实际说了什么,但赵构对文武之臣或是读书人都有过撕下他仿佛温情脉脉的君父面具,而以极端刻薄的话语和严酷的处罚来对付他们的时候。远有陈东、欧阳澈之枭首示众,近有梁勋编管千里之外……

总之,赵构必然是狠狠地数落了陆游,大约无外乎拿一些"汝小臣焉知军国事"之类的话语来刺痛三十有七的陆游。在这样的年岁里,一个胸怀壮志的男子潸然泪下,甚至痛哭失声,可想而知,他的爱国之心与自尊都受到了怎样的伤害,这才在此后的数十年人生中都无法淡忘。

十月时,陆游为出知遂宁府的殿中侍御史杜莘老赋诗送行。从杜莘老被罢风宪言职,也可见皇帝赵构做事之风格。在数月前,金人南侵之势已逐渐显露,群臣请加强戒备者不知凡几。然而赵构在极其不情愿地相信了金军即将南侵的情况下,已动了往南方逃跑避敌的念头。但作为皇帝,这样的话常常不适合自己说,于是令担任入内内侍省副都知的得宠貂珰张去为在外面散播阻挠用兵,主张巡幸闽、蜀的言论,好试探群臣的反应,结果一时间朝野震怒,都说张去为"阴沮用兵",当时的殿中侍御史陈俊卿甚至提出"乞斩张去为以作士气"的建议(亦有说杜莘老也曾请斩张去为)。但官家赵构除非自己生命和权力受到威胁,否则还是比较护短的,如何会同意呢?

杜莘老决心将弹劾张去为的事情一做到底,但这位杜甫的十三世孙大概比杜甫要有政治智慧。他知道不能以张去为"阴沮用兵"为由来弹劾这个宦官,不然就是在打官家的脸。因而他找了另一个理由。恰好当时张去为不知为何,竟将御马院内二百军士的头顶给剃光了,闹得都下之人惊诧莫名。于是杜莘老便以此弹劾张去为。实际上这又是件可疑的事情。张去为非是普通的宦官,他贵为延福宫使、安德军承宣使、入内内侍省副都知,几乎可以说是在内侍级别上到顶了,又是早年在赵构母亲韦太后身边伺候的宦官,当是颇聪明机灵方能受宠。为何却在中外沸腾,争相想要让皇帝贬黜他的节骨眼上做出这种髡二百兵士顶发的怪异举动而贻人口实呢?或许,他得了赵构的指示,正是要露个破绽,好被人弹劾,从而让官家对朝野有个交代?如此,便能解释为何赵构禅位做了太上皇之后,张去为又被召回来在德寿宫里做内侍头领伺候他了。

但赵构自然不能一有台谏弹劾就将张去为加以处置,那样以后哪个左右之人还会为他卖命？于是赵构借口说张去为大约不知道御马院里发生的荒唐事。杜莘老不依不饶地连章弹劾，官家顺水推舟，下令：殿中侍御史杜莘老直显谟阁知遂宁府，延福宫使、安德军承宣使、入内内侍省副都知张去为致仕。这便是让人知道，你们要张去为走人，可以，朕让他黯然退休了，但杜莘老这般攻讦朕身边人，也不可留！当时门下后省的给事中金安节与中书后省的中书舍人刘珙都坚决封还制书，拒不书黄。赵构又假意下令改杜莘老为司农少卿，不赶出国门，总行了吧？可赵构深知杜莘老为人。果然，刚直的杜莘老不愿受到这种戏弄，自请出外，于是再次被出知遂宁——这便是赵构在用行动告诉朝臣，朕的意志不可忤逆！

而陆游在此时大约也已因为请赵构御驾亲征而被罢去了枢密院编修和大理司直的差遣。

何以知晓呢？

在《渭南文集》卷三十的《跋〈曾文清公奏议稿〉》中，有如下文字："绍兴末，贼亮入塞。时茶山先生居会稽禹迹精舍，某自敕局罢归，略无三日不进见……开禧二年岁在丙寅五月乙巳，门生山阴陆某谨书。"开禧二年（1206年）已经82岁的陆游在回忆昔年往事时提到，在绍兴三十一年末，完颜亮率领金军南侵时，其恩师曾几正在会稽，而自己被罢免敕令所删定官之后，赶往恩师所在，几乎日日拜谒问安，请教学问云云。

但据《建炎以来系年要录》可知，七月时陆游已由敕令所删定官改任大理司直，他当时应是以大理司直兼枢密院编修，早非敕令所删定官了。那么为何在叙述自己罢官返乡而至会稽随侍恩师的时候，却说是因为"自敕局罢归"？如果排除陆游年老而记忆出错的可能（实际上看陆游此时写的诗文,很难相信他已经完全记错了如此重要的一件事情,何况"泪溅龙床请北征"的事情他记得如此清晰,又反复写在诗中),则此处当是陆放翁为了维护高宗赵构的形象而作了"曲笔"的处理。这应当就是《感兴》中"言疏卒见弃,袂有血泪痕"所指的"卒见弃"之事,即因触怒高宗赵构而被罢官,遭到了君父的抛弃。

陆游在赋诗送别杜莘老前后之际,多半也是怅然彷徨又颇同病相怜的吧?

去一阉竖小人,却也须去一方正君子;请官家北征,却换来自己被罢去官职,且因为自己惹恼了大宋天子,执政叶义问也必然再不会愿意提携自己……

但陆游的转机便和大宋此时的好运一样,随之而来了。

据《剑南诗稿》卷十八《岁晚书怀》陆游自注:"绍兴末,游官玉牒所。"所谓玉牒所是宗正司下属的一个按编年体专修本朝历代皇帝玉牒(在位年月日、年号、历数及相应的政令、疆域户口、丰凶祥瑞之因袭变革)的官署,南宋开始规定,以宰辅任提举,侍从兼修,而宗正寺官员都参与纂修玉牒的工作。

再参考陆游《剑南诗稿》卷四十二《庚申元日口号》及卷六十五《望永思陵》所云送驾之事,便能断定入玉牒所必在绍兴三十一年末。因为在绍兴三十一年十二月初十(戊申),高宗赵构自临安"御驾亲征",前往建康府。而《庚申元日口号》中云:"仁和馆外列鹓行,忆送龙舟幸建康。舍北老人同甲子,相逢挥泪说高皇。"所谓"鹓行"即是指排列成行的官员送驾之队伍。卷六十五《望永思陵》诗下陆游自注:"绍兴末,驾幸金陵,游适在朝列。"则可见,绍兴三十一年十二月高宗巡幸建康之时,陆游已经重新获得了在临安的职事差遣,确乎又做了行都里的官,因而才站在当时送驾的临安百官队伍里。是以陆游所说的"绍兴末,游官玉牒所"当即是指绍兴三十一年末自故乡绍兴府返回临安,重新得官,这一点应当无疑。

至此,我们方明白陆游《宋史》本传中所说的"迁大理司直兼宗正簿"应是在绍兴三十一年年底,陆游忽然被召回临安,以从八品宗正寺主簿的差遣入玉牒所。又据《宋会要辑稿·职官二〇》:"宗正寺……主簿一员,以京官充",则此时选人身份的陆游若没有人再施以援手,应当是不可以任以宗正寺主簿的。

假如此前的推断都正确,那么这时候陆游很可能得到了同知枢密院事黄祖舜的举荐,因而能够再入行都为官。这是一个可能的原因。第二个原因,当时汤思退的政治生命已经复活过来。在此年十月下旬,他被起复为观文殿大学士充醴泉观使兼侍读,回到临安,大约在十一月又被任命为临安府行宫留守。如此一来,他要设法搭救陆游那是确乎可能的。第三个原因,应当是采石矶大捷的消息传回了临安,赵构稍稍打消了点逃跑的念头,也颇想乘胜鼓舞士气,在十二月他便果真表演了移跸建康府的"御驾亲征"把戏,对于陆游这样一个曾经提议他亲征的小臣,自是不会再放在心上忌恨了。如果有宰执或其他重臣举荐,那么在召回陆游一事上,便应当不会有太大的困难。

至此,我们可以做一番小结:陆游在绍兴三十一年四月上书执政叶义问,后者因为曾受汤思退提携而帮助陆游入西府为枢密院编修;六月汪澈督师荆襄,邀请陆游入其幕府,而陆游因得到叶义问承诺以及顾虑汪澈参与弹劾汤思退导致其罢相,于是婉拒;七月卸任敕令所删定官,以枢密院编修兼大理司直(或许这是为了让陆游可以参与到轮对);九月十月间入对,"泪溅龙床请北征",触怒皇帝赵构;十月为杜莘老送行,自己亦罢官返乡,屡谒曾几,后以曲笔谓是自救令所罢;十月至十一月间,汤思退起复,成为临安行宫留守。此年冬陆游以宗正寺主簿入玉牒所(或为汤思退、黄祖舜所荐)。

陆游的运气时好时坏,在这里看到的并非只是一个主战的爱国诗人这一符号化的形象,更是一个在个人与国家、民族的命运交错中,在宦海中挣扎浮沉,不得不千方百计结交大臣,又不能完全放下原则的有血有肉之人。

到了次年,也就是绍兴三十二年闰二月,汤思退出知绍兴府,从陆游所写的《送汤岐公镇会稽》一诗中,足见陆游对汤思退的感恩戴德。这就说明,在绍兴三十一年末,陆游重新得到回临安为官的机会,恐怕与汤思退的作用也是分不开的。其中云:

> 永怀前年秋,群胡方啸凶,间左发蓟北,戈船满山东。旧盟顾未解,谁敢婴其锋?公时立殿上,措置极雍容。南荒窜骄将,京口起元戎。旧勋与宿贵,屏气听指踪。规模一朝定,强虏终归穷。当时谓易耳,未见回天功;及今始大服,咨嗟到儿童。

实际上这通篇的赞扬基本都出自陆务观天马行空的"文学虚构",甚至到了完全罔顾事实的程度。详见拙作《大宋文臣的品格》,此不表。

绍兴三十二年六月,官家赵构禅位给了养子赵昚,这就是历史上的宋孝宗。九月十一日,朝廷下诏改详定一司敕令所为编类圣政所,随后不久,陆游由宗正寺主簿调任为枢密院编修兼编类圣政所检讨官。

十月的两府内,朱倬已被罢免了右相,陈康伯是独相,史浩是参知政事兼权知枢密院事,汪澈亦是副相;叶义问于十月被罢执政,黄祖舜、张焘为同知枢密院事。

陆游的好运又一次来临。史浩与黄祖舜一同向新官家赵昚举荐陆游,说他善于词章,熟谙典故,乃是一个不可多得的人才。

天子赵昚极是不喜欢秦桧,也自然知道当年陆游被黜落的真正原因并非才学未逮,而是太师作祟。于是皇帝龙恩浩荡,表示陆游力学有闻,便赐他进士出身吧!

八年前陆游就应该得到的登科之荣,终于还是姗姗来迟地还给了他。但从传世的《剑南诗稿》来看,务观似乎并未对被赐进士出身一事兴奋激动而吟诗作赋,只能从他的一些官场文牍中看到对此事的公式化叙述。或许,正是因为对自己的绝对自信,才对八年前被秦桧黜落一事始终耿耿于怀,才会觉得这"进士出身"不过就是本来便属于自己的荣耀,不需要大书特书。

但进士出身在大宋仍然是风光无二的头衔和身份,就像昔年狄武襄终日慨叹的那样:"韩枢密功业官职与我一般,我少一进士及第耳。"但武臣如狄青这般能做到枢密使,位登执政的又有几个?可如此奢遮的大帅,都下之人不过是仍以"赤老"之俗称呼为"赤枢",甚至当时还有人拿狄青的姓氏和当兵时脸上的刺字屡屡取笑,云"汉似胡儿胡似汉,改头换面总一般"。盖所谓南蛮北狄,西戎东夷也,又狄青字汉臣,故时人戏之。可见,在两宋若是没有正经的进士出身,便是做了宰执,也不能令人服气,反受歧视。因而陆游获得进士出身,对其仕宦生涯来说,当然是极其重要的一件事。但当时的陆务观如何能想到,在绍兴三十二年冬陈俊卿、张栻入临安后,最晚在次年初,他就要怀着痛苦来回报史浩。原来命运给予的恩赏,早已都暗中标好了它的代价,诚如斯言,岂有他哉!

但在绍兴三十二年年末之前,平日放衙后的陆游在百官宅的闲暇生活中,迎来了比较快乐的一段时期。他与周必大等人时相唱和,诗酒走马,看尽临安芭蕉疏雨,踏遍秋荷湖畔,拿起生花妙笔写那水光山色与人亲,个个风华正茂,将肺腑胸臆都点缀到十里青山、一溪流水之间,作得那情深意切,江南风景。

> 巷南巷北秋月明,东家西家读书声。官闲出局各无事,冷落往往思同盟。出门相寻索一笑,亦或邂逅因俱行。黄中掀髯语激烈,韶美坚坐书纵横。子充清言喜置酒,赤梨绿柿相扶榮。寒灯耿耿地炉暖,宫门风顺闻疏更……

枣木巷石灰桥附近的"西百官宅"里,陆游与周必大(字子充)比邻而居,而林栗(字黄中)、刘仪凤(字韶美)、邹柽(字德章)亦是经常往来的百官宅里之友朋。放衙后的诸人经常一起回家,而年轻人的指点江山、挥毫弄墨与清谈纵酒、通宵达旦都在陆游的笔下跃然纸上,仿佛是一幅南宋文人雅集图。

虽然临安是一片风花雪月,宋金之间局部的战斗尤其是西北的战争仍在继续。川蜀大帅,少傅、四川宣抚使、陕西河东招讨使吴璘的西军经过艰苦卓绝的拉锯战,收复了在西北关中地带几乎具有无与伦比之险要作用的德顺军。在此之前,绍兴三十一年年末,西军已经收复秦、陇、洮、兰四州,王彦则东取商、虢之地,后又拔大散关,分兵据和尚原要地,西北形势已经逐渐利于大宋。到了绍兴三十二年三月,吴璘亲赴德顺军与金人决战,终于击败兵力占优势又据城而守的金军,收复德顺军。不论是对于宋抑或金而言，德顺军在西北的重要性都不言而喻。如果能守住德顺，则宋军的粮草辎重都能源源不断地自川蜀送到秦凤、泾原等地，那么新复州郡都有较大可能守住；反之，如果德顺军一丢，前线宋军便进退失据，新收复的州郡也遮护不住了，其意义便如街亭之于诸葛亮北伐。而金人若要占据关中以至整个西北，甚至进一步窥蜀入川，则必须占据德顺军，因此金军在绍兴三十二年中增兵数万，连番猛攻德顺军及原州等要害之地。

就在绍兴三十二年冬，皇帝赵昚召江淮宣抚判官陈俊卿、张浚之子张栻入临安。二人带着张浚的奏疏来到行都，这位江淮宣抚使果然提出北伐之议，并请天子驾幸建康以动中原之心，用师淮壖，进舟山东，以遥为吴璘之援。

此时有一个人强烈地反对这一北伐建议，他正是孝宗皇帝赵昚的潜邸随龙人，并且是赵昚过去的王府直讲，也就是帝师，如今的参知政事副宰相史浩！

史浩有着一套他的"北伐"韬略，并且与张浚早在如何布置两淮、长江防线问题上就有着激烈的分歧与矛盾。史浩初为翰林学士时认为鉴于去年完颜亮南寇的经验，应当在长江两岸的瓜洲、采石重点设防，但张浚认为如果不把防御重点放在更北面的两淮地区，而专注于南面的长江防线，则等于是示敌以弱，又令将校士卒的战守之心徒然受损，故而主张先在两淮地区的泗州重点设防。此举既得罪史浩，又让史浩担心张浚的势力抬头，会影响到自己宣麻拜相，或是抢走他有朝一日主政中外的权力。于是史浩除参知政事后，凡张浚之规划建言，他几乎全然反对。而眼下吴璘的大军在西北正颇有成功之势，金人自三月丢了德顺军及诸州之后，至此已几乎九个月之久，仍不能夺回失地。

第一章 中兴四大诗人 71

实际上谁都看得出,如果吴璘成于西北,张浚成于淮上,那么张浚势必要再次拜相,且威望更过于前,相位也将十分稳固。

史浩当时正以参知政事兼权知枢密院事,他找来了自己颇为赏识的文章圣手陆务观,说了一大通高屋建瓴的军事战略,谈了一大堆指点江山的话语,最后告诉陆游,替某来写一篇札子吧!

陆游是何等聪明之人,难道听不明白史浩是想要让张浚的北伐胎死腹中么?可他怎么拒绝史浩?史浩是帮助自己获得了进士出身的恩公,是当朝天子的帝师,说是恩相都不为过,自己根本就没有拒绝的余地。

陆游强压着无比的苦痛,回到自己的书案上,几乎是颤抖着拿起笔,他代史浩写下了《论未可用兵山东札子》:

> 臣等恭睹陛下特发英断,进讨京东,以为恢复故疆,牵制川陕之谋。臣等获侍清光,亲奉睿旨,不胜欣抃。然亦有惓惓之愚,不敢隐默者。窃见传闻之言,多谓虏兵困于西北,不复能保京东,加之苛虐相承,民不堪命,王师若至,可不劳而取。若审如此说,则吊伐之兵,本不在众,偏师出境,百城自下。不世之功,何患不成。万一未至尽如所传,虏人尚敢旅拒,遗民未能自拔,则我师虽众,功亦难必,而宿师于外,守备先虚。我犹知出兵京东以牵制川陕,彼独不知侵犯两淮、荆襄以牵制京东邪?为今之计,莫若戒敕宣抚司,以大兵及舟师十分之九固守江淮,控扼要害,为不可动之计。以十分之一,遴选骁勇有纪律之将,使之更出迭入,以奇制胜。俟徐、郓、宋、亳等处抚定之后,两淮受敌处少,然后渐次那大兵前进。如此,则进有辟国拓土之功,退无劳师失备之患,实天下

至计也。盖京东去虏巢万里,彼虽不能守,未害其疆。两淮近在畿甸,一城被寇,尺地陷没,则朝廷之忧复如去岁。此臣所以夙夜忧惧,寝不能瞑,而为陛下力陈其愚也。且富家巨室,未尝不欲利也,然其徒欲贾于远者,率不肯以多赀付之。其意以为山行海宿,要不可保,若倾囊而付一人,或一有得失,悔其可及哉。此言虽小,可以喻大。愿陛下留神察焉。臣等误蒙圣慈,待罪枢筦,攻守大计,实任其责。伏惟陛下照愚忠,臣等不胜幸甚。取进止。

此时的陆游还无法知道,这篇代史浩写的札子到底会引起怎样的连锁反应,到底有怎样的后果,他只是被巨大的矛盾折磨着身心,或许在祈祷着史浩的逻辑不要影响到皇帝的判断,更不要影响到恢复中原的大事业。

绍兴三十二年的南宋四大家,都各自在展望着自己的仕途,有的尚在迷惘,有的在追寻诗歌和学问的道路,哪怕筚路蓝缕也在所不惜,有的在地方上仿佛遥遥无期地坐着冷板凳,有的则在行都临安结识了朱紫大臣。他们有的人将在坎坷曲折中走出一条笔直的路,有的人会攀往侍从两制甚至是执政的高位,但在人生中的三十余岁这段时光里,他们都或多或少站在一个又一个十字路口上,隔着命运的迷雾,想要尽力看清自己与国家、民族的前景,想要立登要路津,想要简在帝王心……

许多年后,中兴四大诗人才会明白,文学之神的垂青并不能改变命运本身的荒诞,甚至某种程度上来说,正是命运的荒诞塑造了人世间文学的神迹。

第二章
孤光自照：两难的张孝祥

绍兴三十二年（1162年），诗词才华气冲斗牛的张孝祥已被罢官赋闲两年之久。

这一年他才刚过三十一岁。

但张孝祥原本的官可比中兴四大诗人大得多了。

绍兴二十八年（1158年），张孝祥一跃升任为试起居舍人兼权中书舍人（元丰改制后，寄禄官低于职事官二品，则称试；起居舍人在元丰改制后为从六品，即右史，为记录皇帝言行、群臣进对、朝廷命令等事的修起居注之官；以他官兼领中书舍人权），次年即正式试中书舍人（正四品，中书后省长官）。成为两制侍从级别的高官时，张孝祥只有二十八岁。和他相比，四十岁之后才进士及第的虞允文如果不考虑后来的仕宦，那简直就是不值一提了。

就在陆游被秦桧一巴掌拍成谪仙人的绍兴二十四年（1154年），张孝祥也去参加了礼部省试。他是谈得上少年天才的风流人物，十六岁时已经通过一次发解试，大约庶出的长子同之即是在这一年与后来被迫仳离的李氏所生。虽然十几岁时未能在春闱中金榜题名，但没过几年,二十二岁的他又"再冠贤书",于发解试里再次高中,次年便要参加礼部省试。

此番春闱,张孝祥十分顺利地蟾宫折桂于礼部贡院,他只需要在最后的廷试中四平八稳地完成一篇策论,就将正式成为一名通过抡才大典的进士,跻身于大宋的统治阶级之中。

三月初八日(辛酉),张孝祥在贡士举子的队伍里跟着引导的官吏一路由和宁门走进临安的皇城大内,向集英殿而去,只不过这集英殿平时乃是选德殿,又叫射殿,到了策御试举人的时候便挂上一块集英殿的牌匾,这便是"随事揭名"。而他此刻还不知道,在他身旁这一批绍兴二十四年的得解举人中,有着虞允文、杨万里、范成大等流芳后世的大人物。此时的他只知道,如今权势滔天的宰相秦桧之孙秦埙也在队伍当中,这秦埙刚刚在礼部试中得了第一名成了"省元",正等着参加殿试。举子们私下里不免要小心翼翼地谈论这位相府官三代,不少人都觉得,进士第一名的状元荣誉恐怕非秦埙莫属,毕竟皇宋自艺祖"点检做天子"到如今,差不多两百年来还从没有哪个宰臣有过秦桧这般的权柄和气焰。太师相公的虎须,谁不畏惧?当然也有举子卖弄多闻,说仁宗时便有故事,盖殿试时有官人不得为状元。这便有人笑持此论的终究是个穷措大,制度再大,又如何大得过特权?

而张孝祥的家室自然是远不能和秦埙相比了,全不在一个重量级上,但追溯起来,竟反倒与秦家有着龃龉。原来,张孝祥一家能得富贵的一大原因,是其伯父张邵之使金而遭扣留。建炎三年(1129年)时,张邵以直龙图阁、假礼部尚书充金国军前通问使,结果竟被蛮横的女真人扣留在北方长达十五年。张孝祥的父亲张祁与叔父张郯便都因为兄长的"奉使恩"而得到补官——既然尔等兄长张邵为国朝效苏武之举,朝廷自然还是记得你们的。张邵在绍兴十三年(1143年)回到了大宋,又在四年后在与秦桧的书信往来中劝他迎回渊圣皇帝(即宋钦宗)和诸王宗室,结果便得罪了秦桧。这实际上也很好理解,秦桧自恃是中兴第一宰相,是成就了绍开中兴局面的大功臣,可这所谓的中兴是在无视二圣未归、大量宗室被扣留在北方的前提下装点、打扮起来的,倘若迎回了渊圣皇帝,岂不就是令白璧生瑕,时时刻刻提醒着人们,过去秦桧是如何将二圣弃如敝屣,与金人媾和的么?但张邵随后又因畏惧得祸,于是上书说秦桧如何忠贞而有社稷之大功云云。当时人们对秦桧的恐惧可见一斑。

想着这些的张孝祥终于走进集英殿,又安坐下来。他看到笔墨纸砚都已经被摆放在桌案上,乃平复了下心情,待举子们都一一坐下之后,策论的题目便也公布了:师友之渊源,志念所欣慕,行何修而无伪,心何治而克诚?

这是说在举子们平日的治学生活之中,学问取法的师承为何者,心里追求的又为何者,且应当怎样才能做到修身而守真,正心而诚意呢?

这样的题目怎么可能难倒张孝祥?因为策问冠冕堂皇的话背后,实际上不过是将抡才大典把持在手中的秦桧一党考察御试举子的一种手段,等于是要看看举子们到底是不是反对秦桧,是不是赞成绍兴体制和南北和议的大局。

张孝祥略一思维,便提笔而书:

> 往者数厄阳九,国步艰棘。陛下宵衣旰食,思欲底定。上天祐之,畀以一德元老。志同气合,不动声色,致兹昇平。四方协

和,百度具举。虽尧舜三代无以过之矣……今朝廷之上,盖有大风动地,不移存赵之心;白刃在前,独奋安刘之略。忠义凛凛,易危为安者,固已论道经邦,燮和天下矣。臣辈委质事君,愿视此为标准,志念所欣慕者此也……

其实以他后来的诗文而论,这样的应试之作,不过是歌功颂德的谀辞骈文,远不如那些星星般灿烂的文字,但却可以从中看到当时科举制度最后一关时的真实情况,更可见秦桧的淫威之酷烈,竟令举子们不得不仰其鼻息,罔顾事实地极尽吹捧之能事。

因此张孝祥也不得不曲意为之,说什么国家遭逢靖康之难以来,皇帝陛下为了安定社稷与万民而废寝忘食,万幸上天庇佑,把秦桧这样的忠臣良相给送了回来,从而成就了中兴伟业,四海升平,即便是尧舜乃至三代之时,也无法超过如此盛德之功业!像秦太师这样的大忠臣,当年靖康之时,就坚定不移地请求金人恢复赵氏帝位,不顾女真凶顽的性命相胁,以凛然的忠义气节,使大宋江山转危为安,又燮理阴阳,致中兴盛世。而这样伟大的楷模,正是臣等献身于陛下与社稷,所无比崇拜仰慕和想要努力效仿的对象啊!

很无奈,但十分真实。想要功名,则在秦桧还活着的时候,就必须写这样恶心肉麻的话恭维他,否则绝对讨不到好果子吃。能屈能伸的道理,这个时候的张孝祥自认为已经懂了。

殿试结束,从集英殿离开的张孝祥回望着大内皇宫,他胸有成竹,回去安心睡他一觉便是!

次日,参加完殿试的举子们再次来到皇城之内,这次他们伫立在集英殿外,等待那最美妙的"唱名"时刻。官家赵构已经与魏师逊、汤思退、郑仲熊、张士襄、沈虚中、董德元等殿试、省试官员以及宰臣秦桧和签书枢密院事兼权参知政事史才、馆职名流们在集英殿里齐聚一堂。

宰相秦桧和签书兼参政史才将殿试官们初定下来的前三名卷子进呈到了皇帝赵构的御案前。秦桧父子自然知道,魏师逊等已经把秦埙定为了第一名,只要天子无异议,那么这状元就将属于他们秦府上这位十八岁的秦埙内了。

赵构在宝座上朗目低垂,无多时已经看完了三份策论。这时候三位宰执站在天子面前等着最终的殿试名次,而阁门官吏则站在御案西侧,等着要把名次传给集英殿外赤墀御阶下的军头司卫士,由这些身高马大的御前班直齐声唱名。

这些新科进士们如今都等候在殿门外,张孝祥自然也在队伍里。他们终于见到阁门官吏从殿内出来,而阶下的六名御前班直得了姓名,乃高声喊道:

"一甲第一名张孝祥!"

"一甲第一名张孝祥"

……

唱名声重复了三四遍之多,张孝祥在同列无比艳羡和不可思议的表情中,自己也难以置信地从众人中走出来应答:正是学生!

秦埙一愣,颇嫉恨地看着那莫名夺走了自己状元身份的张孝祥之背影,看着他在两名卫士一左一右的护送下走进了天子与重臣们所在的集英殿,那本该是自己的荣耀!

张孝祥努力平复着可谓狂喜的心情,对着宝座上的天子躬身行礼。

赵构这次乃仔细地审视眼前这位状元郎的容貌身形,端的是俊逸不凡,风采过人。

虽然御前班直在送其进来时已经问过一遍乡贯和父名,但按照规矩,此时廷上仍要确认一次。班直便道:"此是历阳乌江人张祁之子,张孝祥。"

赵构微微颔首,脸上满是笑意。

按照当时制度,新科进士都应等候自己所在的甲次内人全都到齐,然后才能谢恩退下,去拿表明自己登科荣耀和具体名次的敕黄。但张孝祥贵为状元,有权独班谢恩,无需等待甲内进士到齐。当时便是状元一班,第二、第三名为一班,第四名至第十名又为一班,其余全甲为一班谢恩。这要让天子记住你可就难上加难了。

张孝祥谢恩完,自是去领敕黄了,这标志着他终于是可以"脱韦布而列簪绅",释褐得官了。他看着手中厚厚的黄纸,只见上面用正楷十分工整地书写着:

三省牒

  乡贡进士张孝祥

牒奉

敕宜赐进士及第出身牒至准

敕故牒

      绍兴二十四年三月 日牒

     端明殿学士 权参知政事 史(才)

    太师 尚书左仆射、同中书门下平章事 秦(桧)

这是多少人梦寐以求的一份进士出身证明啊!凭着这份厚厚的敕黄,便可以拿着前往吏部进行铨注授官,领取正式的告身,成为士大夫的一员,摆脱芸芸众生的底层细民之身份,何止是一份证明,这是人上人的标志!何况,一切功业尽在其中!

第二章 孤光自照:两难的张孝祥

拿到敕黄后,还要回到自己的甲次内站着等候。这时,张孝祥却见一个紫袍官员向自己走来,站定在身前便是一揖。

"知临安府曹某贺状元郎。"

张孝祥赶紧也是一揖,回礼过去:"天府尹纡尊降贵,不才惶恐。"

原来,此人乃是知临安府曹泳,本是开国名将曹彬五世孙,乃是武臣勋贵的出身,后来因为阿附秦桧,又将妹妹嫁给了秦熺,于是得以在绍兴十三年换文资,摇身一变成了文臣,此后步步高升。

曹泳道:"未审状元郎可曾娶妻成家,某这边倒想与状元郎攀一门亲事……"

张孝祥心里一惊,在策论中谀美秦桧已经是不得已而为之,可如果要答应秦桧党羽曹泳的请婚,则等于说自己一入仕途便成了"公相"口袋里的人,自问实在是做不到!何况自己已经有了李氏,且生了下长子同之!

曹泳正和善地笑着在等待张孝祥满口应承,然而后者只是深深一揖,却沉默不语,并不答话。

无多时,一甲另外二人曹冠、秦埙也拿了敕黄回来站定了,这便是要按照当时制度和惯例,由一甲的前三名向天子进诗谢恩了。于是曹泳便也不好发作,更不能再多纠缠,只是脸色数变,深以为受辱,竟是拂袖而去。而这一切都被太师秦桧看在了眼里。至于进诗倒不过是个走个流程,并无难度可言。因为每一位参加殿试的举子都会事先准备好一首谢恩诗,万一一甲的荣誉就掉到自己头上了呢?有备无患!

三人分别依着名次进了形式远大于内容的谢恩诗,但赵官家仍然是对形貌英伟卓荦的张孝祥赞不绝口。

接下来自然是第二甲唱名,等到第二甲唱完,赵官家便暂时离开集英殿,用御膳去了,于是赐一甲的状元和第二第三名酒食五盏,新科进士们也赐食三品,乃有羊肉饭一盂、赤焦肉饼两枚……

却说这会天家赐食,大家又都得了功名,这饭便吃得滋味非凡起来。只不过,自三甲到五甲,人数越来越多,又都是以全甲为一班进行谢恩,许多细节便逐渐从简了。

贵为太师和独相的秦桧走到张孝祥身前,这便由不得张孝祥不作揖行礼。

秦桧瘦长的脸上看不出任何喜怒,只是淡淡地说:"官家不止是喜欢状元郎的策论,又说喜欢状元的诗与字,叹为三绝。敢问状元郎,诗何所本,字何所法?"

听到秦桧转述了天子的盛赞,张孝祥自是连道不敢,这会又见秦桧问自己作诗和书法上所学谁者,便正色回答:"学生乃是本杜诗,法颜字。"

好一句本杜诗,法颜字! 杜甫的诗,颜真卿的字……

秦桧竟是笑着徐徐而道:"天下好事,君家都占断!"

张孝祥望着秦桧离去的背影,品味着这句话里那种狰狞的威压与寒意,眼前掌权快二十年的老公相讽刺说,天下间的好事,都让他张孝祥家独占了——这背后的忌恨之意,实在令人毛骨悚然!

但还能如何呢?且努力加餐饭吧! 吃茶喝水,东堂月朗西堂暗,扫地泼水相公来! 若相公要来对付自己,那也是命定之事,此时想了作甚!

用完御赐的饭食后稍过了会,赵官家也回到了集英殿内,于是唱名继续。待第五甲唱名完毕,新科进士们都手执敕黄拜礼天子。于是殿上声音响起:"赐进士袍、笏。"

张孝祥便在新科进士们的队伍中出了殿门，自殿外的廊庑下取了绿罗公服、笏板等物事，接下来，便是状元郎自东华门外唱出，鲜衣怒马，都下百姓争相一睹风采的荣耀时刻了！一路从东华门丝鞭骅骝，状元郎前面尚有金吾司七名身材高大的公吏为之导从开道，绿袍释褐的进士们骏马快行，各个手持敕黄，行至新进士们集会的期集所——礼部贡院内的状元局。而豪门贵邸，争相张列彩幕纵观，进士们的队伍里黄旗纷繁，多至数十百面，各书诗句。一时间要看遍登科进士们风采的挤热闹之人拥塞通衢，几乎是摩肩绣毂、宝马雕车角逐争先，甚至有人登上屋顶意欲痛快俯瞰新进士们的飒爽英姿。那"榜下捉婿"的老传统便也在此时要由豪右形势之家们瞧个仔细，选个好抓住的乘龙快婿哩！

绍兴二十四年的三月注定是属于这些登科的新进士们的。唱名后十日左右，张孝祥作为状元便率本科进士们朝谢天子，数日后又往贡院拜黄甲、叙同年。所谓"黄甲"，即是此番正奏名的甲乙丙丁戊五甲进士及第榜，盖以黄纸书写，乃曰黄甲。这一天，亦是要在贡院里摆设香案，将本科黄甲置放案上，张孝祥引领五甲全部的进士拜礼香案并望阙再拜，然后已过不惑的进士便列于东廊，四十岁以下的则列于西廊，此在于尊年齿也。本科进士中最年长的一人又出列上堂，受榜首大魁张孝祥拜礼，其还礼后又本科最年少的登第者上堂，拜礼状元，张孝祥以答拜而退，此是明儒家揖让敬爱之仪。于是贡院内吏人乃请本科进士们按照黄甲排次，各书姓名，以便镌刻于题名石。这便是所谓拜黄甲、叙同年！此后这些同榜登科的进士们，就是官场上的"一大铁"——同年之谊。值得一提的是，特奏名的进士就没这待遇了，不得参与！

又数日，本科进士们乃赴国子监，拜礼谒谢先圣孔子、先师颜回以及邹国公孟子。

大约在三月下旬，礼部贡院里隆重欢庆的闻喜宴开始了。这闻喜宴源自唐代的曲江宴，所谓"唐制：礼部放榜后，勅下之日醵钱于曲江，为闻喜宴"。想来那盛唐时节，新科进士们流觞曲水，吟诗作赋，真是风华无二。只是唐时闻喜宴尚须进士们自己筹钱，在宋时则基本都是承袭后周世宗末年定下的制度，由朝廷统一拨款来解决聚餐宴会的费用问题。不过自靖康之难以后，南渡的宋室屡屡遭受金人饮马长江，甚至出入两浙的巨大威胁，闻喜宴这样的庆贺事情便一度处于停办状态，直到绍兴十七年才得到恢复。如此，岂非又是一桩有关绍开中兴、天下太平的明证？

闻喜宴举行的这一天，张孝祥跟在魏师逊、汤思退等考官和侍从、馆职官员身后，走在所有登科进士的最前面，入了礼部贡院，于是承载着庄严文教之目的的雅乐响起来了，歌也唱了起来：

多士济济，于彼西雍。钦肃威仪，亦有斯容。烝然来思，自西自东。天畀尔禄，惟王其崇。（《正安》）

汤思退等考官作为"押宴官"此时西向而立，宫里头的中使乃宣："有敕，赐卿等闻喜宴。"于是面朝宫阙方向站着的众人便要对着那代表天子与朝廷的香案拜上数拜，甚至要"搢笏""舞蹈"，再拜。即是将笏板插在腰带上，再手舞足蹈地行礼。"舞蹈"者，本是文武大臣朝见天子时的礼仪，后来朱熹曾怀疑"或是夷狄之风"。

这之后，以张孝祥为首的正奏名进士便坐于东廊，特奏名进士便坐于西廊。这一东一西的坐次安排又体现出天朝上邦的讲究和尊卑来。所谓正奏名进士自然指的是张孝祥这样经过礼部省试和殿试而获得进士身份的人。而特奏名就不一样了。有一些发解试合格的贡士举子在礼部省试屡屡被黜落,或于宋初时在殿试中被黜落,太祖开宝三年(930年)时,便按照一定的规定特许(当时是选了十五举以上不第者,也就是通过了十五次发解试却十五次在礼部省试或殿试中被黜落)一批人直接得到进士出身。虽然当时诏令中说"今后不得为例",结果还是沿袭下去,在真宗咸平三年(1000年)基本形成了特奏名的制度,此后凡解试合格而省试、殿试落第的,积累到一定举数和年龄,便可直接参加殿试,赐予等第,这便是特奏名的恩榜、恩科。那么自然,特奏名进士是远远不如正奏名进士的。这种大宋独有的特奏名制度,自然是为了笼络士人,给予读书人最大程度的皇恩。

各人面前的桌案上摆着五盘果子、一朵鲜花、肉食若干。然而这其中一盘果子乃是与鲜花一样,是用来看的,唤作"望果",花则称为"望花",若是谁人不谙典故,胡乱吃了,那可便是大出洋相,必是要为人讥笑的。且新科进士们坐在青墩上,须先斟酒三轮,然后才会上菜肴。

这时候雅乐再起,新进士们喝第一轮:

明明天子,率由旧章。思乐泮水,光于四方。薄采其芹,用宾于王。我有好爵,置彼周行。(《宾兴贤能》)

第二轮酒,亦有雅乐:

乐只君子,式燕又思。服其命服,摄以威仪。钟鼓既设,一朝

酬之。德音是茂,邦家之基。(《于乐辟雍》)

来来来,喝完这杯,还有三杯,将进酒,杯莫停!
第三轮喝起来,雅乐响起来:

圣谟洋洋,纲纪四方。烝我髦士,观国之光。遐不作人,而邦其昌。以燕天子,万寿无疆。(《乐育英才》)

自第三轮饮酒开始,都会上菜以配酒,如是一直到第五轮,到雅乐唱到"天子万寿,永观厥成",便算是要歇息一下了。

这时候便按例赐予每位进士宫花四朵,各自簪于幞头之上,连进士的从人及贡院下吏都与有荣焉,赏了宫花,这可不就是赵官家的君恩似海么?仁宗宝元元年(1038年)刚刚二十弱冠的司马光登科时本不肯簪花,大约以为轻浮且无聊,最后因为同年相劝"君赐不可违也"才勉强簪了一朵在幞头上。可杨万里笔下那"绿衣半醉戴宫花"的盛景岂非此时进士们畅快欢乐的真实写照?

待到再喝四轮,簪花尽觞已毕,便该是天子御赐教诲的流程了。

这一次的闻喜宴临近结尾,赵官家令赐予本科进士御书石刻《皋陶谟》一本。《皋陶谟》出自《尚书》,而皋陶相传乃是尧舜禹的大臣,显而易见,赵官家是自比上古贤君呢。天子勉励新科进士们日后好生为朝廷做事,圣君贤臣,则天下太平,超迈三代,岂不休哉!

四月十五日(丁酉),张孝祥正式授官,以左承事郎签书镇东军节度判官厅公事。

承事郎是正九品的京官,这是张孝祥初入仕途的寄禄官(阶官),

"签书镇东军节度判官厅公事"是具体的差遣（职事官），是他实际要去担任的工作岗位。镇东军节度治所乃在绍兴府，这一节度判官其实与普通的"签判"并无太多不同，都是佐理州郡长官的从八品职务。

在签判任上处理着文书工作的张孝祥一时已经把得罪秦桧一党的事情抛之脑后了，然而老公相居然念念不忘，到了次年十月，大祸便这样落到了张孝祥和他父亲张祁头上。

绍兴二十五年（1155年）的秦桧日益老病，他谋划着要趁大权在握，而将反对自己的人利用各种罪名一网打尽，好将权力设法过渡给儿子秦熺，苟不成则至少也要维持秦党继续专权的局面，以保家族富贵。于是自二月起，秦桧的爪牙纷纷出动，兴起大狱，如沈长卿与芮烨赋诗，后者有句云"宁令汉社稷，变作莽乾坤"，而沈长卿又与过去猛烈斥责秦桧"盗弄国权、怀奸误国"的前参知政事李光有诗文往来，于是沈长卿、芮烨二人除名勒停，废为庶民，且编管远恶军州。这当然只是一个开头，秦桧不过是要从沈长卿、芮烨二人牵扯到李光乃至其他被自己贬谪到地方上的更要害的人物，以及借此攀诬更多反对他的人，扩大打击面，令朝野恐惧噤声，因此，甚至不惜将太祖皇帝五世孙身份的宗室赵令衿抓进宗正司，说他与前宰相赵鼎之子赵汾谤讪朝政，窥伺朝廷枢机大事，二人于是并送大理寺根勘问罪。望仙桥附近的秦桧相府中，这位老公相在御赐牌匾的"一德格天阁"中亲笔写下赵鼎、李光、胡铨姓名，必欲杀之而后快，但赵鼎已死，便准备杀害其子赵汾，又忌惮张浚复起，于是兴起赵令衿、赵汾之狱，且波及张浚。殿中侍御史徐嚞便弹劾知洪州张宗元勾结张浚，至此，秦桧又派人严刑拷打赵汾，将他折磨得死去活来，从而逼迫他自诬与张浚、李光、胡寅谋大逆……

在这样的政治恐怖背景下,张孝祥的父亲张祁便被牵连其中。冬十月十一日(乙酉),右正言张扶弹劾张祁:

> 谨按右承议郎张祁,本农家子,缘其兄邵奉使,遂叨一命。乃私犯其嫂,以致有娠,于蓐中阴杀以灭口。胡寅从而庇之。邵归,因此失心,不复视为兄弟。前此孝祥新第而归,终不敢往见。且寅之为人凶悖险诈,专事胁持,范宗尹、赵鼎之徒,畏之如鬼。虽在谪籍,其势力犹可以造张祁父子之大福,又能使举世不敢言祁,此其力不小!若不治之,则轻儇之徒,观望胡寅,虽不附丽,一朝为国生事,悔之无及。臣身任言责,岂敢避忌,不为国家远虑?伏望付于有司,正其罪名,以快天下公论。

很快,诏令下达,张祁下大理寺根勘,一查到底!

张扶弹劾张祁的罪名极其骇人听闻,声称张孝祥的这位父亲在兄长张邵奉使金国被扣留北方时,竟然侮辱奸淫了兄嫂,并使其怀孕,又惧怕东窗事发,于是在兄嫂产后尚在卧床休养时将她残忍杀害。这可真是对一位官员士大夫极其严重的指控了。那么何以过去大家都不知道,不提这事呢?重点来了,原来是因为胡寅的庇护!张扶又称胡寅为人凶恶狡诈,过去连范宗尹、赵鼎(两位俱为前宰相)等的门人党羽都十分害怕他,虽然胡寅已经责授果州团练副使新州安置,但势力仍然气焰滔天,竟能令张祁、张孝祥父子大富大贵。可见,胡寅、张祁必须严惩!

有司很快便罗织好了一共五十三名所谓逆党的案卷,并且连具体的刑罚都已经定好了,只差作为宰相的秦桧签书押字,就能令这些刑罚立即执行,且具备法律效力。于是秦党曹泳的外甥薛仲邕在十月十七日(辛卯)持案牍入秦桧相府,但秦桧此时已经卧床病重,不赴都堂视事。秦桧在病榻上见到文书案牍,心知只要自己落笔签押,那么这五十三个素来反对自己的人就将死无葬身之地。

而运气眷顾了张浚、李光、赵令衿、胡铨、胡寅、赵汾、汪应辰等人,也眷顾到了张祁与张孝祥!

不知张孝祥是否知晓,不光是父亲张祁被抓进大理寺,连自己也被列入了要严惩不贷的五十三人名单中,秦桧的政治恐怖已经到了最后的疯狂时刻。

但秦桧的疯狂终于力不从心了。

这位六十有六的老公相,国之元凶巨憝,大奸大恶的权臣此时仿佛费尽九牛二虎之力才拿起了那支做工极是考究的细毛笔,然而那曾经翻云覆雨,掌握了朝野大权的手如今枯槁无力,居然猛烈地不住颤抖着,除了在文书上留下点点墨迹污渍之外,全不能签书押字。如是者三,终不能签押。

秦桧面如金纸的脸上几乎全无生气,尽是油尽灯枯的模样了。其妻王氏自屏风后出来摆摆手:"勿劳太师。"

十八年大权在握曾让他风光无二,但却改变不了生老病死的自然规律。

二十二日(丙申),秦桧死于望仙桥相府之中。

自己的父亲被关在大理寺狱中,张孝祥不免叩阙叫阍,力图伸冤。

状元伏阙而为父泣诉,总非太平之盛观。既然秦桧也死了,于是十一月二十一日(乙丑)赵官家便对新任的参知政事魏良臣嘱咐道:

大理寺官多是观望,廷尉天下之平,如此,朕何所赖?赵令袗、赵汾被罪,事起莫汲、汪召锡。如近日张祁坐狱,皆是曹泳以私憾诬致其罪,卿等可速治之!

两天后的二十三日(丁卯),天子赵构下手诏:

> 廷尉为天下平,而年来法寺,惟事旬白,探大臣旨意,轻重其罪,致民无所措手足。玩文弄法,莫此为甚。比恐尚尔任情,亟罢旧吏。所冀端方之士,详核审覆,一切以法而不以心,俾无冤滥,副朕丁宁之谕。

原来冤案之多,并不关圣明天子赵构的事,全是秦党专权祸国。眼下张祁就是被秦桧姻亲曹泳陷害,罗织成罪,实在太冤枉了,魏参政你快去替朕把这事情处理处理!切莫让冤假错案寒了状元与天下士子之心啊!如今不称职的大理寺官吏都已经罢免了,希望从今往后,得方正之士在大理寺中审核案件,届时一切都将是依法不依人,再无冤假错案,则朕心甚慰呐!

不管天子的手诏多么荒诞,但父亲张祁终于是从囹圄中得脱,而到了十二月,皇帝赵构似是为了安抚张孝祥,破格除其为秘书省正字(从八品,元丰改制后为职事官,与秘书省校书郎同掌编辑、校订图籍)。这自是得了馆职,可以在行都为官了。按照故事典章,殿试第一人应当在次举,也就是下一次春闱时再召回京师,这或许便算是一种补偿了。

秦桧之死,朝野相庆之说并非夸张,甚至原本阿附秦桧的人中也有占尽好处的。汤思退便是其中最大的赢家。而张孝祥仕途中的魔术阶段正要到来了。

绍兴二十六年(1156年)五月,沈该、万俟卨拜左右仆射,成了左相、右相,但后秦桧时代真正重要的人物并不是此二者,而是同样在五月入主西府,拜为知枢密院事的执政汤思退。

次年二月,张孝祥升迁为秘书省校书郎(从八品,位正字之上)。六月,汤思退以右相万俟卨薨于三月之故,拜尚书右仆射、同中书门下平章事,正式宣麻拜相,成为都堂里的宰相。是年七月,张孝祥兼权礼部员外郎。

绍兴二十八年(1158年)正月,张孝祥立刻转正,除正七品守礼部员外郎。可不要小看这个七品差遣,七品芝麻官这样的俗语在宋朝是不能成立的。礼部员外郎已经是尚书省礼部下某司的佐贰长官,且入三省为郎官,后续升迁就较有优势了。可在尚书礼部还没坐热位子,八月又除起居舍人!看上去只是由正七品升迁到从六品,不过是半级而已,但起居舍人乃是出入侍从天子,君臣奏对则濡笔于螭坳之中的修注史官,因为接近皇帝而颇能知晓中枢大政,又容易被简在帝心,升迁机会远超品级所能体现的价值和可能。才过了一个月,张孝祥又兼权中书舍人!谁不知道这种操作就是为了让他代理转正,明年就把那个"权"字拿掉,一下子超擢为正四品的两制高官呢?

果然,绍兴二十九年(1159年)闰六月二十一日(癸酉),起居舍人张孝祥试中书舍人,这标志着他正式成为职掌外制的高层文官,踏入了高级士大夫的行列。他成了中书后省的长官,一个才二十八岁的中央朝廷三省下属部门的话事人,这是何等火速的升迁速度!自他绍兴二十四年状元及第以来,居然只用了五年工夫,就做到了正四品的两制高官,其中有两年尚且是在极其厌恶他和他父亲的老公相秦桧之阴影下,换言之,他实在也就花了三年的工夫由一个普通的京官升迁到了两制级别。不说庸人,单与诗文独步大宋的苏轼比较,东坡自仁宗皇帝嘉祐二年(1057年)进士及第,到哲宗皇帝元祐元年(1086年)为中书舍人,花了差不多三十年!

这三年时间里张孝祥在临安行都是春风得意的。此时期他的诗词多有游乐寻芳之作,足见其少年得志。

如《鹧鸪天·春情》:

日日青楼醉梦中。不知楼外已春浓。杏花未遇疏疏雨,杨柳初摇短短风。

扶画鹢,跃花骢。涌金门外小桥东。行行又入笙歌里,人在珠帘第几重。

那疏雨短风的意境,画鹢花骢的逍遥,都落入笙歌珠帘的青楼醉梦之中,临安城的太平奢华在这一方词人的剪影里,仿佛如西湖的春水倒影云霓的如真似幻。那"人在珠帘第几重"的曼妙,又过于花间词之上了。

又如《菩萨蛮·与同舍游湖归》:

吴波细卷东风急。斜阳半落苍烟湿。一棹采菱歌。倚栏人奈何。天公怜好客。酒面风吹白。更引十玻璃。月明骑鹤归。

湖山胜景夕阳下,听取菱歌讴唱,十觞亦不醉,待到朗月清风,衣袍翻飞,便在那银白如许的月华下陶然而归,岂非如"骑鹤下扬州"的逍遥么?于中得意潇洒,不难见矣!

此时的张孝祥只需在中书舍人位子上再历练几年，便很有机会成为翰林学士，翰林学士便是宋时俗称的宰执"四入头"，北宋时多以三司使、翰林学士、知开封府、御史中丞为执政人选，故有这一说法。可见，在绍兴二十九年过了一半左右的时候，张孝祥实在是来到了仕宦的一个如梦似幻的高处。在那里，仿佛手可摘星辰，明河共影伴于左右，他张孝祥已经在一条青云大道上，眼看着必是要登顶绝巘，有朝一日入两府为宰执的！

这个帮助张孝祥如此迅速升迁两制的人是谁呢？有能量将一个区区从八品的官员三年里就提拔到正四品中书舍人，这样的人恐怕非为大权在握的宰执不可！

答案呼之欲出，便是提携过范成大、陆游的汤思退！

汤思退和沈该、万俟卨一样，实则都算是秦桧余党，但秦桧虽死，在皇帝赵构看来，与金人南北和议的基本国策并不改变，因而随着秦桧倒台的都是一些他的子侄、姻亲、门客之类，汤思退等宰执仍是他赵官家用以维持偏安局面的不二人选。

《宋史》张孝祥本传中云："孝祥登第，出汤思退之门，思退为相，擢孝祥甚峻。"说的便是这一连串的超迁之异数。

所谓中书舍人一职，乃是要撰写外制的"代王言"之重要职务，以通俗言之，宋时重要的"圣旨"（诏令）大体分为内制与外制，内制如册立太子、皇后，除拜宰相、亲王等，由翰林学士执笔，外制则次一等，由中书舍人所撰。此两制之职，以能参预大政，又亲近天子与宰相之故，他日跃升两府的机会很大。

值得一提的是，在绍兴二十七年沈该为左相时，张孝祥为了给自己父亲谋求升迁，还写过《代总得居士上沈相》一书。总得居士即是张孝祥之父张祁,既然是为了父亲代笔,则难免谀美时宰沈该之辞,至有"厥今天下之士,弹冠结绶,请以身售于相国之门者,不知几何人……其善恶能否,相国盖一与语而尽知之。如烛照数计,毫发无以自隐。于是而退绌,于是而奖用,则公议翕然,咸以为当"的颂扬,又说"相国惟公,故生明。惟定,故能应。惟虚其心,故能服天下。辅政于兹一年,而中外底平,百志缉熙,遂济登兹,不动声色,相国以是三者也"之言。在张孝祥的生花妙笔之下,奸脏狼藉的沈该竟成了慧眼如炬、知人善任又天下归心,使四海升平的贤宰相,仿佛是稷、契再世,又好似伊尹、太公。书信末尾,不免要替父亲说一句"惟相国哀怜裁幸之"。

总之通篇谀词之甚,姿态之低,与张孝祥留给后世的慷慨激昂之主战形象大相径庭。但我们必须考虑,这是他代父亲所写,为父亲谋求干进升迁,以孝道而论,在当时也是无可厚非的。但更堪玩味的是,两年后的绍兴二十九年(1159年),沈该在六月二十六日(己酉)罢左相,闰六月十二日(甲子)又遭落观文殿大学士职名。他在此前已被罢相并致仕,如今再被褫夺殿阁职名,实在是非常狼狈了。而这道《沈该落职制》正是由当时权中书舍人的张孝祥所撰,其中口吻完全与《代总得居士上沈相》一书判若霄壤了。如云"宰辅仪刑四海,岂宜以宠利而居成功。繄予既老之臣,自丧不贪之宝……惟人求旧,谓文武可以宪邦;秉国之均,何风采不如治郡! ……慨往愆之莫救,期晚节以自全。"沈该奸脏狼藉,作篁篦苞苴之丑事,张孝祥在制词中说他"自丧不贪之宝",又说他无宰衡之才,最多只能管管地方州郡,过往的罪愆都已经无可挽回了,希望保全晚节,好自为之! 这话便十分狠辣刁钻却又高简庄严了,张孝祥也算是借"代王言"的机会,出了一口过去违心恭维沈该的憋屈气。然而我们从这两件事情中不难看出,真实生活在古代的文人士大夫,即便是在风气开放、尊重读书人的宋朝,也是有着许多来自现实与权力的无奈和矛盾。他们并不能仅仅作为一个后世的文化符号而非左即右,绝无中间地带。相反,能写下星星般灿烂文字的人,有时候难免也要因为各种原因而暂时向权贵屈服。这便是何以神州大地之上,古来的文豪几乎无不崇拜渊明,因为向往逍遥自由是一回事,真的挂冠而去、躬耕山野又是另一回事,既然难以真的学陶潜,便只能在心里膜拜了。从另一个角度说,这又反映了在古代政治传统语境里,位高权重几乎便意味着一切的正确,这种自然而然来自他人和体制所塑造出的正确与伟岸,使得儒家的所有童话逻辑与见高就拜的官场哲学都变成了可以成立与确乎合理的存在。相反,倘若一个人从权力的阶梯上摔落到凡间,则众恶交归,甚至弄不清真假,而此时真假本身亦在政治文化的语境里被消解了意义。

汤思退作为张孝祥绍兴二十四年礼部试与殿试的所谓"座师",因为对其赏识而在短短三年内大加擢拔,使得张孝祥身上有着挥之不去的"汤思退门人"这一标签。然而汤思退尴尬的秦桧余党身份和一贯主和的对金立场都给予张孝祥以一种矛盾的、分裂痛苦的仕宦性格与色彩。

但不管怎样,有着位极人臣的座师帮衬,张孝祥的仕途应当来说是一片光明,早晚要百尺竿头更进一步的。

可命运的玩笑在张孝祥正式成为中书舍人之后不到两个月,便来临了。

八月一日,殿中侍御史汪澈弹劾张孝祥。

在前一章的故事里,汪澈曾以御史中丞出为宣谕使督师荆襄,并意图招陆游入自己的宣谕使幕府,事在绍兴三十一年六月。汪澈的仕途自入御史台之后一路畅通,但他早年的仕宦经历却颇是沉沦下僚。说起来,汪澈与张孝祥本来倒是有同为馆职之谊,两人曾同为秘书省正字,又在国史实录院里一起共事,为何却没有结下一些交情,反而在二人仕途上俱开始飞黄腾达的时候,起了冲突,要加以论列弹劾呢?

这恐怕汪澈与张孝祥二人各有一些责任。首先汪澈的年龄比张孝祥大得多,他是绍兴八年的进士,比张孝祥年长二十三岁,几乎可以算是长辈了。然而汪澈进士及第后始终郁郁不得志,大约不过在衡、沅二州为教授(学官)。万幸因万俟卨曾谪居沅州而记住了汪澈,在绍兴二十六年万俟卨拜相回到中枢后便举荐汪澈,这才得入秘书省除为秘书省正字,堪堪进入馆职的门槛,而此时汪澈已经四十有八了。不管怎么说,能入馆阁,自然是绝佳的好事,毕竟馆阁之地,向来是清贵所处,国家所以储才者,总是该高兴的。可人有时候最怕比较。张孝祥除秘书省正字的时候才二十四岁,入仕刚刚一年,这叫人何处说理去?虽说自己年齿长其二十有余,但官场里头永远是权力第一,一味地倚老卖老必是要遭人白眼的,何况算起来,张孝祥还比自己更早入秘书省,竟是个小二十三岁的前辈!

于是这样一个老成厚重的人碰上了张孝祥的年少气锐,二十年的代沟怕是过于深谷,加之张孝祥常常自恃高才,时不时加以戏谑,提出些不同意见,《宋史》其本传中云"往往陵拂之",看来二人相处是不甚愉快的。一日汪澈终于出言相讥:"安国读汉书否?蔡中郎失身于董卓,故不为君子所与!"安国是张孝祥的字,所谓蔡中郎失身董卓自是说东汉末年蔡邕为董卓所擢拔进用,这话里的意思在张孝祥耳中无疑是汪澈讽刺他投身秦桧余党汤思退门下了。

如此一来,张孝祥与汪澈早有龃龉,而张孝祥背后的汤相公也不喜汪澈,于是汪澈干脆铁了心和汤思退一派斗争到底了,他将自己打扮成抗击秦桧余党的清流斗士,利用这一标签和士林舆论的力量谋求高位。

汪澈此时任职殿中侍御史,这一御史台的差遣在元丰改制后为正七品,执掌御史台三院中的殿院,他离御史台的次长官侍御史只有一步之遥。但与已经成为两制高官,位居正四品的中书舍人张孝祥比,自己这步子还是慢了太多!

若说没有嫉妒和愤恨,那是令人难以置信的,不妨一观汪澈的白简弹章,看看他如何论列弹劾张孝祥:

> 中书舍人张孝祥,轻躁纵横,挟数任术。年少气锐,寘无忌惮。孝祥继母,才以父官封孺人,孝祥辄乞用己官职躐封恭人。父亡即随子官,著令也,孝祥盖有无父之心焉!交游郭世模,受财夺官久矣,孝祥曲为经营,与之改正,复齿仕列。此以私意而坏陛下之法令也。黄文昌浮薄沽名之士,孝祥则宛转吹嘘,致被召命。张松驵侩胥吏之子,孝祥则强令刘岑辟倅扬州。江续之狡猾贪饕,孝祥则爱其奉己,为之提携,遂得登闻鼓院。韩元龙资浅望轻,孝祥以姻亲为之维持,欲得总领。此以诡计而误陛下之除命也。又养侠士左鄙辈,刺探时事,交通权贵,踪迹诡秘。方登从班,而所为已如此,若假以岁时,植党连群,其为邦家之虞,当不在卢杞之下!望早折其萌,速从窜殛!

细看汪澈的弹劾,似乎张孝祥狂妄恣肆,又明目张胆地结党营私,确乎十分严重。但如果只看台谏言官的一面之词,且不说他们本就被允许风闻言事,更重要的是,台谏弹章里所抨击到的人,都在政治语境中被描绘成十恶不赦,若要更接近历史真相,则极须加以辨别。

弹章中第一件是说,张孝祥的继母时氏刚刚因为自己丈夫,也就是孝祥之父张祁而被封孺人,但在此年正月二十六日(辛巳),张孝祥又请求以自己的官职逾分地封赏继母时氏为恭人。汪澈刻薄地指出,父亲去世了,则母亲还在的话便随儿子的官职来封赏,这是国朝有法可循,白纸黑字写清楚了的,张孝祥的这一做法,不外乎是自己少年得意,官做得大,所以连父亲都不放在眼里了,俨然好像自己才是一家之主!这种弹劾是十分诛心的。毕竟当别人论列你暗藏大逆不孝之心的时候,你没法把心剖出来自证清白。但此事因涉及典章制度,还是有据可查的。实际上,在正月二十六日(辛巳)这一天,宰执进呈起居舍人兼权中书舍人张孝祥劄子:

> 丙辰诏书,以皇太后圣寿方增,新岁八十,均福海内,凡通籍于朝者皆貤恩其父母。非常之庆,千载一时,人子之心,孰不鼓舞!臣备数朝列,奉承双亲,尤极欣幸。缘父祁见任右承议郎,母时氏以视父官方封孺人,乞特许依臣官叙,引用今来恩诏加封。庶沾君父锡类之仁,俯为臣子家庭之宠。

可见事实非常清楚,当时因为皇帝赵构的母亲韦太后大寿,于是下诏允许官员们貤恩父母,张孝祥这才上札子。而从现存的《左宣教郎试起居舍人张孝祥母孺人时氏封恭人制》中可以看到:

> 母时氏以视父官,方封孺人,欲望特赐,敷奏许依孝祥官叙引

用,今来恩诏加封,奉圣旨特依所乞。朕以圣母膺无疆之寿,故推庆施以幸天下。凡有籍于朝者,举得以宠绥其父母,矧吾左右之臣,于亲独不然哉……

这封时氏加封恭人的制词中已很能见当时之事,所谓因圣母太后万寿无疆,所以推恩庆于天下,凡朝廷中有官身的都可以貤恩父母,况且是皇帝身边的近臣请求加恩父母,可见,在此年正月前后,这件事情并没有人认为不符合制度,相反是很正常的操作。

第二件是说,张孝祥有一个叫郭世模的朋友,此人前因受贿而被罢官,然而张孝祥为他上下奔走,打通关节,居然又让郭世模混进朝廷命官的行列里了,这可算是以私心而败坏天子的法令。据张孝祥写给直秘阁姜师仲的信来看:

郭世模者,自丱(guàn)角相从,闳达辩智,溢于文辞,盖尝慕用屈马。平时议论不苟,志趣超迈,窃谓宜在门下士之列。世模来都干禄且二年,不肯一扣鼎贵人,乃不惮重江之阻,愿走下风,世模之志勤矣。诚恐不能自彻,请于某,以书先焉。

据此可知,首先这个郭世模是张孝祥孩提时代就认识的铁哥们儿,而他也确实在为他谋求仕宦,并不遗余力地说郭世模如何有才干。郭世模具体因何罢官的内幕,是否受贿,今已不得而知。但张孝祥曾替郭世模所作的《广招》作序,其中云:

《广招》,吾友郭从范为丞相赵公作也。丞相没南荒,不及见绍兴乙亥冬政事,天下哀之。故从范作此文以慰九原之思……从范年未三十,长不满五尺。胸次浩然,常欲轩轾天下士。闻不平事,攘臂啮齿,椎床唾壁,终日呶呶。使从范幸而见用,必不淟涊(tiǎn niǎn)帖然,随流波也。

从这篇序文中可知,郭世模的《广招》应当是为被谪居在吉阳军(过去的崖州,如今的海南三亚,在宋时乃蛮荒不毛的烟瘴之地,贬去此地等于钝刀子杀人),最后绝食自尽的宰相赵鼎所写。赵鼎昔年反对秦桧,受到极其残酷的打压,最后为了不祸及妻子,居然只能自尽。张孝祥所说的"不及见绍兴乙亥冬政事"指的便是赵鼎没能活到秦桧死的那一年。哀悼赵鼎,可略见气节。更重要的是张孝祥对郭世模性格的描述,此人颇争强好胜,耿直而有正义感,绝非愿意同流合污之人——这或许便是郭世模被罢官的原因。一个不愿意遵循官场文化的人,是不会被同僚接纳的。至于他受贿与否,固然不能武断否定,但不肯阿附秦桧在先,得张孝祥如此赞誉在后,或许只是出之于污蔑。而张孝祥为自己的儿时好友奔走,亦见他是个重感情之人。

第三件是说张孝祥帮助黄文昌获得了被天子赵构召见的机会。绍兴二十九年闰六月十四日(丙寅),有一事值得注意:

诏左从政郎黄文昌已降召赴行在指挥,更不施行。文昌为起居舍人张孝祥所厚,既辞崇德之辟,有诏召之。殿中侍御史任古劾文昌阴险狂率,公私诞谩,以掠虚誉。命遂寝。

也就是说,在汪澈弹劾张孝祥之前,黄文昌召赴行在的美事已经

泡汤了。但仅据此,还不能推测张孝祥在其中的作用。同年早些时候,在二月二十九日(甲寅):

> 左从政郎黄文昌言:"近蒙浙西提刑邵大受辟充崇德县令,契勘已差下范彤,三年于兹,行且赴上。若以监司辟官之故,遂令本人无故改替,决为狼狈,兼未曾到官,安知其非廉吏?伏望改正前命,令范彤赴任,庶几文昌获安廉耻之分。"诏文昌别与差遣。

据此,事情变得相对清晰起来。黄文昌当时是从八品的选人,正在待次候缺,一个小小选人官阶的年轻人如果没有援手,在当时三五年都得不到差遣完全是稀松平常之事。万幸浙西提刑邵大受辟举其担任崇德县令,辟官是宋代在堂差和吏部铨选之外的一种得官方式,南宋时帅司、监司等长官都有权辟官,直接任命自己下属的差遣职务。然而黄文昌拒绝了被辟为崇德县令,他声称因为另有一名叫范彤的官员一直在待次候缺,三年来就在等补崇德县令这一职务,眼看就要当上了,这时候如果因为两浙西路监司里臬使宪臣的辟举,导致范彤被无故改替,那就太狼狈了——这样看来,黄文昌并不贪慕官位,品德十分值得称道。然而殿中侍御史任古不这么看,他说黄文昌不仅阴险狂妄,且混淆公事私情,欺上瞒下,以得虚名,又觊觎召对的实利。由此任古的逻辑便可知了,他认为黄文昌拒绝被辟为县令是假,先前就得到了张孝祥的承诺,会帮助他得到入宫面圣的机会是真,如此则谦让县令的虚名有了,召对后得官的实利也有了,可谓两全其美。如今已没有更多的旁证可以去考知黄文昌辞让县令之事与张孝祥告知他行将召对两者之间的先后关系或者说是否存在因果关系。但在闰六月黄文昌被弹劾以后，召其赴行都的命令被取消了。实际上，很容易看到，黄文昌不过是一个远在地方上的小小选人，何以殿中侍御史会注意到这样的小人物，甚至非要弹劾他呢？原因应当是毫无疑问的，是因为张孝祥，大约也因为张孝祥背后的汤思退。台谏在绍兴二十九年的下半年，似乎已经开始要向汤思退的派系发起攻击，这或许和最高统治者皇帝赵构的布局有关。

第四件事则是说张孝祥以自己中书舍人的两制高官身份，强迫秘阁修撰、扬州知州刘岑，令他辟出身卑贱的张松为扬州通判。然而，实际上张松并非没有官身的布衣百姓，他当时已经是从六品的右朝奉大夫京朝官官阶，若说不应该让这样一个奸商胥吏家庭背景的人为官，那责任显然也不在张孝祥这里，应该去问过往让张松进入仕途的人啊。再者，朝奉大夫在宋代已经是不小的官阶了，至少都是中层官僚，则其担任一个通判职务，也不值得大书特书。又须注意的是，本来朝廷已经准许了刘岑请辟张松为扬州佐贰的章奏，结果谏官何溥提出反对，竟又诏改张松为荆南府通判。这又从一定程度上印证了我们的推测，台谏正在压缩汤思退派系的空间，在削减汤思退的势力和影响。

第五件事又是声称张孝祥提携贪婪奸诈之人，说江绩之能担任监登闻鼓院一职，是出自张孝祥上下其手的运作。然而据《宋会要辑稿》来看，绍兴二十九年二月十八日，两浙路转运副使赵子潚上奏开浚平江府常熟县一带河渠完工，因而朝廷下诏常熟县丞江绩之减二年磨勘，以为赏功。磨勘是宋代文武官员本官升迁的制度，经历过多次变动，大致上是文官三年一磨勘，武官五年一磨勘，如无大错，通常就可以升迁，但英宗皇帝治平三年之后还创立了"碍止法"（百官、内侍、后宫妃嫔之官阶到一定品级，不可再以磨勘而升迁，必须特旨升迁），并改京朝官须四年磨勘,待制侍从以上须六年。而江续之从地方调任回临安,任监登闻鼓院,乃在同年的六月二十六日(己酉)。据此可知,江续之减两年磨勘,事出有因,有成绩了然后得升迁,这不能说肆意提拔,但张孝祥帮助他获得了回京任职的机会应该是无疑问的。

第六件事谓张孝祥帮助其妹夫韩元龙,准备替他谋划得总领漕司的肥差。韩元龙时任正八品的司农寺丞,所谓"总领"指南宋时淮东、淮西、湖广、四川所设的总领财赋、军马钱粮总领所之长官,如"总领浙西江东财赋、淮东军马钱粮、专一报发御前军马文字"即是一方总领(淮东总领)。而总领一职,犹在转运副使之上,且权力颇大,关系紧要,虽然张孝祥此时贵为中书舍人,但恐怕也难以决定四总领的任免人选。这背后,应当还是汤思退的力量才可能促成这样的事情。

第七件事声称张孝祥养着门客左鄩,而此乃以武犯禁的任侠之辈,张孝祥专用以刺探时事,与权贵暗通款曲。但左鄩能作诗,或云"格天阁在人何在,偃月堂深恨亦深。不见洛阳图白发,但知郿坞积黄金。直言动便遭罗织,举目宁知有照临。炙手附炎俱不见,可怜泥泽满墙阴"即是其为之,以讽刺秦桧专权之贪饕酷虐,可见其究竟是否为一任侠的武夫,尚未可知。汪澈这一条的弹劾里,颇有暗示汤思退令张孝祥刺探时事,而后者果以左鄩搜罗秘闻,结交权贵。但这样的指控,便完全是臆测和风闻了。

弹章的最后,汪澈表示,张孝祥刚刚成为侍从级别的高官,所作所为已如此明目张胆,无视国家典宪,假以时日,张孝祥通过结党而势力盘根错节,那么对朝廷的危害,恐怕不在唐朝奸相卢杞之下!故而应当早点扼杀于摇篮之中,从速从严地贬窜、诛殛张孝祥这样的奸佞于遐荒!

汪澈对张孝祥有私怨,此固不假。但更重要的是,在这一连串的事件中,汪澈之弹劾并非是孤立的,而是作为台谏向张孝祥乃至汤思退派系进攻的一个组成部分。在某些时候,台谏体现的往往是帝王和权相的意志,并非总能体现所谓士林之见和公论。对绍兴二十九年的天子赵构而言,用秦桧余党为相,继续维持南北和议,这本身没什么问题,但如果出现第二个如秦桧一样专权的宰相,那自己是万万不能够容忍的。因而绍兴二十九年这接二连三针对张孝祥的直接或间接之弹劾,都很可能是皇帝赵构在敲打洋洋得意的宰相汤思退。

从另一方面来说,如果我们审视此番汪澈的弹劾内容,七条中有五条是与官职人事任免、升迁调动有直接关系的,即郭世模改正、黄文昌召见、张松倅扬州、江续之监登闻鼓院、韩元龙欲任总领五事。台官汪澈也好,任古也罢,抑或谏官何溥他们对张孝祥的弹劾主要都集中在人事问题上,无不是论列张孝祥拉帮结派,提拔小人之类。这就不得不让我们揣测,是否在汤思退的派系中,年轻而又位高的张孝祥充当的是一个中低层官员与高高在上的汤相公之间的桥梁?是否汤思退让张孝祥引荐人才给自己,从而通过运用宰相在都堂里的人事大权,将这些人提拔起来,成为自己的门下之人?因而台谏要打击的还远非张孝祥一人而已,乃是要砍掉汤思退与中低层年轻官员之间的联系,让他一时无从补充自身派系的势力。此推论如何,姑且搁置,后文还当讨论。

那么弹劾的结果怎样呢?

汪澈的弹章一上,竟是不容张孝祥辩解,诏罢中书舍人,予外任地方之处置,郭世模改正指挥勿施行,左都押回籍贯所在,江续之、韩元龙并罢官……

张孝祥并非不谙世事之人,于是便自乞宫观,主动提出做一个闲散的职务,朝廷很快准许,诏张孝祥提举江州太平兴国宫。

史书云:"自是,汤思退之客稍稍被逐矣。"

这便是何以汤思退贵为宰相,何以他如此赏识自己的门生张孝祥,然而在台谏对张孝祥接连发动攻势的时候,他无法出手援助的原因。他知道台谏背后是那位帝王心术已臻化境的绍开中兴之天子,如果自己这时候敢救张孝祥,便等于是公然向赵官家表示,他汤思退正是要结党,要专权。如此则只需要皇帝一暗示,台谏弹章一上,他汤相公也很可能黯然下台……

这一跤对张孝祥来说委实摔得极重。秦桧死后三年就升迁到了如此高位,却一下子跌落下来。被迫离开临安,成为一个闲散祠禄官的他,是有着许多的痛苦惆怅的。愁绪盈怀之下,张孝祥写下一首《多丽》:

景萧疏,楚江那更高秋。远连天、茫茫都是,败芦枯蓼汀洲。认炊烟、几家蜗舍,映夕照、一簇渔舟。去国虽遥,宁亲渐近,数峰青处是吾州。便乘取、波平风静,荃棹且夷犹。关情有,冥冥去雁,拍拍轻鸥。

忽追思、当年往事,惹起无限羁愁。挂笏朝来多爽气,秉烛夜永足清游。翠袖香寒,朱弦韵悄,无情江水只东流。柁楼晚,清商哀怨,还听隔船讴。无言久,余霞散绮,烟际帆收。

张孝祥此行乃是要去投奔父亲张祁。张祁时任淮南转运判官兼淮南提刑,治所在无为军。离开行都临安的他,此时眼帘中所映现的尽是萧瑟秋意,尽是"败芦枯蓼汀洲"。那人间烟火给他带来的并非温暖,却是斜阳夕照下荒村萧索、屋舍逼仄的压抑。行都的琼楼玉宇和鱼龙百戏之繁华都已在身后,他将逐渐看到这个绍开中兴盛世之下的疮痍,但此时的他更多的还是在舔舐自己的伤口。他只能安慰自己,虽然离开了临安城,但好歹可以侍奉双亲于左右了。然而心情仍难免有着犹疑,自己才二十有八,难道便真的看着鸿飞冥冥、沙鸥戏水而生那归隐林泉的逃避心思么?人间多少事,终是朱弦悄,知音少。买舟北上,暮色里邻船中乐声曲调竟也是如此哀怨,想来张孝祥所乘的舟船里,也是满载了许多离恨新愁吧!

自绍兴三十年(1160年)起,野心勃勃的女真皇帝完颜亮撕毁绍兴和议,渡淮南侵的意图已经越来越显露出来。然而汤思退虽然贵为宰臣,可实际上与张孝祥的尴尬一样,他作为继续贯彻天子主和路线的代言人领导大宋政府,实际上不能违背皇帝赵构的意志,这就使得汤思退成了赵构抛在前台,承受主战大臣和士人不满的替代品。而在赵构看来,既然将首相的尊荣赏给了你汤思退,那么一应的风险和可能的骂名都是你必须承受下来的,这可不就是攀上权力顶峰,位极人臣的代价?且赵构之精明在于,自秦桧死后,他十分注意平衡朝野的各种意见背后之力量。在用汤思退的同时,他也任相对倾向主战的强硬派陈康伯为次相,如此一来,汤思退或任何主和大臣再无机会如秦桧那般一手遮天,而主战大臣也必须争取皇帝的支持,同时无法轻易破坏南北和议的局面。这就是为何绍兴二十八年(1158年)、二十九年(1159年)先后有大臣出使金国归来,再三申言女真大修兵备,恐有南寇之心的情况下,汤思退却仿佛充耳不闻。这并非他无能,而是他深知官家让自己留在宰相之位就是为了执行南北通好和议之路线。在赵构的眼中,既然恢复中原只是个遥不可及的梦,那么保住偏安的富贵才是最正确的选择,又岂会允许在绍兴和议已经维持了近二十年的情况下,宋廷在边境调兵遣将从而给予金人破坏和议的借口?总之,如果有责任,那是汤思退的责任,并非圣明天子的。

在这种情形下,已经被罢官的张孝祥仍在密切关注着南北的形势,他虽为汤思退门生,甚至更是汤思退派系中最年轻得力的要员,但其内心真正的政治路线却与汤思退并不相同。不仅如此,张孝祥身不由己、言不由衷的苦痛仿佛业火焚于体内,将他的灵魂割裂成两半,一边是肝肺皆冰雪,另一边却是心胆俱火焰。便如同这个国家的对外政策一样,南北之间,战与和,因时因地,孰是孰非?

绍兴三十年七月,同知枢密院事的执政叶义问出使金国归来,并升迁为知枢密院事,执掌西府。他见金人治兵造船,入寇之心难掩,便向天子建议要早作战备。张孝祥当时已罢职闲居,但他父亲仍在淮南西路任监司要职,于是张孝祥便执笔,代父亲上书叶义问。他自然知道,自己的恩相汤思退不可能奉行天子求和路线之外的政策,因而便将对南北局势的忧虑和建议整饬军备、防御北虏的想法都寄托在叶义问身上。这封《代总得居士上叶参政》的书信,其中有云:

> 窃谓朝廷狃于和议将二十年,小大之臣,以兵为讳。军政不修,边备阙然。长淮千里,东南恃以为藩篱者,一切置之度外。而彼犬羊之聚,鏖凶啸毒,未尝南向而忘我……左丞相汤公忠贯日月,精虑微一。食息之顷,未尝不忧念国家,未尝不垂意人物。而往时诸贤,人各有心。或未知同寅协恭,以济鸿业。今天付相公以此事,上意如此,天意如此,相公之与汤公,讵可不深鉴往事,惟

和惟一,以共图休功也哉?……今日议事之臣,玩岁愒日,以相公与左丞相之所建立为不然者,以十人而九。秋冬之交,敌或未动,则是议者必杂然谓边头本无事,汤公、叶公过为之谋,又将自怠,以弛吾备,以挫奋义者之心。患将益深,悔且噬脐……

张孝祥虽然是代父上书,但言语之间的焦虑跃然纸面。他说朝廷因为绍兴和议而苟且因循近二十年,以至于百官不敢言兵事。我大宋误以为和议可恃,边备不修,但北虏亡我之心,几时或忘?

但接下来,张孝祥父子都是出于汤思退门下,而叶义问之进用也出于汤思退之力,因此自然又要曲笔称许左相汤思退,说他如何忠荩于国,至于恢复大业没成,那是因为政府班子不够团结于汤相公左右而已。张孝祥殷切地在信中希望汤思退和叶义问能同舟共济,做好抵御金人入侵的各项准备。他言不由衷地将过去朝廷阻挠边备的事情都推说给其他"议事之臣",实则秦桧死后,沈该、万俟卨和汤思退先后拜相,他们正是赵构主和路线的代言人,并且继续以宰相身份在台前压制甚至迫害张浚等主战大臣。

在书信临近结尾处,张孝祥方借父亲之口吻,吐露出真正的痛苦:

已而蒙恩摄帅除漕,某生长淮甸,知敌之情必不但已。日夜究心,心思为之惫。盖尝缕缕白之庙堂,至于十数。丞相汤公深以为当。然而某人微望轻,动辄龃龉,或者反以为罪,坐縻岁月,徒自慨叹……

实际上张祁何至于屡屡陈述备战于庙堂,张孝祥不过是借此表达

第二章 孤光自照:两难的张孝祥　107

自己的矛盾挣扎,他势必曾以国家民族的大义,多次委婉地规劝汤思退,向他提出备战御戎的建议。但汤思退的反应是什么呢?汉语之妙尽在于此。所谓"丞相汤公深以为当"——汤思退只是礼节性地称许两句而已,不过以场面话敷衍之,何曾真的敢去忤逆天子的南北和议之心,挑战这一点几乎就犹如破坏绍开中兴的盛世图景和大好局面。故而张孝祥借父亲的身份,说人微望轻,动不动与朝中大臣产生矛盾冲突,招致被论罪云云,这又哪里是张祁之事,而完全是孝祥之悲路也!

他痛苦于自身的不自由,可何止是他,汤思退贵为宰相,在当时的特定情况下,也缺乏自由。除非,他汤相公不驽马恋栈,不惮罢相丢官。只要对天子赏赐的权力有着渴求,便总也无法自由。可对于历史中的政治人物来说,若是没有了权位,那到手的自由又谈何自由,根本只是无法实现抱负的空谈。大权在握,则偶尔效那林泉之志,雅集诗会于名山大寺,便也算是逍遥了,终究是要沂水舞雩,咏而归的。若是归不得那权力的庙堂,那非但驰骋田猎无了乐趣,山野隐居也非是逍遥了,而只是草芥贱民,虽胥吏、无赖可辱也。士大夫之痛,某些时候,盖源于此。这是封建集权与皇权下的必然悲剧和宿命。

绍兴三十年十一月,台谏终于直接向汤思退发起了攻击。

已经成为侍御史的汪澈仍然是先锋,在弹章中开门见山地说如今"辅相未得其人",又揭穿汤思退"饰谀言以奉秦桧,用选举而私秦埙,夤缘超躐,径跻枢近"的升官发家史,抨击他"为相以来,亦三阅岁矣,曾无一善之可称,一事之可纪"。

随后殿中侍御史陈俊卿亦弹劾汤思退,他将十月十九日(癸亥)正午刚过时天空万里无云而轰雷阵阵的"异象"归之于天变示警,是因为汤思退德不配位,在宰相之职上"惟务招延亲党,佐其羽翼;昵近小人,以为心腹。盗名器而行以私恩,假国权而倾摇同列",且"土木云扰于乡郡,贿赂辐辏于私庭",可谓既结党专权又奸脏狼藉。陈俊卿说汤思退之所以没能如秦桧那样权倾朝野,不过是因为台谏还未被其门下之人把持,因而"自张孝祥、王希亮、邵大受、方师尹、祝公达、沈介之去,自知寡助,每愤惋不平",甚至比汤思退为"尧代之共工,鲁邦之少卯",谓其"有夏竦之奸邪,而无其才术"。

我们可以注意到,陈俊卿不仅仅在弹章中直接点了张孝祥名,而且将张孝祥置于汤思退门下首要之位,又说自诸人之罢去,汤思退自知寡助,这便也佐证上文中有关张孝祥如何在人事任免上助力汤思退的推论。值得一提的是,陈俊卿虽然与汪澈是科场同年,成为台官又有汪澈举荐的因素在,但他与张孝祥并无私怨,甚至可以说他在绍兴二十七年担任普安郡王府教授的这一身份,使得他甚至可以算是如今的建王赵玮(即后来的孝宗皇帝赵昚)的王府中人。故陈俊卿弹劾汤思退诸事,除了囿于时代和政治话术而扯到天变,其余应当都比较符合实际情况。张孝祥在当时一些持主战之见与反对秦桧余党的大臣心中的形象,于此可略见端倪。

在陈俊卿弹劾的次日,右正言王淮亦入对,论列汤思退当罢相,也谓其"进用匪人,习成朋比。排斥异己,公肆诞谩。……其所得非一时柔佞,即桀黠亡耻之徒",则竟然将张孝祥也囊括进了所谓柔佞小人、狡诈无耻的行列里。

同一日,右谏议大夫何溥也进言,说汤思退在人事任免上"寻常差除,虽管库之卑,例先招致,款曲密谕,使知归恩之地……故便佞轻缓之徒,委曲傅会,阴有荐导,其言必行。由是小人成群,布于中外,而州县之间,被其毒者多矣"。所谓管库,是"监裁造院"一职。裁造院于南宋时隶属工部,北宋初叫针线院,从这两个名字一望便知,这是个职掌裁制衣服,绣造寝卧设施和仪鸾司什物之类东西的小衙门,按说乃是位卑职轻,和朝廷大事隔着十万八千里。可这样芝麻绿豆大的差遣,何溥说汤思退以政府首揆之尊,居然也要插上一手,甚至用各种手段让去担任管库的人知道,到底是谁给了他这个实缺,恩惠出自何者,这就进一步造成无耻卑劣之人竞相趋附其门下,于是汤思退之党遍布朝野中外,行都不宁、地方不靖!从这一番弹劾中,我们姑且不讨论汤思退为相之格局大小,但却能从中又一次佐证张孝祥在去年被汪澈弹劾诸事,恐怕多少事出有因,恐怕他确乎在汤思退的派系里承担着援引中低级官吏入恩相门下的作用。以另一个角度而言,我们原本不免要怀疑,汪澈所提到的张孝祥结党诸事,一些如此低微的官职其背后是否有汤思退的意志主观存在之可能,但通过何溥的弹劾,便可以知晓,汤思退甚至会过问低级官吏的任免。这就使得张孝祥在当时背上了为汤思退结党而出力的恶名。

两日后,台谏中侍御史汪澈与殿中侍御史陈俊卿以及右谏议大夫何溥、右正言王淮再次弹劾汤思退,要求将其罢相,并置之国法典宪。

如此不厌其烦地梳理自张孝祥被罢中书舍人至绍兴三十年十一月其"恩师"汤思退被连章弹劾的基本过程,乃是为了展现当时台谏论列张孝祥以致最后把矛头对准汤思退的一连串举动,绝非只是出于汪澈个人的私怨,更不是一两个台谏官员的个别行为,而是整个台谏系统有预谋、有计划、有先后的"倒汤"攻势。这种欲使汤思退离开政府的企图,从汤思退在相位上的第二年,由破坏张孝祥援引举荐中低级官僚的试探开始,接着便是罢黜张孝祥在中书后省"代王言",掌外制的长官身份以削弱汤思退的势力,最后便是在其为相的第三年里,借着金人大修兵备,朝野受到过秦桧打压而对其余党极其不满的官员日益高涨的"除恶务尽""整军御戎"之声,将汤思退狠狠拉下首揆之位。

天子高宗赵构在这一事件里的心理变化分前后两个阶段。绍兴二十九年时,他毕竟见到汤思退权势日盛,所谓"同列莫敢与之校",见汤思退"所喜者,立致青云",那么他虽然要用汤思退以继续贯彻自己在后秦桧时代的主和路线,维持偏安稳定的大局,但却绝不允许第二个或者说半个秦桧的再现,以故他"纳谏从善",将张孝祥的中书舍人要职罢黜。这里面已无法弄清,是汪澈以私怨而起弹劾张孝祥之心在先,赵官家顺水推舟在后,还是皇帝赵构早就暗示台谏,可以试图剪除宰相羽翼,以示警诫。第二个阶段是在绍兴三十年,金人在河南秣马厉兵,南侵的势头越来越明显,从而秦桧时代遭到迫害的士大夫们几乎都戴上"主战"的面具,要求清算秦桧的余党,加强边境军备。在这种情况下,一味"以和求和",稳定偏安的路线很可能被金人从外部打破,如果这时候不争取士大夫的支持,一旦金人渡淮,形势是很危险的。因而赵构决定抛弃汤思退和原本的方针,把陈康伯由右相扶上首揆之位,改以"备战求和"而稳定偏安的路线。实际上,自绍兴七年淮西兵变之后,赵构不论是备战抑或求和,都只是服务于偏安这唯一的大纲领。战若节节胜利,但光复了中原大宋的军队还是不是姓赵这是一个疑问;战若失败,金人问罪则恐怕万劫不复。那便依了秦桧的策略,和吧!偏安也是皇帝,仍是官家,便有何不好?这便是当年岳飞被杀的原因之一。说起来,本来要对付的可是他泼韩五"韩世忠"呢。

既然决定抛弃以汤思退为代言人的路子,赵构便同意了台谏的连番弹劾。

绍兴三十年十二月初一(乙巳),诏令下达:左金紫光禄大夫、守尚书左仆射同中书门下平章事汤思退罢为观文殿大学士,提领江州太平兴国宫。

这便是说,位极人臣的汤思退被罢免了首相的职位,成了个提领宫观的祠禄官。

然而台谏仍不肯罢休,次日侍御史汪澈和右谏议大夫何溥等继续弹劾,乞请褫夺汤思退观文殿大学士的职名,甚至连宫观祠禄都一并剥夺。汪澈再次于弹劾中提及张孝祥,谓"张孝祥犹有童心,听其狂说",仿佛十分痛心状元郎的天真,实则是一箭双雕地骂了孝祥与其座师汤相公。右谏议大夫何溥等则抨击汤思退犹如守财奴,贪鄙成性,到了"政事堂不造食而折见钱,权要以时新而络绎供馈"的地步(在宋代,宰执大员们是可以在政事堂里吃饭的,然而何溥声称汤思退令政事堂不要做饭,折成现钱发给宰执们作为津贴,另由下面官员孝敬时新菜肉瓜果等,拿来做政事堂的工作餐),以至于得到了"享万钟之禄,绩效蔑如,更务贪鄙,都人号之曰:'养家宰相',亦可耻矣"的笑骂恶评。

到了这种程度,汤思退的形象在当时已仿佛如村野闾里吝啬的土老财一般,于是乎,十二月初三(丁未),诏汤思退落观文殿大学士,依旧提领宫观。这下,便连大学士的职名也没了。在诏令下发之前,倒是陈俊卿对褫夺汤思退大学士职名表示反对。他说:"思退未有大罪,虽非相才,然比之沈该则有间。今该犹以大学士典州,而思退顾不得,则执法之地,所以议赏罚者偏矣。"

实际上陈俊卿的反对还是公允的。汤思退本身并无大罪,他不过是畏惧皇权,贪恋相位的传统官僚罢了,既然前首相沈该如此贪赃,尚且能够以大学士职名而知牧州郡,若汤思退反而不可,则于赏罚不公也。实则何溥弹劾汤思退贪鄙成性到了折工作餐为现钱的地步,是一件令人忍不住怀疑的事情。秦桧将死之时,曾招时为执政的汤思退与董德元入寝卧,各赠以黄金千两,然而汤思退不受。他畏惧秦桧故作试探,万一病愈,自己则是期其必死而受金。何况在秦桧独相的十七年里,执政被他任意拿捏,频繁更换达到约二十八人次之多,无不是猜忌提防,待之如仆隶。但相比于万俟卨等初入秦桧之门,而后又遭到猜疑外放,甚至贬谪居住的,汤思退却相对能得到秦桧的信任,则其心思之缜密、善伪也就毋庸置疑。而这样一个人却在宣麻拜相后,连一点"工作餐"的零碎钱也不放过,若果有其事,而非何溥"风闻奏事"之下加以夸大甚至捏造,那么汤思退如此行为究竟是格局极小、贪鄙成性,还是自污以退,顺从皇帝的心思,就颇值得后人思量了。要知道,汤思退也并非不学无术之人,而是中了博学宏词科,曾在天子赵构和宰相秦桧面前对典故信手拈来,令君相震惊却又能使秦桧不疑的人。说他气节有亏,确实无大错,若说其昏聩贪鄙,恐怕值得商榷。

此后发生的事情可以佐证我们上述的主要推断,即从张孝祥被罢中书舍人到汤思退倒台,归根结底是皇帝赵构选择了另一条偏安的路线。

十二月二十二日(丙寅),翰林学士兼吏部尚书洪遵被罢,以徽猷阁直学士提举江州太平兴国宫。而原因竟是汪澈弹劾汤思退时,语涉洪遵,谓其所撰汤思退罢相制词中,竟然不明著汤氏之罪,实属训奖过当。洪遵只得闭门乞罢,连章自请解官。赵官家最终令其奉祠出外,便说明他要向朝野中的"主战势力"表明,汤思退及其求和路线确实已遭抛弃。

更有力之证据在四天后的二十六日(庚午)。当日,直显谟阁、知荆南府续觱(bì)上宰相陈康伯书,其中云近来北虏有屯兵边境之态,颇有用兵西北与东南之意,而荆南为江浙之右臂,巴蜀之咽喉,如今却兵备单寡,形势削弱,应当增兵而加强军备,以御缓急。这显然是针对金军可能入寇的建言,宰相陈康伯立刻上奏天子,赵官家的反应是予以采纳。这即说明,皇帝赵构转向了陈康伯的备战保社稷之路线。至于二圣如何,则全不在考虑范围。道君皇帝赵佶早在绍兴五年(1135年)便死在北方,而在汤思退被罢、女真皇帝完颜亮整军备武的这个冬天,渊圣皇帝赵桓也已崩于燕京。

第三个证据在次年,绍兴三十一年(1161年)正月十四(丁亥)。是夜,风雷雨雪交作,人疑天象之异常,多惊恐惶惑。侍御史汪澈趁机进言,引孔子作《春秋》书鲁隐公时,八日内大雷震电、雨雪相继,而今一夜之间,风雷雨雪毕至,当"饬大臣,常谨于备边"。殿中侍御史陈俊卿也以天象异常,犹甚《春秋》所言,不可不惧为由,同样提出"将未得人,兵未核实,器械未精,储蓄未备",乞请皇帝"与二三大臣,因灾而惧,谨其藩篱,常若寇至,不可一日而弛"。这些主张严修武备、充实边境守御的建言,都说明"倒汤思退"只是此时台谏言路的其中一个目的而已。台谏背后所代表的大量侍从级别官员(宋时台谏选拔基本是侍从举荐、君主亲擢、宰执不预、台谏推举等形式和原则),通过清算秦桧余党,转向"主战"或者说"积极备战备边"这一路线,大约也有他们的政治诉求所在,即将自己的亲旧故交以"正道君子"和"主战忠臣"的标签该起复的起复,该召回行都的就召回,该升迁和填补阙位的就走马上任……

也就是说,张孝祥终究只是绍兴二十九年至绍兴三十一年初的倒秦桧余党和路线之争甚至利益之争中的一个牺牲品。任你是正四品的两制从官、朱紫大员又如何，在政争和时代的大潮中，个人的力量总是被没于湍流之下，以至于偶尔露个头在水面上，便以为攀上了人生的高处。

绍兴三十一年正月二十五日（戊戌），张孝祥父亲张祁也遭到了罢免运判，落去直秘阁贴职的处分，罪名中有一条便是"媚事汤思退"。

九月，金军发兵，危急存亡之刻已至，天子赵构自罢免汤思退，用陈康伯为首相至今尚不足一年，战备、选将、练兵究竟如何，都还是未知数。

张孝祥听闻女真人大举南寇的消息，心中甚是激愤，只恨不能统兵出征，为君笑谈静胡沙，于是在一次文会雅集中，他赋诗抒愤，以如椽巨笔写下了《诸公分韵，蹑冒顿之区落，焚老上之龙庭，得老庭字》：

> 吴甲组练明，吴钩莹青萍。战士三百万，猛将森列星。挥戈却白日，饮渴枯沧溟。如何天骄子，敢来干大刑。呜呼三十年，中原饱膻腥。陛下极涵容，宗祊（bēng）甚威灵。犬羊尔何知，枭镜心未宁。囊血规射天，苍蝇混惊霆。佛狸定送死，榆关不须扃（jiōng）。房势看破竹，我师真建瓴。便当收咸阳，政尔空朔庭。明堂朝玉帛，剑佩鸣东丁。八章车攻诗，十丈燕然铭。我学益荒落，尚可写汗青！

在张孝祥用诗歌建构的世界里，大宋的军队不仅仅是装备精良，更是带甲百万，虎贲无算！有着智勇双全的将帅统领，气势直可逼退烈日之芒，饮尽沧海之滨。而空国而来的女真皇帝完颜亮倒成了背盟无信的送死之徒。淮河以北的中原地区以及关陕大片州府土地都已经被金人占据了逾三十载,可谓是千年礼乐弦歌之地,饱经虏人之膻腥!然而赵构的求和甚至投降政策,却被一句"陛下极涵容"一笔带过,仿佛是圣明天子有好生之德,不忍子民涂炭才容许虏人至今。在这样的语境里,自然是宗庙威灵,先帝祖宗们庇佑,天不亡大宋。而女真虏人犹如犬羊无知,鸱张嚣狂,却不过是小丑射天、苍蝇击霆,定是自取灭亡!不仅如此,大宋的王师如此势不可挡,仿佛黄河自九天而下,沛然莫之能御,于是便要光复中原,北击黄龙,犁庭扫穴,攘除夷狄之祸根,效仿那汉代窦宪燕然勒铭之盛绩!张孝祥在最后十分动情地说,"我学益荒落,尚可写汗青"!

他多么想要有机会用自己的笔记录大宋王师克捷,底定中原的大业,然而诗歌虽如此雄杰,但此刻的现实几乎全与之相反。当时建康都统制,两淮防线的副帅王权已是一逃再逃,那"我师真建瓴"的英武无敌,是决然见不到的。王权之败逃,可谓朝野震恐。

十月时,张孝祥正在宣州,巧的是如今的宣州知州乃是绍兴二十九年时弹劾过黄文昌,导致后者失去御前召见机会的任古。黄文昌与张孝祥交厚,任古时为殿中侍御史,当时的龃龉有否使二人如今的相遇更生不快呢?任古绍兴三十二年后又回朝任职言路,《宋会要辑稿》云"谏议大夫任古,绍兴三十二年,以古家无余赀,赐银、绢三百匹两,从宰执请也"。任古贵为从四品谏长,居然家中无余财,不说是否沽名钓誉,但想来清廉是无疑的。此时知宣州的任古亦痛心于局势之艰危、王权之怯战,于是便准备去信一封,规劝王权奋勇迎敌,守御淮西。

张孝祥见状便放下了过去因为黄文昌一事而有的些许不快,他提出愿为任古代笔,责王权以忠义大节。任古欣然应允,国难之时,往日的矛盾自然随风而去。

在这封《代任信孺与王太尉》书中,张孝祥云:

> 太尉兼心膂爪牙之任,杖旄秉钺,锐卒十万,式遏其驱。扬舲济江,分据险阻,可谓盛矣。中外之士,正望太尉以捷音闻……数日来,或谓虏骑已越滁、寿,太尉复还历阳,果尔,则何为耶?淮西重地,朝廷所责望者,专在太尉!……

在张孝祥的笔下,我们从另一个侧面看到了本为帝王心腹、建节大将,又有重兵锐卒听命于麾下的王权,是如何在占据地利人和的情况下,惧战而逃,归于和州,如何将朝廷托付给他的守御淮西之重责抛于脑后。而两淮一旦不保,金人几十万大军就可以饮马长江,局势便会急转直下。

任古看了张孝祥这位状元出身的大才子所写的文字,自然极是满意。对于王权率军退避逃归的行径,他亦是痛心疾首。两位文人士大夫在这一刻,彼此间都只剩下了忧国忧民之心。

张孝祥并不满足,他决定再写一封书信,同样对池州都统制李显忠也责以大义,希望他能够主动阻击金军,守御淮南,捍卫长江。在这封《与李太尉》书中,张孝祥云:

> 太尉膺上简拔,当国一面。悉甲济江,今逾月矣。虏骑浸淫,至于历阳。太尉之军,虽尝小捷,然虏既越险而南,幕府犹在舒城,不闻太尉出骑要击,何也?岂既追北而此未知耶?抑太尉方

略素定,儒生不得而测识耶?两日来,羽檄自御前至太尉处者,相接于道。而迁徙之民,自北而来,所传益急,事势危迫,可谓间不容发矣。不知太尉将何策以处此?

李显忠作为方面大将,也在王权后撤之时独木难支,两淮防线实际上已经岌岌可危。张孝祥责其未曾主动寻求决战,严格来说确实也是有一些书生之见的成分在。但客观而言,临安宫府朝廷如今十分担忧前线军情,两淮逃难的民众也都众口一词,说金人兵马遮天蔽日,声势甚大,每一个爱国志士都无不扼腕而叹,五内俱焚。

更值得注意的是,张孝祥在两封书信中,都不厌其烦地强调,希望李显忠、王权、成闵三人能精诚团结,勠力王室,以国家民族的存亡兴衰为重。王权是建康都统制,成闵是湖北京西制置使,与李显忠一样都是统率数万大军的方面节帅,俱被朝廷付以重任。但我们从中可以窥见,这些前线的大宋武将之间,平日也并不互相信任,反而互有猜忌之心,甚至有掣肘之举。若在承平之时,武将不和,反倒是皇帝甚至文官集团默许和喜闻乐见的事情,但当此金人数十万大军南侵之际,诸将彼此横眉侧目,如果不能协同作战,恐怕就要重蹈靖康之耻!

然而噩耗一个又一个传到张孝祥耳中。

由于王权败退逃跑,刘锜不得已也从淮阴引兵归扬州,两淮逃难民众仓促流离于途,死者盖十中六七。他们原本以为有刘太尉在,当高枕无忧,没想到等来的却是王师不战而退,无数百姓逃难、妻离子散的悲剧。

天子也下了罪己诏,看来或许就要再使出巡幸海上的"壮举"了。两淮已失,金人进兵,刘锜再退瓜洲镇,扬州陷落,金军兵临长江北岸。

女真皇帝完颜亮大军至于西采石，行都临安里官吏、百姓们多有逃难。

张孝祥也听闻了自己的恩师汤思退起复，以观文殿大学士职名被召回临安任醴泉观使兼侍读，更听闻了远比汤思退名望高的老相公张浚亦以观文殿大学士起复，判潭州。可这一切措置，还来得及吗？起复汤思退无疑是为了求和，起复张浚，远水能救近火么？

在无比的焦虑和无奈中等待着各方消息的张孝祥，终于在十一月等到了一个奇迹。

这个奇迹便是采石大捷。金军气焰凶顽，此番南寇以来还是首次受阻。更让张孝祥没想到的是，创造这个奇迹的人居然是自己的科场同年虞允文！这真是令人兴奋！

张孝祥写下著名的《水调歌头·和庞佑父》以记采石矶之事，一句"我欲乘风去，击楫誓中流"不知为多少人传唱。

十二月间，更大的奇迹传来，金国皇帝完颜亮居然死于麾下兵变，金军主动北撤！张孝祥欣喜若狂，他一面不免要歌颂天子赵构"指挥夷夏无遗策，开阖乾坤有至神"，同时也自嘲"小儒不得参戎事，剩赋新诗续雅歌"。其实大宋侥幸逃过一劫与赵官家没有多大的关系，他原无任何指望虞允文力挽狂澜的想法，更谈不上算无遗策，只能说运气站在了大宋这一边。倒是张孝祥自己，对虞允文流露出了由衷的羡慕，以至于要自谦为"小儒"，他多么渴望也能在采石矶边、长江之畔，做那雪洗虏尘静的英雄壮举！功名本是真儒事啊！

得知张浚改判建康府后，张孝祥已顾不得自己的恩师与张浚之间诸多的过往仇隙，他与当时朝野中的许多士人一样，认为张浚极可能被官家重新重用，甚至要托以北伐大事！张孝祥不愿再蹉跎岁月，他要去建康府碰碰运气！

张浚那曾经总中外军政的宰臣气度果然令张孝祥折服,而后者的年轻才气又让张浚为之赞叹,他竟与汤思退一样,打心眼里十分赞赏张孝祥。二人畅论军国兵机之事,探讨性命百家之说,颇是相见恨晚。一次筵席间,张孝祥更是即席赋诗,作了一首后来传遍朝野士林的《六州歌头》:

长淮望断,关塞莽然平。征尘暗,霜风劲,悄边声。黯销凝。追想当年事,殆天数,非人力,洙泗上,弦歌地,亦膻腥。隔水毡乡,落日牛羊下,区脱纵横。看名王宵猎,骑火一川明。笳鼓悲鸣。遣人惊。

念腰间箭,匣中剑,空埃蠹,竟何成。时易失,心徒壮,岁将零。渺神京。干羽方怀远,静烽燧,且休兵。冠盖使,纷驰骛,若为情。闻道中原遗老,常南望、羽葆霓旌。使行人到此,忠愤气填膺。有泪如倾。

金军的跋扈酷虐还历历在目,女真贵族们曾在长江北岸驰骋畋猎,毡帐连营,前不久更是不可一世,几乎要投鞭断流。现在房人郎主殒命御营之中,金军败退,中原起义之民不知凡几,正是恢复的大好时机!然而却听闻朝廷在与金人商谈和议,继续南北通好,这二十年来,侍从宰执轩冕冠盖,出使幽燕,以天朝上国而侍夷狄虎狼,简直是羞愤无地!丢脸至极!中原沦陷铁蹄之下的百姓们,无不翘首而盼,日夜期待王师之来,想要看到大宋的旗号,眼下不趁此良机恢复河山,岂不白白浪费,不惟使人义愤填膺,更要泪如雨下!

好一句"闻道中原遗老,常南望、羽葆霓旌",好一句"使行人到此,忠愤气填膺。有泪如倾"啊!

张浚被张孝祥慷慨激昂的声调和词作勾起了一幕幕与金人、伪齐鏖战的往事,他猛地站起身来,挥手示意,为张孝祥之词而罢席!

这宴会不办也罢,万里河山,才是要当夺回,须当恢复啊!

张孝祥看着张老相公,他知道,张浚的心还没有冷,更没有死去。张浚一定明白了,在他们的身后还有亿兆百姓与祖宗的土地!这些宝贵的人与事物,怎么可以舍弃?!

然而赵官家还是让二人失望了。

他的御驾亲征只是自欺欺人,在绍兴三十二年的正月二十一日(戊子),皇帝赵构便下诏:"比者视师江上,虏骑遁去,两淮无警。已委重臣统护诸将,一面经画进讨。今暂还临安……可择日进发"。所谓"经画进讨",谋划反攻是假,要回临安继续偏安才是真。因为在赵构看来,虽然完颜亮意外身死,但虏人新皇早已自立,而金军主力实际上并没有受到大的损失,仍然是一批批地在撤回北方,倘若大宋北伐,打输了就捞不到便宜,还不如此时见好就收,通过谈判来争取些许条件,继续维持南北和平的局面来的稳妥。

而天子亲信杨存中任免江、淮、荆襄路宣抚使和给舍(给事中与中书舍人)封驳反对的政治风波,更是见出皇帝赵构不肯重用张浚宣抚诸路,甚至要迁怒刘珙等人背后的内心意愿——赵官家不愿再冒险了,绍开中兴到了今天能够令北虏郎主毙命军中,已经是文治武功盛极一时,足够了。

张孝祥只能眼睁睁地看着赵构的车驾又这样回到了临安,张浚仍然留在建康府兼任行宫留守,而恩师汤思退则被外知绍兴府,这一步棋后来完全证明了赵构高超的帝王权术。二月二十九日(丙寅),皇帝赵构将自己的哥哥钦宗皇帝瘗埋于招贤寺内,并亲自祭奠。北宋的一切都终于尘埃落定,成为了历史。

三天后,闰二月二日(己巳),张孝祥竟忽然被起复了。他新的职务是去往抚州,担任知州,也就是地方上的太守。

张孝祥此时不知道,这究竟是天子的意思呢,还是恩师汤思退在离开临安前,任行宫留守时便已布置好的举措。倘若是后者,那是否是对自己近来与张浚过从甚密的一种警告呢?

于是他自建康、宣州一带离开,往临安辞谢天子赵构。按当时的制度,官员接受新的差遣任命之后,都要向皇帝辞谢,这种规定无非是要让士大夫明白,恩出于上,而非某位上级官员的照顾。但辞谢未必等于有机会与天子交流,其与正式的上殿奏事乃是两种不同之事。皇帝的政务之繁忙,使得许多与臣子的接触只能流于纯粹的礼仪形式。盖无外乎朝见、辞谢的官员由阁门引入殿内,对着天子拜礼如仪,随后君臣之间几句场面话说完便算是结束了这一仪式。但在南宋时期,辞谢时基本已经要求必须上殿奏事。实际上宋时有些官员乐于朝见、辞谢时免上殿奏事。这是因为本来一些人官位不高或长期任职地方,平时没有多少机会仰望龙颜,但皇帝往往也因此弄不明白这些人的贤愚如何、才情高下,可一旦上殿奏事,并不意味着只是闷头读奏疏,天子常会询问一二,这时如果本是庸碌之人,很容易因为奏对时的不称旨或错漏而被皇帝窥破了底细,反而不美。

可惜的是,今不得而知张孝祥此番入临安辞谢,与赵构之间做了怎样的交流。

大约五月间,他方抵达江南西路的抚州。六月十一日(丙子),天子赵构正式在紫宸殿禅位给养子赵昚。新的官家登极为帝,这便是历史上的宋孝宗。

时代翻过了这一页,意味着宋高宗赵构的时代完全结束了吗?退居北内德寿宫的他,实则还以帝王之手,遥控着许多大事。

而这一年抚州下辖的临川县,也发生了一场动乱。

一边是绍开中兴的伟大谢幕,一边是小小县城里盛世中碍眼又不起眼的一次骚乱。

临川县城中此时乱作了一团,平日颇热闹的市集酒肆眼下门可罗雀,还在街上的布衣百姓无不是低头快步往家里走去。路上最多的便是三五一群的兵卒,各个凶神恶煞,到处敲门,也不知道要作甚。

却说这会临川县官衙里的知县、县丞、主簿、县尉等主要管事官吏,无不是作鸟兽散,或逃出城,或城内躲避,竟无一人在县衙。

原来,临川县禁军士卒在几个胆大的将校率领下,竟然闯进了县城,包围了府库,扬言要拿走拖欠他们的俸禄。

一众士卒在县衙里找不到管府库钥匙的小吏,便琢磨着是不是硬闯进去,就在这两难之间,县衙所在的街衢远处,作乱的士卒们分明看见一人一骑正快马而来!

外围的士卒们起了凶心,纷纷拔出明晃晃的佩刀,却见到马上的骑士一身绯红官袍,乃是一个年轻的儒士文臣!

只听得他在马鞍上厉声喝道:"尔曹擅自离开军营,闯入县城,包围县衙、府库,莫非是要造反?!"

几个将校情知不妙,但事已至此,只能硬着头皮问道:"来者是谁?"

马背上的儒士从容笑道:"正是抚州守臣张某人!"

不少士卒见到竟然是本州太守前来,纷纷说:"张使君,俺们不过

第二章 孤光自照:两难的张孝祥

是来讨要薪俸,总不能让小人们都饿着肚子,饿着家里妻儿老小吧!"

见到知州前来几乎立刻镇住了场面,几名领头的将校都知道大事不好,如今骑虎难下,便干脆来个鱼死网破!

"弟兄们,这贼人不是张太守!俺在抚州见过新来的知州,却不是这般模样,定是临川的龟孙子知县派来骗俺们的,将他拿下!"

"看来你们真的是要谋逆!既然要造反,有种的就先杀了太守,先杀本府!"这位抚州知州毫不畏惧地迎着几名已经狗急跳墙的将校看去,他的怒目而视令士卒们忐忑不已,纷纷不由自主地张嘴说"不敢、不敢"。

那几名带头的将校见状,便欲逃跑,哪知眼前的文臣太守岂能放过他们?

"从者不问,首倡作乱者杀无赦!"那绯红官袍的儒士厉声喝令:"不与本府拿下此二人,更待何时!"

这一人一骑而来,三言两语就威慑住了士卒,而作乱的兵士本就无甚主张,不过是以为跟着上司去索要军饷而已,眼下都不敢不听从这位文臣太守,当即一拥而上,将带头的几个将校都绑缚擒拿住了。

临川县这场兵卒作乱,就这样竟被一人一骑轻易平定了。

这位张太守乃谁人也?正是张浚称赞不已的汤思退门生抚州知州张孝祥!

张孝祥不仅具有如此英勇的单骑平叛的胆识,在抚州任上,他还关心民间疾苦,整顿两税中的秋苗输纳问题。

所谓"两税",便是当时被称为"正赋"的宋代主要农业税,其创始于中唐。原则上来说,宋时人户均不可免除田赋,仕宦人家所拥有的是免差役的特权。而两税即是夏税与秋税,前者主要征收布帛、丝绵等经济作物和大小麦、钱币等,后者则基本一律征收粮食。本来规定的秋税(秋苗输纳)应缴之正额除外,还有许多名目,如所谓官服仓廪贮藏粮食不免鼠雀啄食的"暗耗"、转运司要问州郡征收的"漕计"、州郡自己开支所需的"州用",以及由此而来的直接盘剥"斛面"。

斛面是官府在民众缴税时,人为地通过堆高量器来多取百姓米粮的一种剥削手段。本来制度规定,大约米一斛不过可加一升,即所允许的"斛面"加征率仅为五十取一(按后来嘉定九年所颁行的文思斛容积为1 005.3立方寸,文思斗为185.4立方寸,则一斛约等于五斗,而一斗合十升)。但实际在施行过程中,岂止是这五十分之一,而甚至有斛面加征到应缴的三倍、四倍这骇人听闻的程度。可见抚州此时的秋苗输纳是何乱象!

在张孝祥到来之前,抚州到了征缴秋税之时,只有衙门里的胥吏之家与地方上的官宦人家、形势户等可以在输纳时按照实际的正额数量。可到了普通民户百姓这里则大有不然,竟以斛面之法堆高官府的斗斛量器(槩),致使老百姓要每输纳满两斛的秋粮才能填满官府一斛的征收量,有时候加征还过于此。这便是说,老百姓要白白多交一倍的粮食,自然是苦不堪言。

张孝祥经过调研与听取意见之后,便决定在自己任上改革抚州这一斛面弊政,以切实减轻百姓负担。他以抚州知州的太守之尊,下令规定,自此以后不论官户、民户或是州县胥吏之家,一切令二斛输三斛,谓之加五,且输纳时令民户自持斗斛,官府槩量不得更有斛面,严禁在规定之外再有加征!这就是说,张孝祥首先在抚州废除了官户、胥吏的特权,让他们与百姓一样公平输纳秋苗,同时减轻了加征量,由原先的征收两倍变为征收一点五倍,在加征部分一下子便减少了百姓一半的量,大大减轻了百姓的负担。于是抚州万民无不雀跃欢呼,家家户户都传颂着太守的贤名。

百姓们是这样淳朴,实际上他们仍要被迫多缴纳秋粮,可与原先一比,便已觉得如在天堂一般喜乐。而此时的张孝祥又是否会料到,等到他离开抚州之任,这项利民的秋苗输纳改革便会走样,被后来的继任知州,再加斛面,于是百姓又回到了"益以为困"的窘迫无告之境地。

在此年的十月,张孝祥的集英殿修撰贴职也被恢复了,看来他的仕途从冷板凳上又逐渐活了过来。在抚州的这一年,他出榜禁售假药,打击贩卖劣质假药的不法分子;又建设广泽庵收埋无人安葬的遗骨尸骸,使穷困而死又无依之人也可入土为安……他在抚州才不过半年,已经政绩斐然,多获赞扬。

他仍在关心着新天子赵昚是否有北伐的念头,关注着朝廷里的动向,也关注着江淮宣抚使张浚的一举一动。但张孝祥如何能想到,三十一岁的他只剩下七年的寿元,意气风发地追随在张浚左右,重任要职之后还将再受弹劾,遭士大夫"出入二人(汤思退、张浚)之门而两持其说"的讥讽……

张孝祥词中御风飞升的意象不为少见,或许是其内心渴求自由而不得的一种表征。他非但在仕宦之中矛盾挣扎,在个人的爱情悲剧中,又何能例外?

中状元之后,为免影响仕途,大约在父亲的命令下,他被迫将十六岁时便同居的李氏与所生下的庶长子同之送往故乡桐城的浮山隐居。

在这种与爱人和幼子仳离的情况下,张孝祥便写下一首《念奴娇》:

风帆更起,望一天秋色,离愁无数。明日重阳尊酒里,谁与黄花为主。别岸风烟,孤舟灯火,今夕知何处。不如江月,照伊清夜同去。

船过采石江边,望夫山下,酹水应怀古。德耀归来虽富贵,忍弃平生荆布! 默想音容,遥怜儿女,独立衡皋暮。桐乡君子,念予憔悴如许。

他形单影只地伫立在暮色秋光里,苇花萧瑟而寒风刺骨,视线远望,但见南浦烟霭凄迷,孤帆向晚,那渐渐依稀的灯火里,是就此别去的妻儿! 张孝祥不禁发出了"不如江月,照伊清夜同去"的痴语。是啊,便还不如那一轮秋月,竟可以陪伴着她母子二人,顺江同去! 东华门外唱出的状元之荣固然自得,但如今抛妻弃子,却只能"默想音容,遥怜儿女",这又是怎样的无奈! 父母之命的力量是现代人难以体会的。还能如何,便也只能憔悴如许了! 自由二字,哪怕是在爱情上也是诗人这辈子所奢望而不可及的!

独立衡皋暮的背后,便是张孝祥被割裂开来的人生。

他的词自然是极其漂亮的。酷爱填词的他也颇以此自傲,曾问门人:"比之东坡何如?"

便以一首他在乾道二年(1166年)被罢广西安抚使后北归途中所写的《念奴娇·过洞庭》来结束这个故事吧。

洞庭青草,近中秋、更无一点风色。玉鉴琼田三万顷,著我扁舟一叶。素月分辉,明河共影,表里俱澄澈。悠然心会,妙处难与君说。

应念岭海经年,孤光自照,肝肺皆冰雪。短发萧骚襟袖冷,稳泛沧浪空阔。尽挹西江,细斟北斗,万象为宾客。扣舷独啸,不知今夕何夕。

俯仰宇宙的伟岸精神,坦荡磊落的君子风骨。这一夜,浩瀚洞庭犹为之小也,而北斗为杓铛,江水为美酒,森罗万象尽为座上嘉朋,这是何等气象!

但可惜,天不假年,张孝祥注定无法走到人生的彼岸。在绍兴三十二年时,他尚且对这一切都一无所知。

第三章
胡铨的起复与岳飞之平反

忠臣是我国古代政治文化里的一个重要符号。夏有关龙逄,商有比干,厥后层出不穷,又颇以明朝海瑞最有特点。所谓特点,自是说他连皇帝都敢骂,如云"嘉靖者言家家皆净而无财用也",又说"天下之人不直陛下久矣"。这些在封建帝制时代骇人听闻的话语出现于臣僚的奏疏之中,自然是振聋发聩,令后世敬仰。但在南宋,实则有一个与海瑞相差仿佛,更比他早了五百年的"人间大炮",那便是庐陵胡铨。

他最有名的事情,便是四个字:

请斩秦桧!

不过,当时胡铨请皇帝砍掉脑袋的一共有三位,因为秦桧恶名昭彰、遗臭万年而让大家只记住了他。还有两位即参知政事兼权同知枢密院事——执政孙近、徽猷阁直学士王伦。

他在一封奏疏里居然要斩一位从一品的宰相,一位正二品的副宰相,外加一个从三品的殿阁学士,且还是在有所谓"国朝不杀士大夫"之说的宋朝!

胡铨是建炎二年(1128年)的进士。他从科场登第之时便不走寻常路。殿试时,官家赵构的御试题目云"盖闻治道本天,天道本民……"。结果胡铨居然在策问的殿试文章里直接说官家的题目不对。考试时说出卷命题存在立意、命题方向上的偏差,这还得了?非但如此,还要告诉出卷人,你题目说得完全没道理,我来告诉你什么是对的!这就是胡铨写的策论:

> 臣闻国将兴,听于民;国将亡,听于天……陛下起干戈锋镝之间,适值天下倥偬不暇给之秋。外乱内讧,憸(xiān)人秉朝,边方有风尘之虞,中原有新羁之马,赤子入无知之俗。民愁盗起,祸稔萧墙,王室摇摇然,几如一发引千钧。当此之时,可谓乱甚矣。臣愚谓陛下宜焦心尝胆听于民之时也。而陛下策臣等数十条,大概质之于天!首曰:盖闻治道本天,天道本民。又曰:岂朕不德,无以动天?又曰:何精神弗效,而祸乱之难戡也?似皆听于天者。

胡铨实际上揭穿了君权神授的那套说辞,指出君王治理天下,而得民心与否的重要性。只是他的口吻不太符合殿试策论中应该贯彻的"颂圣"逻辑,相反却直言不讳地批评官家赵构动辄谈天意,却不知道顺应民意,救民于水火。

再者,通常人即便不在殿试策论里赞美当时的宰臣,至少也不至于出言贬低而自找不痛快。可胡铨偏不。他先是略说"憸人秉朝",即所谓奸邪秉政的意思,之后又说:

> 今庙堂之上宰相有如晏殊者乎?参政有如范仲淹者乎?枢密有如韩琦、杜衍者乎?谏官有如余靖、欧阳修者乎?臣知陛下

必无此等人物矣!

胡铨的意思是说,如今朝堂上的宰执、台谏等大臣不过多是庸碌贪怯之辈,如庆历时节那样贤臣盈朝的局面,眼下是想都不要想!建炎二年正是黄潜善为宰相、汪伯彦为知枢密院事的时节,胡铨如此讽刺,能不得罪到他们么?

对于当时刚登上帝位没多久的年轻官家赵构,胡铨一样要说:

是陛下痛念二圣銮舆暴露而未有迎复两宫之策也!

官家似乎很痛心自己的父亲和兄长,道君皇帝赵佶与渊圣皇帝赵桓尚且被扣留在北方,可是却毫无救回二圣的办法!

胡铨在策论中说,现在朝廷派遣使节去北虏那里,想要让女真蛮夷放二圣归来,这可能么?难道过往楚汉相争,鸿沟议和,汉高祖刘邦能要回太公等家人,只是因为侯生游说项羽的关系么?难道不是因为刘邦的政治、军事各方面的力量么?因此胡铨在他的策论中毫不留情地继续开炮:

以今凋疲之余,无汉之兵力,无汉之驾驭,无汉之三杰,无汉之廪粟,而又弃违上都,弃去两河,则又无关中之形势,而欲求亲族之复,虽使如侯生等千百辈往焉,臣知其无能为也!故臣尝谓,欲复亲族,莫如复两河,不得两河,则亲族不可复!

建炎年间,赵构刚坐上皇帝位子,必须要摆出一副乐于纳谏、礼贤下士的明君风范，即便不会真的采纳谏言，也不免要展示自己的容人之量、帝王气度。是以胡铨痛心疾首地揭穿了赵构急于偷安苟且，并不敢真的试图收复河北河东、迎回二圣的真面目，但赵构仍然没有对他加以处罚。甚至胡铨在策论最后说了"臣而不言，是负陛下；言而不听，是陛下负臣"这样无比尖锐的话语，赵构也只表现出自己赞赏耿直忠贞之言的一面。因此，官家赵构一度想点胡铨为状元，但大约因为黄潜善、汪伯彦的阻挠，于是胡铨被置为殿试第五名。

登科的胡铨被授为从八品选人官阶的左文林郎，得了抚州军事判官的差遣，然而由于父亲去世，丁父忧的他并未赴任。建炎三年（1129年）时，金军兵锋追隆祐太后（哲宗孟皇后）至赣州，庐陵太守杨渊弃城而逃，胡铨竟以儒生之躯，招募乡里壮勇为民兵，入城助官军与金人周旋战斗。当时城内失去太守弹压，颇有市井无赖乘间作乱，被胡铨当机立断，斩了数人，一城乃定。

胡铨的勇气，注定要光照千年。

朝廷赏功，升胡铨本官为从八品承直郎，这是选人最高一阶，离京官只有一步之遥了。他继续丁外艰而不做官，潜心随乡里先生萧楚学《春秋》。大约在丁忧期满，除服之后胡铨亦无意仕进。此后，张浚曾辟举其任荆湖北路茶盐司干办公事与荆湖南路提点刑狱司干办公事二职，胡铨都未实际赴任。到了绍兴七年（1137年）二月，应出于张浚赏识，兵部尚书吕祉便举荐胡铨参加"贤良方正能直言极谏科"的制科考试。这自然是时来运转了，制举比普通的科举级别更高，并不定期举办，有时候仅一二人通过，且须大臣推荐才能应试。

胡铨通过制科考试之后，便鲤鱼跃龙门，一跃由从八品的选人左承直郎升迁为朝官正八品左通直郎、充枢密院编修官。在宋代官员的寄禄官或曰阶官分为选人与京朝官两大类。选人便几乎一切好的待遇都轮不上，也甭想得到重要的职事差遣，而京朝官又细分为普通的京官和升朝官。所谓升朝官顾名思义，便是能在平日早朝时候，如六参日（每月逢一、五日）朝见天子，仰望清光，但通直郎以下的京官则不在此列。不妨细想以下，若是平日连见着皇帝的机会都约等于零，就算是京官，又如何能让官家记住你呢？领导心里没有你，办事再行也不济。

可见，绍兴七年二月通过制举升为升朝官，对胡铨的仕途来说有着怎样巨大的益处。另一方面，他成了枢密院的僚属，有许多接近两府宰执的机会，那么日后被提拔的可能也就大大增加了。

然而胡铨如何能想到，举荐自己的兵部尚书吕祉在半年后就将殁命刀剑之下，而那位此时威望正如日中天的宰相张浚也将因为这场淮西兵变而黯然下野。在枢密院编修任上，胡铨见证了张浚从峰顶坠落，目睹了秦桧再入两府，亦看到了枢密使秦桧对左相赵鼎的步步紧逼与倾轧，到了绍兴八年三月，秦桧终于再拜右相。讽刺的是，当时包括赵鼎在内，尚有许多人未看清秦桧的面目，竟然对其二度拜相颇为庆幸，以为如此气节忠贞之士再相，乃是宰臣得人矣。

由于绍兴七年正月时，朝廷从完颜宗弼的书信里得知了道君皇帝赵佶的死讯（实际上徽宗死于绍兴五年四月，但金人一直未告知），而金人内部倾向主和的左副元帅挞懒（完颜昌）正掌权，尽管当时张浚仍在相位，但宋金之间和议的可能已经初露端倪。在张浚因为淮西兵变罢相后，宋金之间的力量对比进一步发生变化，对金强硬的主战北伐路线实际上已经破产，加之十一月时金人废黜伪齐，从而南北和议的部分障碍已经不复存在。

七年四月,朝廷以王伦为迎奉梓宫使,往金国讨要装着已经只剩下骨头的道君皇帝的棺椁(有说里面不过一根朽木而已)。此年十二月,王伦带回了金人的议和想法,让赵官家喜出望外的是,女真统治者不仅答应归还父亲赵佶的梓宫,甚至愿意将天子还健在的生母韦氏和原本伪齐所统治的河南等地一并归还回来。

左相赵鼎本来是作为与张浚路线相反的保守派领袖,但此时他却反对与金人和议。而天子赵构的理由却是:"今日梓宫、太后、渊圣皇帝皆未还,不和则无可还之理!"

是极是极,先帝皇考道君皇帝的梓宫和健在的太后、兄长渊圣皇帝赵桓都还没回来呢,眼下金人主动要议和,如果拒绝,还如何办得成迎回二圣与太后的事情呢?赵官家甚至要说:"外国之与中国,如阴阳消长,岂能偏废?若可剿除,汉唐之君行之久矣。"皇帝终究是代天牧民,能站在更高的角度看待问题,原来夷狄与中国长久共存,即便汉唐盛极一时的时候,也没能把这些游牧民族消灭殆尽?看来赵官家也只是顺应天命,并没有什么过错。

秦桧虽然在此年三月再为右相,但他当时的权力并不是稳如泰山的,相反,至绍兴八年六月,赵鼎派系已经掌控了两府、台谏,乃至六部和起草诏令的重要职位,赵构本来选择的乃是赵鼎的政治路线,即收拢军权,倾向自治。但秦桧却在这种看似赵鼎集团铁板一块的局面里脱颖而出,展现了极其高超又略无愧耻的政治手段,最终使得赵鼎派系瓦解,赵构完全倒向秦桧的投降路线。在这过程中,王伦再次出使金国,女真使节乌陵思谋也抵达大宋境内,而赵鼎集团内部却出现了意见分歧,如户部侍郎向子諲便认为当与金人和议,中书舍人潘良贵则请战,而御史中丞常同又请自治备御,既不可相信虏人也不能急于交战。赵鼎派系在如此重大问题上缺乏统一口径,便给了秦桧机会。他准确把握了赵构之心理,最终在数次留身独对后,使赵官家下定了决心,将和议之事独委秦桧,且不许群臣干预,加之赵鼎反对皇帝的养子赵璩建节封吴国公而似位建国公赵瑗(即后来的孝宗赵昚)之上,在这种情况下,八年十月,赵鼎黯然辞相。关于建国公之事,尚有传闻谓秦桧曾对赵构进谗,说:"赵鼎欲立皇子,是谓陛下终无子也,宜待亲子乃立。"秦桧对天子赵构心理的这种拿捏,确乎是炉火纯青的。

急于和议的赵官家对外自然是宣称为了尽力迎回道君皇帝梓宫,迎回太后与渊圣皇帝,盖人君不能免于孝悌也。实际上在此之前,赵构放弃张浚路线而选择赵鼎路线的原因,是因为他意识到恢复中原毕竟只是一个遥不可及的梦想,不如以自治的路线保住半壁江山和头顶上的皇冠。但到了绍兴八年,金人和议的意图如此强烈,又要归还河南,此时赵鼎及其派系的反对便令皇帝十分厌恶。而秦桧的赞成和议与南北和平共存的路线便显得最符合眼下的形势,因此赵构终于下定决心,将赵鼎集团这一和议的阻力连根拔除,他倒向了秦桧的路线,以求更容易地实现偏安的长久富贵。至于"孝悌"在他心里究竟有多少分量,则恐怕是很成疑问的。

到了十一月,金国派出新的使节前往大宋。然而使节的名义却在朝野间掀起轩然大波。原来,女真人的使臣张通古与萧哲各被冠以"诏谕江南使"和"明威将军"的名号。儒家文化讲究"正名",名不正则言不顺,所谓"诏谕",俨然是君对臣,又只称"江南"而不称"宋";"明威"则似警告威胁,殊为狂傲无礼。

在这种情况下,朝中赵鼎派系尚存的官员纷纷上书反对。如殿中侍御史张戒云:

> 王伦遽回,金使遂有江南诏谕使及明威将军之号,不云国而且云江南,是以我太祖待李氏晚年之礼也,曾不得为孙权乎?一则诏谕,一则明威,此二者何意?金云诏谕,臣不知所谕何事……和必无成,岂惟无成,终必招侮,亦愿陛下姑记之。

张戒立刻被从言路调任为司农少卿,次日便下诏斥责,说他身任风宪耳目之职,却附下罔上,暗示其依附已经被罢相的赵鼎,于是出知泉州。

军方中韩世忠更是态度鲜明地连章反对,说金国使节已经明说须大宋接伴之臣和州县官吏行跪拜之礼,而金使抵达行都临安之际,更要天子更衣而拜金人伪诏,如刘豫相待之礼数。然而"刘豫系金人伪立,而陛下圣子神孙,应天顺人,继登大宝,岂可相同?显见故为无礼,全失去就,玷辱陛下。"——韩世忠这样不厌其烦的劝诫并没有叫醒装睡的赵构。相反,赵官家担心这泼韩五胡来,破坏南北和议的大局,故而令人严加保护金国使臣队伍,不得少有疏虞!他生怕底下将校士卒们托辞盗匪云云,行杀害金使之事,于是下诏严戒将佐,不得分毫生事!这可真是一位讲和平的皇帝!至于韩世忠未如张戒一般被问罪斥责,那自然是因为韩世忠麾下有着数万听命于他的军士,而张戒不过是个秀才文臣!

兵部侍郎兼权吏部尚书张焘、吏部侍郎晏敦复等也无不激烈反对议和,并指出种种问题。但赵官家早有一套言辞应对各种质疑与异见,如云:"金人颇有善意。朕即位十年,以敌祸未平,兵革馈饷,重困民力,曾无惠泽及于天下。若上天悔祸,敌肯革心,休兵之后,一切从节省,虽常赋亦蠲减,以宽百姓";又下诏布告中外说:"大金遣使至境,朕以梓宫未还,母后在远,陵寝宫阙久稽泛扫,兄弟宗族未得聚会,南北军民十余年间不得休息,欲屈己求和……"

原来,天子要与北房媾和归根结底是因为怜惜百姓困苦!连年征战,这打来打去,苦的都是布衣黔首啊,何况先帝皇考梓宫未还,母后、兄长等亲族都还没回来,这才迫不得已,屈己求和!

但皇帝的鬼话岂能真的堵住文武大臣们的嘴巴,连贵为宰执的枢密副使王庶也连章反对,又于天子面前反复论说和议之非。在这种情况下,秦桧任中书舍人勾龙如渊为御史中丞,勾龙如渊进言:"相公为天下大计,而群说横起,何不择人为台官,使尽击去?则相公之事遂矣!"秦桧用其为风宪长官,正是要他作为鹰犬爪牙,弹劾一切反对和议之人,好将非议和议者都赶出国门,加以贬窜。勾龙如渊本是为张浚所荐方得召试馆职,如今却见风使舵投靠了秦桧,这样的无耻之人擢为台长,已经说明了皇帝与秦桧要将和议进行到底的决心,士大夫们也不免骇愕于勾龙如渊之入主风宪。

渐渐的许多人都不免沉默了,毕竟赵鼎已经离开了中枢,反对议和的大臣一个接一个地被外知地方,最近的枢密副使王庶也被罢执政,贬知潭州……

秦桧的路线就要胜利了!

万马齐喑的时候,正当于无声处听惊雷!

有一个人站了出来,他不愿向政治恐怖屈服,这个人便是胡铨!

胡铨的官比上述提到的反对者们小得多,不过是个不值一提的枢密院编修,这在朱紫遍地的行都完全是个毫无分量的小臣,甚至于他亦深知,自己官卑职低,奏疏应由枢密院长官经阁门、通进银台司、入内内侍省等层层程序才能送到御前。可眼下秦桧以右仆射兼任枢密使,正是西府的最高长官,何况,皇帝往往会把章奏降付给两府,再由宰臣们看详,而秦桧怎么会理睬胡铨的反对意见呢?倘若天子亲自仔细看过了,则可能直接留中不发,也是一样的石沉大海。

于是胡铨决定孤注一掷,他一面按既有程序上奏,另一面又多抄副本,使人散发于都下,一时间临安府内争相传抄,议论鼎沸,几乎无不为胡铨的奏疏击节叫好!两浙西路常州宜兴县有一进士名唤吴师古的,出于义愤,遂将胡铨的奏疏雕版后刊印,广为传播,这就造成了更大范围内的轰动。一时间,士林切齿。

胡铨的奏疏究竟有着怎样的魔力呢?不妨一观:

> 臣谨按王伦本一狎邪小人,市井无赖。顷缘宰相无识,遂举以使虏。专务诈诞,欺罔天听,骤得美官,天下之人,切齿唾骂。今者无故诱致敌使,以诏谕江南为名,是欲臣妾我也,是欲刘豫我也。刘豫臣事金国,南面称王,自以为子孙帝王万世不拔之业。一旦金人改虑,掉而缚之,父子为虏。商鉴不远,而伦又欲陛下效之。夫天下者,祖宗之天下也。陛下所居之位,祖宗之位也!奈何以祖宗之天下,为金人之天下?以祖宗之位,为金国藩臣之位?陛下一屈膝,则祖宗庙社之灵,尽污夷狄!祖宗数百年之赤子,尽为左衽!朝廷宰执,尽为陪臣!天下士大夫,皆当裂冠毁冕,变为胡服!异时无厌之求,安知不加我以无礼如刘豫也哉?夫三尺童子,至无知也,指仇敌而使之拜,则怫然怒。今堂堂大朝,相率而拜仇敌,曾无童稚之羞,而陛下忍为之邪?

王伦本是真宗朝宰相王旦弟弟王勖的玄孙,但到他这一代,已是家道中落。王伦放荡无行,惯胡作非为,在东京城内外屡屡犯法,竟能侥幸逃脱制裁,因此胡铨在奏疏一开始就说大宋派到虏人那里的使臣乃是无赖出身。不过实话说来,这王伦大约是个有点胆色的人物,盖任侠使气之辈,多少都有过人之勇。靖康年间他便曾以布衣身份在宣德门向当时的天子赵桓(宋钦宗,眼下的渊圣皇帝)毛遂自荐,轻易就弹压镇抚了愤怒闹事的大量东京市民。国人暴动,向来是不容小觑的,西周时厉王道路以目,于是国人赶跑了他,导致周召共和,此番汴京都下之人喧闹,声势也应当是比较可怕的。因而王伦便借此获得了官身。建炎元年(1127年),朝廷要选派人出使北虏,这在当时是很多人避之不及的危险差事,然而王伦去了,果然因此被扣留在北方金国领地。绍兴二年(1132年),在被金人扣留了近六载之后,完颜宗翰终于将王伦放归。但经历了一次扣留之后,王伦仍然敢于出使金国,则确乎是有勇气的。因而胡铨说天下之人,切齿唾骂,主要还是正经进士出身的士大夫看不惯王伦这般没有出身的人混进了公卿队伍,玷污搢绅。以王伦后来再度被扣留在北方,宁死不肯接受金人的官职来看,应当也算是有气节之人。但是,绍兴八年时挞懒与宗磐主导的南北和议,在当时的宋朝官员们看来自然是虏人居心叵测,他们大多不能如王伦这般对女真贵族内部的权力斗争有比较清楚的认识。并且,虽然挞懒愿意归还道君皇帝梓宫,乃至送还韦氏和渊圣皇帝,又将河南地交还给宋朝,但金人傲慢的态度确实说明他们有令宋室称臣的意图。

特别值得注意的是,胡铨狠狠地抨击了皇帝赵构,这可真是算得上"指斥乘舆"了。"夫天下者,祖宗之天下也。陛下所居之位,祖宗之位也!奈何以祖宗之天下,为金人之天下?以祖宗之位,为金国藩臣之位？"如寺地遵所说，胡铨竟然在奏疏中指出，皇帝的地位不是私物，而是具有传统意义的公器，这种对皇帝体制论的创发是很了不起的。况且，这等于揭穿了赵官家君权神授的假象，在提醒他，陛下的帝位不是由道君皇帝徽宗传位得来的，也不是兄长渊圣皇帝禅让得来的，而是由于文武群臣和万民的拥戴才得来的！言下之意便是，若官家你冒天下之大不韪，竟真的向金人屈膝，就不要怪臣民们否认帝统的正当性了！胡铨甚至表示，三岁的孩子都明白不能向死仇屈服，陛下怎么忍得了？

可胡铨的话还远没有完：

> 伦之议乃曰："我一屈膝，则梓宫可还，太后可复，渊圣可归，中原可得。"呜呼！自变故以来，主和议者，谁不以此说啗陛下哉？然而卒无一验，则敌之情伪，已可知矣。陛下尚不觉悟，竭民膏血而不恤，忘国大雠而不报，含垢忍耻，举天下而臣之甘心焉！就令敌决可和，尽如伦议，天下后世，谓陛下何如主也？况敌人变诈百出，而伦又以奸邪济之，则梓宫决不可还，太后决不可复，渊圣决不可归，中原决不可得！而此膝一屈，不可复伸，国势陵夷，不可复振，可为痛哭流涕长太息者矣！向者陛下间关海道，危如累卵，当时尚不忍北面臣敌，况今国势稍张，诸将尽锐，士卒思奋。只如顷者敌势陆梁，伪豫入寇，固尝败之于襄阳，败之于淮上，败之于涡口，败之于淮阴，较之前日蹈海之危，已万万矣。傥不得已而至于用兵，则我岂遽出敌人下哉？今无故而反臣之，欲屈万乘之尊，下穹庐之拜，三军之士，不战而气已索，此鲁仲连所以义不帝秦，非惜夫帝秦之虚名，惜夫天下大势有所不可也。

胡铨继续剖析，他说以往主和之人哪个不是号称只要忍一时屈辱，对北房屈膝便可令梓宫、太后、渊圣皇帝并归，结果全是在哄骗陛下！而如今陛下却不惜耗竭民脂民膏来讨好仇房，居然甘心以江山社稷对女真称臣，难道不怕后世青史之评么？更何况，昔年陛下巡幸海上避敌，都不愿屈服，为何如今已经能与夷狄周旋，却反而妄自菲薄，自甘人下呢？这些问题显然是赵构难以回答的。当金人在河南立了刘豫为伪皇帝，以伪齐威胁南宋的时候，赵构明白他与伪齐之间是没有中间地带的，一定是你死我活，但当金人废黜刘豫，取消伪齐这个所谓的"国家"之后，赵构却认为自己可以取代伪齐的地位，通过向金人称臣换得长久的偏安富贵。但这种话如何能对外说，自是只能讲为了孝道，为了天下百姓。

骂完皇帝，胡铨终于开始要炮轰宰执，向秦桧发起猛攻了：

> 今内而百官，外而军民，万口一谈，皆欲食伦之肉，谤议汹汹，陛下不闻，正恐一旦变作，祸且不测！臣窃谓不斩王伦，国之存亡未可知也！虽然，伦不足道也。秦桧以心腹大臣而亦然。陛下有尧舜之资，桧不能致陛下如唐虞，而欲导陛下为石晋。近者礼部侍郎曾开等引古谊以折之，桧乃厉声责曰："侍郎知故事，我独不知？"则桧之遂非狠愎，已自可见。而乃建白，令台谏侍臣签议可否，是盖畏天下议己，而令台谏侍臣共分谤耳。有识之士，皆以为朝廷无人，吁，可惜哉！孔子曰："微管仲，吾其披发左衽矣。"夫管仲，霸者之佐耳，尚能变左衽之区而为衣裳之会。秦桧大国之相也，反驱衣冠之俗，而归左衽之乡。桧也不唯陛下之罪人，实管仲之罪人矣。孙近傅会桧议，遂得参知政事。天下望治，有如饥

渴,而近伴食中书,漫不敢可否一事。桧曰房可讲和,近亦曰可和。桧曰天子当拜,近亦曰当拜。臣尝至政事堂,三发问而近不答,但曰:"已令台谏侍从议之矣。"呜呼! 参赞大政徒取充位如此,有如敌骑长驱,尚能折冲御侮邪? 臣窃谓秦桧、孙近亦可斩也! 臣备员枢属,义不与桧等共戴天! 区区之心,愿断三人头,竿之藁街,然后羁留房使,责以无礼,徐兴问罪之师,则三军之士,不战而气自倍。不然,臣有赴东海而死,宁能处小朝廷求活耶?

胡铨将秦桧的面目彻底揭露出来,说秦桧撺掇陛下对丑虏女真奉行投降路线,这是要让陛下做那儿皇帝石敬瑭,是要把大宋变成石晋! 管仲能尊王攘夷,甚至用夏变夷,秦桧为大宋宰相却要令陛下和臣民们都奴事蛮夷,其罪当诛! 胡铨又论及执政孙近,说他因为阿附秦桧才成了副宰相,在都堂中除了伴食吃工作餐外,一句意见都不敢说,只会做秦桧的同声虫,倘若金人入寇,显然也是指望不上他擘画御敌的! 其罪亦当斩!

胡铨已是在公然逼赵官家表态,他奏疏结尾的话,不啻是在说陛下如果还有骨气的话,就应当将秦桧、孙近、王伦斩首示众,把他们三人的首级挂在候潮门附近的都亭驿街道上,再扣留北房使臣,责其无礼之罪,然后兴兵讨伐! 这才是帝王之怒,这才是中兴雄主! 倘若不然,那我胡铨情愿溺毙在东海的汪洋之中,也不愿在一个苟且投降的小朝廷里忍辱偷生!

壮哉胡铨!

固然,绍兴八年十一月时的秦桧已经将左相赵鼎排挤出外,但他远还没有达到绍兴和议之后那种大权独揽的地位。然而由于赵官家和议之心已决,此前反对南北议和的大臣基本都遭到了贬出国门的处置,胡铨并非不知道这种政治风险。更紧要的是,他在奏疏中几乎是肆无忌惮地挑战着皇帝的极限,且他将奏疏副本散发于外,这是严重违反制度的行为,在皇帝和宰相看来无疑是挟民意以耸动、逼迫朝廷!罪在不赦!

但胡铨并不怕死,他自然知道赵官家杀过陈东和欧阳澈,但春秋千年,哪有忠贞之士胆怯贪生的!

临安府内连续几日间,无论是街肆通衢抑或瓦子勾栏,甚至连青楼里都尽是在谈论胡铨"请斩秦桧、孙近、王伦"之奏疏的人。市井喧腾,人心忿忿,虽行路犹不齿与北房媾和。据说当时金人听闻此事,也以千金求胡铨奏疏,挞懒、宗磐等读毕,也是相顾失色,谓"南朝有人!"英雄是让人敬畏的。

事情闹到这种地步,甚至连秦桧都有一丝害怕了。他不得不按照惯例,上表待罪。

这是渺小的个人以巨大勇气挑战高高在上的权力之胜利!

可惜的是,这种胜利,毕竟只是暂时的假象。

赵官家见到自己的宰相上表待罪,他立刻下诏:秦桧无罪可待!

秦桧知道,自己立于不败之地了。他从府邸中回到都堂,重新视事,君臣二人要对胡铨动手了!

赵官家不忘再制造爱民如子的舆论,竟说:"若使百姓免于兵革之苦,得安其生,朕亦何爱一己之屈?"

然而这样的鬼话又能骗得了谁,朝野上下仍是非议汹汹,于是一边是好像温情脉脉的明君爱民的话语,另一面却是手札里极其冰冷的旨意:

> 涂中稍生事,当议编置!

倘若大金使节在来的路上,尔等文武之臣敢无端生事,惹点是非和乱子出来,严惩不贷!

绍兴八年十一月二十九日(辛亥),秦桧批旨:

> 北使及境,朝廷夙夜讲究,务欲上下安帖,贵得和好久远。胡铨身为枢属,既有所见,自合就使长建白,乃狂妄上书,语言凶悖。仍多散副本,意在鼓众,劫持朝廷。可追毁出身以来文字,除名勒停,送昭州编管,永不收叙。令临安府差使臣兵级,押发前去。候到,具月日闻奏。仍令学士院降诏,布告中外,深知朕安民和众之意。

"上下安帖、和好久远"是当下的大局,不服从这一大局的就成了奸邪宵小,亦自然成了朝廷与国家的敌人。更何况胡铨违规散发奏疏,煽动朝野民意劫持朝廷,特革去功名,废除官身,从官籍中抹去,送昭州编管,永不得叙用起复!

收到朝廷残酷命令的时候,胡铨的侍妾已近临产,正寓居西湖僧舍之中,然而不待孩子出生,临安府的兵丁就闯了进来。如今的胡铨再不是人上人的官员了,而只是一介草民。衙门里的这些差役粗暴地给胡铨戴上刑具,将他赶出僧舍,这就要械送贬所昭州了!胡铨的母亲已老,侍妾即将临盆,未出生的子女犹在腹中……这一切都顾不上了,三十有七的胡铨只能戴着人犯的行枷上路,前往远在广南西路的昭州,这可是岭南两广之地,此去何止千里之遥!

权力的颠倒黑白,一至于斯。

然而绍兴八年的秦桧还没到权倾天下的地步,吏部侍郎晏敦复就为此亲自去找知临安府张澄,说祖宗朝言事官被谪,未有开封府如此羞辱斯文,把士大夫当罪犯的,朝野间也都是为胡铨不平的呼声。

秦桧与孙近见状,为了安抚舆论,只得请天子重新考虑,从轻处罚胡铨,毕竟眼下最重要的事情还不是惩治一个小臣,而是要想方设法与金人达成和议!为了这一大局,若能让朝野安静下来,胡铨的处置,轻重并不紧要!

于是次日,十一月三十(壬子),改诏令为:左通直郎胡铨送吏部,与广南监当,最终改除监昭州盐仓。虽然仍是被贬谪到广南昭州的蛮荒之地,但毕竟不再是除名勒停的处罚,保住了官身。

但胡铨被贬,仍在绍兴八年的末尾招致人们不断的议论,甚至对与金人和议构成了一定程度的舆论障碍。秦桧因此向天子分说利害,赵官家遂在十二月初四日(丙辰)下诏:

> 朕以眇躬,抚兹艰运。越自初载,痛二帝之蒙尘,故兹累年,每卑辞而遣使。不难屈己,徒以为亲。虽悉意于经营,终未得其要领。昨者惊传讳问,恭请梓宫。彼方以讲好而来,此固当度宜而应。朕念陵寝在远,梓宫未还,伤宗族之流离,哀军民之重困。深惟所处,务适厥中。既朝虑而夕思,又广询而博访。言或同异,正在兼收。事有从来,固非创议。枢密院编修官胡铨,职在枢机之属,分乖廉陛之仪。遽上封章,肆为凶悖。初投匦而未出,已誊藁而四传。导倡陵犯之风,阴怀劫持之计。傥诚心于体国,但合输忠;惟专意于取名,故兹眩众。闵其浅虑,告尔多方,勿惑胥动之浮言,庶图可久之大计。

这代王言的诏令写得真是好,先说赵官家也很不容易,之所以对有着深仇大恨的女真人卑辞厚礼,实在只是因为二圣被扣在北方呢。官家连天子和国家的体面都不顾,也只是为了二圣、太后和宗亲能够回来。现在既然金人主动要和议友好,官家更是朝夕思虑,废寝忘食,又兼听各方意见。岂料小臣胡铨,罔顾规矩法度,凶悖狂妄,沽名钓誉,将奏疏散播于都下,诋毁柄臣宰执,摇惑众心,而取直名。但陛下念其浅薄,许以自新,尔中外臣民,宜知不可为浮言所动,要服从大局,相信朝廷!

权力的机器能制造谎言,并且赋予谎言以神圣性。如果当谎言不能被公开质疑,而试图揭穿谎言的人则被当成了覆载难容、人神共怒的恶棍,则公义也就被践踏于无置锥之地的程度,缄默便成了生存下去的秘诀。毕竟中原也好,江山也罢,又或是秦桧如何,总是远在天边的事情,对于民众来说,相对太平的日子才不过刚过上几年,临安城里灯火通明的喧闹才是生活的真实,行都之外更是只能关心稼穑播谷,小心胥吏催科了。对官员们而言,则家家皆有子孙,难免"各有稻粱谋",张浚相公要战,赵鼎相公要守,秦桧相公要和,总不外乎是帝王将相们操心的"国是",岂如春风楼里买醉,西湖画舫中听雨,求田问舍、纳妾狎妓来得快活自在?

因为公然说出"丞相今日不当说安危,止合论存亡耳"而被排挤出外的曾开提举宫观后,秦桧为了促成与金人的和议,又建议赵官家任命越州会稽出身之名士,在江南素有人望的李光为参知政事,这显然是为了拉拢、安抚江南的士人阶层和地方豪绅,以减轻舆论的压力。

但此时和议仍有一巨大障碍,代表挞懒、宗磐等金国内部当权的主和派而来的张通古、萧哲带来了傲慢的女真贵族之要求,即如韩世忠所说，须大宋官家赵构像金人过去册立的"伪齐皇帝"刘豫一般，跪拜接受大金国书。

这对赵构来说是十分不利的情况。如果他真的跪受金人国书，则要知道，他的皇位是来自文武大臣们的拥戴劝进与隆祐太后之命，一旦如同刘豫一般侍金，中外臣民、将士之心俱恐解体。到那个时候，他赵构的皇位还能不能坐得稳，或许真的存在疑问。

但最终，绍兴八年的事情还是尘埃落定了。既然金人在去年方告知道君皇帝晏驾登遐，于是赵官家借口"谅阴不言"，谓居丧不理政事，乃由宰臣秦桧见金使，拜受国书。

次年，绍兴九年（1139年）三月，金人果然如和议所许诺的，竟归还了河南、陕西之地。这简直像是上天送来的意外之喜，不费吹灰之力就得回了中原故土。想来，道君皇帝梓宫、太后、渊圣皇帝的归来也只需要在接下来的和议中谈妥后便能实现，当然如果渊圣皇帝不回来也省却一些些小麻烦。

就在赵构和秦桧君臣二人沾沾自喜的时候，胡铨等反对和议的大臣所担心的金人诡诈之事，以另一种形式发生了。七月，主战派金兀术（完颜宗弼）发动政变，挞懒、宗磐失势，二人后亦被杀，甚至遭到夷族灭门之祸。兀术受封越王与都元帅，不久甚至兼领了燕京的行台尚书省，执掌内外军政大权后于绍兴十年（1140年）五月率军南下，结果便是挞懒送还给赵官家的河南、陕西又全都在一个月内被金人夺了回去。

和议被金兀术撕毁，宋金战争再次爆发。

早在绍兴九年正月初四（乙酉），当时尚洋洋得意于和议之成的秦桧，为了彰显自己的宰相气度，继续以中兴名臣的面目欺骗世人，便伙同参知政事孙近进言,说胡铨思虑不周,言语过当,但实在不足深责,何况他指斥宰臣,如果斤斤计较,反而有失大臣体。于是胡铨乃由昭州盐仓的监当官上,迁为威武军节度判官厅公事,也就是在福建路做一个幕职僚佐。胡铨已有天下名,此时宜假意宽赦,但那雕版印发胡铨奏疏的进士吴师古殊为可恨,岂能轻饶?这一年二月二十四日(乙亥),朝廷下令:常州宜兴县进士吴师古送袁州编管,永不得应举!这或许会让人疑惑,吴师古不是已经有了进士的身份么,怎么还需要应举,去参加州府的发解试,争做个贡举人呢?原来,在宋代凡参加科举的学子,无论是应发解试还是省试或者殿试,当时通称进士,并是布衣。只有当殿试合格后,才有进士身份,如此方算成了人上人。也就是说,吴师古因为雕版印发胡铨的奏疏,被永久地剥夺了获取功名的资格,他只能处江湖之远,隐山水之滨,科场的荣耀与他再无干系。高高在上的宰相秦桧居然不曾忘记吴师古,勒令常州知州直秘阁王缙一查到底,权力的板子从行都的青云宫府之中打下来,将一个有气节的读书人之前途彻底打得粉碎。

在威武军签判任上,胡铨以一个旁观者的身份,看到了绍兴十年宋军的顺昌之捷,又欣喜于岳飞在郾城与颍昌的大胜,在绍兴十一年(1141年)杨沂中、刘锜及张俊所部的王德等又败金人于柘皋。然而随后便是第二次和议,岳飞遇害于大理寺,绍兴和议达成,大宋对虏人称臣纳贡,割让唐、邓二州与商、秦各半土地予金人,作为回报,女真承认南宋的统治,允许南北共存,并送回徽宗梓宫与韦太后……

这些在绍兴十二年达成的事情,算是奠定了绍兴体制,成就了所谓的绍开中兴。那么这时候,就该秋后算账了,三大将兵权已收,家军问题得到彻底解决,御前诸军制度已确立,秦党专权的局面已经形成,便拿那胆敢叫嚣请斩秦某人的小臣胡铨开刀!

且让他求生不得求死不能!

秦党的鹰犬右谏议大夫罗汝楫得了恩相秦桧的指示,立刻刀笔轰鸣,写就弹章,绍兴十一年的时候他连岳飞这样做到执政的建节太尉都诬陷过了,参与了冤杀岳飞的惨案,如今剐一个小小的从八品签判,那简直是牛刀杀鸡!

罗汝楫在弹章中说:

> 左奉议郎、签书威武军节度判官厅公事胡铨文过饰非,益唱狂妄之说,横议纷纷,流布遐迩。若不惩艾,殆有甚焉者矣。伏望陛下重行窜逐,以伸邦宪!

胡铨这厮诽谤君父、朝廷、宰执与公卿大夫,邪说流布甚广,为害非细!陛下要为了国家法度,把他窜逐遐荒才是啊!

天子赵构自然心领神会,眼下多年未见的母亲韦氏,那位甚至在北方给金人盖天大王完颜宗贤生下两个孩子的韦太后就要回来了,皇太后回銮,是何等大事,一切碍眼的人与事,一切有损圣德的妄议邪说,一切绍兴体制的白璧微瑕都要清理掉!

于是,绍兴十二年七月初二(癸巳),经罗汝楫之弹劾,天子下诏:胡铨追毁出身以来文字,除名勒停,贬窜岭南,新州编管!

四年前没落到实处的废为庶人终于是实现了,功名荣誉官身职务统统一笔勾销,且去烟瘴蛮荒走一遭!在有宋一代,贬窜岭外基本算是对文官最大的惩罚了,比一刀剐了还难受,在那穷山恶水间叫天不应,叫地不灵,瘴疠交攻,病气慢慢侵蚀着身体,北归无望,亲友远在数千里之外,往往在孤寂落寞中等死而已。这实际上是一种肉体和精神的双重折磨,一种钝刀子磨人的慢性死刑。

正义又算什么呢?比起徽宗梓宫、太后韦氏的归来,以及从而缔造的绍兴体制、南北共存的太平盛世,连商州、和尚原、方山原等要地都可以因为金兀术的一封书信,便在随后"割还"大金国,区区小臣胡铨的生死荣辱又算得了什么?然而昔年张浚所提拔的吴玠在和尚原血战金军,先是在野战中以劣势兵力四战四捷,后又击败兀术亲统的十万金军,几乎令完颜宗弼割须弃袍的历史还有谁在乎么?和尚原扼守着由关陕入汉中的通道,是四川安堵保全的必争之地,如今却这样丢给了大金国。不知已经去世的吴玠,若泉下有知,又作何感想。

胡铨时任的威武军节度签判便是在福建路,昔年李纲的幕僚张元幹便在福州,他听闻这一消息后,不顾巨大风险,备酒为胡铨送别。张元幹写下一首如黄钟大吕的《贺新郎·送胡邦衡谪新州》:

梦绕神州路。怅秋风、连营画角,故宫离黍。底事昆仑倾砥柱。九地黄流乱注。聚万落、千村狐兔。天意从来高难问,况人情老易悲难诉。更南浦,送君去。

凉生岸柳催残暑。耿斜河、疏星淡月,断云微度。万里江山知何处。回首对床夜语。雁不到、书成谁与。目尽青天怀今古,肯儿曹、恩怨相尔汝!举大白,听金缕。

诗酒送别之际,胡铨和张元幹念及中原倾覆、丑虏盘踞,朝廷却偏安江南,两个主战的爱国志士都悲从中来。九天宫阙里的帝王心幽深难测,淮河以北的百姓或许都被当权的冠盖诸公忘了吧!胡铨此番被远贬衡阳以南的岭外新州,据说连鸿雁传书都不能过衡阳的回雁峰,如今轻别,尚能通音讯否?

他们是心忧古今天下的狷介文士,或许也是乡愿先生们眼中的傻帽;他们不愿只看那儿女情长英雄气短的个人荣辱悲欢,当此南浦挥泪,风送长歌之时,只有狂放不羁的酒和充满呐喊的诗词来诉说他们对权力与专制的反抗。

胡铨在新州一待就是六年。太师相公秦桧却还始终惦记着这个曾经大言不惭,请斩自己首级的小臣,他在御书牌匾的一德格天阁中写下赵鼎、李光、胡铨三人姓名,以提醒自己不忘仇恨。想来这胡铨居然能与前宰相和副相名列一处,也实属"荣幸"了。

秦党知晓恩相的心思,当时赵鼎、李光都已经被贬到了大宋版图最南面的海南,只有胡铨还在新州。广东经略使王铁便暗示新州知州张棣:"胡铨何故未过海?"

胡铨在新州却不曾服输,仍是写下许多诗文。他有一首《好事近》之词云:

富贵本无心,何事故乡轻别?空使猿惊鹤怨,误薜萝风月。

囊锥刚要出头来,不道甚时节。欲驾巾车归去,有豺狼当辙。

"欲驾巾车归去,有豺狼当辙。"这岂不是说如今豺狼当道,在骂太师专权,犹如虎狼守阍么!胡铨贬所的地方官张棣因而大喜,这就是现成的铁证啊。张棣因而上奏,说胡铨毁谤当涂,语言不逊,公然怨望朝廷,鼓唱前说,大抵是要妖言惑众,危害全人类……

于是,绍兴十八年(1148年)十一月十五日(己亥),朝廷下令:新州编管人胡铨移吉阳军编管。吉阳军便是过往的崖州,在如今的海南三亚。但彼时的吉阳军可不是什么度假胜地,而是岭外最南面的海外烟瘴蛮荒之所。若告诉一个读书人,朝廷要把你编管海南,没准就能吓掉他半条命。

四年前,赵鼎以清远军节度副使的罪臣身份被安置在吉阳军,且"遇赦永不检举",也就是判了政治生命死刑,到了去年八月,赵鼎为了不祸及妻儿,绝食而死。这下秦桧把胡铨也送到了海南三亚,让这两个自己的心头恨不分生死地聚在一起,想来胡铨听闻了赵鼎如何惨死的事,便更能感受他秦太师的倾天权柄了吧?且让胡铨这厮听海观风,日晒雨淋,与鱼鳖为侣,共日月于天涯,做个自绝于王道沐化的海外野人,以儆效尤!

胡铨自绍兴十二年贬岭外,他将一直编管近二十年,即使秦桧已死也不能复官,毕竟他是绍开中兴的化外之氓,是鼓唱邪说的异见奸人!容得他胡铨,那便是官家有错,和议不对,便是太师蠹国,中兴不成。

直到绍兴三十二年(1162年)新官家赵眘登极,胡铨才算是能被复官,能被恢复荣誉、功名以及一切。

人生四十到六十的这二十年,他都在贬谪中度过,但似乎转机已经到来。

六月二十二日(丁亥),在即位的第十一天,皇帝赵眘下诏,胡铨复原官奉议郎,差知饶州。他终于从一个罪民身份被恢复了官身,也重新得到了差遣职务。

胡铨的复官是新官家赵眘投石问路的一步棋,他急于要建立彪炳千古的帝王功业,而对秦桧时代专权下的著名政治迫害,如胡铨除名、岭外编管一事进行翻案平反,只要小心翼翼地将责任都归咎于已逝的秦桧,则对尚健在的太上皇帝赵构和他的绍开中兴,便不构成名誉上的损害。

新皇帝还试图通过这一举动释放"国是"可变的信号,恢复主战大臣们的信心。既然绍兴和议本就已经被女真人单方面撕毁,则外交道义上亦是曲在北房,而不在大宋。官家赵昚才刚刚以嗣君登极,却已然打算在维护好太上的同时,利用金人渝盟的机会,打破绍兴体制,他渴望的是北伐,是恢复中原。赵昚想把太上那自封的"中兴雄主"落到实处,由自己亲手完成中兴的大业!

想着这些,这位历史上被称为宋孝宗的皇帝又以御笔手札召判建康府张浚入临安召对。他当然知道,张浚与胡铨二人在谪居时成了志同道合的挚友。官家赵昚更将恢复中原的希望寄托在张浚这位老宰相身上,他立刻下旨,加张浚为少傅,进封魏国公,除江淮宣抚使,节制屯驻军马!这如同是布告天下一般,谁还看不出张浚正要被天子大用,而对金北伐恐怕是箭在弦上。

七月十三日(戊申),又一道诏令下达:追复岳飞元官,以礼改葬。访求其后,特与录用。

青史有云:"是日地震,大风拔木"。

英雄的冤屈,天地为之变色,小人因之胆寒。

追复岳飞的都堂指挥原文是这样的:

准尚书省劄子,礼部状:"准绍兴三十二年七月十三日都省劄子:'三省同奉圣旨,故岳飞起自行伍,不逾数年,位至将相,而能事上以忠,御众有法,屡立功效,不自矜夸,余烈遗风,至今不

第三章 胡铨的起复与岳飞之平反

泯。去冬出戍,鄂渚之众师行不扰,动有纪律,道路之人归功于飞。飞虽坐事以殁,而太上皇帝念之不忘。今可仰承圣意,与追复元官,以礼改葬,访求其后,特与录用。'"

按照这圣旨的意思,原来追复岳飞竟是出于太上皇赵构对岳少保功勋卓著的念念不忘。据新官家赵昚的圣意来看,则似是强调岳飞起于微末,而由太上皇不次亲擢,数年间便出将入相,位列执政,这都是太上皇有识人之明、用人之术,不拘一格纳人才!这种强调的背后自然是要说明,岳飞乃是太上皇的股肱亲信。说到最关键的岳飞冤死一事,皇帝赵昚则不免含糊其辞,但云"坐事以殁"。何谓"坐事以殁"?犯了罪被杀可以叫坐事以殁,因为某些事情而获罪被杀也叫坐事以殁……如此一来,岳飞究竟有罪无罪,有冤无冤就成了一笔糊涂账。

其实,要追复岳飞绝非出自德寿宫北内的那位太上皇,不过是继位的新官家赵昚顾及赵构之体面,这才编造了太上皇"念之不忘"的谎话。然而这种曲笔之语,不只是由赵昚来说,即便是此时岳飞的孙辈岳珂,亦不得不为那位高高在上的太上皇开脱。

太上皇赵构于淳熙十四年(1187年)驾崩后,岳珂在《鄂国金佗稡编》的《昭雪庙谥》中说:

> 绍兴二十五年(1155年),秦桧薨于位,子熺勒令致仕。高宗皇帝厉精万几,首欲复先臣官,而时宰万俟卨主先臣狱,力陈以为虏方顾和,一旦录故将,疑天下心,不可。

这就解释了为何绍兴二十五年秦桧死后,宋高宗赵构没能立刻追复岳飞的原因。岳珂替太上皇找到了当时为宰相的秦桧余党万俟卨来承担这一责任,似乎赵构没能追复岳飞,只是碍于与金人达成的绍兴和议,以至不得不忍痛"从谏"。

但是,追复岳飞仍是让天下士民和将校兵卒所瞩目震撼的事情。绍兴三十一年(1161年)汪澈出为湖北京西宣谕使,督师荆襄而开府鄂州时,当地驻军的将校兵士感愤于金人渝盟南侵,乃纷纷联名陈情,恳请汪澈代为向朝廷讼岳少保之冤,当时军校们哭声如雷,尽皆高呼:"为我岳公争气,效一死!"

岳飞之得军心,竟在其赍志以殁、含冤惨死的二十年后仍然如斯,则其生前的英雄伟岸,便可见一斑了。

不管怎么说,都堂将诏令指挥发布了下去,三个月后的十月十六日,正式的追复官告也制作完成,交付到岳飞第三子岳霖的手中。二十一年前,父亲岳飞在大理寺遇害,当然名义上的说法是"赐死"。皇帝赐你一死,给了你体面,犹当谢恩。而长兄岳云则与父亲帐下的大将张宪一同被公开处决。而次兄岳雷则于岭南流放之所含恨而终,甚至没能等到父亲被追复原官的那一天。一个曾经麾下雄兵十万的建节宣抚使、太尉、国家执政,却落得个家破人亡的下场,岂不令人唏嘘!

岳霖从官告院的吏员手中接过了先父的追复官告,这代表着岳飞至少不再是谋逆的罪人身份,而是恢复了他活着时候的显赫官身。作为岳飞遇害时年仅十二岁的岳霖,如今人过而立,却不免颤抖着打开锦袋,从中恭恭敬敬地取出绫纸所制、装以褾轴的追复告身。

告身的卷轴最右边自然写的便是追复岳飞少保、两镇节度使的告词,岳霖如饥似渴地看了下去。

敕:"仁皇在位,亲明利用之勋;神祖御邦,首祭狄青之象。盖念旧者不忘于拉拭,而劝功者当急于褒崇。朕祗禀睿谋,眷怀宿将,兹仰承于素志,肆尽洗于丹书。故前少保、武胜、定国军节度使、武昌郡开国公、食邑六千一百户、食实封二千六百户岳飞,拔自偏裨,骤当方面,智略不专于古法,沉雄殆得于天资。事上以忠,至无嫌于辰告;行师有律,几不犯于秋毫。外摧孔炽之狂胡,内剪方张之剧盗,名之难掩,众所共闻。会中原方议于橐弓,而当路力成于投杼,坐急绛侯之系,莫然内史之灰。逮更化之云初,示褒忠之有渐。思其姓氏,既仍节制于岳阳;念尔子孙,又复孤茕于岭表。欲尽还其宠数,乃下属于眇躬。是用峻升孤棘之班,叠畀斋坛之组。近畿礼葬,少酬魏阙之心;故邑追封,更慰辕门之望。岂独发幽光于既往,庶几鼓义气于方来。嗟夫!闻李牧之为人,殆将抚髀;阙西平而未录,敢缓旌贤。如其有知,可以无憾。可特追复少保、武胜、定国军节度使、武昌郡开国公、食邑六千一百户、食实封二千六百户。"奉敕如右,牒到奉行。

岳霖不禁默然泪流。

"事上以忠,至无嫌于辰告",这是圣明天子(赵昚)表示感激先父岳飞当年冒着武将干政的巨大风险,向太上皇提议建储,正式立当时的建国公(即如今的皇帝赵昚)为太子。"外摧孔炽之狂胡,内剪方张之剧盗",这是表彰先父内平诸寇、外摧胡虏的盛大武功!

然而终于,关于先父如何冤死之敏感问题,告词只能曲笔带过:"会中原方议于橐(gāo)弓,而当路力成于投杼,坐急绛侯之系,莫然内史之灰"。所谓橐弓者,藏弓之谓也。飞鸟尽,良弓藏,可北虏未灭,中原沦陷,却已经要雪藏良弓,甚至于不仅仅是雪藏,而是兔死狗烹,要将南宋最能征善战的大帅岳飞杀害,不亦惑乎?原来事出有因,是当路的用事大臣被谣言所惑,这才让岳少保如绛侯周亚夫一般蒙冤囹圄、绝食明志……

岳霖如何不知道,这所谓"当路",说的便是秦桧!可一句简简单单的"成于投杼"便交代了英雄无匹的先父之死,如何能让世人服气?

但总是皇恩浩荡,"逮更化之云初,示褒忠之有渐……乃下属于眇躬"——原来自秦桧死后,绍兴更化开始之际,太上便已经有褒奖忠良、恢复名誉的念头了,太上他念着岳飞后人在岭外孤苦无依,饱受瘴疠、困窘之摧残,这便要尽还恩宠,于是嘱咐嗣君要把这事情办好,还要将岳飞以礼改葬于行都附近风水宝地,宽慰他泉下忠君爱国之心……

岳霖接着往下读到"闻李牧之为人,殆将抚髀;阙西平而未录,敢缓旌贤。如其有知,可以无憾"。这出自周必大的制词真是不同凡响。赵国名将李牧为奸人郭开所害,似乎这是周必大在含而不露地为先父岳飞叫屈,在控诉已经死去的元凶秦桧那罄竹难书的累累罪行!若后来者遐思臆想,则不免由太史公的"赵王迁,其母倡也"之句,联系到高宗皇帝赵构那为金人淫戏甚至生下胡虏之子的韦太后了。自毁干城,如出一辙。

当然,周必大并无此意,岳霖也不敢往这上面发散了想,左右不过是暗示奸臣作恶,而岳飞功勋犹如中唐名将西平郡王李晟一般云云。只是真的能"如其有知,可以无憾"么?在岳霖想来,先父岳飞志在连结河朔,亲统王师而北定中原,还淮河以北的人民以一个朗朗乾坤,眼下追复原官,却算得什么"可以无憾"!这是只能宽慰子孙,而无济往事的啊！

天可怜见，二十一年后还总算是"沉冤昭雪"，虽然这冤屈"昭雪"得如此暧昧含混，虽然连秦桧的名字都没有直接出现，但追复先父少保和两镇节钺之荣以及其他爵位、食邑，已经殊为不易，确是天恩！

"大人在上，你看到了么？"岳霖百感于心，惟有泪纵横。

然则我们不免要疑惑，亦应当弄清楚，岳飞究竟因何而死？若其不死，甚至不班师而继续北伐，有否恢复中原的可能？

这两个问题是有关岳飞和当时政治背景的核心问题。历来人们耳熟能详、津津乐道的答案很多，为了更好的理解绍兴三十二年孝宗赵昚追复岳飞的意义和绍兴末年的政治情况，则必须梳理前因后果，厘清岳飞冤案。

关于第一个问题，岳飞因何而死，或者为何必须被处死，姑且简单罗列目下流行的说法。

一谓岳飞主张"迎回二圣"，则二圣既归，赵构何处？二说秦桧为金人放回南方的奸细，与女真贵族里通外合、勾结叛国，不杀岳飞则不能达成议和。三者，云岳飞不爱美女，又不广置田产，此非高祖入关"财物无所取，妇女无所幸，此其志不在小"乎？殆有龙腾虎跃之志，在皇帝赵构看来，岳飞可能是想造反吧？其四，则又有认为岳飞情商偏低，不会做人，得罪过不少文武臣工，又不知忌讳，提议建储，触犯帝王逆鳞云云。

第二个问题则无外乎两个答案：一是岳飞完全有实力和可能，以岳家军光复中原。二是他没有这个实力，恢复中原只是一个梦而已。

实际上，上述说法基本可以说，都是错误的。甚至包括岳飞是否有能力恢复中原，能与否的回答俱是错误。

认为"迎回二圣"的口号是导致岳飞被杀的根本原因,这是缺乏历史知识和受戏说影响之故。二圣即是指徽宗赵佶与钦宗赵桓,然而在岳飞被杀的绍兴十一年(1141年),赵佶早已晏驾归西了。徽宗皇帝薨逝于绍兴五年(1135),即便岳飞果然恢复了中原,也不存在活着的太上皇赵佶威胁现任官家赵构统治的可能,更不存在赵佶下令,让赵构把皇位还给兄长赵桓的荒诞戏码。又有人言,然赵桓尚且活着,直到绍兴二十六年(1156年)薨逝,倘若岳飞北伐成功,迎回了渊圣皇帝赵桓,这可让官家赵构如何自处,岂不是大问题?更有一种戏说,谓岳飞王师凯旋,带着渊圣皇帝南归,届时便是发动政变,废立皇帝,独揽朝纲也未可知,因此赵官家一定要杀了岳飞。实际上,如果渊圣皇帝真的回来了,也绝不可能令赵构有失去皇位的危险。帝统固然是重要的东西,但在中国的历史上,历来是兵强马壮者为之,光有帝统坐不稳天子的御座。一个已经可谓失去一切亲信文武大臣的光杆子"渊圣皇帝",他即便归来,除了"圣睿渊谟"、沉默寡言,做个被圈养起来的"濒危动物",还能起什么风浪呢?当时南宋最有实力的四大野战集团军,即岳飞所部的荆襄"后护军"(十万人),张俊所部的江东"中护军"(八万人),韩世忠所部的淮东"前护军"(一说三万人,一说八万人),吴玠、吴璘兄弟俩所部的川陕"右护军"(七万人),除吴玠是被前宰相张浚所超擢,其余岳飞、张俊、韩世忠乃至吴璘都可以说是由赵构亲自提拔,谁会跟着一个在江南并无多少拥护基础的渊圣皇帝做失败了满门抄斩的谋逆之事?非要说赵桓有极小的机会威胁到高宗赵构,则除非他在绍兴九年前被还活着的吴玠抢去了蜀中,然后吴玠据巴蜀之地立渊圣皇帝而割据,并投靠金人。因为吴玠不算赵构亲擢,且川陕离东南甚远。但这如何可能?不说吴玠无此心,亦无这胆量,他真敢这么做的话，只要赵构再相张浚，让他开府荆襄，令其都督岳飞等人进讨，吴玠部曲不少都是张浚昔年在川陕时所提拔的，岂不是望风而降？更不要说赵构心腹杨沂中的神武中军之三万人了，决计没有任何一支有力的军队会听命于"渊圣皇帝"赵桓而造赵构的反。

另一方面，"迎回二圣"这类政治口号并不是岳飞第一个提出的，也并不是只有岳飞才提，当时把这一政治口号放在嘴边和奏疏里的文武之臣不在少数，甚至于最早这么说的正是他赵构自己！

赵构在建炎元年五月一日登极大诏中说：

> 门下：皇天祐宋，卜世过于汉、唐；艺祖承周，受禅同乎舜、禹。列圣嗣无疆之历，保邦隆不拔之基。属以朝奸，稔（rěn）成边衅。恃中都之安富，忘外敌之凭陵，驯致金人，来犯京邑。初登城而不下，终邀驾以偕行。痛念銮舆，远征沙漠，宗族从而尽徙，宫阙为之一空。……谓亹亹（wěi）万几，难以一日而旷位；矧皇皇四海，讵可三月而无君。勉徇群情，嗣登大宝。宵衣旰食，绍祖宗垂创之基；疾首痛心，怀父兄播迁之难。……朕欲救在原之急，嗟我文武之列，同时忠义之家，不食而哭秦庭，士当勇于报国；左袒而为刘氏，人咸乐于爱君。其一德而一心，伫立功而立事。同俟两宫之复，终图万世之安。副我忧勤，跻时康乂（yì）。

以后来之所作所为来回顾赵构登极称帝的敕文，则其寡廉鲜耻实暴露无遗。他仿佛十分痛心于父兄銮舆之北征，又为宗室蒙难、东京沦陷而悲恸不已，把自己急于做皇帝的事情美化成勉为其难，说是国家不可一日无君，终是不像话，天下纷纷，正须有赵氏子孙来延续国祚，治民安邦。夸完自己起早贪黑、宵衣旰食的勤政态度后，便说自己心心念念地想着父兄还被金人掳在北方呢！于是赵构号召文武大臣、天下万民，都要和自己同心同德，"同徯两宫之复，终图万世之安"。这就是说，赵构在正式登极之初，就立志要迎回两宫。

可见，"迎回二圣"这一口号非但谈不上真正忌讳，甚至在当时某种程度上属于"政治正确"。毕竟君王若将父兄宗族都抛之脑后，则孝悌有亏之人如何为君，帝统之正当与否，或有疑问；大臣若把两宫弃如敝屣，则不忠不义之人如何为臣，事君之道存与不存，就成了问题。更重要的是，当道君皇帝赵佶的死讯传来之后，金人又不时威胁，说要重新立渊圣皇帝为中原之主，或者立赵桓的儿子（即"丙午元子"太子赵谌）为帝，到东京作为对付南宋的傀儡。这时候，岳飞便不再提"迎回二圣"了，他立刻改口，在绍兴七年三月十一日的乞出兵北伐札子中说：

> 异时迎还太上皇帝、宁德皇后梓宫，奉邀天眷归国，使宗庙再安、万姓同欢，陛下高枕无北顾忧，臣之志愿毕矣。然后乞身还田里，此臣夙昔所自许者……

"迎回二圣"的措辞消失了，取而代之的是"奉邀天眷归国"。渊圣皇帝作为官家的"圣人"地位忽然就被降格成"天眷"了。这意思岂非一目了然？岳飞是明白无误地向天子赵构表述忠忱，在他心里始终只有如今的圣明陛下才是唯一合法正统的皇帝，渊圣皇帝那不过是老黄历了，连带他所立的"太子"也只能称之为"丙午元子"，更只能一起统称为"天眷"——不过和其他被困北方的宗室成员一样，都只是皇亲国戚罢了，并无什么特殊的地位以至于可以动摇陛下的皇位。并且，岳飞一再强调，如果北伐成功，他自己也只愿解甲归田……

官家赵构看完岳飞的札子之后是何感想呢？《鄂国金佗续编》中保留下了赵构的御笔批示：

览奏，事理明甚，有臣如此，顾复何忧。进止之机，朕不中制。

绍兴七年三月时，赵构和岳飞大概正处在最是君臣相得的蜜月期。皇帝与宰臣张浚已然决定将刘光世所部全都交由岳飞统带节制，伪齐新近惨败，正是剿灭刘豫父子、收复东京、夺回河南的大好时机！岳飞自然闻弦歌而知雅意，于是便在札子中改以"天眷"代称渊圣皇帝，牢牢地站在赵构的阵营里。赵官家当然是龙颜大悦，御批表扬。

而后来之人，或不究其细，又有受明代所谓"吴中四才子"之一的文徵明影响，便更轻信"迎回二圣"的口号导致赵构对岳飞起杀心了。文徵明尝作《满江红》云："念徽钦既返，此身何属。千载休谈南渡错，当时自怕中原复。笑区区、一桧亦何能，逢其欲。"但这毕竟是错误的论断，不能因人而迷信其说。

综上而论，"迎回二圣"之口号还能成为岳飞被杀的原因么？至于我们先前探讨的，一种戏说中的阴谋论，即岳飞若带着渊圣皇帝"朝天阙"，兵变逼宫了，则又如何？这一幻想之可能性，留待分析岳飞北伐问题时继续解说。

再看秦桧为金人纵归之奸细论。

这一说法最早大约记载于曾在建炎三年（1129年）与绍兴二年（1132年）、三年三度拜右相的朱胜非之《秀水闲居录》。作为最早宣扬这一观点的材料，有必要摘引如下：

秦桧自京城随金北去,已被金人达兰郎君任用。金骑渡江,与之俱来,回至楚州,金遣舟送归。桧,王仲山婿也,别业在济南,金为取千缗赆其行。桧之初归,自言杀金人之监己者,奔舟来归。然全家同舟,婢仆亦无故,人皆知其非逃归也。

按秦桧者,靖康时因为反对金人立异姓为傀儡皇帝,在凶恶的女真贵族已经明言谁反对便重加惩处的情况下,毅然上书阐述立张邦昌为"皇帝"的种种不可,请求恢复赵桓的帝位,于是被金人掳到了北方。当时许多东京的大臣都明哲保身,对金人立张邦昌一事不敢非议,因此秦桧的举动为他赢得了士林间广泛的美誉称许。以御史中丞身份被掳至金人领地的秦桧,竟因祸得福,据说连当时的女真皇帝完颜吴乞买(金太宗完颜晟)都颇为赏识,有所谓"高其不附立异姓之节"的传闻。大约女真人对有气节的人物或是英雄,多怀着一份尊敬,反而如赵佶、赵桓这样贪生怕死的懦夫,虽贵为皇帝,却不加礼遇。秦桧被金人皇帝吴乞买分配到了堂兄弟挞懒处,这挞懒即是《秀水闲居录》中所云的"达兰郎君"。挞懒名完颜昌,乃是金太祖完颜阿骨打叔父辈的完颜盈歌之子,因而和两任皇帝都是堂兄弟关系,身份极为贵崇。但我们如今已不能确知,秦桧使了何等手段,竟也博得了挞懒对他的高看。

金朝在吴乞买以兄终弟及的方式即位后,不久便形成了粘罕(完颜宗翰)的所谓云中"西朝廷"与挞懒的燕京"东朝廷"之争,至于后来鼎鼎大名的兀术还不过是小辈,尚并未参与到最高层的权力争斗中。建炎四年金军南侵时,挞懒便任秦桧为随军转运使。按照《秀水闲居录》的说法,秦桧跟着挞懒所统率的金军抵达楚州后就被金人放走

第三章 胡铨的起复与岳飞之平反

了,让他坐船南归,甚至为他从济南的丈人王仲山处取来上千贯钱财来为其送行。而秦桧回到南方之后,却诡称是杀了监督自己的金人之后才夺命狂奔,坐船逃生的。朱胜非说,秦桧居然能做到全家人都同舟而回,甚至连女婢仆人都一个不少带了回来,这难道是逃归吗?

换言之,朱胜非的意思已经十分明确,即秦桧是被金人纵归的,当时有如此多的大臣贵戚被掳至北方,何以秦桧偏能安然无恙地举家纵归呢?想必是带着使命的奸细无疑了。

于是这种说法伴随着民族情感和对忠奸正邪的好恶态度,逐渐在历史中流行起来,尤其是到了如今。要拨开历史波谲云诡的迷雾,就必须对历史人物"去符号化",切不可忠臣能臣便必定完美无缺,奸臣佞臣则众恶交归。如果我们以朱胜非作为与秦桧同时代的朝廷宰执重臣,便不加辨析地将他私人著述之文人笔记视为信史,显然是不够审慎的。

首先,朱胜非与秦桧之间便存在着诸多权力斗争与由此带来的仇隙。早年秦桧在绍兴元年(1131年)范宗尹罢相后初次宣麻拜相,很快便与左相吕颐浩展开激烈的权力争夺,最终秦桧落败出外,当时朱胜非正是吕颐浩一派的前宰执重臣,秦桧再次登上东府宰相宝座后,果然也对朱胜非采取了诸多报复行为,这无疑说明二人的关系背景不纯,存在复杂纠葛。并且,从《秀水闲居录》中朱胜非关于张浚、赵鼎等人的记述来看,也颇多刻意抹黑、攻讦之处,这就不得不让我们对此段所谓秦桧是被纵归,且为金人安插回来的奸细这一暗示感到怀疑了。

比朱胜非时代更晚的徐梦莘在《三朝北盟会编》中援引不知何人所作的《中兴姓氏录》,倒是也记载了秦桧大约是奸细的说法:

在大金时,为徽宗作书上粘罕,以结和义。粘罕喜之,赐钱万贯、绢万匹。建炎四年,大金攻楚州,乃使乘船舰全家厚载而还,俾结和议为内助。桧至涟水军贼丁祀寨。诸将度曰:"两军相拒,岂有全家厚载逃归者?必大金使来阴坏朝廷!宜速追之,以绝后患。"贼军参议王安道、机宜冯由义力保护之,曰:"此是宋渊圣朝中丞,万一事平,朝廷寻之,我军诛矣,宜送之朝。"乃令安道、由义送至镇江府。桧见刘光世,首言讲和为便,光世送之朝……(翟)汝文公言:"天下人知桧真大金之奸细,必误国矣!"

然而不难发现,宗翰(即粘罕)在建炎年间对宋的态度大抵都是主战的,赵佶让秦桧代为作书求和,以宗翰脾性,对于这样一个实质上已然家国破灭的败亡之君,他是断然鄙夷不屑的,如何会高兴得很,还要赏赐一大笔财富给秦桧呢?又说放回秦桧是为了"俾结和议为内助",可当时的金人哪里是要和赵构的南宋议和呢?分明是伺机要覆灭南朝才是。且既然要让秦桧作为奸细而助力此事,又怎会大张旗鼓地让秦桧坐舰船满载而归,岂非令人生疑?按照《中兴姓氏录》的说法,秦桧到了宋人涟水军丁祀(sì)的军寨中,诸将确实因此疑窦丛生。试问如此记述,岂不是自相矛盾?而且从称呼来看,谓宋为"贼",可知这《中兴姓氏录》或为北方视女真为正统之人所作,却又竟然连金人战和倾向都不甚了解,大约是村野浅人之道听途说。而在此书的语境中,宋廷的参知政事翟汝文竟言称"大金",而不称"北虏""胡虏",更可见此书确非宋人所作,则如果该书著者果能听闻一位宋朝副宰相的言论,除非是传遍朝野方可能——但在当时,所谓天下人都认为秦桧是金人奸细的说法是站不住脚的。

第三章 胡铨的起复与岳飞之平反

且不论其他人,单说李纲、张浚等主战宰相,都曾对秦桧的忠义气节称许不已。譬如李纲对于秦桧南归后于绍兴元年入东府为参知政事,便在贺启与书信中大作赞美称颂,如云:

> 金百炼而弥精,草疾风而知劲。奉銮舆以北狩,岂人能为;持汉节而南归,殆天所相!……吉甫用而周邦咸喜,士夫亦与于荣观;汲黯在而淮南寝谋,寇盗不难于销弭。佇嘉猷之入告,致中兴之可期,天意将回,人心攸属……方国步艰难之际,可谓日忧;闻荩臣汇进于朝,云胡不喜。愿展尽于底蕴,以扶持于颠危。

对于秦桧脱身南归,李纲非但没有任何质疑,反而比之为出使匈奴的苏武之忠;又说秦桧入参大政,犹如周宣王时贤臣吉甫之进用而士林赞叹,仿佛汉武帝时汲黯在朝而淮南王刘安不敢谋逆,对秦桧平定流寇、致力中兴作了一番期许。又譬如说:

> 闻公当朝廷变故之际,精忠许国,临大节而不可夺。随奉銮舆北狩沙漠,私窃慕仰……闻公脱身敌帐,归次行在。惊忭交集,求之载籍,盖亦罕有。非忠贯金石,神明扶持,何以得此?……进参大政,士大夫交庆。而区区之怀,至于喜而不寐者,正人在朝,善类有依,公道既伸,天将悔祸。

显然对秦桧的南归是持喜闻乐见的态度,且大大肯定了秦桧的忠君爱国,甚至说秦桧正人在朝,则君子们便有所依靠了。

其余称许美誉秦桧南归的言论,便不再赘述,相信以李纲的书信内容已足够证明,在当时并不存在所谓天下人皆怀疑秦桧为奸细这种荒诞之事。或有人谓,李纲久不在朝堂,已不晓事。然则建炎四年秦桧归来时的宰相范宗尹和执政李回等也是奏称秦桧忠心君父国家且有才干。若秦桧是奸细一事在建炎、绍兴之初已闹得天下皆知,世人狐疑,为何朝中宰执重臣却对他交口称赞呢?

我们在这里当然不是要为秦桧翻案,更不是要说秦桧竟是一个能臣贤士,只是想说明一个真相,即秦桧在靖康时的表现所赚得的政治资本仍然在帮助他获得巨大声誉,从而他南归时并没有被大多数人视为奸细的情形,这一点是我们应当弄明白的。

再看对秦桧恨之入骨的陆游,在他的《老学庵笔记》中,反而未如朱胜非那样去暗示或明说秦桧是奸细。从陆游的记载来看,秦桧逃跑前担心败露或为金人捕获,因而确实事先告知了金人"东朝廷"的大贵族挞懒,而后者竟因此放走了秦桧——当然,挞懒也是完全有这个权力的,在金国内部并不会有人因为这样一件事对他说三道四。

这与朱胜非或《中兴姓氏名录》所说的奸细论存在很大不同。按照陆游的说法,则秦桧与挞懒的亲善是符合当时传闻的,挞懒也答应了秦桧南归,但此间并没有什么带着使命或者说以奸细身份回来的情况。但凡有一丝一毫的证据,何以陆游竟不在秦桧死后多年,已毫无政治恐怖的顾虑下,来揭穿秦桧的奸细身份呢?这或许恰恰说明,陆游记载的情况,才是当时士大夫间普遍认同的秦桧南归之"真相"。

秦桧自称的所谓"杀金人之监己者",不过是他故作大言,以骗取虚名,大约是借着随军转运使的身份,这才将家人和财货等藏在车船中一路穿过金军纵横的淮北,而挞懒的应允自然是他的免死金牌,对秦桧来说,挞懒固然欣赏自己,可女真人的酷虐仍然让他胆战心惊,何如逃归赵宋朝廷的安逸富贵!

然则我们虽明确了秦桧被当作奸细并非当时确有的事实,可我们仍须弄清,秦桧是否果真是隐藏甚深的一个欺骗了所有人的金国奸细,并带着女真贵族奴役南宋之使命而回,最后因此才杀害了岳飞?

笔者认为,武断判定秦桧为奸细,乃是情感多过于理智的判断。实则秦桧利用挞懒、兀朮有之,利用皇帝赵构有之,但他不过是极端利己主义之人,以其狡黠诡诈,如何能一心甘当金人奸细?要知一旦为反对他的人掌握了足够证据,则有性命之忧。何如居相位,利用挞懒、兀朮的和战反复之图,达成宋金和议的政治路线,又满足了赵构的偏安要求而可长据相位,权倾朝野而带来的好处?与其说秦桧为金人派来的忠心耿耿的奸细,毋宁说他是挞懒、兀朮曾一度以为的金人利益之代言人,是金人埋在南宋之细作,却又令赵构以为秦桧是自己路线之执行者。非要说,秦桧是一个双面间谍,实则他只为自己的利益,可谓略无原则和愧耻。且若说起建炎四年南归时已为奸细,则挞懒要在绍兴七年完颜宗翰死后才近乎完全掌握军政大权,难道挞懒竟能在七年前便与秦桧谋划好后来里应外合之事?至早也在绍兴五年宗翰逐渐失势,以挞懒之水准,竟能预测五年、七年之事,殊不可信。

故而,秦桧自建炎四年南归时已经是挞懒派来的奸细,可能性极低。

但岳珂在《鄂国金佗稡编》中提到了一个"兀朮遗桧书"的关键问题。假如这一件事情属实,则秦桧虽在建炎四年南归时并非挞懒派去的奸细,但又可认定为在绍兴十年至十一年间,已成为与完颜宗弼勾结而里通外国的内奸了。实际上,绍兴八年宋金第一次和议之时,几乎可以肯定秦桧与挞懒有所联系,彼时认为秦桧与挞懒相勾结是合适的,但由于绍兴八年之时尚无关岳飞生死,故不论,且此事如前所述反而证明建炎四年南归的秦桧并不是挞懒所派的奸细,同时后来兀朮等人政变,杀死挞懒,夷其族八百余人而夺权,撕毁盟约致秦桧大为惊慌,亦有力地说明,在绍兴十年"兀朮遗桧书"之前(先假定此事属实),秦桧决不可能已经与兀朮取得私下的秘密联系而结盟,成为兀朮所利用的大金奸细。秦桧本来所依赖的金人内部力量和借此想要达成南北共存的和议路线之依靠,必定是挞懒无疑,兀朮是由于政变才夺取了金国的军政大权,并在宋金第二次和议时成为操盘的主角之一。

按岳珂的说法,有关"兀朮遗桧书"之信息,完全来自一名叫查籥的文臣所言。按查籥者,据现存史料来看,是绍兴末年入仕的官员,又与陆游等人颇友善。《鄂国金佗稡编》中云:

兀朮遗桧书曰:"尔朝夕以和请,而岳飞方为河北图,且杀吾婿,不可以不报。必杀岳飞,而后和可成。"桧于是杀先臣以为信。

《鄂国金佗稡编》中有关秦桧与金人勾结,为奸细的说法尚有许多处。如在同样提到查籥所说"兀朮遗桧书"的《经进鄂王行实编年》中,岳珂记载查籥之说:"虏自叛河南之盟,岳飞深入不已,桧私于金人,劝上班师。"同卷之前亦有云"桧不欲宗强,先臣乃建资善之请……及桧私金虏,主和议,先臣慷慨屡上平戎之策""时方画受降之策,指日渡河。秦桧私于金人,力主和议,欲画淮以北弃之",又云"方兀朮夜弃京师,将遂渡河,有太学生叩马谏曰:'太子毋走,京城可守也,岳少保兵且退矣。'兀朮曰:'岳少保以五百骑破吾精兵十万,京师中外日夜望其来,何谓可守?'生曰:'不然,自古未有权臣在内,而大将能立功于外者。以愚观之,岳少保祸且不免,况欲成功乎!'生盖阴知桧与兀术事,故以为言。……议者谓使先臣得乘是机也以往,北虏虽强,不足平也;故土虽失,不足复也。一篑亏成,万古遗恨!"

在上述的最后一段引文中,我们不难发现,这个东京的"太学生"汉奸劝谏完颜宗弼的场面过于绘声绘色,且十分可疑。首先兀术所说的"岳少保以五百骑破吾精兵十万",乃是指绍兴十年七月可能存在的一场流传至今的著名大战"朱仙镇之捷"。然而,朱仙镇之战最早只出现于《鄂王行实编年》中,比其更早的史料中竟全无记载,而《三朝北盟会编》《建炎以来系年要录》等后来之书中亦无所谓"朱仙镇大战"的记录。再者,金人一贯扬胜讳败,设使确有朱仙镇之役,金军惨败,高傲如兀术者,为何却在一个宋人太学生的面前自揭其短,说什么岳少保五百骑兵大破他十万精锐之师? 以常识而论,金军中最有战斗力的乃是女真本族武士,这一批骁勇善战的锐卒,从来不可能有十万人之多而聚集一处,则谈何"精兵十万"? 若说兀术夸大其词,实则双方遭遇战时他身边不过三五万兵马,但岳飞背嵬军铁骑固然强大,亦不至于五百骑可大破百倍之敌,如果金人如此不堪,则反而显得过于儿戏了。同卷岳珂在叙述郾城之战时,说:"兀术有劲军,皆重铠,贯以韦索,凡三人为联,号'拐子马',又号'铁浮图',堵墙而进,官军不能当,所至屡胜。是战也,以万五千骑来",即交代了所谓兀术的精锐骑兵"铁浮图""拐子马"者战无不胜的背景,随之记载了岳家军采取砍马脚的战术大破金军,使得本来三匹铁骑连成一体的拐子马狼狈不堪,一败涂地,甚至让兀术感叹:"自海上起兵,皆以此胜,今已矣!"岳珂又云:"拐子马由是遂废。"然而这全都并非事实。邓广铭先生早已指出,拐子马之说,乃是北宋即有的汉人称呼,是左右翼骑兵的意思,在曾公亮等编纂的《武经总要》中也有明确说明,而所谓铁浮图也绝非金军编制之称,不过是当时汉人指称女真本族武士重甲披挂之谓。况且女真骑兵素以更进迭退、来去如风为战斗特点,焉有将几匹具装铁骑绑在一起,笨重不堪的道理?所谓砍马脚大败金军的说法也显见如说书先生的纸上谈兵。关于岳珂在《鄂国金佗稡编》中"拐子马"错谬百出的叙述,邓恭三先生已多有完备考证,此不再赘述,只是为了说明岳珂在许多岳家军功绩史料已被秦桧父子和党羽笔削销毁的情况下,对郾城之战、朱仙镇之战的记述都恐怕与当时史实相去甚远。则上述引文朱仙镇之战的前后内容,便十分值得怀疑。

并且在随后的叙述中,我们看到这个意图充当汉奸的太学生说"自古未有权臣在内,而大将能立功于外者。以愚观之,岳少保祸且不免,况欲成功乎"——这影射秦桧之意是不言自明的,并且绍兴十年岳家军刚刚取得郾城、颍昌两战的辉煌胜利,秦桧即便此时已经准备图谋岳飞,那也是极其隐秘之事,如何一个远在旧都开封的太学生,居然能有这样的先见之明?再退一步说,如果此情此景属实,撰写《鄂王行实编年》原稿的岳霖友人、国子博士顾杞又是如何得知金兀术和一个太学生私下论及宋廷高层阴谋之密谈的呢?《鄂国金佗稡编》说顾杞曾屡屡"考于闻见,访于遗卒",则大约有关朱仙镇之战前后的具体细节,也多是来自于传闻,而缺乏第一手的史料文件。窃以为,这"太学生"不过是岳珂借以洗刷先祖父岳飞冤屈,而抨击秦桧卖国的一个虚构角色而已,借其口而言秦桧之奸恶。其后又云"生盖阴知桧与兀术事",尤可说明此段故事率皆岳珂所编造。如果当时竟然连一个太学生都知道秦桧与金兀术暗中勾结的事实,则范宗尹、李纲、张浚、赵鼎乃至大儒胡安国等宰执重臣、朝野名士对秦桧南归的赞扬和期待，那才是咄咄怪事！当然，如前所论，建炎四年之时，秦桧必非奸细，但不能以此就推断绍兴十年时他也不是奸细，时移势易，不能用建炎四年朝野对秦桧的态度来论证此时秦桧是否为奸细的问题，可我们不妨细想，本与挞懒友善的秦桧在失去了这一有力奥援之后，如果要勾结兀朮，必是隐秘至极的事情，一太学生从何而知？即便知悉，贸然言于宗弼之前，得无被灭口之虑吗？同样的记载，也出现在元修的《宋史》岳飞本传中，显然是沿袭自岳珂的记述无疑。

亦即是说，朱仙镇之战的规模或许不尽如岳珂所云，具体如何现在已不得而知，至于兀朮和京师太学生之间的对话，可以基本确信，纯属子虚乌有，是岳珂为了洗刷先祖父岳飞的一种文学创造，这种努力值得我们尊重，但不应不加辨别地以其生动遂以之为信史。

这样我们便知道，在《鄂国金佗稡编》中，岳珂对于秦桧是金人的奸细一事，乃是做了一番充分的铺垫和层累的塑造的，使人读来如临其境，不由得容易从情感上先入为主，相信其说了。

回到这一说法的出处，即查籥所谓"兀朮遗桧书"问题上。查籥是绍兴二十一年进士，岳珂出生时，查籥已去世十年左右。而与查籥同时代的陆游、范成大、李焘、胡铨、洪迈等人却都从未提及"兀朮遗桧书"之事，岂不令人生疑？查籥去世时，已是孝宗统治的乾道、淳熙之际，早已没有了被秦桧进行政治迫害的可能，如果他确实见过"兀朮遗桧书"，为何不大肆宣扬，反而他人都不曾提到呢？再者，假定确实存在"兀朮遗桧书"，那么这一封书信的性质无外乎是私人信笺或者正式的外交文函。如果此书乃是金兀朮暗中勾结秦桧，要他必须杀死岳飞才允诺南北和议的私书，则查籥有何神通广大之本领，竟能窥见秦桧多半阅后即焚的密信？他在绍兴二十一年才登科及第，近十年前的阴谋，即便秦桧还留着信笺的原本或手抄副本，查籥绝无可能看到！倘若这封信是作为金国当时军政最高权臣的都元帅完颜宗弼给宋国朝廷独居相位的右相秦桧之正式书函，那么经过了势焰滔天的秦桧、秦熺父子篡改、毁削不利于自身的国史文件之后，查籥如此小臣，如何有机会看到？或者换一个问题角度，假如秦桧父子竟然有所重大失误，没把这封"兀朮遗桧书"销毁，何以只有查籥一人得见，其他诸多主战大臣乃至受到过秦桧残酷迫害而对其有切齿之恨的文武官员都未在秦桧死后、秦党倒台以后提到这事呢？这是十分反常的。恐怕便只有一种可能，即所谓查籥见过"兀朮遗桧书"一事并非真实，至少这个"兀朮遗桧书"即便存在，大约也并没有被人见到过。

从而，我们可以基本确知，要以存在"兀朮遗桧书"来断定秦桧在绍兴和议达成前，已经是金国或说与兀朮勾结的奸细，要千方百计破坏祖国的恢复事业，并遵循金人指示，以杀害岳飞来取信于女真贵族，这种说法是站不住脚的。所谓秦桧是奸细，方导致岳飞被害，这种传统说法，自然也是错误的。

当然，有一些推论从所谓兀朮女婿"夏金吾"之姓不合乎金国制度以及绍兴和议基本达成之时岳飞还没死等问题来否定"兀朮遗桧书"，则属于并非决定性因素。如金国实际上并不严格禁止女真贵族与他族通婚，而不知姓名的夏姓金吾卫上将军或即渤海人中的贵族；至于绍兴和议宋金双方基本达成共识之际，岳飞尚未遇害则并不能作为有力理由，因为从岳飞下大理寺，被诬以谋逆开始，实则他的被杀只是时间问题。

然而，又常有人以叶绍翁在《四朝闻见录》中的"盟书所载，不许以无罪去首相"来论证秦桧必定是勾结金人的奸细，甚至直接听命于完颜宗弼。但如前文所论,抛开历史情感和忠奸正邪来看,无论说秦桧是建炎四年南归时已经带着金人使命的奸细,抑或说他绍兴十年得了兀朮书信指示才下决心杀岳飞,都是缺乏足够历史证据来支撑这两种观点的。秦桧比较露骨地与金人眉来眼去,乃是在挞懒掌权的绍兴七年到八年的第一次和议期间,这时节说他勾结金人,的确问题不大。但以目前史料来看,很难说秦桧在兀朮发动政变杀死挞懒、宗磐等主和权臣后,又竟然轻易与挞懒的死敌兀朮密切联系上了,且内外勾结。绍兴十年、十一年和议自双方磋商到达成的阶段,断定秦桧是奉了金人命令、指示,而沦为一奸细,或许是令人容易接受的推断,但无疑是牵强附会的"简单解释"。

秦桧是当时政治权力舞台上第一流的阴谋家和无耻政客。他既能利用自己的种种言行在宋金两边都博得盛大的声誉,又能先后利用挞懒对他的信重欣赏、兀朮对于军事上无法消灭南宋后谋求从外交途径获取长远利益的想法以及宋廷天子赵构在张浚、赵鼎路线先后破灭(且其中均有秦桧破坏阻挠的蛛丝马迹)后贪图偏安苟且的心理,虽未必谈得上游刃有余,但也绝对是在钢丝上长袖善舞、口蜜腹剑,以其极端的利己主义达成了自己的政治路线从而长期独占宰相宝座,专权逞奸。

故而我们应当认识到,所谓因秦桧是奸细才杀死了岳飞的说法是极其缺乏证据的。这也是一种岳珂不敢指斥高宗皇帝赵构而无奈为之的做法,只能将罪责都归诸秦桧之身。并且,从后来收兵权一事看,天子赵构与宰相秦桧起初要对付的人,并不是岳飞,这就留待下文分说。

有关岳飞死因的另两种观点,即云岳飞不爱美女,又不广置田产,似乎志不在小,皇帝疑其包藏反心以及所谓岳飞情商偏低,不会做人、提议建储等可以归为一处简单驳之。

有关英雄的香艳故事总是令人喜闻乐见，昔年川蜀大帅吴玠听闻岳飞家中连侍妾都没有，更遑论歌姬舞姬，于是花重金两千贯买了出身于望族而家道中落的"国色"美女送给岳飞。吴玠素来佩服他，知道一般的庸脂俗粉岳飞决计看不上，因而送去的当是知书达理、才貌双全的美人。然而岳飞却对劝自己收下这份"厚礼"的麾下部属说："主上宵旰，岂大将安乐时？"他竟没有接受这作为礼物馈赠给自己的美人。

非但如此，岳飞的品性已确乎达到了令今人也无话可说的道德高度。他本有一结发妻子刘氏，从军起初身份卑微，留刘氏在家中照顾老母。不期刘氏不能忍受丈夫常年征战不归，家中贫困窘迫的处境，竟丢下岳飞母亲，改嫁他人，当时北方兵荒马乱，大约也未走什么合法的程序，只是一走了之。两宋道学盛行之前，妇女改嫁并不是什么大不了的事，谈不上妇德如何。然而丢下岳飞老母，以当时情况论，或有欠妥之处，且后来据岳飞自己所说，刘氏又再次改嫁。但譬如会稽愚妇轻买臣，岳飞很快成为位高权重的一方宣抚大帅，而两次改嫁的刘氏居然嫁给了韩世忠军中一个小小押队为妻。若以大军区集团军司令来类比岳飞的宣抚使职务，则押队大约不过是个小小的排长，两人之间隔了十万八千里。韩世忠得知后，自然乐得替好兄弟岳飞出气，便派人告诉岳飞，大致意思是对不住了，你那发妻刘氏居然在俺泼韩五帐下一个押队身边，鹏举你派人来带回去吧。实在来说，若是岳飞盛怒之下，要杀了二人，大约韩世忠也绝无二话的。他泼韩五连自己营中将领的妻女都不免垂涎而下手，若岳飞要他杀一个押队，恐怕眼睛都不会眨一下。

可岳飞居然忍下了绝大多数男人无法忍受的这种背叛和耻辱之

感,他非但没有利用自己几乎如同执政的建节宣抚使地位来以势压人,或兼而利用与韩世忠的交情迫使后者处置那位不知名的押队,反而派人送去了五百贯巨款(一说三百贯),算是给跑路的刘氏一笔"分手钱",以助其不足。难道岳飞就没有一丝恨意,真的是个泥雕木塑的神像么?事实是,岳飞自己曾在奏疏中说:"履冰渡河之日,留臣妻侍老母,不期妻两经更嫁,臣切骨恨之。"——作为一个男子汉,且更是一个顶天立地的大英雄,他如何不愤恨发妻的抛弃、背叛?可与寻常动辄欺辱妇女的男性不同,岳飞忍耐了下来,反而表现了极大的宽容和风度。《中庸》里说:"喜怒哀乐之未发,谓之中;发而皆中节,谓之和。"恨恼和耻辱感是此情此景下的人之常情,但把恨意留在心中,随风而去,把风度和包容展现出来,这是岳飞的过人之处。便如《中庸》所说:"中也者,天下之大本也;和也者,天下之达道也。致中和,天地位焉,万物育焉。"——不爱美色、不爱田产,这样严于律己、宽以待人的岳飞几乎可说是个道德上的完人。

于是有一种论调认为,正是岳飞的过于完美,相对于张俊、刘光世的贪婪好货,韩世忠、吴玠的荒淫好色,使得天子赵构对他不那么放心起来,毕竟你什么都不想要,那你究竟图什么呢?莫非是想要九五之尊的御座么?遂对岳飞起了杀心。

但这种说法是不可取的。赵构比谁都清楚,岳飞绝无谋逆之心。这从后来召三大将入行都,各除枢密使副的执政高位而解除兵权一事时,岳飞完全逆来顺受,就能看出他从未想过拥兵自重、跋扈犯上,更不要说图谋大逆。当然,必有人谓,那是时机未到,若恢复了中原,有贪图从龙之人也来个黄袍加身,恐怕就骑虎难下,不反亦得反了。那么既然人心靠不住,不妨略论在实际操作层面,岳家军如果要谋反,能成得了事么？

岳飞在绍兴七年三月十一日的札子中说：

> 臣闻兴师十万，日费千金，邦内骚动七十万家……今臣部曲远在上流，去朝廷数千里，平时每有粮食不足之忧。是以去秋臣兵深入陕、洛，而在寨卒伍有饥饿闪走，故臣急还，不遂前功……今日唯赖陛下戒敕有司，广为储备，俾臣得一意静虑，不为兵食乱其方寸。

不难看到，岳家军在绍兴六年尚应不足十万之数，却已然在进军到陕、洛之地时发生了极度匮粮的情况，致使军纪最为严格的岳家军竟出现兵卒逃跑现象，岳飞不得不撤军。而平时岳家军驻扎在荆襄，即长江中游（宋人惯称上流），已经有较严重的军粮供应之忧（具体情况，容后分析岳飞若北伐不班师，成败可能时说明）。试问，倘若谋反，以绍兴十年、十一年间岳家军近十万左右的兵丁数量，从何处获得辎重粮草的补充？而张俊、韩世忠所部只要稍微能阻遏抵挡于一时，尚有杨沂中、刘锜所部可骚扰、切断岳家军"设法"建立的补给线，届时除非是十万不吃人间烟火的天兵天将，否则怎么可能以谋反而自寻死路呢？

所以岳飞的道德完美，并不能成为皇帝杀他的理由。且岳飞又是相当会做人，情商极高的聪明之人。何以见得？

岳飞早年还是个愣头青的低级武将时，居然越职上书皇帝，批评宰相无所作为，因此被夺官而归田里。当时正是河北招抚使张所对其有知遇之恩，让他以白身借补修武郎、阁门宣赞舍人，充中军统领，不久升为统制。但张所因被黄潜善、汪伯彦认作李纲一党，于是将他贬官潭州,张所最后甚至被盗匪杀害,极为凄惨。在这种情况下,显贵之后的岳飞便上奏请求将自己的"奏荐恩例"转为奏补张所的儿子张宗本,帮助他得到官身,据说岳飞甚至在张所死后承担起了抚养其子的重任,这是他知恩图报的一面,不可谓不会做人。

又如襄阳之战时,朝廷诏刘光世率军驰援,结果岳飞收复襄阳六郡之后刘光世才姗姗来迟,岳飞在奏捷文书中却将刘光世军列在自己所部之前,这是不会做人么?平定杨幺洞庭湖寇之后,又将缴获的两艘豪华巨舰楼船作为稀罕物分别送给本对自己有嫉恨不平之意的韩世忠和张俊,使泼韩五从此对自己完全改观,这也算不会做人么?更不用说他好贤礼士,自知早年不读书的短处而多览经史以弥补,又善如文臣士大夫一般能雅歌投壶,平时入朝接触宰执重臣亦是谦恭如儒生学子,又每说"将士效力,飞何功之有?"这难道都不算会做人么?

大约唯一的例外是对万俟卨。《宋史》万俟卨本传云:"除湖北转运判官,改提点湖北刑狱。岳飞宣抚荆湖,遇卨不以礼,卨憾之。"成书更早的《鄂国金佗稡编》也说"以万俟卨在湖北尝与先臣有怨"。然而似未找到详细的二人结怨始末,但这几乎唯一的例外,应可推测,大约问题是出在万俟卨身上,而非岳飞无故不以礼相待。

此外,提议建储一事,则确乎是岳飞忠心太过,过了宋代武将的界限了,但亦并非主要或重要因素,且留待讨论岳飞真正死因时说之。

接下来,便将回答我们要讨论的第二个大问题,即岳飞是否有实力以岳家军来恢复中原?倘若绍兴十年时他不班师,北伐能否最终成功?

讨论岳飞能否恢复中原,这个问题放在当时宋朝的制度下,本身便是错误的,至少也不合时宜,违背基本的军事制度。如前所述,南宋高宗绍兴十一年之前,刘光世罢兵柄之后,整个国家的国防力量实则是依靠岳飞、张俊、韩世忠、吴玠吴璘兄弟的四支"家军",或曰方面集团军,加上杨沂中、刘锜等少量部队。而作为国家野战精锐的家军在兵力上远远超过皇帝赵构直属的杨沂中等军队。当然,这一情况在刘光世罢帅之前已经形成,这也是张浚、赵鼎要先后谋求收兵权于上的原因所在。而张浚的政治路线,即对金主战、剿灭伪齐尚作为国家主要对外政策的时候,在岳飞、张俊、刘光世、韩世忠、吴玠这五位建节的宣抚使大帅上面,便是有着以右相兼知枢密院事而开都督府总军政事务的张浚节制着所有人。换言之,恢复中原、驱逐北虏,重建河山的任务,从来都不是岳飞或者任何一个武将能主持的,有且仅能有一位宰相来主持这个重大的路线。作为天子的赵构绝不可能将东南的军队都交给一个武将来统领节制,必须承认的是,在张浚因为淮西兵变罢相后,实则岳飞已经永远失去了在主战统一路线下率军北伐,成功恢复中原的可能。因为取而代之的赵鼎路线是稳重保守的自治待时政策,而取代赵鼎的秦桧则又等而下之,乃是一味谋求主和的投降路线。在这样的状况下,岳飞的军事天才和一城一地的得失胜利,都不可能得到两府的支持,他根本没有机会去做成"还我河山"的伟大事业。必须再次强调的是,我们在这里并非要讨论该由谁来主持整个北伐,或者说张浚和岳飞谁更有资格和能力主持此事,只是要明确,在当时的宋朝制度下,作为武将出身的岳飞,连一星半点的可能都没有,不光是他,张、韩、吴都不行,任谁都不可能做到,这是一道对武将来说进不去的死门。因而讨论岳飞是不是能北伐成功,实在是个无法去回答又根本不能成立的伪命题。

那么,姑且从军事角度来简单讨论,岳家军单独北伐的成败可能。

早在建炎四年,岳飞尚受当时的浙西、江东制置使张俊节制,以统制的军职往讨平流寇戚方乱军之时,宣州知州李光便曾上奏云:"今来巨师古、刘晏、岳飞大兵屯泊境上,应副钱粮,需索犒设……臣见差官三员在广德界上,及岳飞军前专切运粮,委是费力。"如果说这是代表江南士绅地主利益的李光有所夸大,然在两年后的绍兴二年,一贯主战的李纲也奏云:"又岳飞一军于本路支费,皆以军期责认州县划刷仓库,科敛疲民,公私罄匮。"李纲的言论应当是比较实事求是的,也说岳飞军在剿除巨寇曹成军时征调州县府库与百姓之家的钱粮,几乎耗竭一路之人力物力。当时李纲乃是荆湖、广南宣抚使,正是需要他统筹调度,来剿平当地号称拥众十万的匪寇头子曹成和其他乱军贼寇,岳飞时任荆湖东路安抚使(按荆湖路贯分南北,而绍兴元年到二年一度分东西路),是实际统兵与曹成交战的将领。李纲并非是要掣肘岳飞,而只是陈述当时地方上财力物力供应岳飞所部存在的困难处境。后一年,赵鼎也说:"臣契勘江西比年以来……及目今屯驻岳飞二万三千余人,供亿浩大,竭一路财力,仅能应副……财用愈窘,民力愈困,支吾不行。"赵鼎固然并非坚定的主战派,而是持自治的保守路线大臣,但正因为如此,他对于平定国境内的盗寇往往还是不遗余力支持赞成的,且与岳飞也并无龃龉,赵鼎的话应当也是可信的。凡此种种,尚有许多明证,王曾瑜先生都已详细精到地论证过,故不再赘述。我们不妨了解下,上述所举的三个例子中,岳飞当时的军队数量,从而直观感受在真实的行军作战之际,部队这样的吞金兽有多么可怕。建炎四年之际,岳飞的军队人数大致在一万到两万之间;绍兴二年以少胜多,在韩世忠所部赶来之前就大破曹成,从而被李纲许以"异时决为中兴名将"之际,岳飞所部大约只有一万二千人;绍兴三年时据赵鼎所述,乃是两万三千人。可见当时的岳飞尚未建节,也更没有成为宣抚一方的大帅,远未到后来部众十万的程度,但仅仅是在国境之内剿平流寇的战斗,竟已经使得地方上的财政民力捉襟见肘,难以支撑。试问,岳飞如统兵十万,一路北伐,即便能从一定程度上因粮于敌,又如何解决巨大的辎重转运之难和粮食犒饷之不足呢?众所周知,岳飞的军队是讲究"冻死不拆屋,饿死不卤掠"的,他们本着要解救中原百姓左衽倒悬之苦,本着恢复河山的军事政治目标,断然是不能允许去掠夺攻克或途经城池的百姓的,相反,岳家军有时候甚至要将粮食分一部分给收复回来的州县中那些贫困无依之汉家百姓,这就更加重了后方粮草供应的困难和巨大负担。

笔者并非是要诋毁岳飞进军中原、北驱河朔的决心和爱国壮志,也并非断言只求和才是解决现实问题的出路,而是要明确,脱离具体的军事后勤负担,空谈岳家军的战斗力、纪律,以及岳飞的军事天才,甚至包括所谓"遗民忍死望恢复"的民心,来纸上谈兵地分析所谓北伐的成败,是荒唐而轻率的,并没有多大的意义,终究是一种茶余饭后的闲谈戏说,而非正确认识和分析历史的讨论。

事实上,岳飞屯驻荆襄的十万"后护军",哪怕是在平日处于驻守状态,又岂止是靠一路、两路的财力民力去供给,岳飞为了应付军队天文数字的开销,他不得不让军队有许多"经商"活动,像是将公使、激赏、备边、回易十四库放贷出借,每年收得的本金加利息便高达一百十六万五千贯!又有关引、典库(当铺)、出租房屋、酒库、屯田,乃至与荆湖一带少数民族交易的博易场等,每年的收入也在四十万贯左右。但即使如此,岳飞仍然为十万大军的吃穿用度感到头疼,更不用说一旦北伐,随着深入金人占领区,纵然不考虑后勤补给线的不断拉长和为敌骚扰、截断的危险,也不考虑南宋内部的政治问题,则所需要的粮食器械和军饷犒赏也会因为转运过程中的损耗和战事的频繁而成倍增加。一旦战事稍有不利,后果就不堪设想。这也是何以昔年岳飞已经兵锋深入陕洛,却依然退兵的一大原因。

倘若历史可以有"如果",我们固然希望岳飞能北定中原,驱逐金人而再造乾坤。但现实的种种困难因素告诉我们,单靠岳家军的进军,哪怕只论军事因素,也是很难完成恢复旧疆这一目标的。深入金人占领区的作战,在敌骑纵横的平原地带,局部战役的胜利很可能都没有守住后勤辎重转运来得重要,胜未必能全歼金人之锐卒,败则孤军困窘于群狼环伺之间。试问,岳家军的北伐是单单用"爱国"二字便能轻易实现的么?

但我们仍应无比惊诧和敬佩的是,自古军队经商皆是大忌,一支军队沾染了过多的经济活动,则其战斗力便很容易成问题,当时的刘光世、张俊之军无不有这样那样的毛病和怯战的习性,然而岳飞竟能以极其高超的治军手腕,在岳家军进行"营利性经营"活动的同时,保持着极高的纪律,并因之具备了能与当时最凶狠的女真铁骑野战而胜之的强悍战斗力,这是令人感到不可思议的。岳家军的实力,确实无愧为南宋第一。

甚至可以说,岳飞的横空出世,犹如中世纪中国大地上的一个魔术师,但细细想来,又哪里是魔术,他那些与士卒同甘共苦、钱粮犒赏秋毫不贪、临阵杀敌勇锐无畏的种种品质,无不是"魔术"之本身。

也因此,我们才更为岳飞的冤屈惨死和赍志以殁而悲愤感叹。

那么关于岳飞之死,前文已经驳斥了四种常见的主要说法。我们亦须来挖掘当时的南宋朝廷处死一位执政级别的建节太尉，甚至一度授予他"开府仪同三司"品阶的战神，其真正原因何在。

不妨先看一看当时岳飞冤案的判决书片段，尤其其中有关岳飞本人的段落。

今选附如下：

绍兴十一年十二月二十九日，刑部、大理寺状：

"准尚书省札子：'张俊奏张宪供通，为收岳飞处文字后谋反，行府已有供到文状。'奉圣旨：'就大理寺置司根勘闻奏。'……及勘证得前少保、武胜、定国军节度使、充万寿观使岳飞所犯，内岳飞为因探报得金人侵扰淮南，前后一十五次受亲札指挥，令策应措置，坐观胜负，逗遛不进。及因董先、张宪问：'张俊军马怎生地？'言道：'都败了回去。'便指斥乘舆。及向张宪、董先道：'张家、韩家人马，你将一万人蹉踏了。'及因罢兵权后，令孙革写书与张宪，令措置别作擘画，令看讫焚之。及令张宪虚申探得四太子大兵前来侵犯上流。自后张宪商议，待反背据守襄阳，及把截江两头，尽劫官私舟船。又累次令孙革奏报不实，及制勘虚妄等罪。除罪轻外，法寺称：'律，临军征讨，稽期三日斩。及指斥乘舆，情理切害者斩。系罪重。其岳飞合于斩刑私罪上定断，合决重杖处死。'看详：岳飞坐拥重兵，于两军未解之间，十五次被受御笔，并遣中使督兵，逗遛不进。及于此时，辄对张宪、董先指斥乘舆，情理切害。又说与张宪、董先要蹉踏张俊、韩世忠人马，及移书张宪，令指置别作擘画，致张宪意待谋反，据守襄阳等处作过，委是情理深重。敕：'罪人情重法轻，奏裁。'"

岳飞在绍兴十一年四月除枢密副使,实际上是被解除了直接统率十万岳家军的兵权。当时秦桧令自己的走狗尚书度支员外郎林大声于此年六月任"总领湖、广、江西财赋,湖北、京西军马钱粮、专一报发御前军马文字",前往首先掌握了岳家军的钱粮命脉,又规定听其节制。林大声得了秦桧的钧旨,一到岳家军所在的鄂州便物色了张宪的副手王俊来充当第一个诬陷岳家军的内部将领,而诬陷的内容便如上文所引的判决省札中说的那样,是谋反!只不过王俊告发的是岳飞信重的大将张宪,于是张宪便被在镇江开枢密行府的张俊"下狱"(但实则按照制度,枢密院不论在京或是在外为行府,都并没有什么刑狱的机构设置),企图屈打成招。据岳珂的记述,张宪宁死不肯攀诬到岳飞身上,更不肯违背事实,承认什么岳飞遣人送密信给自己,叫他谋逆等事。但张俊这一无耻之徒仍然炮制了所谓的张宪认罪供状,即上述引文的判决省札中说的"收岳飞处文字后谋反"。

那么我们便明确了,在当时官方的判决文书中,毕竟首要的罪名是古代最为要命的谋反罪。然而前文已经分析过,岳飞不具备谋反成功的能力,也没有谋反的丝毫念头,并且,皇帝赵构也不会愚蠢到认为岳飞会造他的反。所以岳飞因涉嫌谋反,或者说皇帝担心他谋反而被杀,这完全是官方的鬼话,并非岳飞真正的死因。

接下来立刻谈到了一项十分具体、细节充分的重大罪名,即所谓"支援淮西不利"。判决状中说,皇帝赵构总共十五次发御笔手诏的亲札给岳飞,命令他率部策应淮西,甚至连宫中的"天使"貂珰张去为和毛敦书都派到岳家军中督促进兵支援了,结果岳飞"逗遛不进",拥兵自重而坐观胜败。等到张俊兵马终于还是先胜后败,不敌金人之际,又口出狂言,竟开始骂皇帝了,所谓"指斥乘舆"(国家了不得也,官家又不修德!)。更要命的是,还对手下大将张宪、董先说:"张俊、韩世忠的军队,你们各率一万人'蹉踏'了。""蹉踏"是揉搓、踩踏之义,听上去似乎是在命令张宪、董先攻击张俊与韩世忠所部的集团军,语言之生动,让人仿佛看到了岳飞如操莽的一面。但这当然是秦桧、万俟卨等的罗织胡扯,可在不明就里的人看来,淮西支援不利似乎是当时的事实,真话假话混在一起,竟有了迷惑性。文书中随后说岳飞在被罢去兵权,为枢密副使后又密令张宪诈称兀术有率军侵犯荆襄的势头,乃得占据襄阳谋反,迫使朝廷把兵权还给岳飞。这种说辞自然是欲加之罪了,明眼人谁看不出,岂有意图谋反的人自己势单力孤地留在京师,而大军却在千里之外?若岳飞真要谋反,也是在罢兵权之前才有一丝机会。

值得注意的是,刑部、大理寺的判决状提到:"委是情理深重。敕:'罪人情重法轻,奏裁。'"所谓的"情重法轻"和"情轻法重"都属于古代刑法中"情法不协"的范畴。通俗来说,刑部、大理寺的意见便是岳飞所犯的罪极其严重,从情理上来说简直人神共愤,但由于被王俊告发,岳飞反迹未萌、大逆未彰,还没来得及起兵造反,从刑法上来说,光"重杖处死"都恐怕还是轻了。为免判得过轻,不能惩恶扬善,且根据朝廷的制度,凡情重法轻的,都要上奏而待天子裁决,看看是不是加重判决!实际上自北宋便规定,不论是情重法轻还是情轻法重,都要奏裁,但官员们普遍只乐意于上奏情重法轻的,至于情轻法重而或可以酌情减刑的,往往并不愿上奏。这就表明,自许儒术治民的君子缙绅们,毕竟外儒内法,寻思着开了因情轻法重而得轻判的例子,往后自己治理的州县或许犯罪率就上升了,这今日少杀一人,往后或许多不少重案,影响磨勘升迁呐。而此时在刑部、大理寺背后主持岳飞逆案的御史中丞万俟卨则完全是仰探秦桧之鼻息,要陷岳飞于万劫不复之地,因而仿佛严格按照敕令条例办事的模样,以岳飞情重法轻为由,奏请天子裁断!

原本秦桧派来审理岳飞案的御史中丞乃是何铸,据《宋史·何铸本传》,岳飞袒露上身,将背上旧时所纹的"尽忠报国"四大字给何铸看,后者深为所动,又确实查不出什么紧要罪状,这也说明岳飞是经得起查的,秦桧及其党羽百般罗织,却尽是站不住脚的污蔑。何铸大约便告诉秦桧,如果这样以无罪而杀一个正一品的开府仪同三司,恐怕不能令天下信服。秦桧自是大怒,这才换了万俟卨来任中丞,接手岳飞的谋逆大案。

当时的审案官员中大理寺丞李若樸和何彦猷都据理力争,说岳飞至多只应判徒二年的刑罚。这当然是秦桧所不能容忍的。不过,我们毕竟看到,即便是在一些当时代表正义的声音中,也有认为岳飞固然有一部分罪责的,像李若樸和何彦猷大约便是认为岳飞确乎支援淮西不利,属于逗留跋扈。这条也是对岳飞的判决状子和整个案件审理中最为详细的一部分,是秦党和张俊精心制造的一个大罪,可见当时欺骗到不少身在临安,不知前线军事实情的士大夫。

我们首先要弄清一点,即所谓支援淮西不利并不是必须杀死岳飞的原因,甚至整件事情都是一个彻头彻尾的谎言。

岳飞策应淮西而逗留不进,这一事件发生在绍兴十一年二、三月间。尽管在绍兴十年完颜宗弼屡被岳飞击败,但由于众所周知的十二道金字牌,岳家军仍然是班师了,因而绍兴八年时经由挞懒、宗磐等当时的主和派权臣还给宋朝的河南等地又一股脑给此时当权的兀朮夺了回去。于是在绍兴十一年正月,宗弼便再次令金军南侵聚集了八万骑兵、一万步军左右的近十万人马,指挥亲信大将韩常和龙虎大王完颜突合速等各统兵丁渡过淮河,攻打寿春、庐州,侵犯淮西。

而当时张俊、杨沂中、刘锜三人在淮西的军队加起来超过十三万人,从兵力上来说,显然超过金人,且占据地利,可以倚城补给,无论是在野外决战还是坚守待援,应当比金军更有战术上的优势和便捷。但战争毕竟不是简单的人数比较,天子赵构大约最清楚张俊的花腿部队靠不太住,因此在正月二十九日(己巳),下了第一道御笔手诏给岳飞:

> 据探报,虏人自寿春府遣兵渡淮,已在庐州界上。张俊、刘锜等见合力措置掩杀。卿可星夜前来江州,乘机照应,出其前后,使贼腹背受敌,不能枝梧。投机之会,正在今日,以卿忠勇,志吞此贼,当即就道。付此亲札,卿宜体悉。付飞。御押。

我们可以注意到皇帝赵构的措辞,"卿可星夜前来江州""以卿忠勇,志吞此贼,当即就道"——不应把这些御笔亲扎中的话语看作简单的命令公文,而应当考虑到此番淮西之战的复杂背景。对赵官家来说,自建炎三年(1129年)命当时的知枢密院事兼御营副使张浚为宣抚处置使经略川陕起,由于宋金形势的严峻,他始终是以宰相和执政在前线军事情况紧急时节制、统御和指挥诸军的,如前述的张浚宣抚处置川陕、京西、两湖,虽无都督之名,而有以执政都督诸军之实;又如随后绍兴二年(1132年)以尚书左仆射、同中书门下平章事、兼知枢密院事吕颐浩都督江淮荆浙诸军事,开都督府于建康,这是以宰相出外督军;再如绍兴三年八月,以参知政事、福建等路宣抚使孟庾兼权同都督江淮荆浙诸军事,逐路"应大、小统兵将帅并听节制",这是因为吕颐浩察觉初次罢相的秦桧企图夺权，而请求紧急回朝，以孟庾代替自己督军，则此乃以副宰相执政都督军马；到了四年八月，本以参知政事赵鼎都督川陕荆襄诸军事，因金军与伪齐联军入侵两淮，赵鼎未赴任，而是十一月再拜张浚为知枢密院事，令其赴江上督师，节制诸军；到了五年二月，赵鼎、张浚各以左右相兼知枢密院事都督诸路军马，但实际上则是一内一外，由张浚在外开都督行府，"总中外军政"，风光一时无人出其右。然而自绍兴七年八月震惊天下的淮西兵变（秦桧应要负很大责任，并有阴谋活动，详见拙作《大宋文臣的面孔》，此不表），张浚罢相，曾比较有效地节制诸建节宣抚大帅"家军"的宰执都督府军事指挥体制亦因此随之被罢废甚久（直到绍兴三十一年十月因完颜亮南侵才重置宰执都督诸路军马的机构）。

此后赵鼎企图收兵权的努力由于其缺乏张浚的军事声望和手腕，加之如张俊部自恃兵多将广，竟"不受命，悉以众归，朝廷亦不能诘"等表现，使得皇帝赵构和朝廷对当时最强大的几支野战集团军，也就是"家军"性质的部队控制力远不如过往，此事在绍兴八年五月时赵鼎派系的枢密副使王庶视师淮西时尤为明显，当时执政王庶令张俊麾下张宗颜率所部兵马移屯庐州，又命张俊另一部将巨师古率所部屯太平州，实则是践行"抚循偏裨，以分其势"的策略。然而张俊立刻察觉，不仅不遵循朝廷、枢密院指挥，反而令即将往临安任"监行在榷货务"的同乡刘时带狠话给王庶，云："乡人能为我言于子尚（王庶字）否？易置偏裨，似未宜遽，先处已可也。不知身在朝廷之上能几日？"这等于在赤裸裸地恐吓王庶乃至其背后的宰相赵鼎，言下之意不过是我等建节宣抚大帅久在蕃阃，你们文臣宰执哪有做得久的，还是别得罪我们的好！纵然没有因为绍兴八年反对议和而罢相，赵鼎收兵权的努力恐怕也将因为张俊等诸大将的阻挠而终究失败。

自赵鼎路线破产，秦桧成为独相之后，实际上极端奸诈的秦桧通过鼓励天子独断专行，加强独裁来设法收兵权而同时增强了自己的相权和独裁，二人的君臣独裁从绍兴八年宋金第一次和议到绍兴二十五年秦桧病殁，一直相辅相成。因此在绍兴十年完颜宗弼撕毁挞懒代表金国与宋廷的和议之后，赵构始终未再安排宰执出外都督诸路军马，而是改以御笔亲札的方式，直接给前线宣抚使大帅如岳飞、张俊、韩世忠或杨沂中、刘锜等大将下达指挥命令，当然秦桧既以独相兼枢密使，或多或少也在这一过程中设法狐假虎威，尝试逐步分化诸将，并试图找到张浚、赵鼎先后失败而他将以此成功的收兵权之方法。

故而，此番绍兴十一年的淮西战事，也是一次赵构用御笔亲札遥控指挥，调拨东南全部精锐野战国防军的战斗，但不同于以往的是，如日本学者寺地遵先生所说，去年在金人占领区的战斗犹多是诸路家军各自为战，究其实不过在班师时受御笔真正指挥，而眼下的战争发生在淮西要害之地，尺寸失陷，长江防线就更趋危殆，同时又是天子亲自指挥诸军分进合击，抵御兀术大军，来完成天子既定的防御战争意图。亦即是说，淮西的战事，赵构是绝不容有失的，这是他意图借此树立皇帝绝对的军事权威，进而为收兵权做准备的举措，并非仅仅关系到击退金人，保卫领土和社稷。这才是赵构仿佛程式化的御笔措辞背后急切紧张之根本缘故，因而他迫切地命岳飞"星夜前来"，并如用激将法似的说，以岳飞之忠勇，应当立刻点兵驰援淮西，刻不容缓！

他知道，最靠得住还是岳飞。

如今颇有一种声音，说岳飞在支援淮西战事上确实值得怀疑其动机，确有坐观成败之嫌，因为从皇帝命他出兵救援到他实际出兵，隔了整整十二天,不是拖延又是什么呢?这种说法的问题很大程度上在于脱离了对当时军事信息传递速度局限性的认识和考虑。

如绍兴十年有名的"十二道金字牌"班师一样,在绍兴十一年岳飞的湖北、京西路兼河南北诸路宣抚招讨司(以下简称宣抚司)和临安行都天子赵构之间的文书往来,应当也是金字牌与急脚递。所谓金字牌并非民间传说里的一道金闪闪的命令牌,而是宋朝最快的一种朝廷文书邮传制度,按设计时的目标,是规定了金字牌要日行五百里。以当时的交通条件,临安到岳飞宣抚司所在的鄂州至少在两千里左右。《宋会要·方域》中乾道四年(1168年)兵部侍郎王炎曾举例来说明邮传"乖违"也就是无法如期的实际情况:"行至襄阳府三千一百里,合行六日二时,稽十日方至。荆南二千六百四十里,合行五日三时,稽九日方至。余类此不可悉陈。"从中我们确实可以了解到,金字牌指挥至鄂州应超过两千里,须九或十日方能到达。而岳飞回复皇帝的奏疏用的应当是急脚递,规定的速度在四百里一天,实际应当也是达不到的。

如前所说,官家赵构的第一道御笔亲札发自正月二十九日,等岳飞接到让他出兵策应支援淮西的金字牌手诏指挥,已经是十天后的二月九日了。这样看来,岳飞从接到命令到军队动员、集结以及一系列统筹安排、后勤保障等,只花了一天时间,因为他在二月十一日即率军出发支援淮西了,如何反而能说他逗留不进、拖拖拉拉呢?

更能说明问题的是,早在二月九日接到赵构的第一份御笔指挥命他出兵之前,岳飞已经连续向皇帝上奏,北房贼军恐怕将要从寿春等地入寇淮西,请求天子允许他带兵离开屯驻的荆襄一带,前往淮西与东南诸帅张俊、韩世忠等会合,好共击金人。他甚至提出,也可以趁此金军主力进犯淮西的当口，长驱京、洛，则进可收批亢捣虚之利而收复河南，退可邀击、堵截金军退路、转运。考虑到淮西对长江防线的重要性，江浙为天子驻跸所在，岳飞又在二月四日上奏，提出允许他亲自统兵由蕲州、黄州一带入淮西，以收出其不意攻其不备的军事奇袭效果，因为荆湖北路与淮南西路之间隔着座大别山，通常荆、鄂之师如果驰援淮西，走的都是从江南西路江州一带进淮西的路线，这样就能让金人大军防不胜防。可见，岳飞完全是忠于国家安全、民族存亡，还不等天子命令，早已反复思考破敌御寇之策，并上奏皇帝，怎么会存在坐观胜败、逗留不前的可能？

此番淮西之战既是官家赵构以御笔调动东南全部的家军野战精锐来分进合击，与金人在淮西决战，那么就事关他作为最高统治者的天子威权之确立与否，倘若失败，他便只能再以宰执督军的形式来统御兵马，但这却是不利于他独裁和收兵权的，并且，他显然不愿宰相的军事权力回到张浚时代，军权必须抓在自己手上，连文臣也不能托付了！

在这种思想下，赵构是非常紧张的。他不待岳飞的奏疏急脚递到达临安，又连续发了两道御笔指挥给鄂州的宣抚司，反复督促岳飞要"星夜倍道""贵在神速"，并告诫"社稷所系""少缓恐失机会也"，这些措辞都反映了他对于此番的淮西之战有多么看重，又缺乏必胜的把握，因为他自然了解张俊的大军未必靠得住。到了二月十日，赵构仍不放心，乃命中使宦官张去为前往岳飞军中，并且再次下发御笔亲札，再次强调"卿宜倍道""卿更须兼程"。

此后赵构终于陆续得到岳飞在第一道御札下发前就连续上奏请求进兵淮西的奏疏，他无疑大喜，但又担心岳飞如奏疏中所说，提兵长驱京洛,于是赵官家赶紧又连续赐发御笔亲札四道,并再派一中使毛敦书前往岳飞军中。这四道御札中,天子把推崇、器重岳飞的话说得震天响:"金人桀黠头首皆在淮西。朕度破敌成功,非卿不可。若一举奏功,庶朕去年宥密之诏,不为虚言。况朕素以社稷之计,倚重于卿。今机会在此,晓夕以伫出师之报"。赵构生怕岳飞没有驰援淮西,而是北上河南来围魏救赵,因此不厌其烦地对岳飞说现在兀术这贼酋头子就在淮西,而且缺了你岳帅恐怕就赢不了,待尔立功,去年说的北伐重任,全权交给你的事情,就绝不食言。赵构已经紧张到了要如此开空头支票许诺岳飞的程度了。同时,他不免仍是要在御札中说"今江浙驻跸,贼马近在淮西,势所当先……卿须亲提劲兵,星夜前来……"他反反复复地提醒岳飞,你的君父皇帝就在江浙驻跸,你千万要知道轻重缓急,快来淮西击败金人才是!

不难发现,皇帝的神经已经紧绷到了极点,他下发御笔亲札的频率不亚于去年十二道金字牌要求岳飞班师。则当此之时,如果岳飞确有逗留,那么皇帝秋后算账,从天子维护自己专制皇权的角度来说,动杀心亦合乎君王之术的逻辑。然而岳飞真的有逗留不前么?

秦桧的帮凶参知政事王次翁曾污蔑说岳飞"奉诏,移军三十里而止"。按当时的行军速度,平均一日大约最多可走六十里(《武经总要》:凡军行在道,十里齐整休息,三十里会干粮,六十里食宿)。若是岳家军果真到淮西之战结束时才行军半天的量,那便的的确确是逗留不前。

岳飞在二月十一日亲自领兵出发时,考虑到大军出行,缓不济急,于是他决定先带领八千背嵬军铁骑的亲兵,也就是岳家军中最精锐的重骑兵,先驱驰援淮西,而更多的岳家军主力则在其后兼程行军。

于是岳飞自鄂州由蕲、黄入淮西,一路直至庐州,随后退还舒州,复又从舒州进军濠州。

这样我们可以简单计算一下大致的行军路程,总共约在两千二百里以上。

岳飞最后是在三月十二日抵达濠州境内定远县,从二月十一日出兵算起,乃是三十二天。但岳飞在舒州又是停了一段时间的,这样算来,他实际行军的时间不过二十余天。而岳飞的背嵬军铁骑应当不可能是轻骑兵,以轻骑兵在平原上如郾城、颍昌击溃金军的"铁浮图"重骑兵,则是不可想象的,故岳家军中的背嵬军精锐骑兵应当就是当时宋朝最强大的一支具装骑兵,很可能是人马都披挂重铠的铁骑。这样一支骑兵,如果日行八十里,已经是极快的行军速度了。兵法云:百里而趣利者蹶上将。由于淮西战事的重要性,岳飞在驰援淮西的行军过程中,不可能每天都让骑兵部队以极限的速度日日急行军而毫无适当休整,否则仓促间若与金军发生遭遇战,则后果不堪设想。综上来看,岳飞始终是在保持战斗力的同时,以最快的速度亲率背嵬军铁骑倍道兼程,何来逗留不进,更何来"移军三十里而止"!这真是天大的污蔑和无耻!

那么为何岳飞行军至庐州之后又退还舒州,并停留了数日呢?难道他害怕与金人交锋或者说故意退军回舒州,坐观胜负,不肯为国效命么?

原来,在二月十八日(丁亥),天子赵构的心腹、统率着殿前司三万皇帝亲军的淮北宣抚副使杨沂中与淮北宣抚判官刘锜所部的两万人,以及张俊麾下王德、田师中、张子盖所率约五万兵马合兵一处,与金军在无为军的柘皋镇一带进行了一场决战。然而金军统率兀朮并不在柘皋战场,前线的指挥官大约是其亲信,镇国大将军韩常与宗室邢王完颜宗敏。宋一方张俊本人亦未到场。不过一贯怯战又好拥兵自重的张俊不在，倒成就了这一场宋军的大胜。由于统率完颜宗弼未至，我们可以得知，柘皋一战的金军数量必定在九万人以下，宋军分进合击，十万之众以多击少，占据了兵力优势。此役，宋军获胜，金军伤亡逾万人，确是一场大捷。

二月二十三日（壬辰），收到柘皋捷报的赵官家喜不自胜，三日后的二十六日（乙未），天子赐诏：以捷书累至，军声大张，盖自军兴以来，未有今日之盛！赵构何以如此狂喜和大言不惭呢？他说柘皋之战是空前的大捷，这当然并非事实，就在去年岳家军郾城、颍昌之捷，才是真正的首次在野战的骑兵对决中硬碰硬击溃了金兀术的主力精锐。可柘皋之战确有特殊意义。寺地遵先生指出，以御笔指挥，直接调拨诸大将分进合击，最终取得了这次淮西战事中的巨大胜利，其作为皇帝的权威和军事领导体制才真正得以确立，并认为对天子来说，这为此后克服"家军体制"，实现收兵权开了一个好头。这一看法显然是高屋建瓴的。更通俗地说，原本官家赵构不得不容忍建节宣抚大帅们自恃"家军"在手，重兵如臂指使，甚至时不时对朝廷有跋扈之举，更不要说容忍家军们的种种出格的小动作（此俱容后表），因为他必须借助家军来抵御金人，保住半壁江山。但他终于发现，虽然罢废了宰执督军的体制，可他以御笔指挥的新军事体制，一样能克敌制胜，这便让他具备了彻底收走兵权，归诸于九重一人之手的信心。

而柘皋之战的获胜令目光短浅的庸才张俊亦是欣喜若狂，自以为又立下大功，却全不能见得背后天子的深意。为了独吞这份功劳，在岳家军八千背嵬军铁骑赶往庐州的路上，张俊便已去函岳飞，说什么前途粮乏，不可行师，想要骗岳飞留在半途，据此也可推测出张俊已先探得此时无为军柘皋一带的金人兵力处于劣势,他岂欲岳飞来分润大功?等到张俊确知了柘皋捷报,就又差人告知岳飞,说北虏已经因为战败,全部渡淮河而逃了,淮西并无战事。

岳飞这才从庐州退回舒州。

因为岳飞是极有分寸的,相较于其他家军常有的跋扈,他是惯于一心一意,忠于赵官家的御笔指挥命令的,除了绍兴七年时因为赵构出尔反尔,没将刘光世所部交给自己,他一气之下撂挑子跑回庐山说是给母亲守丧,此外很少有抵触君父朝廷的言行。因此岳飞退回舒州,上奏给皇帝赵构,表示该如何进退,取进止,听旨意。

然而金兀术又岂是张俊这样的庸将?实际上金人并未退兵,反而是再犯濠州,而背嵬军的斥候探得军情之后,岳飞不再被动等待御笔指挥,而是在三月四日(癸卯)夜,一刻也不愿多等待地从舒州再次进发。

值得细看的是,此番行军,岳飞于三月十二日(辛亥)至定远县,八天里居然走了至少八百里路!这样亲率重骑兵,日行百里,不顾一切地急行军,恰说明了当岳飞听闻军情紧急,他是真正以国家安危为第一位的,何来逗留之说?

可笑的是,张俊的如意算盘彻底打空了。他听闻金人猛攻濠州,先是远在六十里外不敢带着大军去救援,八日金军破城后,张俊军中斥候俱言金军"撤退了",便想带着大军在濠州耀武扬威一番,结果骑兵先锋部队和后续的步军都在濠州城下中了金军埋伏,败得极惨,杨沂中见金人铁骑两翼包抄合围,竟只说:"那回。"诸军以此皆是散乱南奔,宋军步兵被金军铁骑杀伤者极多。

这之后,金军才确实撤退。

那么在岳飞此次出兵驰援淮西的过程中,当赵构确实得知了岳飞的几次行止进退,他是何反应呢?

今存的御笔亲札分分明明地记载下了真相。

二月十九日,天子赵构收到了岳飞十天前二月九日决定出兵的奏疏,于是立刻再下御笔亲札:

> 得卿九日奏,已择定十一日起发,往蕲、黄、舒州界。闻卿见苦寒嗽,乃能勉为朕行,国尔忘身,谁如卿者!览奏再三,嘉叹无教(yì)。以卿素志殄虏,常苦诸军难合。今兀朮与诸头领尽在庐州,接连南侵。……若得卿出自舒州,与韩世忠、张俊等相应,可望如卿素志。惟贵神速,恐彼已为遁计,一失机会,徒有后时之悔。江西漕臣至江州,与王良存应副钱粮,已如所请,委赵伯牛,以伯牛旧尝守官湖外,与卿一军相谙妥也。春深,寒暄不常,卿宜慎疾,以济国事。付此亲札,卿须体悉。十九日二更。付岳飞。御押。

御札中的欢喜和"关怀"是跃然纸上的。原来,岳飞在接到第一道御笔指挥前已经有恙在身,犯了天寒咳嗽的毛病,可是他仍然毫不迟疑地点兵起发,驰援淮西。这就令皇帝赵构十分满意,他的御笔指挥得了张俊、韩世忠,也指挥得了岳飞,大丈夫不外如是乎,焉用都督府?他迫切地再次敦促岳飞,要加快行军,以期和张俊、韩世忠兵马会合,在淮西共破兀朮的十万金军。作为被文武群臣拥戴而登上帝位,延续宋祚的天子,他的合法性实际上从礼法角度上说仍然因为徽宗皇帝的梓宫和渊圣皇帝、韦太后未归等问题而并不绝对牢固,他太需要淮西的胜利了!

在御札中,赵构不忘向岳飞"示好",你要求让赵伯牛来为麾下大军调拨粮草转运,确实是考虑周到,他和你的大军也彼此熟悉,朕准啦!另外春寒料峭,朕不免也关心着你的冷暖呐,要注意身体,小病赶紧治,国家大事还是要靠你啊!

三月初,赵构得知金人狡诈无常,又引兵攻濠州,他再次下御札要岳飞往援,且说已下指挥予诸路转运漕臣,为岳家军办粮草辎重,绝不会有军行乏粮之事。数日后,朝廷刚刚收到岳飞还军舒州候进止指挥的奏疏,赵构又御笔回答:

> 得卿奏,知卿属官自张俊处归报,房已渡淮,卿只在舒州听候朝廷指挥。此以见卿小心恭慎,不敢专辄进退,深为得体,朕所嘉叹。据报,兀术用郦琼计,复来窥伺濠州。……卿可星夜提精兵,裹粮起发,前来庐州就粮,直趋寿春,与韩世忠等夹击,可望擒杀兀术以定大功。此一机会,不可失也。

虽然当时朝廷令张俊、韩世忠和杨沂中等诸军各不相互统属、节制,但在东南诸军会师淮西的此番战事中,仍是隐然以张俊为首。因而岳飞接到张俊的军报误导之后,乃回师舒州待命。皇帝赵构对岳飞的举动是赞赏肯定的,说岳飞不敢擅自进退,而是等候指挥,足见恭顺朝廷、小心慎重。这些都说明,皇帝赵构对岳飞在淮西战事中的千里驰援,并无不满,反而对其进退有节较为满意。

试问,这哪里是如当时秦桧的党羽副宰相王次翁所说的"(岳飞)移军三十里而止,上始有诛飞意"?

等岳飞已经率领背嵬军到达定远县的时候,朝廷才刚刚收到他从

舒州起发的奏疏。值得注意的是,赵构在此次的御笔亲札中回复:

得卿奏,卿闻命即往庐州,遵陆勤劳,转饷艰阻,卿不复顾问,必遄其行。非一意许国,谁肯如此?

赵官家收到了岳飞的奏疏,知道他听闻濠州有紧急军情,便不待朝廷指挥,直接从舒州急行军驰援而去,内心是十分宽慰和赞赏的。但从程式化的褒美语言里,似乎赵构已经从某种途径得知了张俊此前哄骗岳飞,说"前途粮乏,不可行师"一事。因而他着重肯定岳飞,不顾所谓转运艰难的补给障碍问题,始终是亲自率军疾驰,奋力增援淮西。皇帝为岳飞的行为定了个调子:一意许国!

是的,岳飞便是当时国士无双的军事天才和忠君爱国之大臣!

只是可惜,愚蠢的张俊和轻敌的杨沂中在岳飞赶来前,已经在濠州败了。便是韩世忠抵达濠州时,从史料来看,不考虑那些曲笔的虚饰,实则也完全没捞到什么便宜,仍是让金人奸计得逞,扬长而去。

梳理至此,我们可以看到,根据传世的高宗皇帝御笔亲札这样的铁证(岳珂在当时如果对此造假,自然是绝无可能,因不可能有人在刊印发行的书籍中对先帝的玉音圣旨、御笔指挥一类加以伪造,一是当时的档案国史院等机构中都在,是查得到的,二是造假的代价太大,杀头亦是可能的),如王次翁等以及据其《叙纪》而记载此事的《建炎以来系年要录》等史料对岳飞"支援淮西不利,逗留不进"的记述,便不攻自破,全是乖谬错误的!

岳飞非但没有因为绍兴十年被迫班师便对天子赵构赌气,恰相反的是,他一听闻金人入侵,得知国家民族面临危难,不仅立刻奉诏出兵,且始终身先士卒,不顾张俊的恶意欺骗,抱病疾行,甚至在尽力恪守制度的底线下,不待御笔指挥便驰援濠州。他是一个可以对抛弃自己,也丢弃了侍奉老人义务的前妻以德报怨的伟男子,更是一个不计较君父的猜疑、无耻、背信弃义,反而以身许国,一心报国的大丈夫、大英雄!

并且,但凡张俊、杨沂中之流能争气一些,而不是在濠州被金军一击即溃,那么待岳飞率领背嵬军铁骑赶到,或许濠州的战事就另有转机,屡败的金人是否还能轻易地诱使宋廷达成和议,这或许是值得商榷的。

历史的轨迹总是如此可惜,一个小小的细节往往改变了一切。

更绝的是,张俊为了掩饰濠州惨败的尴尬,他便与杨沂中联合起来,倒打一耙,将责任推诿给岳飞以及与自己一贯不睦的刘锜身上。他们说岳飞拖拖拉拉,借口乏粮,不驰援淮西宋金大战的对峙交锋之所,又说刘锜怯战不力,没有实心为朝廷用兵战斗。岳飞是否全力驰援,我们已经十分清楚,而刘锜则是因为在顺昌大捷之后渐为张俊妒嫉,又因为刘锜将张俊军中纵火抢劫自家军需或战利品的军士给抓了起来,抓到的十六人竟都被"枭首槊上",从而大大得罪了自恃官高权重远过于刘锜的张俊。

于是,我们便弄清楚了所谓的淮西逗留并非是真正要杀死岳飞的原因,更不是他一时气恼犯下的罪责,相反完全是出自张俊、杨沂中二人的污蔑,且官家赵构始终知悉淮西战事中岳飞行军驰援的全部真相。

然而翻开《建炎以来系年要录》等重要史料,自绍兴十一年正月到三月结束,居然关于岳飞和岳家军的文字记述寥寥无几,只是引用了王次翁的《叙纪》而已。这便说明,秦桧在绍兴十二年获得长久独相专权的特殊地位之后，通过销毁国史档案的方式，将岳飞在淮西策应一事中的真实情况几乎可谓尽皆抹去，从而造成了史料的空白和疑窦丛生。这就更可见当时秦桧的险恶歹毒之用心与极端无耻。

那么为何宰相秦桧与大帅张俊为奸作恶，作为最高统治者的天子赵构知悉内里真相，却不愿为岳飞洗刷冤屈？即便不贬黜宰臣，至少也应将张俊这样怯战贪黩的大帅痛加惩戒，为何反而非要杀害当时四大帅中对国家朝廷最是忠心耿耿又能力最强的岳飞呢？

原因当然也并非岳飞要谋反。且从判决的省札可见，确乎起初想定岳飞谋反，但大约太过耸人听闻，难以置信，因而主要仍是将罪责算在了淮西逗留之上，并借此又衍生捏造出指斥乘舆等罪名。而岳飞部将张宪也最终变成了"谋叛"罪，即据襄阳，投拜金人。宋代律法中明确规定，谋反谓谋危社稷；谋叛谓谋背国从伪。这说明虽然赵构与秦桧君臣二人密谋必杀岳飞，但却无奈难以令天下信服，便以专制的特权凌驾于当时的法律之上，随意更改所裁断之罪，不过是要深文周纳，达成谋害岳飞的目的。

要明白岳飞真正的死因，不妨先了解皇帝赵构在准备部署淮西战事前与张俊的一段御前对话。

就在淮西大战的这一年，即绍兴十一年正月初十（庚戌），赵构在与淮西宣抚使张俊的御前奏对中有如下意味深长、耐人寻味的对话。

赵官家问："卿读过《郭子仪传》么？"

张俊乃是自建康而来，他听到玉音垂问，费力地想了片刻，才记起大约十年前泼韩五易两镇节度使的时候，官家曾经御笔手抄《郭子仪传》遍赐诸将。可自己哪里会喜欢读书，自是不曾看过。当下也不敢妄言读过，一旦天子问起来，对不上则成了欺君了。

张俊顿时作惶恐状："臣偷惰，不曾读过。"

赵官家道："郭子仪那时候正值安史之乱，可谓天下多难。他虽然统重兵在外，但却始终心尊朝廷。有时候天子有诏，他都是接到诏书便当日起发，赶赴京师，一丝一毫的犹豫顾虑都没有。所以他才能身享厚福，子子孙孙也是显贵安康。如今卿统率中护军八万王师，这是朝廷的兵。如果卿颇能像郭子仪那般知晓尊奉朝廷，那么不只是自己得以享福受用，卿的子孙亦必定昌盛富贵。但如果，自恃手握重兵，便轻视朝廷，有命令指挥而不立刻领受遵行，那么在朕看来，不只是子孙恐怕难以享福，便是这样拥兵自重的人，也要有不测之祸！卿实在应该要以此为戒！"

皇帝的话口吻平缓，不紧不慢，但听在张俊耳中，却是如利刃在喉、斧钺在身，一时间已经是冷汗浸湿了内里的衣衫。

张俊固然是庸才统兵，但是他窥测、领会上意的本领是比较一流的。他如何能不知道，这是天子在警告自己，不要太嚣张跋扈、自以为是！

而金人的都元帅完颜宗弼自去年在顺昌、郾城、颍昌等战役中接连吃了败仗后，仍然退守东京，留屯宋、亳，出入许、郑，又再签发两河之军与蕃部兵民，南北再次交锋的态势是十分明晰的。作为天子的赵构正要以御笔亲札的垂直指挥体系，来调拨东南诸将分进合击，彼此配合地阻击金军，在淮西打一场防御战。这种时候，就必须让张俊这样一贯跋扈的建节宣抚大帅知道戒惧，知道服从自己的御笔指挥。

岳飞真正死因的第一个答案已经呼之欲出了。

经历过苗刘兵变，甚至连自己的亲生儿子赵旉都死于此次惊天政变中的赵构，实际上对武将已经有了根深蒂固的怀疑和恐惧。苗刘明受之变后,当年及次年赵构都仍是心有余悸,如建炎三年久雨不止,赵构便担心"下有阴谋,或人怨所致",且"以谕辅臣",拿这种天人感应之说和宰辅们不问苍生问鬼神;次年正月时有一晚临安下起声势骇人的大雷雨,第二天赵构便在君臣奏对时说:"昨雷声颇厉,于占为'君弱臣强''四夷兵不制'所致。朕当与卿等修德以应天。"他的这些言语,固然有一定的政治作秀成分,但确实多少能反映出其内心的不安和恐慌。而绍兴七年的淮西兵变更是彻底击碎了他做一个中兴雄主、恢复旧疆的梦想,也更进一步导致对武将极端的不信任。长期总中外军政的宰相兼枢密使张浚被作为替罪羊罢免,赵构也因此失去了一个有足够的威望压制诸大帅和家军体制的得力宰辅,而"收兵权"来解决这一切,彻底恢复以文制武的祖宗家法,仍是赵构心头的一大难题,同时也是当时南宋确立稳固军权的一项关乎立国基础的重大时代主题。

有必要指出的是,今日颇有一些人云亦云的说法,认为南宋初期也是如北宋一样,武将极其卑微,可以被文臣士大夫任意欺凌羞辱,稳压一头,并认为正是重文轻武才导致诸多不是。但这种印象完全是与历史事实相违背的。南宋初年自建炎至绍兴十二年前的长达十五年中,诸建节宣抚大帅的家军之形成,已经与北宋的武将情形可谓完全不同。北宋往往是将不知兵、兵不知将的,将无常兵、兵无长将,军事权力完全在中枢。但南宋初年的建节宣抚大帅们,不光是获得了通常只有宰执才能担任的宣抚使职务,且实际上成了所在一路甚至数路的最高军政长官,并且可以自辟将佐僚属、便宜行事,甚至"移罢州县长吏",长期自行招兵买马,又以各种经营性牟利活动来扰乱地方经济,增加地方上的财政、民政负担。更与北宋迥异的是,一些显赫的武将,如韩世忠甚至敢当面辱骂文官，戏称为"子曰""萌儿"，连皇帝询问亦答以如是，军中筵席也因为文官僚属劝酒时体谅知镇江府、两浙西路安抚使沈晦而怒道"萌儿辈终是相护！"后者甚至因为不为韩世忠所喜，终于竟被罢为提举宫观的祠禄闲职，这在北宋是不可想象的，也说明南宋时期对于拥兵数万精锐的大帅，朝廷确实倚重非常，一时之间无如之何，只能偏帮他们。而一贯主张抗金的韩世忠尚且如此，除岳飞外，其他武将便更是不须赘述，更加跋扈不堪。这无疑反映出南宋初期因为武人势力的急剧抬头，文武矛盾成为重大问题之一。

事实上，对于收兵权一事乃是文官集团的共识，大多数文臣士大夫都赞同收兵权，回到以文制武的北宋祖宗家法上来。早在张浚于绍兴七年收拾刘光世之前，出身江右因而颇能反映江南士绅政治意图和内心想法的翰林学士汪藻便在绍兴元年（1131年）率先提出了"驭将三说"。而随后总中外军政的宰臣张浚和复相的赵鼎，无论主战还是主守，都试图在一定程度上解决或减轻"家军"问题，完成或部分完成收兵权之任务，这实际不过是文官集团的一贯方针。

在这一点上，赵构作为天水一朝的皇帝，本是与文人士大夫"共治天下"的官家，这亦是祖宗家法，因而乃是与文官集团存在高度一致性的。只有恢复到北宋时期以文御武的制度轨道上，整个南宋君臣共治的政治统治基础才算真正确立了。被目为"赤老"的武夫们与闻大政，甚至干预其间，指手画脚，且不知敬重进士出身的士大夫官员，这是文官集团完全不能容忍的事情。

然而，毕竟仍存在相当一批文官具备了爱国的节操和恢复中原的志向，他们并不同意无原则地夺走诸大将兵权，更不能同意对岳飞这样的国之干城随意杀害。从另一方面来说，由于绍兴八年宋金的第一次"甜蜜和议"因为金人内部残酷的政变而被掌权的完颜宗弼在绍兴十年单方面撕毁,秦桧向皇帝赵构提供的这一条看似稳妥、安逸的投降求和路线,这条南北共存、放弃中原的路线已然破产,秦桧的相位按理来说也并不稳固,甚至可能一度是岌岌可危的。

但面临金人自川陕、两淮、京西三个方向、四个主要战场的全面战争形势,皇帝又不得不考虑战时临时易枢换相的风险。首先赵鼎并没有足够的军事威望,复相赵鼎也来不及同时将他的派系提拔起来,整个朝廷普遍多是自绍兴八年为了达成宋金和议而选用的一批"秦桧"党人,即便此时罢免秦桧,赵鼎也没有能力在短时间里组织朝野力量打好这场战争。或许赵构也想过复相张浚,但如果张浚得以复相,等于说淮西兵变的最高责任应由自己这位天子来承担(事实确实如此,终是赵构受秦桧谗言所诱),且赵构总想着打一打,见好就收,谋求南北和议,也解决收兵权这一难题,若是复相张浚,他定要执行北伐中原的路线,则家军问题一时半会又不能得到根本性的解决。

大约正是在这样多重的考虑下,秦桧幸运地保住了自己二次拜相得来的宰辅位子,且仍然以独相身份处理中枢事务。

令赵构喜忧参半的是,岳家军在进军中原的战场上打得太好了。郾城、颍昌是毫无疑问的两场重要胜利,虽然秦桧、秦熺父子企图销毁这一切,但仍然无法掩盖岳飞神勇无敌的光芒,加上可能存在的朱仙镇之捷,便说明当时由岳飞统率的岳家军不光只是三战三捷,而是确乎具备了在平原地带的决战中正面击溃金军女真主力铁骑的强悍实力。

这便让赵构陷入了两难的境地。他固然想要惩戒敢于撕毁合约、屡屡来犯的兀术,但他原本想要达成的政治目的乃是与秦桧设计的路线高度一致的南北和议,是长久太平的所谓"盛世"。这一长久太平里,一是需要和金人通过和约实现南北共存,二是需要收诸大将之兵权恢复以文御武的高度中央集权。眼下如果诸建节宣抚大帅的"家军"都节节败退,后果固然不堪设想,弄不好自己便要再度巡幸海上,或许社稷难保!但反过来说,如果岳飞乃至其他人打得太好,家军势力就进一步膨胀,尾大不掉,太平安稳终是难致!而现在看起来,岳飞是打得过度好了!

前所云翰林学士汪藻便曾在"驭将三说"中提醒皇帝赵构:

今陛下诸将,仓卒之时可收其精兵,而用以自卫乎?于立大功之时,可夺其全军,而使之归镇乎?臣有以知陛下不能矣!幸今诸将皆龌龊常才,固不足深忌。万一有如韩信者,不知陛下何以待之!

笔者认为,这段话恰恰可作为赵构必欲杀害岳飞的阴暗心理之一大注脚。汪藻在绍兴元年尚未完全形成如此强大的诸家军体制时,便已经尖锐地刺破了南宋中央朝廷的相对弱势。赵构自然明白,汪藻说的每一个字、每一句话都是他这个九五之尊不得不承认的尴尬事实。对内,他要依靠诸将之军来平寇戡乱;对外,他也不得不凭借这些兵马而御戎偏安。如果仓促之间,要夺走大将兵权,恐怕就还会酿成动荡甚至兵变,这都是尚且相对孱弱的南宋难以承受的。然而汪藻也说,万幸现在诸将还没有能成气候的,大多是酒色财气、贪婪荒淫的龌龊之徒、寻常之将,还不值得朝廷整日提心吊胆地忌惮。只是,汪藻不忘给赵构提了个醒:假如某一天,陛下的将帅中出了个如韩信一般功高震主,自己就可以三分天下的大将,那时候不知道陛下还有办法安排、处置他么!

这便是绍兴十年非得十二道金字牌令岳飞班师的原因了。不管这种可能性多小,作为皇帝总要防患于未然。即便岳飞不至于真的功高盖主,场面最后完全无法收拾,但放任岳家军不断扩大战果,总是不利于收兵权于中央的既定目标的。

在赵构的设想中,如绍兴十年这般几支"家军"总体上仍然各自为战的模式是不符合预期的,他要的是自己通过以御笔亲札的垂直指挥体系,统一调度,完成分进合击的破敌目标,以确立自己至高无上的军事指挥权和威望。这样一来的话,家军们固然要赢,但也不能一直赢,要让金人觉得痛,愿意重新回到谈判桌上来。

于是绍兴十一年,宋金第二次议和便在这种背景下开始进行。兀朮准备退而求其次,从折冲樽俎的谈判桌上夺取战场上暂时无法得到的长久利益。倘若没有柘皋之战的胜利,一则兀朮不可能同意和谈,二则赵构也缺乏足够的军事威望。但柘皋之战的胜利,毕竟让赵构看到了抛弃家军体制,以御笔亲札指挥军队完成国防目标这一新的军事政策之出路。

但赵构已经具备了极为高超的帝王手腕,我们应当留心的一点是,就在柘皋捷报抵达朝廷后的第八天,这位从兵荒马乱中坐上宝座的天子忽然借口因绍兴九年宋金第一次和议达成而在大赦中被起复的观文殿大学士、福建路安抚大使、福州知州、前宰臣张浚进奉国用军需六十三万贯,乃是"一意体国,识大臣体",于是令学士院降诏奖谕。两天后的三月初四(癸卯),下诏,恢复张浚的本官为从一品特进。这自然是一个信号和备用计划,如果此后御笔亲札的指挥体系最终仍然行不通，导致金人陷淮渡江的最坏结果，且和议也无从达成，那么皇帝还可以立即罢免秦桧，再相张浚，好让他都督诸军，为自己抵御金人，镇压诸大将，对金继续战争。只不过那时节恐怕赵构又要动一旦不利则烟波万里海上游的念头了。

于是在金人退兵后，收兵权的行动展开了，和议也在试探和筹划中了。然而为何昔日赵鼎收兵权的举动就遭到了当时除岳家军外最强大的家军首领张俊之激烈反对，而此时他却毫无抵抗，甚至主动配合呢？原来，这里面又是秦桧口蜜腹剑的阴谋。独相的秦桧哄骗张俊说，待尽罢诸将，便独以兵权归俊，而张俊何其愚蠢，竟相信如此鬼话，被秦桧玩弄股掌之中。后来张俊在岳飞、韩世忠被罢执政后仍然独任枢府长官，却很快在绍兴十二年十一月被秦桧令台谏弹劾罢免，诚如虞云国先生所说，这表明"张俊罢枢密使才是第二次削兵权最终完成的标志"。这自是后话了。

却说君臣二人谋划得当，便借口因为柘皋大捷，乃要论功行赏，于是召韩世忠、张俊、岳飞并赴行在。可笑的是，由于张、韩驻地离临安更近而到得早，岳飞数日间尚未抵达，秦桧党羽副宰相王次翁便暗中惴惴不可终日，自己记载说，整宿整宿地睡不着觉，做好了收兵权失败，被灭族满门的心理准备。这既反映了奸佞们色厉内荏的本质，也说明他们完全知道自己的阴谋不占人心与道义。

然而岳飞如何能有那般跋扈的不臣之心，不过是因为远在鄂州，晚了六七日。待三人都到齐后，四月二十四日（壬辰），宋廷下达了有关三人全部除拜枢密使副，晋升西府执政的诏令：

扬武翊运功臣、太保、京东、淮东宣抚处置使兼河南北诸路招讨使、节制镇江府、英国公韩世忠；安民静难功臣、少师、淮南西路宣抚使兼河南北诸路招讨使、济国公张俊，并为枢密使。少保、湖北、京西路宣抚使兼河南北诸路招讨使岳飞，为枢密副使。并宣押赴本院治事。

三人的头衔长得眼花缭乱，有功臣号，有三公三孤的正一品加官，有奢遮的宣抚使差遣全称……但简而言之一句话，三人的军职实际上都被解除了，再不是各自野战集团军的总司令和元帅了！至于升为执政级别的枢密副使，不过是政治斗争中常见的明升暗降，如是而已。

但到这一步，收兵权仍没有最终成功，至少在赵构、秦桧君臣二人看来是如此。因为古往今来亦有许多底下将校士卒兵变，要求将军权还给他们的大帅的，甚至有因此而向武夫妥协的时候。

赵构、秦桧乃决定对韩世忠动手。一来泼韩五甚至有破坏和议的打算，二来他贪杯好色，甚至连自己部下的妻妾也有下手的，正可诱其麾下诬告，加以罗织。君臣乃命张俊、岳飞往原先韩世忠屯驻的淮东视师，实际上是要借此肢解韩世忠的军队并制造所谓韩世忠叛逆不轨的罪证。

然而当岳飞得知此次淮东视师的真实使命之后，他便写成密信，派自己身边的机警得力之亲卫，火速赶往行都临安，向韩世忠通风报信。得到消息的泼韩五顿时几乎是魂飞魄散，立刻请求入对，乞请面圣。他在皇帝赵构面前痛哭流涕，又指天誓地，大约赵官家想到韩世忠济州劝进、平定苗刘兵变等一桩桩从龙救驾的大功，终于是心软了，说绝无加害之意。

那么，韩世忠终究是不杀了，可不降下雷霆之威，杀死一两个建节的宣抚大帅,如何能把收兵权彻底落实下去呢?赵构和秦桧想到了岳飞,况且岳飞也是反对和议最激烈的大将!而三大将中,张俊又素来厌恶岳飞,正可利用!

一场冤狱便开始筹划、炮制起来。

我们因此终于可以明白,岳飞遇害的真正原因,第一个层面是与收兵权、解决家军体制紧密相关的。如果诬陷韩世忠的计划没有失败,则岳飞可能不至于必死,但韩世忠既得活命,那么岳飞就成了将兵权收归于上的必要祭品了。

就在三人除拜枢密使副的两日后,四月二十六日(乙未),朝廷再次下诏,罢宣抚司,遇到军队要出动,临时取旨。原各宣抚司的将官自"统制"以下,官衔各加上"御前"二字,且令有司铸印发放下去,将来调拨,则全听从三省枢密院取旨指挥!更重要的是,令统制等原家军中的宣抚司重要将官,按职次高下,轮替入见!

这些举措都无疑说明天子要收兵权的决心是多么坚不可摧,是多么谋定后动。以"御前"二字入衔自然是为了名正言顺地从此昭示天下,大宋所有的军队都是皇帝的亲军,是姓赵的天子王师!不是什么某家军!指挥体系也恢复到了三省枢密院的旧制度,而轮对入见自然是为了让皇帝赵构可以相对熟悉各军重要将官,也让这些人知道恩出于天子,而非出自大帅之擢拔。反之,如果皇帝和军队中的重要将官从来都未曾谋面,那天子对他们来说只不过是九重宫阙里一个高高在上的符号而已,畏惧之外谈何忠心呢?如果利益足够,他们也是完全可以背叛皇帝的。因此要轮对入见,好让这些前线的高级将官们都能仰望清光,得睹龙颜,也心悦诚服地为天水赵家效力。

但是,岳飞在收兵权的过程中毫无抵抗,何以一定要杀他呢?即便不杀韩世忠,为何不杀尚在人世且早已被罢兵柄的刘光世呢?又或者对曾经阻挠赵鼎收兵权尝试的张俊动手呢?

这便要说到原因的第二个层面,即对金和议。刘光世、张俊本质上都与秦桧一样是略无愧耻的卑鄙之人,他们对国家、民族的福祉几乎全不关心,至少不可能放在自己的利益之前。因而对于与金人是战是和,其实刘光世、张俊都是毫无原则可言的。这便让君臣二人觉得十分好拿捏,且二人贪财好货,十分好控制和满足他们。

而岳飞与他们截然不同。他是旗帜鲜明地反对和议的,也是武将中功勋最为卓著的,这才以最年轻的年龄成了两镇节度使,且一样得了三公三孤级别的加官,宣抚数路,统兵十万。只要炮制成岳飞的冤狱,杀死这位已经做到执政级别,从而可以说是与国休戚的大臣,那么非但收兵权之事不会再有阻力,且南北和议也定然无多少人敢反对了。

以要言之,"岳飞之死"是完成收兵权,家军向御前诸军过渡以及完成秦桧构想设计、赵构已然同意并渴望的对金投降路线的一种必然乃至"前提"。而这一路线最终被美化为"绍开中兴",赵构秦桧则成了圣君贤相、尧舜稷契,其背后的另一层实质是赵构与秦桧心照不宣的君相共同独裁专制的体制之形成。在绍兴和议之前,赵构的君主专制权力实际是有限的,甚至是可以被这样那样的因素威胁到的,他也必须在相当程度上尊重两府的宰执和两制、侍从级别的重臣以及台谏等文官集团之主流意见、言论等。但在绍兴十二年之后,随着君相共同独裁的最终确立,秦桧作为台前赵构专制意志的代言人,两人共同极大程度地扩大了专制权力,赵构从此甚至无须尊重群臣意见,大体上直到秦桧之死,仍在临安朝堂上的基本都成了皇帝和秦桧的应声虫。因此对金和议恰恰是为了在内部向文官士大夫集团和家军势力夺权,获取近乎无限,同时又不受威胁的君主专制独裁之权,而秦桧作为政府首脑、独相兼军政长官以及绍开中兴体制的设计者和共同的执行者,他便在很多时候充当代表赵构意志的那个角色,因而才无可阻挡,无人可撼动其相位和权势。从这一角度来说,岳飞作为阻碍赵构获得不受限制和威胁之权力的一个"符号""旗帜",就必须被除去。很可能即便顺利地先除去了韩世忠,岳飞一样难逃一死,少说也要远贬岭南、崖州沙滩!

而之所以秦桧的投降路线对皇帝赵构如此具有吸引力,乃是因为自苗刘兵变、淮西兵变等事以来,他已看清自己的处境和定位。作为皇帝,统御半壁江山和恢复旧疆之间的权势差距,在他看来本质上并没有区别。然而如果为了实现恢复旧疆这样遥远的中兴雄主之梦,就有可能出现自己所不愿看到的图景:一则可能出现一个韩信式功高盖主的武将,甚至因此发生宋初黄袍加身的不忍言之事;二是家军势力必然在不断进行的宋金战争中持续坐大,侵蚀地方财政,威胁中央集权,甚至使赵构与江南士绅地主阶层的矛盾越来越大,则其帝位便会越发趋向相对的脆弱和不稳固;三是宋金之间如果不能达成和议,始终保持战争状态,万一惨败,便有社稷覆灭,自己富贵不保的可能。既然打赢打输都有如许多烦恼,不如选一个最稳妥的折中方案,且南北共存,投降求和吧!称臣便称臣了,石敬瑭做儿皇帝给后人骂,但自己总是享了富贵嘛!

赵构和秦桧的这种极端利己一拍即合,二人的君臣相遇正是中世纪时期我国历史上最黑暗的一种"命中注定"。岳飞的死,宏观来说是因为收兵权确立中央集权与南北和议从而形成完全的专制独裁之目的的残酷牺牲,但从细微角度出发,便是君臣极端利己的卑鄙和狭隘所造成的。在努力大一统、恢复旧疆与偏安一隅中享受无边的权力之间,赵构与秦桧君臣默契地选择了后者。在这样的政治路线下,如岳飞者,几乎是必然要死的。毕竟他在这样的政治图景中完全是一个毫无位置的异类,全不能容于绍开中兴的"盛世"。

另外,不得不再次强调,赵构与秦桧都是杀害岳飞的元凶,绝非什么秦桧矫诏可以掩饰。

我们如此不厌其烦地梳理了岳飞被害的一部分经过和真正原因,显示出这一场冤案惊天动地的不公不义,便是为了与绍兴三十二年岳飞追复元官事件的暧昧不清与轻描淡写形成一个鲜明对照,从而更好地理解在南宋绍兴末年,当时的政治生态究为如何,其延续至绍兴末年的这种政治生态何以如此顽固和具有持续性,以及两代帝王和朝野士林各自的立场与政治诉求。

就在绍兴三十二年十月十六日追复了岳飞少保和两镇节钺以及武昌郡开国公的生前官爵两天之后,又恢复了岳飞妻子李娃楚国夫人的称号,同时追复已经去世的岳飞二子岳云、岳雷官身,尚在人世的岳飞子嗣如原有官身者也一并恢复,又次日,荫补岳飞孙辈六人为官。

岳飞第二任妻子李娃尚健在,她得以带着三个儿子从岭南编管之所,回到家乡。自岳飞被害以后,他的家属子孙已经被编管广南达二十年之久,甚至地方州县要"月具存亡奏闻",仿佛竟忌惮岳飞子嗣逃跑而招惹事端。

在过去的二十年中,岳飞这样一位国家、民族之英雄,于公开的文件中都是被称呼为"叛臣"的,而他留下的家眷们自然也是叛臣的余孽。岳飞死后被草草葬于钱塘门外,连正经姓名都没有,只立了块

"贾宜人"坟的牌子,连性别都作了妇女。堂堂少保、开府仪同三司、枢密副使、两镇节钺的执政级别大帅,便落得如此下场。

冤,如何不冤呢?

莫说贪黩成性的逃跑太尉张俊和刘光世,便是绍兴三十一年、三十二年间那无耻的大将成闵,不也是活得好好的么?完颜亮进军采石、瓜洲之际,朝廷屡屡用金字牌催促成闵自荆襄进兵解围,成闵却诡称捣陈、蔡以击敌之不备,其实不过是怯战畏避。后来仓促间行军百余里,军中士卒在寒冬天气里冻死饿死的十之二三,甚至有不堪其苦,自缢于树上而死的。等到完颜亮死,金军渐次退兵,成闵才做出一番攻宿州、亳州的样子来,却仍是无功的演戏而已。成闵又畏惧台谏论列,归阙临安以后,凡朝中郎官以上,统统大肆贿赂,以冀免罪。这样的将领不死,二十年前却要自毁长城,杀害岳飞,迫其家眷!这可不应了那句话:修桥补路无尸骸,杀人放火金腰带?

真是天可怜见!

可令人瞩目的是,新官家赵昚虽然追复了岳飞元官,又将恤典、田产等统统给予、补还给岳飞一家,却始终没有赐予岳飞谥号。

岳霖还并不能知晓,他们一家尚要再等上一十六年,直到淳熙五年(1178年)十二月十二日,朝廷才会下诏,正式赐予先父"武穆"的谥号。

甚至于这个最初的谥号,亦有讲究。按道理,岳飞的武功与忠心,如何配不上更高的谥号呢?譬如诸葛亮、郭子仪都是谥为"忠武"。而所谓武穆,折冲御侮曰武,布德执义曰穆。只字不提岳飞是大忠臣的问题。折冲御侮固然肯定了他的赫赫武功,但布德执义只不过说他治军有方,待下有恩德,又能恪守正道。

原来,淳熙五年之时,太上皇赵构仍然健健康康地在北内德寿宫里安享太平富贵,而岳飞终是太上昔年御笔"特赐死"之人,若此时便谥为"忠",似不伦不类。是矣,岳飞并非绍开中兴的"忠臣",他终是反对用南北和议、放弃淮河以北广大土地来换取一个所谓的盛世。不过,既然秦桧已死,朝廷也绍兴更化了,总是奸臣误国,原算不得太上圣德有亏。

这便算朝廷还给岳飞一家以公道正义了吧?

人都不在了,还能如何?

追复元官,投石问路地暗示要重拾对金强硬的战争路线,鼓舞激励将士立功之心,这便是绍兴三十二年在岳飞"暧昧平反"这一举措上新皇帝的心思了。彼时三十五岁的赵昚大约还不能理解,并不是天子的身份就代表着意志的执行畅通无阻,代表着广袤无垠的自由,是利用制度、文化和人的欲望掌握了形形色色各据要津的文武臣工,帝王的权力才能辐射到四面八方。如果没有真正有力而具备才干的人支持自己的政治设想,那么帝王也只是被禁锢在宫城之中的一尊会说话的人偶罢了。

既然岳飞已死,追复元官也算做了。那对于尚且活着的胡铨,新官家赵昚可还有什么安排么?

胡铨作为尚还活着的反抗秦桧的一个标志与主战的精神旗帜,在绍兴三十二年被新皇帝赵昚起复后,确实屡受非常之恩擢,如他自己所云:"一岁之间,凡九迁其职,一月之间,凡三拜二千石之命。"

就在次年,也就是隆兴元年(1163年)的夏日夜,发生了一件值得一叙且可以借此了解绍兴内禅中继位的这位新官家个人风格的事情。

胡铨此时以起居郎兼侍读、国史院编修的身份在临安为官,其

"侍读"一职说明他正兼着给皇帝讲经论道的经筵官。

五月三日夜,正轮到胡铨以经筵官身份直宿禁中。原来,在宋代,一般规定有三种文臣须夜宿宫城之中,以备帝王召对或重大政务所需。一是翰林学士,这自然十分好理解,若遇到天子入夜后要除拜、罢免宰相,则例须锁院,翰林学士草内制大诏,待天亮后便可宣布,于是自然需要直宿宫掖之内。二是馆阁、殿阁文臣,常以示贵崇、顾问之荣。第三类便是胡铨这样的经筵官了。

却说胡铨正在自己的直庐中坐定了看书,忽然便有旨,说是官家赵昚要召其夜对。六十有一的胡铨立刻整肃衣冠,乃跟着内侍直趋禁中官家的寝殿。

入了福宁殿,内侍又带着自己到了皇帝跟前,官家赵昚正坐在那,颔首微笑,看着胡铨。

年轻的天子令左右将一份文书递到了胡铨手中,他定睛一看,竟是答金人副元帅纥石烈志宁的国书文稿。前番三月时,金人便向宋廷索要海、泗、唐、邓数州乃至提出岁币等要求,措辞颇是令天子恼火。而此时南北之间,已经战事再起,皇帝赵昚在正月时已拜张浚为枢密使,君臣议定北伐大计,如今宋军应当已经渡淮攻入金人控制的地域。想到这些,一贯主战的胡铨更是内心不能平静,他虽已年过花甲,却仍念着恢复事业。

就在这当口,官家赵昚道:"书稿里若有未善处,卿看了之后和朕说。"

胡铨立刻一揖:"出于天笔,小臣何敢有所妄议。"

天子挥手示意内侍将御用的金凤笺、玉管笔并龙脑墨、凤珠砚都拿到胡铨身前,又赐座于侧,胡铨自然明白,这是要他修改文稿。

"朕用此礼待卿,是为了聊表君臣恩遇。现在金人无礼,书中务要得体,当不谀不僭,既不能矮了虏人一头,也不要说得过了,失了上邦风度。"

听到皇帝所说,胡铨立即下笔修改,不久便将文稿交到内侍手中,由其进呈御前。

胡铨注意到官家赵眘来回读了数次,又亲自改动了几个字的样子。

少顷,皇帝叹道:"卿之才识学问可谓过朕。如此雄文,当要封呈太上,他定是喜欢的。"

这时天色将暗,天子便唤宫女兰香点燃殿内两炬金花烛,又唤宫女玉梅取来御扇。

"今夕热,寝宫逼窄,不若中书,卿所卧处凉。"官家如是说着仿佛家常似的话语。

胡铨道:"中书直庐内固然有许多凉爽处,但是臣老病之躯必择暖处方可睡。又幸直庐寝卧的外面有两棵槐树,便借着树荫,可以整晚用不着扇扇子,只是怕那台阶下的蟋蟀叫得扰人清静,好不刺耳。"

官家赵眘闻言也是一笑,便又令左右内侍去置办酒食。

"且陪朕夜饮。"

于是君臣二人移步,到得殿内用膳的阁子里。皇帝坐在绣龙曲屏风前的一把七宝交椅上,又命左右以青玉团椅兀赐胡铨坐在东面。

见到胡铨坐在没有靠背的机凳上,官家忽对宦官王隆道:"胡侍读年老,岂可无椅坐者?且入内取通硃螺钿屏风来。"

待左右急急忙忙地拿来屏风摆在胡铨身后作为倚靠,皇帝便道:"这是朕往昔为普安郡王时,府邸里太上所赐的物事。"

就在这时候,显然是得了天子吩咐,赵官家宠爱的潘妃竟也娉娉婷婷地走进阁子里来。

内侍宫女们伺候着皇帝和胡铨，摆下酒盏杯盘，天子所御用的乃是玉荷杯，胡铨面前摆的乃是一金鸭杯。

官家道："这第一杯酒，且让朕的潘妃唱一首《贺新郎》助兴！"

那潘妃曼妙又不失雍容的声音便咿咿呀呀地唱将起来：

思远楼前路。望平堤、十里湖光，画船无数。绿盖盈盈红粉面，叶底荷花解语。斗巧结、同心双缕。尚有经年离别恨，一丝丝、总是相思处。相见了，又重午。

清江旧事传荆楚。叹人情、千载如新，尚沉菰黍。且尽尊前今日醉，谁肯独醒吊古。泛几盏、菖蒲绿醑。两两龙舟争竞渡，奈珠帘、暮卷西山雨。看未足，怎归去？

胡铨正惶恐无地之际，皇帝赵昚又唤来身边的兰香，让这貌美的宫女拿着天子所饮用的玉荷杯，而官家则亲自往杯中斟酒。

"贺新郎者，朕自贺得卿也；酌以玉荷杯者，示朕饮食与卿同器也，此酒当满饮。卿可得浮一大白，喝光才是。"

胡铨闻言立刻从座位上起来拜谢，他老而矍铄的身心这会却颇有些分不清光与影的交错，弄不明月色与云翳的朦胧，恍惚之间有些颤颤巍巍。

官家赵昚上前扶住了老臣，笑道："朕与卿老，君臣一家人也，切不必事虚礼。"

说话间，又扶胡铨坐下，天子亲手拍着面前老臣的后背道："卿流落海岛二十余年，得不为屈原之葬鱼腹者，实在是祖宗天地留卿以辅朕也!"

想到被秦桧一路贬到岭南,贬到吉阳军海外荒岛之上,至今二十余年,又想到如今天子的恩宠信重,胡铨再也按捺不住,老泪纵横,答曰:"小臣三迁岭海,命出虎口,岂期今日再见天日!"

赵官家也落下几滴晶莹,乃以手拭去,"卿被罪许久,可谓无辜。天下知之,不在多说。"

若往深处说,胡铨昔年可是骂太上赵构、骂宰相秦桧,哪里能说得清呢?

于是君臣又一并坐下了,一同吃了几味下酒菜,闲谈欢畅,潘妃亦在一旁陪酒侍宴。

胡铨看夜幕渐深,便道:"酒行食遍,恩浃意洽,且暑热,老臣不敢久侍清光。还望陛下早些就寝。"

赵昚却是摆手,"今夕之会,正朕与卿聚会之便,幸无多辞。天气确实有些热,朕已脱了绣纱褙子,卿不如也去换便服吧。"

胡铨不得已,只能由内侍领着去换了青纱夹深衣的便袍,这才回到天子跟前。

却见得皇帝已令左右拿来文房四宝,正在写字。

赵官家道:"朕在东宫时,只习徽祖字,更习太上字。"

胡铨于是回答说:"这都是格调远大空前的书法。"

徽宗即是道君皇帝赵佶,他那瘦金体字固然是英特飘逸,好看得紧,而太上的字多学米芾,极是大气,只是这两人作为皇帝来说,嘿嘿……可这会胡铨便不好如二十几年前那样揭穿赵构甘作奴仆臣妾的丑态了。对他来说,眼前这位锐意恢复的天子便是大宋真正中兴、夺回中原乃至河北、关陕的雄杰人主,至于北内的那位太上,不想也罢,自是不便再提了。眼下的他,把大宋的希望都寄托在了对自己恩遇有加的皇帝赵昚身上。

官家忽然又问:"卿所写字,宛如卿之为人?"

胡铨道:"臣幼习唐朝颜真卿字,今自成一家,岂应上挂齿颊。"

皇帝似不经意地接过话茬说:"朕前日侍太上皇于德寿宫,阁上治叠书画。因得卿绍兴戊午所上封事真本。太上与朕玩味久之,喜卿辞意精切,笔法老成,英风义气,凛凛飞动。太上自藏之曰:'可为后代式。'但其后为秦桧之所批抹污者。朕启太上,令工匠逐行裁去装褙。"

"绍兴戊午所上封事"自然指的是胡铨绍兴八年上书反对与金人议和,并请斩秦桧、孙近、王伦三人以谢天下,甚至颇有"指斥乘舆"之处的那次。这会官家赵昚说太上皇一直很敬佩胡铨的忠义,也对胡铨奏疏里的书法赞不绝口,始终收藏在身边,由于过去被秦桧涂抹过,如今乃请工匠修补后装裱起来,好留给以后的皇帝们看,可见多么具有皇室教育意义!

胡铨固然此前官位低微,但他作为振聋发聩地喊出"请斩秦桧"口号的不怕死之人,无疑成为主战派的代表(这句话就是岳飞都没说过,当然以他手握重兵的地位,乱喊诛杀宰相,就成了要清君侧的谋反了),自去年渡海北归之后,更是誉满天下,俨然一时士林之意见领袖,主战之旗帜,影响不可谓不大。新即位的天子当然要笼络胡铨来争取主战大臣和士林之支持,但他亦要顾及北内德寿宫里那位太上皇的体面,于是此间夜对,君臣燕闲之际,正是好洗白太上,完全归罪于秦桧的绝佳时机。原来太上也是被奸臣一时窃取了权柄,从未真的要贬谪胡卿你这样的大忠臣呐,相反太上对你喜欢得不得了,切切牢记!

君王的不是,难道这会还能拿出来说么?

胡铨当即回答:"小臣平生习字多类此,岂谓此奏至今尘于圣贤箧笥中。且三遭谪逐,生不能保,独赖太上及陛下二天之力,俾晚复得入侍,为幸多矣。"

其实胡铨平生所写的字,便是如这奏疏中一般,这封奏疏真本也并没有什么特殊,算不得什么墨宝。这话里头的意思极堪玩味,似是说臣的字很普通,哪里能想到至今还被放在太上收藏珍品的箱子里呢?臣知道陛下是在忽悠、慰藉我呢,不过臣能够正确看待问题,能够正确认识贬谪岭表、远窜海外的事情,也明白最终是受新老两位官家保全,才能在耳顺之年入侍清光于左右,实在是太幸运了!

皇帝赵眘面露悲色说:"朕无事时,思卿赴贬之时心思如何?"

胡铨应道:"只是秉着一片对君父朝廷的至诚之心去,自有许多好处。"

官家微微颔首,于是君臣与潘妃三人继续饮酒。

胡铨拿起酒杯,起身隆重谢恩:

"臣岭海残生,误蒙知遇,天诏俾之,还乡足矣。复赐之录用,宠矣。今乃赐之以百世之恩,真小臣万载之幸。前杯已误天手赐之酒矣,但礼有施报,小臣固不当以草莽之语,上渎神聪。适面奉玉音,有君臣相聚一堂之说,用敢不避万死,辄捧玉卮。一则以上陛下万岁之寿,二则以谢陛下赐酌百世之恩,三则以见小臣犬马之报。"

这番话说得极是漂亮,能过关斩将、登科及第而获得进士出身的文臣,又有几个是说不了漂亮话的?但如胡铨这般,能说漂亮话,亦能做聪明人,却有所为有所不为,能扛住生死名利,甘愿说不聪明的话、做不聪明的人,却又有几个?

话音刚落,胡铨拿着酒杯再拜行礼,赵官家再三令胡铨免礼,胡铨只是不依。

天子赵昚于是竟然也微微一揖,还了一礼,又示意潘妃也执杯敬酒。

潘妃饮罢,又唱了一曲昔年仁宗皇帝亲制的《万年欢》。

赵官家与胡铨坐着听曲,又是满饮一尊,然后道:"卿方才说得好,礼有报施,礼尚往来。卿上寿、谢恩、酬报之礼,朕亦当要报施。"

胡铨连道不敢,再三辞避,然而那边赵官家已经唱了起来,胡铨一听,便知道是一曲《喜迁莺》。

唱罢,赵官家又酌酒道:"梅霖初歇,惜乎无雨。若此时听雨歌楼之上,观雨竹窗之下,岂不美哉?朕昨苦嗽声,音稍涩,朕每在宫,不妄作此,只是侍太上,宴间被上旨令唱。今夕与卿相会,朕意甚欢,故作此乐,卿幸勿嫌。"

赵昚的表演又何尝不精彩呢?君臣相乐,此乐无极,此乐正在明君贤臣,共治天下耳!国君若是沉迷郑卫靡靡之音,自是不可取,然而卿可不要误会,这是朕平日侍奉太上的尽孝之举,今夜是特地因为与卿相会才带病演唱,共卿一欢!

胡铨道:"方今太上退闲,陛下御宇,正当勉志恢复,然此乐亦当有。"

赵昚显然对胡铨肯定自己的对金战争路线和恢复之志很满意,便说:"卿顷霎不忘君,真忠臣也。虽汉之董汲、唐之房魏,不过是也。"

这话里头,一方面是把胡铨美誉为汉代的董仲舒、汲黯和唐朝的房玄龄、魏征,可另一方面不也是自比汉武帝刘彻和唐太宗李世民么?赵昚确实是自视甚高的。他自信,此番既然用了久负天下盛名的张浚去前线主持对金战事,又用了李显忠这样的宿将名将,中原之地,必是恢复在望!而自己鞭笞四夷、万邦来朝的中兴雄主之梦,便也能在未来实现!

君臣说话间又上了两道菜,乃是鼎煮羊羔和胡椒醋子鱼。

赵昚放下玉箸说:"子鱼甚佳,朕每日调和一尾,可以吃两日饭。盖此味若以佳料和之,可以数日无馁腐之患。"

胡铨道:"陛下贵极天子,而节俭如此,真尧舜再生。"

赵昚摆摆手:"朕这么做,不是强逼自己的,是朕天性简朴。卿看,朕所穿的淡黄铺茸绣凤汗衫,已经穿了两年了,现在看来还可以再穿几年。"

赵官家又忽然抬起脚来,说:"这双皂罗鞋本来是皇后做给太上穿的,但尺寸上短了些,朕便穿了,到如今也穿了三个月了。往昔侍奉太上的时候,朕见到太上吃饭,也不过才吃一二百钱的菜肴。那时节秦桧正专权,听闻他们家里人,每天要花一二百贯,才勉强过得了一天的日子。太上那时禁中内宴,才用一二十贯便能置办妥了。秦桧家里一次家宴总要用数百贯。太上和朕一领汗衫着一两年,桧家人一领汗衫只着得数日即弃去。朕所以日夜切齿叹息也!"

听着天子絮絮叨叨地说着太上与自己躬行节俭的帝王家事,胡铨道:"陛下天性恭俭,真太上之贤子,小臣之贤君也。"

赵官家又令潘妃向胡铨劝酒,这样又喝了一会,官家竟开口道:"卿可酌一杯,以回妃酒。"

胡铨敛容道:"内外事殊,小臣今夕蒙恩如此,使臣杀身以报陛下,则所当然,欲使臣酹酒以回妃,则不可。臣恐明日朝臣议臣之非。"

言讫,只是拱手。

赵昚极是满意地捋须领首。

"朕知卿此心忠直,通于神明,此朕之误言也。"

胡铨道:"虽然,臣请向陛下劝酒。"

于是赵官家欣然满饮,又自取酒亲酹,复赐胡铨。

这般又喝了一会,赵昚终于道:"酒后不可不吃龙次香片。"

胡铨说:"臣向在海外,渴甚,惟以鹧鸪沉香小片嚼,数片却以清茶咽下,非惟齿颊香辣,且酒渴顿醒。"

赵昚从左右拿来的玉匣中取出一饼香片,道:"此香乃太上去冬自合者。"

胡铨见天子自嚼一片,其余七饼都赐给了自己,于是也拿起一饼放入嘴中。

君臣二人吃着中世纪奢华的"口香糖",不一会工夫,内侍兰香又取茶伺候,且后厨居然又上了两味吃食:胡椒醋羊头、真珠粉炕羊泡饭。

赵官家吃完,拍拍肚子道:"炕羊美味啊,且与朕走一走如何?"

天子遂与胡铨移步到明远亭上,君臣各分东西坐了。赵昚又命内侍将茶来伺候,于是左右呈上了龙涎香盏两盏。

胡铨看已是子夜时分,便拜辞道:"夜已三鼓,恐圣躬疲倦。"

赵昚显得极是欢喜亢奋,只是道:"无妨,尚可。"

天子又唤内侍即刻入亭下的池子里取了莲藕上来,剥好了后放在玳瑁盘里拿来,更索酒满斝,与胡铨共饮。

官家正喝完一尊,侧身道:"卿向在海南时为诗必多?"

胡铨道："臣向居岭海时，日率作诗十数首。初任福州佥判以诗词唱和得罪，故迁新州。及居新州又以此获谴，复徙吉阳军。甚矣，诗词能祸人也如此！今既蒙录用，静思二十年前，为之堕泪！"

天子沉默了一会，忽而叹道："沧海桑田，古宇今宙，多少更易，此事非特卿堕泪，朕亦不知几抆泪矣，世事殊异，无可奈何。"

胡铨道："臣之前谪新州时，是兄长胡锋在家侍候老母。臣只带着妻子刘氏往新州而去。想臣长子是绍兴八年冬天出生在姑苏，后面两个二子一个生在新州，一个生在吉阳军。绍兴二十四年正月初八家慈曾氏丧于家中，而臣不能知。在五月四日方收到家书，臣才知道老母已然离世。臣当时却无法尽人子孝养送葬之礼，只能朝夕捶胸顿足、痛苦不已，连生母最后一面亦见不着，送不了。几乎恨不得此身立时死了，与先母能见于黄泉之下。"

说话间，胡铨自然是泪如雨下，难以自已。

官家赵眘亦是愀然挥泪道："朕过去侍奉太上时，太上听闻徽宗皇帝晏驾，也是为之数日茶饭不思。与亲人生离死别，不论君臣、百姓，都是一样的。"

胡铨道："夜已四鼓，四更天了，陛下玉体疲倦，应当歇息了。"

官家只是摇头笑道："未也。"

内侍王先也在边上小心翼翼道："陛下，鸡已唱矣，再下去天都快亮了。"

皇帝赵眘摆摆手说："朕若与宦官女子，酣饮彻旦，则不可。朕与胡侍读相聚，虽夜以继日，何害焉？"

于是圣天子竟不顾，乃与胡铨在明远亭上凭栏眺望，又道："月白风清，河明云淡，这样乐处，惟朕与卿同享之。"

不久,天竺寺的晨钟敲响,空灵悠远地传来,而池畔柳叶间起落飞舞的鸦雀也聒噪啼鸣起来。内廷禁中露出了曦光与生机,整个行都临安也正在从睡梦中醒来,开始新的"一天"。早饭摊子的小贩们早已忙活了一会了,深闺里的佳人子却仍做着旖旎的绮梦,而都下的朝官们则也从府宅家院里出门,车马行于御街两侧,外廷乱哄哄的威严和市井人间的烟火气便绝妙地同现于此时的临安城内。

赵官家道:"果然天明。"

胡铨于是再拜谢恩。

天子握住胡铨那双饱经苦难折磨的手,郑重说道:"昨夕之乐,愿卿勿忘。"

胡铨自是再度谢恩,作揖而退。待他回到中书,便能远远望见,皇城北面的和宁门已经开启了,想来那左右两排红杈子边上的待漏院里已是聚集了文武百官吧,早市也很快便要开始了。胡铨对于今夜被天子召对的际遇自然内心激荡,感恩无比。但更让他坚信,这是一位不世出的雄主,是真正的圣明天子。而眼下,大宋的王师已然渡淮,老相公张浚主持北伐,定能旗开得胜,捷报频传吧!

胡铨如此想着,已过耳顺的癯瘦脸庞上竟是喜不自胜,笑意难掩。他不由地想到,若是那位纵横无敌的岳少保还活着,可该多好!

第四章
绍兴内禅与龙飞在天

绍兴三十一年,岁在辛巳。

女真皇帝完颜亮亲统金军,几乎空国而来,六十万大军三路并进,又犹有水路奇袭临安之策,一时间朝野震恐。而南宋前线诸将们仍在此时表演着滑稽戏。他们每遇敌便以捷报奏闻行都,都下之人无不是望旗欢呼,手舞足蹈,以为大宋王师果能制敌于千里之外,惩凶于两淮边疆。尚书省竟也配合着唱起双簧,揭黄榜于通衢大道,出官方通告,吹嘘前线将士力克夷狄的本领,可怜都人还欢天喜地地抄写传颂于都下。然而国人亦并非全是蠢驴木马,有识之士发现捷报黄榜一张接着一张,但看宋金交战的地名,却无不是自北而南,捷报越多,金军却越来越推进向南,靠近江北了。这打的是哪门子胜仗,又唱的什么凯歌?

十月庚子朔,初一日。官家赵构下手诏云:

> 朕履运中微,遭家多难。八陵废祀,可胜坏土之悲;二帝蒙尘,莫赎终天之痛。皇族尚沦于沙漠,神京犹陷于草莱。衔恨何穷?待时而动。未免屈身而事小,庶期通好以弭兵。属戎虏之无

厌,曾信盟之弗顾。怙其篡夺之恶,济以贪残之凶。流毒遍于江淮,视民几于草芥。赤地千里,谓暴虐为无伤;苍天九重,以高明为可侮。辄因贺使,公肆嫚言。指求将相之臣,坐索汉、淮之壤。吠尧之犬,谓秦无人。朕姑务于含容,彼尚饰其奸诈。啸厥丑类,驱吾善良。妖气浸结于中原,烽火遂交于近甸。皆朕威不足以震叠,德不足以绥怀。负尔万邦,于兹三纪。抚心自悼,流涕无从。方将躬缟素以启行,率貔貅而薄伐。取细柳劳军之制,考澶渊却狄之规。诏旨未颁,欢声四起。岁星临于吴分,冀成淝水之勋;斗士倍于晋师,当决韩原之胜。尚赖股肱爪牙之士,文武大小之臣,勠力一心,捐躯报国。共雪侵凌之耻,各肩恢复之图。播告迩遐,明知朕意!

真不愧为是代王言的雄文。先是概述靖康以来家国遭劫,二圣宗室屈辱受困,京师旧都沦陷夷狄魔爪,污于膻腥,此恨如何?但多难兴邦啊,朕为社稷与天下万民,方才委屈自己,忍辱含垢,与虏人议和。谁知尔逆亮本就是篡位之暴君,荼毒中原赤子百姓,且又狂悖无礼,公然索要汉、淮之地?这就好比桀犬吠尧,以为我堂堂中国无人!但是朕仍然本着有容乃大的怀柔远方夷狄之心,还想要给尔等机会。怎奈逆亮终究是个啸天迷背之丑虏,妄兴兵凶,要驱害我亿兆善良军民!想来总是朕威望不足以令四夷震恐慑服,德行又不能抚绥边鄙。愧对万邦,愧对苍生,迩来三十六年矣!朕抚心伤悲,至于流涕。然而天子一怒,伏尸百万,朕正要以哀兄长渊圣皇帝之丧,衣缟素而亲征,率虎贲以讨伐!我中国有军纪严明如亚夫军细柳之王师,有澶渊退契丹之谋略,何愁夷狄不退?何况手诏尚未颁布,都下已经是欢声雷动,民心

第四章 绍兴内禅与龙飞在天 227

可知!又兼岁星(木星)临于东南,考于天相,可知天时在我,当有泚水、韩原之大捷!

然而前面所谓的御驾亲征其实都是骗人的鬼话,说到最后还是要朝野的文武军民们去"勤力一心、捐躯报国",给赵宋天下卖命。

这份手诏实则是出自枢密院检详诸房文字洪迈的笔下。值得注意的是,昔年胡铨散发奏疏的副本便是大罪,眼下手诏未颁前,已然都下传颂,若不是有意为之,又是如何办到的呢?想来之所以要提前透露手诏内容,多是要观望民意,看看是不是同仇敌忾,若是军民都不拥护了,那敢情还是巡幸海上,来个胡为慕大鲸,辄拟偃溟渤的好!

有什么样的天子,自然便有什么样的文武臣工。

十月二十五日(甲子),北虏攻陷扬州的噩耗传来,住在百官宅中的官员们也因之迁徙一空,都做了出逃的打算了。平时袖手谈心性,临危一死报君王的觉悟,此时已荡然无存,且但自求其穴,各有稻粱谋吧!

好在终于是出了一个虞允文,在采石矶居然阻遏了金军投鞭断流式的渡江意图,终于是苍天悔过,让逆亮暴毙在扬州龟山寺。天也夫?

十二月初三(辛丑),文德殿宣麻,以李宝在胶西几乎焚尽金军水师舰队的大功,拜为靖海军节度使,充两浙东、西路通、泰、海州沿海制置使,京东路招讨使。

前一日,镇江诸帅已经把完颜亮被弑的消息报到了临安,天子终于决定要躬缟素而亲征了。再不做做样子,且让史书如何记下自己国难当头,御驾亲征的英姿呢?

十二月初十(戊申),官家赵构便在大雨倾盆中戎装上马,披着毡裘,坐上了高大雄壮的御苑骐骏,在天子亲军、宰执、侍从等组成的从驾队伍簇拥下,一路到了临安的税亭,登楼船进发。临安留守司的百官们则辞于东仓,皇帝口谕,天雨泥泞,众卿免拜,真是皇恩浩荡,体恤群臣。

然而就在六师行军,车驾一路往建康府而去,尚未到镇江的途中,已经传出了"枢密行府限五日结局"的指挥。叶义问以枢府长官督军在外,固然才不堪重任,但急着解散在外的枢密行府,显然说明天子的御驾亲征只是一个巡幸视师的作秀,如今金人渐退,对于趁势收复淮河以北领土等事,那官家赵构完全是宁愿付诸阙如的,还是太平点好!

绍兴三十二年,岁在壬午。

正月初五(壬申),天子御辇至于金陵。起复的观文殿大学士、判建康府之老相公张浚率僚属、兵丁迎谒于道旁。

令赵构心中闪过一丝不快的是,身边扈从的卫士们见到老相公张浚复用,几乎人人以手加额,如昔日禁军之见司马君实相公。这张浚,一而再、再而三地误朕误国,竟恁地有人望,无知匹夫恐怕还以为是你张浚吓跑了金人,不是朕御驾亲征,令蛮夷丧胆呢!滑天下之大稽!

六十有五的张浚见到皇帝,仍是不免激动,郑重作揖谢道:"秦桧盛时,非陛下保全,臣实无此身矣。"

赵官家丝毫不露心中所想,反面色惨然地好似在回忆往事:"秦桧此人,既忌且妒,卿受苦了。"

言讫,只是策马向前,把一个真龙天子挺得笔直的背影留给了道旁的张浚。

六日后,张浚在建康府入对,赵官家问劳甚渥,却只字不提反攻金人之事,只说些君臣一家人的寒暄话,仿佛在张浚谪居的二十年里,他赵构真有多关心惦念似的,自是不提。

又次日,正月十二日(己卯),淮西制置使李显忠所部抵达建康扈驾。赵官家立刻派身边的中贵人前往军中抚劳将校师旅。

李显忠本名李世辅,乃绥德军青涧人。祖上自唐代以来即世袭苏尾九族巡检。十七岁时慨然从军,随父亲李永奇出入行阵之间。时金人来犯,鄜延经略王庶命李永奇招募果毅机敏之人为斥候,好深入敌骑纵横出没的地带,刺探军情。李世辅便毛遂自荐,出为间谍密探,夜中遇金人十数,皆杀之,补承信郎,充队将,从此便声名鹊起。后来女真人攻陷延安,李永奇父子不幸落入金军手中,被迫接受了伪职。但李永奇始终教育儿子要伺机南归,不要管父亲的生死。李世辅乃不得不先后在伪齐儿皇帝刘豫和金兀术的麾下效力。当时兀术率万余精骑驰猎淮上,李世辅得随侍左右,一日两人独立马围场间,他甚至派人密探淮河水浅可渡马处,企图伺机擒拿兀术南归!只是可惜,当日他战马后来被竹子刺伤,只得作罢。由于兀术的赏识,李世辅反而被授予承宣使、知同州的官职和差遣。后来他终于窥得机会,金元帅撒里喝来同州时,李世辅以计擒下了他,快马驰出同州城而至洛水,结果舟船后期不得渡。这就让金人骑兵追了上来,然而李世辅镇静非常,杀得追骑人仰马翻,一路逃至山崖之上。李世辅见到追兵越来越多,乃和撒离喝约定,一不可杀害同州百姓,二不可为难自己家人,如此则可放他活命。于是将金元帅撒离喝推下山崖,金兵争相救其大酋孛堇,从而让李世辅得以带着家中老幼脱身而去。到了鄜城县,李永奇带着家人出城,然而一行人到了马趐(xuè)谷口,终是不幸被金人追赶上,家属二百口皆遇害!由于南归的路途被金人阻遏,李世辅最终只带着幸存逃生的二十六人来到西夏。由于其勇武非凡,便被西夏国主重用起来。当时,西夏出二十万骑兵,以文臣王枢、武将啰讹为陕西招抚使,李显忠为延安招抚使,出兵攻金。至于延安,李世辅才知道宋金之间已有协议,鄜延路已经还给了大宋。于是李世辅向王枢、嵬讹请求撤军,并允许自己南归。西夏文臣武将自然不从,于是李世辅刀砍嵬讹,擒拿王枢,又驰挥双刀,以所部大破党项人的铁鹞子军,俘获战马四万匹,雄盖西军!这样,他南归之后便被皇帝赵构赐名显忠,除指挥使、承宣使。后兀术犯河南时,曾任招抚司前军都统制,与李贵同破灵壁县。兀术犯合肥之际,又与张俊共同御敌,于孔城镇击败金军,故而乃是一素有威名美誉的猛将。

此时归正南宋已逾二十年的李显忠早就是个宿将老臣了,他如今五十有三,对官场里的门道虽未必比得了文臣,但也基本摸得一清二楚,对于如何与宫府打交道,自然也是知晓的。于是待皇帝身边的天使到来,李显忠在军营中加以款待,小心奉承,临别又赠以厚礼,貂珰内侍得了黄白之物,自是满心欢喜,回到官家身边之后,便具说李显忠一军的忠心与劳苦。

原来,淮南西路兵火之余已屋舍无几,天气大寒,又多风雪,竟致士卒暴露于野,有冻坏到堕指的惨烈程度者。天子赵构闻言不免悲戚,便作个顺水人情,许李显忠所部先行班师,免扈从车驾。皇帝想见好就收,大将谨慎地思考着穷寇勿追,这可不就是皆大欢喜么。是什么让昔年勇武刚烈的李世辅变成了圆滑苟且的李显忠呢?大约便是赵官家不变的神威莫测、圣睿天纵吧?夫天子者圣心独运,以不变应万变,可这话却没交代那些"不变"的人最后怎么了。想来,君父代天牧民,承无穷之绪,开中兴事业,万里乾坤用乎一心,覆载四海八表,南面之术一以贯之,化育中外赤子,合该为人臣下者体会学习,万变不离其"忠",用"忠"的千千万万种不同形式去呼应陛下的"不变"。倘若文武臣子冥顽不化,师心自用,不知道变通,那么自然是天子的"化外之人"了,这就是所谓"自绝于王庭"。

官家赵构这般在建康府摆摆样子,演几处退敌于千里之外的帝王戎戏之后,忽然前方淮南转运司报说山东义军头领耿京遣人来奏事。

天子很高兴,这是好事。说明四方归心,淮河以北的英雄豪杰既揭竿起义,又争相归附于自己,归附于朝廷。他亦颇听闻耿京在山东近来声势很大,说他麾下有十万甚至几十万的义军,想来至少几万能战丁壮还是有的。妙哉!

于是皇帝下指挥给楚州的淮南转运副使杨抗,令其命耿京所遣之人即刻发赴行在。

正月十八日(乙酉),自号"权知东平府、天平军节度使"的耿京麾下诸军都提领贾瑞、掌书记辛弃疾抵达金陵,赵官家立即召二人越次入见,以为殊礼。

阁门官吏引二人入殿内,行礼毕,宝座上的赵构一眼望去,分明瞧见面前站着的二人左首一员做武将打扮的虽是膀大腰粗,容貌凶横,却面露慌张,极是庸碌中人之态,倒是右边那文士模样的年轻人剑眉星目,看着不过弱冠年纪,却是英武非凡,不卑不亢。

赵构当下便有些注意到这人,想来他便是那耿京军中的掌书记辛弃疾吧。

"贾卿、辛卿此来,想必有耿京处文字,可即奏来。"

辛弃疾随即拿出奏表,按规矩既然是他与贾瑞共同觐见,本应该是二人展读,但那贾瑞识字有限,如此便是辛弃疾一个人在那里朗声读着,却将耿京如何以六人起兵抗金,诸将如何投奔,他们又如何攻克州县,占据东平府,乃至有丁壮二十五万之众,威震山东,策应李宝解海州之围并助力胶西之战,从而一意归附朝廷,愿受节制,遥为偏师的事情都一一分说明白了。

赵官家知道,这奏表八成便是辛弃疾所草,只见他孔武而锐逸,如锥出于囊中,青眼有棱,若豪气之藏肺腑,端的一表人才。

于是赵构道:"朕见辛卿英锐非凡,未详年齿几何?"

辛弃疾道:"禀陛下,臣某今年二十有三。"

赵构道:"辛卿生养于山东,此礼乐弦歌之地,孔圣文教沐浴之所,无怪乎能如此忠义国家与朝廷,实乃不世出之才俊。未知辛卿家中尚有何人?"

辛弃疾道:"臣岂敢当陛下如此盛赞。臣先父讳文郁,未能享年久长。臣自幼乃先祖父教养长大,臣之先祖父讳赞,以族众,拙于脱身,被污伪官,留京师,历宿、亳、涉沂、海,非其志也。每退食,辄引臣辈,登高望远,指画山河,思投衅而起,以纾君父所不共戴天之愤。以是,臣常慨然有报效君父朝廷、恢复河山之心!"

赵构笑道:"卿真可说是英雄出少年,与贾卿自北南归、崎岖辗转,间关归正之心深可嘉勉,朕实知之。耿京义士举事山东,又能救援海州,诚忠荩不二。耿京及其所部归义朝廷之事,朕即许之。不日都堂当有诏敕指挥降下。辛卿与贾卿的除授亦将一并降下,届时尔二人可赍旨荣归。"

辛弃疾与贾瑞自是再拜谢恩,一并退下。

料理完这些事,赵构便想着当寻个由头,自金陵返回临安了。尽管殿中侍御史吴芾建言"大驾宜留建康,以系中原之望",然而天子却不这么想。非但如此,宰执、侍从、台谏里的大多数从驾官员们也更倾向于持重自治之策,赵官家顺水推舟,表示从善如流,便将御驾回銮的事给定了下来。经过赵构和秦桧君臣二人自绍兴十二年以来的独裁偏安,真正一心主战的大臣早就被投闲置散、贬出国门,而秦桧死后绍兴更化至今,赵官家用在手里的两府班子要么便是沈该、万俟卨、汤思退等秦桧余党,要么也是朱倬、杨椿等庸碌贪婪之徒,好一点的陈康伯则亦是倾向于谨慎保守路线的宰臣。皇帝自己不先发话,而是让重臣们廷议,实际又哪里会廷议出一个意外的结果来?帝王之术,赵构早已臻于化境。

就在接见完辛弃疾、贾瑞的三天后,正月二十一(戊子),皇帝下诏曰:

> 比者视师江上,虏骑遁去,两淮无警,已委重臣统护诸将,一面经画进讨。今暂还临安,毕奉恭文祔庙之礼。重维建康形势之胜,宜令有司增修百官吏舍、诸军营寨,以备往来巡幸。可择日进发。

这诏书说得十分巧妙,几层意思圆融自洽,几乎是天衣无缝。先说北虏金军已然溜之大吉,两淮没有什么兵锋险情可言了,又委派重臣如张浚者在建康府统护诸将云云。但所谓"一面经画进讨"自是鬼话,"今暂还临安"方是真意,又说什么要回行都举办晏驾的兄长渊圣皇帝赵桓(即宋钦宗,其谥号为恭文顺德仁孝皇帝)的祔庙之礼,好把那苦命的兄长之神主灵位牌安放进太庙里,这是国之大事,皇家孝悌也,岂不比尺寸之地的得失重要吗?后面更说建康乃是形胜要地,当督促有关部门增修官吏廨舍和诸军营寨——原来官家不是不想留在建康,以应中原豪杰之心、鼓舞文武将士之气,实在是这金陵眼下官舍、营寨一应未臻完备,将来修缮好了,朕还是要巡幸于此,大驾驻跸的啊!末了,才画龙点睛,前头几乎全是托辞和废话,重点只这结尾一句:可择日进发!

进发到哪去呢?自然是临安了,偏安的最美处,就问你知不知道在哪里,舍却西湖畔、钱塘岸,又还有哪里是人间天堂呢?且回去吧!

次日(己丑),诏制授耿京为天平军节度使、知东平府,兼节制京东、河北路忠义军马;权天平军掌书记辛弃疾特补右承务郎;诸军都提领贾瑞特补敦武郎、阁门祗候。耿京、贾瑞并赐金带,耿京麾下将吏补官者凡二百人。这下算是把耿京自称的那些名义全都予以了正式官职承认,天子十分大方,一下子就令耿京得建节钺,扶正了他自号的节度使名头,又送出去两百份官告,解决了山东义军许多人的官身。值得注意的是,辛弃疾也被直接授予了从九品承务郎的官阶,这可是京官!

但远在山东的事情,莫说辛弃疾了,便是耿京如何,赵构转眼也抛之脑后了。因为就在这时,更重要的事情来了。

同一天,盱眙军奏报说,大金国遣使过界。原来先前完颜亮兴兵南寇的时候,女真朝廷里的葛王完颜褎(乌禄)兵变称帝于辽阳府,等于是效完颜亮篡位之举,如今逆亮暴毙军中,想来金主也是来议和了。这可真是想瞌睡就有人送枕头。

既然知悉了金人遣其元帅府左监军高忠建、礼部侍郎张景仁来告登位,于是赵官家便命尚书左司员外郎洪迈充当接伴使,又以知阁门事张抡为副使。

后一日,二十三日(庚寅),宰执以前线之报,奏金国使节当于二月渡淮而来。

御前会议上,赵官家便道:

> 今若拒之,则未测来意,有碍交好。受之,则当遣接伴使、副于境上,先与商量。如向日讲和,本为梓宫、太后故,虽屈己卑辞,有所不惮。而今金国主兴无名之师,侵我淮甸,则两国之盟已绝。今者,使者所以惠我国甚宠,然愿闻名称以何为正,疆土以何为准,与夫朝见之仪、岁币之数,所宜先定,不然则不敢受也。

天子的话绕来绕去,其实还是主和,只不过碍于曲在金人,不好过分求和,乃说要商议清楚两国名分、疆土纷争、朝见礼仪、岁币数额等事,实则是把皮球踢给了两府宰执们。

知枢密院事叶义问都督诸军无能,领会圣意却是好手。他见陈康伯等犹在思虑,便道:"金人乞和之议,未可许之,未可拒之。"

这不等于什么都没说么?叶义问又滔滔不绝的阐述高见,谓如果轻易许了金人的和议,那么双方此时正彼此争夺的城池、土地如何划定呢,已经克复的州郡是不是要还给北房?盟约一成,则中原蜂起的忠义豪杰就无路归顺。可如果轻易拒绝了金人,那么只怕兵连祸结,没完没了。另一方面来说,进取故土旧疆之策,也是既不能急,也不可以缓。因为步子一急,虏人就有所借口,并力抗拒我王师,到时候又是兵锋四起,闹不太平。缓了呢,金人君臣之分已定,上下之情既安,巧施怀柔伪善的内政加以安抚,则必收契丹、渤海、奚人等夷狄和中原百姓的人心,他日再要图谋恢复,就比今日难多了。因而为今之计,莫若忽悠住金人,敷衍其求和之请,再诏四方诸帅守,小心守备,与贼相持,待"吾兵威益震""彼有可畏,坚来请盟",然后就可以与他们真正议和了。

要说这叶义问讲的都是正确的废话吧,也不尽然。他作为西府执政长官,庸于兵事,这已经是当时朝野之共识,想装都装不下去。但若说叶义问一无是处,那也是小觑了他。最起码,叶义问在体会官家的心思以及如何替官家把最关键的圣意表述出来这一点上,就是个中高手,滴水不漏。他兜兜转转,从两个方面讲了一堆人尽皆知的废话,但最后还是说出了要和金人议和这一最重大问题。他作为军事长官,只会空谈"俟吾兵威益震",至于如何兵威益震,他完全自动省略,但这并不打紧,因为他的核心思路就是创造与金人议和的有利条件,把天子想说又不适合自己说太明白的话讲出来,光这一点,就够资格坐在都堂的交椅上被人叫一声相公了。

但叶义问或许还不知道,皇帝已经有了禅位的心思,而主战势力的大臣们正准备着东山再起,他的执政位子实际上摇摇欲坠。如今蹦跶得欢畅,不过是来日被论列弹劾的罪证而已。

有了叶义问这样贴心的宰执把该说的话洋洋洒洒地说将出来,两日后洪迈、张抡这对接伴使副入对前,赵官家便在御前会议上对宰执们吐露心声:

> 朕料此事,终归于和。卿等欲首议名分,而土地次之。盖卿等事朕,不得不如此言。在朕所见,当以土地人民为上。若名分,则非所先也。何者?若得复旧疆,则陵寝在其中,使两国生灵不残于兵革,此岂细事?至如以小事大,朕所不耻。

这话却把首相陈康伯吓得愣住了,他只能喃喃地说:"此非臣等所敢拟议。"

为何宰臣被震惊得不敢置喙了呢？因为天子赵构的这番话实则仍然是九分鬼话，一分真话。

何以见得呢？他说自己不在乎名分，笑话！自独尊儒术以来，内则君臣上下，外则华夷之辨，在天朝上邦的官府朝野之中，万事都讲究孔夫子的所谓"正名"，名分岂能不重要？名分便是统治权的具体化，是统治的一种外延，囊括古今中外世俗名利、生死里的一切是非、原则，是天子钳制和恩赏臣民的一大利器，是政教合一、君权神授的现实背书。如名分不重要，靖康时节，文武大臣何必拥戴他赵构登极称帝，延续国祚？

原来赵构说的不在乎名分，乃是不在乎与金人夷狄之间如何定高下主从，究竟是对等的敌国还是兄弟、叔侄之国抑或是如绍兴和议时那般称臣，终究是对外名分，他并不在乎，只要对内他是九五之尊、独裁君父便可。

可这种话如何能放在嘴边直说？是以赵官家巧舌如簧，说什么自己以土地、人民为上，一是为了列祖列宗的陵寝，二是为了南北亿兆军民的生命！这两样东西，实际上他何曾放在自己偏安的利益之前？

说来说去，只有最后一句话才是真的：至如以小事大，朕所不耻！

譬如说以卑下的身份侍奉大金，朕不认为是什么耻辱啊，没关系的，诸位相公们！朕都不当回事，你们也别当回事！

换言之，天子赵构真正的意思是，对外的名分不重要，实际土地和人民也不重要，朕只在乎一件事，就是和北虏达成和议，大家关起门来过太平日子！

陈康伯便是因为听懂了官家的潜台词，这才给惊呆、吓晕了。

这还是一个标榜着自己"绍开中兴",动辄暗示自己犹如尧舜的万邦君主么?可陈康伯转念一想,必然也是能想明白的,是了,这就还是那位我们熟悉的官家。绍兴八年、十一年他做过两回的事情,如今他已经是驾轻就熟,完全"不以为耻"了。对此陈康伯虽然是宰执,却又还能说什么呢?总不成如胡铨昔年那样,大骂陛下是要以臣妾而事虏人吧?

左右也只能是"此非臣等所敢拟议"。

这还怎么议?你是天下的君父,都已然铁了心要求和了,这种责任,想丢给精明的宰执文臣们背,对不住了,且由陛下自己背吧,位极人臣的士大夫们还想在青史黑字间留点脸面。

赵官家只要知道两府不敢反对便行了,不反对就是默认。

于是他畅快地说:"俟迈等对,朕自以意谕之。"

相公们也别怕背骂名了,这种难办的事,就让朕亲自对洪迈、张抡面谕吧,相信耳提面命之下,他二人也是能体会君父的良苦用心的。

义正言辞地吩咐完入对的接伴使副,赵构又开始了他的和议布局。

四天后,二十九日(丙申),诏:太傅、御营宿卫使、和义郡王杨存中为江淮、荆襄路宣抚使;中书舍人、权直学士院虞允文试兵部尚书,充江淮、荆襄路宣抚副使。

人心的反应是很真实的。所谓"中外大失望"!

这是为何呢?因为杨存中(即杨沂中)乃是赵构的亲信武臣,自重建殿前司亲军以来,基本都是交给杨存中统带的,昔年诬陷岳飞淮西之战时逗留不前,便也有他一份。杨存中是官家的心腹股肱呐,绝对是如臂指使,再信任不过。这时候那好战的张浚自恃曾经的宰相身份,整日叫嚣要北伐,如今判建康府,本不过是逆亮逞凶时借重张浚的虚名而已,他却认真上了,岂不让人笑掉大牙?偏天下人还指望着他张浚,真是荒唐至极!

为了防止张浚反对甚至阻挠、破坏和议,因而赵构决不愿意任其为宣抚使,而是命能忠实执行自己意志的杨存中为前线最高统帅,这样便不用担心两淮妄动刀兵了。不久后因为朝中主战之声渐起,颇主张在两淮、荆襄设四大镇作为军事重地,又以为要在长江以南自镇江、建康、九江、江夏、公安各设一帅,以两万人各为屯驻等。在这种呼声之下,赵官家便令杨存中、李显忠等商议妥当后具奏以闻。如给事中金安节所论列,杨存中等人的三条意见,"举无一得",即是其完全奉行赵构求和路线的明证。然而毕竟张浚此时正被众望瞩目,朝野都有许多人希望他来主持东南军务,天子的诏令自然便令主战的许多臣民大失所望了。

赵官家得意的帝王之术,实际上从驾的文臣们却也看穿了。

给事中金安节、起居舍人兼权中书舍人刘珙一同谏言,认为不当再以杨存中这样权势极盛的武将为数路宣抚,事权过重,即便认为虞允文资历未深,不能任正职宣抚使,也应当另择重臣付以雄权。

奏疏一入,赵官家勃然大怒。他亦不知金安节、刘珙是真不明白圣心还是假装不明白,便对宰辅们道:"刘珙之父受张浚知遇之恩,他写这奏疏,其意不过是为张浚争权,冀浚复得大用而已!"

原来,刘珙乃是刘子羽之长子。昔年张浚经略关陕,刘子羽即是其宣抚制置司中的参议军事,属于高级幕僚,乃是张浚往日之得力骨干。赵官家的话,显然是有诛心之嫌了。

于是左右相陈康伯、朱倬乃召来刘珙,晓谕天子旨意,并警告他:

"再缴,累及张公!"

金安节是门下后省的长官给事中,刘珙则是有着"书行"之权的中书舍人,在宋代,元丰改制之后,皇帝的旨意如果要变成实际的诏令得以贯彻,在程序上通常是要经过给事中"书读"、中书舍人"书行"才能交付尚书省颁布施行。书读和书行就并称"书黄"。故而从当时的法理上来说,金安节和刘珙当然是可以缴驳"圣旨",不同意杨存中宣抚使的任命的。

因此,赵官家便让自己的两位宰相前去给二人做思想工作,甚至加以恐吓威胁,说是如果再行缴驳,大约就要连累到你们那"众望所归"的老相公张浚了!

没承想刘珙却对宰辅道:"珙为国家计,故不暇为张公谋!"

赵构自然大怒,乃让词命再下,结果刘珙仍然是封还词头,不肯书行。

赵官家认输了么?这位做了三十六年皇帝的天子哪里会无法招架这等寻常的封驳缴奏之伎俩,他有的是手段!

于是虞允文改使川陕,而杨存中改措置两淮。

表面上看似乎天子向金安节、刘珙乃至主战势力小小地屈服了,实则不然。杨存中固然没了宣抚使的差遣,但既然让他措置两淮,亦即是说,东南的军务仍是交由杨存中这个自己求和意志的代理人来办,不过是换了个小一点的名义而已。

名分之道,赵官家已经深得其中三昧!

虞允文以兵部尚书充川陕宣谕使、措置招买军马的差遣正式宣布乃在二月初一(戊戌)。自完颜亮渝盟,战事再起之后,关陕战场上宋金军队始终处在激烈的拉锯战之中。采石立下奇功、踌躇满志正准备大展拳脚的虞允文去了西北,难道赵官家就不怕他步子太大,坏了和议大计么?自然是不怕的。

此时吴璘所部西军的粮饷命脉正握在太府少卿、总领四川财赋的王之望手中。此君乃是一标准政客作风的文臣官僚,观其仕宦之中的言行作为,大约亦是缺乏廉耻且胆怯可笑之徒。闰二月二十六日(癸巳)时,王之望便上书宰执云:"伏闻金人改图,愿修旧好,遣使叩阙,将至阙下……察其上下之意,和议甚切……国家以生灵为念,固应许其自新。"虽然王之望在上书中对于陕西要地,不可割让金人,以为关陕形胜,易守难攻,比一马平川的河南更紧要之见,确有见识,但其中倾向主和的意见是毫无疑问的。这就不可能不与锐意恢复的虞允文发生冲突。亦即是说,有王之望看守着西军的钱粮口袋和一应转运辎重之事,就不用怕虞允文、吴璘等文武大臣肆无忌惮,不从朝廷和议的大方针。而从此年后来的事情来看,也确乎符合赵官家以王之望约束甚至说掣肘虞允文、吴璘的阴暗意图。

如三月三十(丙寅)时,已升为太府卿、总领四川财赋兼权提举秦凤等路买马监牧公事的王之望再次去信都堂,对宰执们抱怨说,如今关陕三位大将分兵征讨,官军和忠义兵马、招降丁壮等不下十二万人,打了胜仗也好,招降纳叛也罢,都需要重赏大费,所需的钱粮物资殆不可胜计。又说虞允文之来川陕,朝廷本来的指挥里,并无令王之望的四川总领所供给钱粮的意思,而是出内库帑藏之金银钱贯和度牒,供虞允文宣谕使司所用。结果待虞尚书此来,"费用渐广,与向来遥度事体不同"。于是王之望干脆以退为进,表示为了避免才不堪任,误国大计,"乞改授一宫观差遣,伏望别选才能",这等于是扬言要撂挑子不干了。王之望的这种表态,正符合他倾向主和,反对扩大战事的政见。在他看来,眼下陕西之地已收复有十余州郡,这种时候不应当继续耗费无穷地与金人交战,不如"宜以我所得陈、蔡、唐、许、颍、嵩、洛并他路诸州两相换易。如尚不可,则宁稍增币。"换言之,王之望甚至希冀以东南收复的州县与金人交换关陕之地,实在谈不拢,就花钱买,这是将女真虎狼想得太天真,竟寄希望于折冲樽俎,为外交之胜利了。到后来四月间,王之望更是"以其(虞允文)须索渐广",不厌其烦地屡屡写书信给都堂宰执,甚至说"今来宣谕司不问已食未食,尽据所有,要纽算籴本、水脚钱数,令项桩管,听候取拨,合计钱引三百九十余万道。即是将陕西所得使用不到,及陈腐不堪贱米,却取本所贵价,又不供新募军兵效用支费,别要取拨,以与元初指挥不同,则所得米斛,非徒与本所无益,反为大害!"等于是指名道姓地将自己的总领所与虞允文宣谕司之矛盾彻底公开化。当时吴璘的四川宣抚司在新收复的诸州县中得米约三十五万石,王之望认为理应先由转运司核实,再移文他的四川总领所,就算已用于支给新募军兵效用作为军粮,多余的也该交到总领所这里,再统筹应付诸军食用;即便要折算钱贯,也是要等吃用掉一部分后再计算实际剩余多少,方可给付钱引。而虞允文全不管诸军是否已经吃掉一部分粮食,也不管其中有多少不能吃的陈腐贱米,甚至还管总领所要运送粮食的水脚钱,一味要求折算成三百九十余万钱引,还要随时听候他宣谕司支取,王之望认为,这既不符合朝廷最初的指挥命令,也属于妄增总领所军费支出负担。最终朝廷站在了王之望这边,这就证明了前文的推断,即王之望以太府卿总领四川财赋,实则是为了拴住吴璘、虞允文的手脚,不让二人真正展布抱负,以免在西边闹出过大动静,不利和议。再如五月时王之望回信虞允文,有所谓"南北通使,和议必成……且议休息,生灵之幸。师老锐挫,若遇大敌,岂不可忧"之语,其主和之心和消极悲观的军事信心都可见一斑。而虞允文与王之望"二人始有隙",也正是赵构乐于见到的,这便是屡试不爽的"异论相搅"之祖宗家法自朝廷用到地方的又一例证。

高明的赵官家虽然人在金陵,但他的手却早已伸到了川陕,完成了这些布局之后,二月初六(癸卯),天子的车驾乃从建康府出发回銮,一路往临安去了,他的御驾亲征看似完美收官,只待回去安享太平之乐矣。但就在这当口,陕西宁河寨又得而复失,金军攻陷之后"屠尽其民",这样的惨剧在当时淮河以北的广大土地上并非罕见之个例。想来这便是天子所谓不忍南北军民生灵涂炭、罹难兵燹的圣慈仁心吧!噫!王道仁政,无过于斯乎?必其无后乎?

二月十八日(乙卯),临安府行宫留守汤思退率文武群臣五更天便出余杭门外五里,恭迎御舟。说来这迎接天子回銮可并非谁都有资格,哪怕你如今在行都为官也不一定能忝列其间,按当时的规矩,文臣须得是京官以上,武臣则是保义郎以上,一般的选人和武官小使臣还无福迎驾,没那福气看戎装天子跃马扬鞭,自御街回大内呢。

此时南北之间战事仍在,朝野主战的声音日渐响亮,回銮的赵官家在四天后便出汤思退于国门,令其仍以观文殿大学士、醴泉观使的头衔,外知绍兴府。这无疑只是稍稍平息下主战势力的不满,至于汤思退有没有被过河拆桥的想法,那并非赵构所要关心的。聪明的臣子应当明白,这是陛下在保全你。

二月二十九日(丙寅),赵构的大哥,也就是钦宗皇帝的棺椁被埋葬入招贤寺,立了祭祀用的虞主。这位没作多久皇帝的苦命官家,终于是落叶归根,瘗于故土。

当然钦宗皇帝的一系列仪式自是不可能一天就结束,闰二月初五(壬申),钦宗虞主还于几筵殿,赵官家亲自行安神礼。

赵构曾听自己于绍兴十二年八月回到临安的母亲韦太后说过,她在离开北方之时,那可怜的大哥渊圣皇帝赵桓几乎是跪卧在太后回銮的车轮前,声泪俱下地说:"归语九哥与丞相,我得太乙宫使足矣,他不敢望也。"

赵桓是徽宗赵佶的长子,赵构则是道君皇帝的第九子,故云九哥。但赵桓哪里知道,莫说这声怀着巨大绝望、希望、恐惧等各种复杂情感之外,又努力主以亲情哀求的"九哥",那远在江南的新官家听不到,就是听到了又如何?赵构与其母韦氏二人,何其冷酷,只看他们如何对待逃归的柔福帝姬便一目了然了!于是请回渊圣皇帝的事情,自然再也不提,赵桓便至死都留在金人领地里。

赵构在几筵殿中行礼如仪的时候,或许反在心里鄙夷和冷笑。自己的父亲和兄长实在是没有本事治理好天下啊。想伯父哲宗皇帝在的时候,还能鞭笞四夷,结果国家到了父亲徽宗手上却在丰亨豫大的假象下不堪一击……至于自己那蠢蛋兄长更是愚不可及,居然会几次以天子身份前往金营,终于是被扣留在那里,废黜帝位。而自己则不一样。他赵构往金营议和是视死如归,有大勇大爱于天下万民;渡江再造宋室是挽狂澜于既倒,有天命所在的必然,岂是人力所能阻挡?这三十几年来,自己挡住了女真人的铁蹄,保护了亿兆大宋子民,这绍开中兴的盛世是自己如尧舜之才换来的!更不用说,连完颜亮都死于自己的文治武功之下,殒命扬州!谁才是太祖太宗以下大宋最了不起的皇帝,须得是我赵构赵官家!

赵构已经到了连自己都完全骗过的最高境界,也完全忘记了过去那些在恐惧中瑟瑟发抖、逃避海上的不堪记忆,忘记了龌龊卑鄙的一桩桩阴谋阳谋。

闰二月二十六日(癸巳),赵构下旨,命敷文阁待制、枢密都承旨徐喆充馆伴大金国信使,以武功大夫、吉州刺史、权知阁门事孟思恭为副使。皇帝对与金人达成和议之可能,仍然是抱以比较高的期望的。

三月十一日(丁未),左司员外郎兼国史院编修官洪迈、文州刺史、知阁门事张抡接伴北使还,金国报登位使高忠建、副使张景仁等入国门——北房的使者,正式抵达了行都临安。

然而让赵构失望的是,五日后紫宸殿内的北使果然如洪迈所先期禀报的那样,颇为倨傲无礼。

北使的无礼体现主要体现在两个要求上,一是仍以绍兴十一年达成的绍兴和议为准则,责以宋对金行臣礼,二是须交还宋新收复的州郡。

不过大约北使之来,金国新皇完颜雍本也没指望赵构真的能跪接国书,于是在紫宸殿上高忠建便请首相陈康伯效当年秦桧跪拜之礼,由其跪受国书。得亏陈康伯义正言辞,加之徐喆眼疾手快,从高忠建手中夺过国书,这才避免了一场尴尬。但北使的这种态度,无疑令朝堂上群臣愤怒,又使和议蒙上了许多未知因素和阻力。

三月二十一日(丁巳),事情忽然又有了转机。

这一天,北使高忠建等入辞,赵官家置酒筵于垂拱殿。而这一次,金国原本倨傲无礼的两位文武使节却不再执着旧礼,而是面受宋廷国书,双方采用的是彼此对等的"敌国礼"。北使将退之际,赵构所派的客省官亦是宣谕:"皇帝起居大金皇帝,谢远劳人使,持送厚币。闻皇帝登宝位,不胜欣庆。续当专遣人,钦持贺礼。"高忠建等捧授如仪。

既然用的外交言辞是"皇帝起居大金皇帝"(这里的"起居"有问安、问好之意),则自然是平等的敌国礼了,并非绍兴和议时的"臣构"如何如何。

在垂拱殿酒筵的三天前,也就是十八日(甲寅),当时便按传统宴北使于都亭驿,由知枢密院事的执政叶义问押伴。亦即是说,陪同宴会的叶义问很有可能带去了皇帝赵构想要透露给北使的和议意愿,至少双方又进行过一定程度的相互试探,确认了彼此确有和议的共同想法之后,于是才能在垂拱殿辞别仪式上实现金人让步的转折。如果这一推测属实,便能解释何以叶义问在完颜亮南侵时开枢密行府于外,颠顶无能几至误国于累卵,却迟至新官家赵昚即位之后,才在绍兴三十二年十月被罢免知枢密院事的执政之位,因为他虽督军乖张失措,却遵循着赵构的意志,成功传达了宋廷和议之心甚坚的信号,故而赵构对他曲加回护保全,在内禅之前,始终未将他黜西府之外。

有了这一层可能的原因与敌国礼的让步举动,赵官家不免龙心大悦。他便在北使辞别的同一天,命洪迈假翰林学士充贺大金登宝位国信使,又以张抡假镇东军节度使为副使,至此,便也不再用秦桧当年所建议的,以宰执柄臣往贺新帝登位的那一套了。

赵官家自是觉着面子里子都有了,南北和议又往前进了一步。可讽刺的是,就在一天后,金军攻陷了原属北宋京西北路的淮宁府。惨烈的城防战斗中,忠义民兵副统领戴规率兵与破城的金军展开白刃交接的残酷巷战,为敌虏杀害。而淮宁府守将陈亨祖亦拒不投降,与其老母及举家五十余口尽皆殉国,壮烈牺牲。若戴规、陈亨祖泉下有知,会否道一句:"臣等正欲死战,陛下何故欲和?"

陈亨祖在一个月后被赵构下旨赠官为容州观察使,录其家三人为官,又为其在光州立祠名闵忠以奖为国殉难之举。对天子来说,每一个忠臣义士的付出和牺牲都是不会忘记的,这不恩恤有加了么?至于戴规如何,或是级别太低,不足道哉,给忘了。而自北虏叛盟,逆亮南寇以来,两淮、荆襄诸军克复的海、泗、唐、邓、陈、蔡、许、汝、亳、寿等十州,自此便只剩下海、泗、唐、邓四州了。

四月初四(庚午),德顺军大捷的奏报传回了行都临安。

然而西军在此番与金人的拉锯战中打得最漂亮的这一仗,似乎并未让赵官家多么高兴,因为吴璘作为四川宣抚使,其麾下的西军已然是此时南宋境内最后一支"家军"。吴璘在战役后有将麾下亲旧之未经行阵战事者补官封赏的行为,便是其经营势力的一大明证。昔年赵构与秦桧君臣二人谋收兵权,之所以不对吴璘动手,一定程度上乃是考虑到四川离东南甚远,一旦措置不当,若是吴璘投了金人,而北虏自川蜀之击荆襄,顺上流而下东南,恐怕就连偏安一隅都将无福克享了!故而对于已然坐大的吴璘及其家军部曲,对于这一逐渐形成的吴氏将门和新的西军,赵官家的朝廷仍是曲加恩宠和安抚的。眼下西军打得过好了,和议之路就极可能平添阻力,因为朝中的主战势力也会因而叫得更响,少了秦桧这样一个在台前为其扮演斧钺利刃和尚方宝剑的权相,绍兴更化至今,赵构的独裁权力实际上也在相对减弱,而建王赵玮(即后来的宋孝宗赵昚)的声望正逐渐因为主战势力的某种寄托和幻想在与日俱增。

赵官家面对此时的情况,他不得不在试图实现议和与尽可能平息主战势力的不满之间找到一个相对的平衡点,同时还要防备功勋过大的吴璘进一步坐大,以防不测。

当了三十六年皇帝的赵构,其手腕和反应是相当快而准确的。两天后的初六日(壬申),他先是大肆封赏杨存中麾下的御营宿卫使司统制将佐、使臣、军兵凡四万三百五十二人,竟至于人人各转一官资的程度,一方面给足了奏功的杨存中面子,另一方面也尽收这批天子亲军的军心。随后赵构开始了他的动作,罢免杨存中措置两淮,改命深孚众望的老相公张浚以原职事兼任措置两淮的差遣!

赵构终于把两淮的军权交还到张浚手上,这一下中外欢呼,齐赞天子圣明!张浚出将入相三十年,素为士卒敬爱,而此番得措置两淮的重权,复总军政,将校士卒皆乐为其所用。主战势力一时间为之雀跃。

赵官家的这一手以帝王之术来说,确乎是高明的。西军在德顺军大败金人,宋军在关陕甚至转入咄咄逼人的全面反攻态势,在这个节骨眼上启用张浚,一来可以防备金人因此万一采取一定规模的侵扰东南之行动,有重臣统护两淮诸将,即便打了起来,还能够以战促和,不至如前番逆亮之来,刘锜老病、王权怯战那般节节败逃的狼狈;二来摆出复用张浚总东南军政的样子,自然可以很大程度上平息朝野主战势力的不满,倘若东南再有战事,张浚若败又可以使其成为替罪羊,而那时主战的文武大臣们便也没法说出更多阻挠和议的有力言辞了;三者,吴璘如今成功于西北,风光无二,可他只要看到昔年提拔他大哥吴玠与自己的老相公张浚重典兵权,想必往日在张浚宣抚制置司下不过为其亲卫统领的吴璘也不敢过于跋扈,更不敢真的造次,必知道服从朝廷数千里外的指挥!

这一天,北使高忠建等出境,而赵官家的一石三鸟之计也令他自己颇为得意。

可若是张浚得了措置两淮的差遣名义后,阳奉阴违,不服指挥,擅启边衅,扩大战争,迫使朝廷捏着鼻子认了,从而一时间大大破坏了和议之可能,又该如何预防呢?

赵官家早就圣心独运,袖里乾坤留了一手。

此月初十二(戊寅),以御史中丞汪澈除参知政事。汪澈自入台谏以后就逐渐成为赵构之亲信,其数次弹劾,虽不乏其个人审时度势的左右逢源、借力打力,但亦是始终摸准了天子的心思,甚至代为执行了皇帝遏制汤思退结党与弃用汤思退路线而扶正陈康伯备战之策的意图,因而才在侘傺僚吏多年之后忽然就官运亨通、步步高升起来。此番汪澈自宣谕荆襄返回行都,立刻就升迁为东府执政,这是赵构又一招妙棋。他虽然让张浚措置两淮,可始终把老相公挡在两府之外,没有再让张浚入宰执班列,而汪澈之除大参,即意味着皇帝随时可以令其再度以执政身份前往荆襄督军。那么一旦张浚妄图罔顾朝廷指挥、天子意志而推动渡淮战事,迫使朝堂事后无奈默认,便可以汪澈掌荆襄兵权而加以极大掣肘。要知道对金的北伐战争,绝非仅仅依靠两淮的宋军便能达成战略目的,没有东南大部分宋军配合,这一战略是无法如愿实施的。且汪澈既然位执政宝座,就仍在张浚的大观文和措置两淮的差遣之上,张浚也指挥不动汪澈。而汪澈对金的战略态度,不能单从他在逆亮南寇时乞用兵淮甸,夹击金军归途之师来判断,更应从其在后来隆兴北伐时的表现加以判定。隆兴元年时,"张浚克期大举,诏澈出师应之。澈以议不合,乞令浚并领荆、襄",恰说明他实则是反对恢复事业,且遥控于北内的太上赵构。从这一点来说,正可证明,绍兴三十二年四月汪澈回到临安,在张浚措置两淮后立刻被升迁为参政的真正意图。以要言之,汪澈始终在执行赵构的意志,启用汪澈,正是为了阻挠张浚大举于东南的可能。

四月二十二日(戊子),洪迈等便向天子辞行,赍国书而往北方,出使金国。赵官家在国书中说:

> 粤从海上之盟,获讲邻封之信。中更多故,颇紊始图。事有权宜,姑为父兄而贬损;衅无端隙,靡逃天地之鉴临。既边境之一开,致誓言之遂绝。敢期后聘,许缔新欢。载惟陵寝之山川,浸隔春秋之祭祀。志岂忘于缵旧?孝实切于奉先。愿画旧疆,宠还敝国。结兄弟无穷之好,垂子孙可久之谋。庶令南北之民,永息干戈之苦。傥垂睿照,曲徇恳祈。愿伫佳音,别修要约。履兹夏序,善保圣躬。

这封国书最能说明此时赵构比起恢复祖宗江山,更乐意于达成和议,继续偏安的真实心思。其厚颜无耻也在国书中暴露无遗。在给金人皇帝完颜雍的国书里,赵官家先是回顾两国邦交历史,说从宋金海上之盟,约定南北夹攻辽国起,咱们就算是睦邻友好了,可惜后来出了许多变故——女真铁骑攻陷东京、烧杀抢掠、覆灭北宋、掳走二圣的深仇大恨都被一句轻描淡写的"中更多故,颇紊始图"给一笔带过了。随即赵官家说到绍兴和议,乃是为了父兄而姑且屈已称臣,当然他没好意思直接说称臣二字,但意思尽在其中了,又谴责完颜亮无端毁盟,说他兵败身死是天地之诛罚。

大宋皇帝表示虽然因为逆亮南寇,导致两国万年欢好的盟约因而被毁,但是我身为赵宋天子,还是本着宽容友好的心思,期望能和你们大金国再通聘好之礼,达成新的两国欢盟之和约。不过赵官家也不忘先漫天要价,好让金人可以有杀价的余地,他说如今大宋列祖列宗的陵寝地都在河南,已经久失祭祀洒扫,大宋皇室的孝子贤孙难道会数典忘祖吗?愿大金能将河南之地,"宠还"给我们大宋,这样两国就定能永结兄弟无穷之好,子孙万代长久安康的谋划便也算有着落了。如此则南北亿兆生民都可以再无干戈战火的苦恼,岂不美哉?倘若大金皇帝能曲从我大宋敦睦和好之意,那就静候佳音,盼着两国再修新盟。

在国书的最后,体贴的赵官家甚至不忘寒暄慰问女真皇帝完颜雍,说现在初夏已至,天气渐渐燠热,贵国皇帝还请"善保圣躬"。这可真是想得周到,连女真人不习惯暑热的气候也替金国天子考虑到了,屈己而求和,一至于斯,难道不是为了祖宗陵寝,不是为了子孙后代,不是为了南北苍生么?大宋的官家赵构,实在是大爱无疆、以德报怨,仁善怀柔超迈空前,将孟子的"不忍人之政"发挥到了极致,运乎一心,运乎他的德音善道之间。

进入五月,宋金在西北仍进行着你来我往的拉锯战,而黄河南北金人占领区正闹着蝗旱之灾,似乎离太平之世,尚有距离。此时东南江、淮蚕麦丰熟,两府宰执俱是奏贺,说这是天子赵构圣德所致。这就体现出宰臣们思想觉悟始终要比皇帝低一个档次了,赵官家常痛惜垂怜四海军民,无分南北,而宰执相公们却小肚鸡肠,幸灾乐祸,难道淮河以北的汉民便非大宋赤子了么?当然了,文臣们何尝不是在做戏。这种政治戏码正是儒家王道文化里的重要组成部分。

五月十六日(壬子),依旧是五更天,身着隆重朝服的百官们先至待漏院,到平明时分,天色亮起之时便由大内真正的正门"丽正门"而入。由于行都临安的皇宫与东京常规的坐北朝南布局不同,乃是倒过来的南宫北市之格局。临安城西面自是四时风光各不同的西湖,东南则是观潮名胜钱塘江,整个地势是南高北低,因而在五代吴越宫城基础上修建起来的南宋大内便自然继承了这种特殊的"坐南朝北"之宫市布局。也就是说,整座临安城里,天子的大内宫殿在最南面的凤凰山麓,而北面才是三省六部等中央官署衙门和都下之人居住活动的街坊市集,那些热闹的勾栏瓦舍、繁华的茶肆酒楼乃至倚红偎翠的花街柳巷俱在城市的北面。这便造成了一种有趣的现象,通常朝会和文武百官入大内召对,都是从皇宫北面的后门和宁门等进入,于是都人呼之为"倒骑龙"。这便似乎有些民谣谶言的意味了,仿佛预示着南宋终究不是一条向前飞腾的巨龙。

话又说回来,既然平日无须从丽正门入大内,今日又是何事,居然要百官朝服而自正门入宫禁呢?此时宰执、亲王、使相、侍从、台谏、两省官、礼官在射殿中按杂压的职位高低各自立班。

辰时八刻(约上午八点四十五分),皇帝赵构从殿后的帷幄中走出来,于是百官再拜行礼,原来今天乃是奉安天子生母,先太后显仁皇后韦氏的日子。韦太后身前的御容张挂在殿内,赵官家瞻仰久之,默然涕泪沾洒,哭之泫然。

待祭奠仪式完毕,显仁皇后韦氏的神御便一路自丽正门而出,皇帝行奉辞礼,而宰执至礼官皆骑导于前,一路往景灵宫而去,级别低的文武百官则等候在景灵宫宫门处,迎候显仁皇后神御。不过,在众臣出丽正门时发生了件让人忍俊不禁的小插曲。当时宫门外天子御前班直的细仗队肃穆布列,正鼓吹作乐,因官员们的马都是未曾经过战阵,空有漂亮形貌的花架子而已,一时间众马惊跳,户部侍郎汪应辰正要跨鞍上马,马匹受惊乱跳,竟将侍郎摔落下去,跌坠在地,腰臂受伤不轻,好生狼狈。庄严的场面顿时有些乱哄哄,有的人捂着嘴,有的七手八脚上去扶汪侍郎。此事天子赵构闻见,多半是要在心里窃笑的,毕竟这汪应辰总是让他不怎么痛快。待这小插曲一过，大臣们便仍是一路骑马往景灵宫缓缓按辔徐行而去。

却说这临安城内的景灵宫乃在新庄桥之西，本为大将刘光世的赐第豪宅，最初只筑得三殿，也如北宋时一样安放着天水赵家列祖列宗和诸皇后的御容，只是远不如东京景灵东西宫之宏大了。但这江左朝廷行都的景灵宫一样也有种种翻学自旧都汴梁的戏码。如上元节时，景灵宫便结灯楼；寒食节则设"秋千"，盖取千秋万岁之义；七夕又设摩睺罗，即一种以土木雕成的孩童塑像，当时又叫作"磨喝乐"，大约有希望景灵宫里供奉的列祖列宗保佑老赵家子孙繁息的意思吧。可惜这摩睺罗数字听起来，亦不知是受佛门影响还是胡人言语，总有些不伦不类，于是官家赵构终是没能留下成年的亲生儿子，成了一桩心事。

未时八刻（约下午两点四十五分），宰执至礼官再于景灵宫内立班，正式行奉安礼。首相陈康伯自然是礼仪使，引领着重臣和礼官们对着韦太后的御容行礼如仪。实际上韦氏又有什么值得尊崇，昔年一同被掳去北方的钦宗赵桓之朱皇后，即有宁死不屈的节操，不愿被金人淫辱，一说自缢，一说两度投水而死，最终得全名节，反观韦氏据说给盖天大王完颜宗贤生下两个子嗣，这可真是"中原干戈古亦闻，岂有逆胡传子孙"了！若非要说韦氏之有大功于赵宋天下，无非是生下了九哥赵构这位"中兴雄主"吧？总而言之，在韦太后神御奉安于景灵宫的整个仪式中，礼乐名教背后家天下之观念的庄严肃穆和其衍生出的神圣性都显露无遗，而钦宗与显仁皇后的一系列祔庙、祭祀、奉安等事，则又再一次彰显着赵构帝统的合法性。当然，做了那么久皇帝的他，实则也无须再证明什么，赵构深知自己已然是半壁江山里的圣人，他是亿兆臣民的君父，是文治武功和孝悌仁恕的化身。是时候让自己延续宋祚、缔造南北和平、挫败虏酋逆亮的盛德功业完美收官,退居幕后安享盛世闲暇悠乐了。

五月二十一日(丁巳)乃是官家赵构的生日"天申节",然而次日便是兄长钦宗皇帝的小祥,因此天子下旨罢寿诞的一切节庆礼仪,皇帝正操心着南北大局,哀恸着母后与兄长,何暇庆贺?

办完了母后与兄长的事情,终于要确立储君了。建炎三年二月金军南侵,据说紧急军情传来时,赵构正在宫中临幸侍寝的妃嫔,结果因为受到突如其来的惊吓而"矍然惊惕,遂病薰腐",失去了生育能力,加之幼子赵旉在苗刘兵变中死去,赵构实际上绝后了。既然没有亲生儿子,还是扶正太祖一脉的养子建王赵玮吧!

好在建王孝顺恭谨,甚得天心,便如此吧。

五月二十八日(甲子),经过前期与宰辅等重臣密议后,此日天子下诏,皇子赵玮可立为皇太子,改名赵昚,择日备礼册命。

行唐尧故事,成内禅之美,已经箭在弦上了。

六月天,暑热更甚,初三日(戊辰),乃名望仙桥东面由秦桧府邸修缮而成的新宫为"德寿宫",这便是后来赵构以太上皇身份雍容释负、退养寿康的居所,也就是俗称的"北内"。

次日,正式下诏立赵昚为皇太子,原本的建王府直讲、宗正少卿史浩迁起居郎、太子右庶子。赵昚昔日王府中的这些所谓随龙人眼看就要跟着水涨船高,鸡犬升天。然而因为赵官家急着与金人议和,他一面准备内禅给太子赵昚,一面又将成闵、吴拱、李显忠三大帅全都改任三衙管军的高级军职,从而令他们原本所负责的三大招讨司"结局",实际来说便是要令东南的反攻之势彻底结束。

就在这当口,又有二事可堪一笑,足见当时最高层政局与大臣之人心。

六月初八日（癸酉）这一天，侍从、台谏、礼官等一众大臣在御史台中集议皇太子赵昚已故的生父赵子偁加封之事。

起初，朝臣有将赵子偁恩数封赠一事白于宰相者，而宰臣颇感为难。北宋时候仁宗之子俱亡，无奈传位给濮安懿王赵允让之子赵宗实，也就是短命的英宗赵曙。然而赵曙登极后却背叛了仁宗赵祯，非要追尊生父为"皇考"（即皇父之意），但根据礼法，既然赵曙是承嗣仁庙，自然应该认赵祯为皇考，而只能称生父为"皇伯"，于是当时朝中为此便吵得不可开交，韩琦、欧阳修、富弼、司马光等耳熟能详的重臣们都卷入其中，是为"濮议之争"。

宰辅大臣们为难的正是这个问题，生怕一个不慎，皇太子即位后也闹起了追尊生父的事情。但宰执们何尝不全是人精，乃将这一难题直接进呈御前，让当今的天子来决定。

赵官家的身体固然还很康健，但人的福寿祸夭岂能预料，他也自然会想到濮议之争的风险。赵构便对宰执们说："这事他日诚难处置，今了却甚善。"

经过商议，很快便有旨，皇太子生父赵子偁赠秀王，追谥安僖。但赠王爵的词头到了中书后省，中书舍人唐文若本已书黄，却又十分谨慎地疑惧措辞不妥，急白宰相请另取旨，改"生父"为"皇太子本生之亲"。宰臣们一听，这唐文若言之有理，于是立刻收回赠王爵的制书，不久重新降旨云："故宗室子偁并妻合行加封，令礼部官、侍从、台谏检照典故讨论闻奏。"这当然是为了风险均摊，免得让两府宰执都担了干系。

经过商讨，便仿效濮安懿王时候的情况，请赵官家"极其官爵，使后无以加"，即是说，趁内禅还未进行，先将日后新官家的生父赵子偁追赠的官爵封赏到无以复加，免得日后聒噪惹事。这种想法，当然体现出官僚集团畏惧事后担责，而一股脑把事情做绝的手段。

皇帝赵构便顺水推舟，下旨：赵子偁赠太师、中书令，追封秀王，谥安僖；妻加封秀王夫人，制书中加"皇兄"二字，以正名分。

这等于说，官家和文官重臣们在嗣君还无力为生父争取于礼法来说"非分"的尊号前，把路都尽可能堵死，使嗣君继位后也无话可说。这种新旧皇权、群臣三者之间的互相掣肘、防范、角力，也令后人读史之际，不免一哂。

赵子偁追赠、封王的诏书正式下发乃在六月初九日（甲戌）。但这一天还有一事值得我们管中窥豹，以见内禅前后的暗潮涌动。当日，殿中侍御史张震、右正言袁孚以台谏同班入对，忽然措辞激烈地弹劾右相朱倬之罪。

弹劾宰相朱倬的主要罪名说来竟是一极小且寻常之事。

原来，五月时朱倬作为朝廷最高决策层的宰臣，自然已经知道内禅将行的事情，而按照传统，新皇登极，必有龙飞殊恩降下。于是朱倬乃泄露禁中机密，把内禅事情告诉自己的儿子朱端厚。朱端厚此时正是行都临安纪家桥国子监里的"国学生"，当时八品以上官员子弟和在行都的朝廷命官、清要官之亲戚等便可入为国子生。而去年秋天时，朱端厚通过荫补获得承事郎官身时，吏部不知出了什么纰漏，竟误将这位相府衙内算作以白身补官。朱倬便将其中曲折的利害关系，向儿子一一具说，让他去找"行在诸司粮料院"（亦即是北宋的"在京粮料院"，俗称干办府，负责按《禄令》所定文武官员每月廪禄，指定仓库支给粮料俸禄，国学生自然也是可以领一份粮米的），由其中的干办官出状申太府寺，凭领取料钱的明细清单为据,以证明朱端厚是按照国学生的身份补官承事郎的。

以国学生还是布衣百姓的白身补官,为何堂堂宰相要如此在意,郑重其事地叮咛自己儿子去申诉改正呢?原来,按照新皇登极覃恩之传统,届时龙飞之际广施恩泽,若是在读的国学生而有职事者(如以学生任学正、学录、学谕、直学、斋长等),往往有机会直接"免省",即不用经过礼部省试,直接参加殿试。要知道,除宋初殿试尚有黜落的情况,后来逐渐只要过了省试,殿试往往不会判不合格,也就是说,若能免省而径直殿试,等于直接获得了进士出身,这还哪里是一桩小事呢?有无正经的进士登科身份,在宋代的官场上可谓是天差地别,几乎干系到此后一辈子的仕宦升迁和差遣补阙。

但正所谓纸包不住火,朱端厚的一举一动便被有心人密告于台谏风宪耳目之臣,谓国学生与白身,本无关入官利害,但朱倬是当朝宰相,一旦新皇登极,他是有权建议新君覃恩,使国学职事者和得解举子免省的,这是他在以权谋私!如果朱倬并无这样不可告人的私心,何不让朱端厚直接找吏部、礼部申诉,而却通过太府寺多费周折呢?

于是殿院张震便面奏官家赵构,弹劾右相朱倬"大臣怀奸,觊幸非常,不可恕"。

据说,当时天子赵构闻之变色。按理而论,这不过是大臣官吏们为子嗣亲属谋福利的司空见惯之手段,原算不得什么大事,皇帝的反应需要这么过激么?

其实只要看到嗣君赵昚登极才半年后就拜史浩为右相,便能一目了然。在赵构的算盘里,也该为新官家把相位挪一个出来,好让他提拔自己的王府老师史浩上去,更重要的是,当赵构将内禅之意告之宰执、侍从等重臣时,朱倬曾密奏云:"靖康之事正以传位太遽,盍姑徐之。"也就是说,朱相公认为造成靖康之难的其中一个原因,正是徽宗禅位给钦宗皇帝时太过操切,失于审慎,如今也正应当缓缓为之。故而,反对内禅的朱倬,官家自然要找理由让他离开两府。而其子朱端厚一事,不过是个借口罢了。在官场上,谁家还没有子侄辈要照顾一二,宰臣家使些盘外招,原不过是题中应有之义,算得了什么大是大非?朱倬反对内禅一事,新官家赵昚登极之后还惦记着呢,不忘降其为资政殿学士,属于给他穿小鞋,可不叹欤!

朱倬当然也不是傻瓜,听闻台谏一起弹劾自己给儿子设法开后门"免省",也深知其中关节,于是干脆主动请求罢相,好保留体面,于是次日(乙亥),诏尚书右仆射、同中书门下平章事朱倬罢为观文殿学士,提举江州太平兴国宫。

料理完这些事情,同一天,翰林学士承旨兼侍读洪遵为皇帝起草了禅位的内制大诏,正式以御扎下发:

> 朕宅帝位三十有六载,荷天地之灵,宗庙之福,边事浸宁,国威益振。惟祖宗传序之重,兢兢焉惧弗克任,忧勤万几,弗遑暇佚,思欲释去重负,以介寿臧,蔽自朕心,亟决大计。皇太子贤圣仁孝,闻于天下,周知世故,久系民心,其从东宫,付以社稷。惟天所相,朕非敢私。皇太子可即皇帝位,朕称太上皇帝,迁德寿宫,皇后称太上皇后。一应军国事,并听嗣君处分。朕以淡泊为心,颐神养志,岂不乐哉!尚敕文武忠良,同德合谋,永底于治。

两天后,六月十一日(丙子),盛大的内禅仪式举行。仪仗自紫宸殿下便铺设开来,皇帝赵构乃驾御紫宸殿,两府宰执大臣,尚书左仆射、同中书门下平章事陈康伯、知枢密院事叶义问、参知政事汪澈、同知枢密院事黄祖舜无不肃穆升殿,侍立如仪。

首相陈康伯进奏道:"臣等辅政累年,罪戾山积,圣恩宽贷不诛。今陛下超然高蹈,有尧、舜之举,臣等不胜欣赞。但自此不获日望清光,犬马之情,无任依恋!"

六十有六的陈康伯乃跪拜而泣下,于是宰臣们无不跪拜行礼,盛赞赵官家如尧舜一般禅让的天子之德,然后表示自己日后无法再天天看到皇帝陛下了,不禁悲从中来。

皇帝赵构立刻也为之挥涕:"朕在位三十六年,如今年老多疾,久欲退闲。此事乃由朕乾纲独断,并非臣下所进陈。卿等都要全力辅佐嗣君。"

实际上赵构身体好得很,大约他的眼泪也完全是自欺欺人的表演。

陈康伯等宰臣道:"皇太子贤圣仁孝,天下共知,似闻让逊太过,未肯即御正殿。"

赵官家抹了抹说泪:"朕已再三邀留,今在殿后矣。"

说完,皇帝赵构便在内侍伺候下离开紫宸殿,入宫而去。说起来,赵构确实是再三邀留。中使召太子赵眘入禁中,官家赵构再次面谕内禅诸事,赵眘仍是凭借着熟读史书的政治素养,只是推逊不肯接受,甚至小跑着表演要从殿侧便门出逃,返回东宫的场面。当然了,内侍们最终还是拦住了皇太子,赵官家也再三勉谕,这样闹腾了一会,太子赵眘才不跑了。

这会,百官乃移班殿门下,宣诏完毕后才再入班殿庭。不久,皇太子赵昚穿着衮服袍履,由内侍扶掖着到了御榻前。百官见状正待朝贺,皇太子却拱手侧立不坐,显得谦退不敢登宝座的样子。

然后应奉官按顺序称贺,内侍扶掖又至于七八,太子才略微就坐。从今日起,他就不再是建王赵玮了,也不再是皇太子,而是大宋的天子,是普天之下的官家,他的名字是赵昚,而自今天起也不会再有人可以称呼这个名讳。终于走到了这一步!嗣君此刻心里无疑是难以抑制的激动亢奋,但却又必须表现出恐惧逊让的样子。见到太子终于坐上御座,宰相陈康伯便率百僚称贺,皇太子却立刻又猝不及防地站了起来,以示谦退。

陈康伯等奏言:"愿陛下即御坐,正南面,以副太上皇帝付托之意。"

新官家愀然道:"君父之命,出于独断。此大位,惧不敢当,尚容辞避。"

话固然如此,但谁不知道这不过是场面话,眼下嗣君已经算是真正的接受了禅让,成为了大宋新的皇帝。

百官们班退,而太上皇赵构便立即起驾,往皇城外的德寿宫而去,他将住在那豪奢过于皇宫大内的德寿宫里,享受闲适安乐的帝王生活。而此时的新官家赵昚穿着赭袍、佩着玉带,亲自步出祥曦殿门,冒雨扶着太上皇赵构的御辇逍遥车随行,一路到了宫门外还不肯停下,想一直送到德寿宫。

赵构这会倒也有些动情的样子,乃道:"大哥,这天下的担子就交给你了,是个苦差事啊,你不要辞让。接过去了,我才好在此间享乐。你从小我就看在眼里,知道你仁孝聪敏,断不会管不好大宋江山的。你就努力勤政,凡事多和宰臣、侍从、台谏们商量吧!"

官家赵昚只是一再哭泣。

于是太上皇帝再三挥手辞别,又令左右扶掖天子而还,见到新官家终于在护卫下离去,方对左右说:"吾付托得人,斯无憾矣!"

左右齐称万岁。百官们则继续扈从太上皇帝一路前往德寿宫。

此时扈从赵构的队伍里,大臣们或许也是各怀鬼胎。这位掌权长达三十六年的老皇帝实际上今年才不过五十五岁,身体康健的很,比自己的宰臣陈康伯还年轻十岁。他禅位的真正原因固然确实有一部分贪图安逸、厌倦政务的心思,但主要还是出于权谋和史册身后名的考量。毕竟他没有自己的子嗣可以继承天子之位,眼下的嗣君乃是太祖一脉,终究是养子,可现在让他在三十六岁的年龄便登极为帝,想来赵昚是要感激涕零的。如此一来,自己的身后之事都不用过于操心了。加上完颜亮兵败殁命的武功可以算在他赵构头上,这更坚定了赵构见好就收,在青史上留下绍开中兴大好局面的想法。既然如此,那便禅位吧!而只要他活着一天,只要他乐意,那么最重大问题的决策权实际上就还是握在他手上,这样的话,有了功绩自己可以同样在史册上记一笔,有了过错却都是嗣君的,岂不休哉!

但不管怎么说,官家赵构的时代至少在名义上结束了,从此以后他便是北内的太上皇,而新官家赵昚的时代业已降临,龙飞冲天,嗣君正待展布宏图,兴恢复之大业。

临安城内,随着嗣君登极,新官家赵昚的东宫潜邸僚佐无不欢庆。六月间,史浩由中书舍人升翰林学士知制诰,左武大夫龙大渊为枢密副都承旨,武翼郎曾觌为带御器械兼干办皇城司。史浩是皇帝潜邸时的老师,又是文臣身份,除内翰自然是无人诧异。但龙大渊和曾觌都是武臣,二人本不过是官家为建王时府中的内知客,若说曾觌在皇城司为天子耳目,管着一些特务工作,倒也算新皇即位的寻常举动,可龙大渊骤然为枢密院里的紧要官长,又是为何?于是朝野间便渐渐有些反对的声音。不过当时从龙人里也有运气不好的。如本在建王府任小学教授的刘藻就是特例之一。先前建王正位东宫,两府宰执们已经请天子赵构升迁王府官僚以徇常例,结果赵构却表示"小学何劳之有?"这当然说明自北宋周濂溪、张横渠乃至二程以来,义理之学大兴,音韵、训诂的小学并不受人待见,全没有后来清代朴学时候对此的重视,更何况在南宋风评极差的拗相公王安石昔日尝作《字说》,便曾被苏轼好友刘攽讥讽云:"三鹿为麤,麤不及牛;三牛为犇,犇不及鹿。谓宜三牛为麤,三鹿为犇,苟难于遽改,令各权发遣",即谓王安石为变法而不次用人,往往使小官暴据要地,以资浅,皆号"权发遣"。有了这些原因,倒霉的刘藻便官不得升迁,竟在新官家赵昚登极后卒于祠部员外郎任上了,成了个无福享受潜邸旧臣从龙恩遇的可怜人。这可不就叫人想到太史公所说的"力田不如逢年,善仕不如遇合"么?人之一世,运气上面实是重要非常。

却说新官家赵昚本意要日日朝德寿宫侍奉太上,可这对于国事繁忙的天子来说显然是不适合的,于是起初太上便说可每五日来一次北内便足矣。到了二十日(己丑),太上又提出,官家的车驾五日一朝也还是太麻烦了,便诏改为用朔、望、初八、二十二日来德寿宫便行了。对赵构这位太上皇来说,天子是一个月来六天还是四天其实并不重要,也不影响他从北内伸出去影响朝政大局的手。对于最重大问题的决策之干预,赵构目前仍然只存在想与不想,并没有能与不能。

不仅如此,赵构在七月初八(癸卯)进一步要宰执们也减少来德寿宫的次数。原本拟定每个月宰执们两次到北内朝见太上,但赵构说德寿宫前不像大内外面有待漏院,若是遇到阴雨天,百官暴露等候于外,让他"殊不安怀",今后只在月头的初二日与侍从官同来北内,即宰执由月朝德寿两次改为一次。

太上这种放权的言行似乎表示他完完全全不会过多干预朝政了,做好了安闲退养的准备,这让新官家赵昚内心恢复故土的壮志更加燃烧起来。他一面恢复胡铨元官,同时又在七月手书召判建康府张浚老相公入对。

此前二月初三(庚子)赵构召张浚、虞允文入对时,张浚乞与执政同班奏事,还被赵构拒绝了,闹得灰头土脸,只得与虞允文同班入对。此番新官家赵昚手书召他,却大是不同,给足了老相公面子。

张浚甫一入殿内,天子赵昚便正色改容,极为尊荣庄重地说:"久闻公名,今朝廷所恃惟公。"只一句话,就把张浚捧到了天下共望的高度。

张浚一向以儒学大家自居,便道:"人主以务学为先,人主之学,以一心为本。一心合天,何事不济!所谓天者,天下之公理而已。必兢业自持,使清明在躬,则赏罚举措,无一不当。人心自归,强邻自服。"

张浚的话看似只是在以儒家的语言逻辑阐述天理人心的大道理,实则暗含机锋,所谓圣主当一心合于天心,而天下公理谓何? 正是华夷之辨,故土人心而已。因而他一番话最后落脚点正在"强邻自服",这便是有要反击女真、鞭笞四夷的意思了。

皇帝自然知道张浚也是个儒家文臣,更听闻他谪居这些年治《周易》的名声,但皇帝知晓张浚并非没带过兵,没上过战场的书呆子,因而赵昚一边听一边思虑着,他内心最深处其实是不认可徽钦二帝所作所为的,颇认为正是他们不能合乎天意民心,又骄奢淫逸、刚愎自用,导致任用非人、赏罚不公、耗竭民财,这才给了女真人机会。同样的,辽人也是如此才亡了国。

"朕必不忘公言。虽然,天心若在我皇宋,朕固当夙兴夜寐、乙夜观书而宵旰勤政,则方今南北之间,公以为当以和议为是耶?以北伐为是耶?"

张浚不留痕迹地观察着皇帝赵眘的表情,他注意到这位官家确实是跃跃欲试,颇有想要建立中兴大业的雄心,于是开口说:"陛下,今岂和议之时哉!敢问昔日晋室南渡,又何曾与北虏和议?我大宋太上与陛下圣德过晋朝皇帝百倍、万倍,敌虏虎狼野心,前者数十万大军南下,幸祖宗庇佑,太上与陛下威灵,百官与将士用命,乃有贼酋逆亮自取灭亡之败陨!岂可妄自菲薄,狐疑天心之在否?更不可唯以和议为是!若和议可恃,虏人渝盟三番五次,岂可相信!"

张浚的话完全说到了天子赵眘的心坎里,这才是自己能托付以恢复大业的大宰相!他看着六十有五然而精神矍铄的张浚,遥想其昔年总中外军政,以右相兼枢府的身份开都督府节制诸宣抚大帅,与伪齐、金人相周旋,便不由地想到了自己任用张浚,而北定中原的未来。

"张公所言甚是,虏人特夷狄耳,性等犬羊,我皇宋以盟约与其讲和休兵,彼却逆状屡见不鲜,实在不能信他们。不过,张公以为,如今可真的是北伐的良机么?"

张浚道:"陛下,北虏空国而来,兵败采石,殁命瓜洲,此天亡其时也!中原本我大宋土地,亿兆百姓世世代代生养繁息于其间,而虏人仇灭中华,杀害父兄子弟,此所以淮北之民日夜盼望王师也!前者逆亮南侵,其势有如苻坚,仿佛投鞭断流,盖亦当世枭雄也。然而中原百姓揭竿而起,视死如归,以促海陵之毙,此非明证乎?老臣以为,若王师谋定后动,渡淮北伐,中原民众必箪食壶浆,望风景从,此皇宋抚育万民二百年之功也!"

赵官家脑海中似乎已经浮现出了克复中原、万民迎驾的壮观画面,看到了史官下笔,记载下自己的煌煌功业,甚至看见了金人卑辞厚礼,遣使求和……

赵昚的心顿时热了起来,仿佛有熊熊火焰在燃烧。

召对结束后不久,天子赵昚忽于夜间令学士院锁院,当日本是刘珙夜宿禁中当值,然而皇帝却绕过刘珙,反而召尚因亲戚亡故而在式假中的史浩入草制书诏令。

次日,内制一出,三省都堂俱是一惊。原来,官家赵昚本与都堂宰执商议张浚除拜事,当时议定除少保,改封次国等级的国公爵位,如今制书已出,宰执们分明看到,却是除少傅、魏国公(大国等级),正式任命其为江淮宣抚使,节制屯驻军马。

这下首相陈康伯明白了,必是天子与史浩商议后改变了三省的决议,连一贯颇有城府的他亦是遽然不乐,道:"史直翁真内相也!"旁人如何敢接话,但宰辅都心里门清,史浩眼下虽还不是两府的相公,但早晚必为宰执。

宫府之间的矛盾已然在悄悄酝酿。

七月二十八日(癸亥),禁中与外廷真正意义上的第一次交锋便出了结果。

年轻的天子赵昚即位后,由于内心深处锐意恢复故土,对于和军伍行阵有关的事情便格外上心,即便是细枝末节他也开始留意与干预。自秦桧专权之后,刀枪入库、马放南山,行都临安的军中器械制造修缮等事便颇为废弛,新官家乃以器械不犀利而工部军器监玩忽职守、不加责问管理为由,径将器械修治事务交给身边的内侍宦官李绰,任命其为"提举军器所",且令不用隶属于工部军器监,等于说直接向天子负责、汇报。这在大臣们看来,此举一是任用中官阉竖,属于所任非人,二是皇帝居然直接插手这样细微的事情,显然不符合文臣士大夫期望和倡导的"圣天子垂拱而治"的儒家王道政治思想。更何况,由内侍提举军器所,又不隶工部,若是从中贪黩误事,工部如何监管,岂不是为害非细?

因此台谏立刻加以反对。此前刚刚论罢了宰相朱倬的殿中侍御史张震、右正言袁孚等便进谏论说,谓建炎年间太上曾以此类事务委中官,不久便因种种弊端难逃圣心睿照、百官所察而罢废,如今天子龙飞,新政伊始,岂应如此?

赵昚并非十几岁的少年天子,更不是娃娃皇帝,三十五六的他已过而立,正是精力旺盛和自信刚强的年龄,便假作有纳谏之意,似颇认可台谏之言,却精明地"以彼之道,还施彼身"地说:"只为题目不好。"这是说,你们拿太上建炎年间用中官提举事务不当来说事,这种理由并不妥当,且有点非议太上圣德。言下之意显然是大臣们未免管太宽了。

在皇帝的默许下,内侍李绰便兴高采烈地张大其事,对他来说,作为一个禁中的宦官,有机会主管具体的外朝事务,为天子分忧,这是蹿升显贵的不二捷径,且极易于其中获得权势和真金白银的利益好处,还能获得不少外朝的人脉关系,必须给天子办好了才是!于是李绰本着要借此立身攀援的目的,几乎是日日乞请,又辟置官署,正儿八经地张罗起军器所的一应公务来。李绰在这时候无疑是得圣心的,他明白,自己弄得声势越大,越说明他敢于顶住外朝压力,锐意任事,为皇帝分忧,且把责任都揽在了自己头上。如其所料,新官家赵昚见到李绰还真有两下子,确是个能办事的身边人,于是更加向着他,且要加以回护。

一日,台谏又论列李绰提举军器所不妥,官家赵昚便对殿中侍御史张震、右正言袁孚直截了当地说:"祖宗朝中官掌兵,此亦何害?"

北宋时宦官典兵征讨平叛的确实不计其数,太宗、真宗、神宗朝皆有,如窦神宝、王继恩、秦翰、李宪、王中正、李舜举等,甚至不乏屡立军功者。但天子的话也有漏洞,徽宗朝的童贯典兵复燕云,便被公认为祸国无穷,驯至靖康之祸。

因而天子的这一论据实则是无法完全站得住脚的,张震、袁孚便抓住这一漏洞论奏不已,政治经验尚且稚嫩的赵昚架不住台谏压力,只得让步,降御笔云:"览卿所奏,备见忠谠"云云。于是令李绰提举的军器所又重新隶属工部军器监管辖。但是皇帝的让步仍是有限的,他还是不肯罢免李绰。

但台谏已然看到了天子圣心动摇,岂会不乘胜追击?张震、袁孚便在之后台谏同班入对时继续论列此事,而任古、陈俊卿二人也趁着内殿引对的机会反对中官提举,官家赵昚看到群臣反对的意见如此激烈,刚刚登极的他自然不便立刻与外廷全面闹翻,于是只好令李绰自己请辞提举,而改用了外朝的统制官辅逵等管理军器所事务。

乍看起来,文官集团在这一次的宫府初次交锋中大获全胜,官家在台谏等反复劝谏下终于还是向外朝做出了全面让步和改正,"从善如流"了。然而此时他们尚不能知道,以内侍、近习来制衡外廷,是整个孝宗朝政治的一大重要特色,也是孝宗皇帝赵昚的得意手段,甚至很难不去怀疑,这里面没有那位北内太上的言传身教。毕竟作为天子,如何平衡宫府,利用近侍、宠臣来推行自己的意志,迫使士大夫集团向专制皇权让步,是每一个皇帝一生都要学习的重大课题。而这一门帝王手艺,赵昚还在初步学习的阶段。

孝宗一朝内侍、近习与外朝的冲突,是理解孝宗朝政治的一个重要切入点。

但在赵昚即位之初,不光是宫府间矛盾已初露端倪,他身边最重要的潜邸旧臣史浩也与自己想要重用并付以恢复事业的老相公张浚产生了龃龉。

当此南北对立之大局,新天子让重臣们议论对金防线措置等问题,时任翰林学士的史浩提出应当重点屯守长江沿岸的瓜洲、采石两处,而张浚却在奏疏中说,把对金防线重点往南调整到长江一线来,是示敌以弱,对此他明确表示反对,并认为,应当加强更北面的两淮防线,先于淮南东路的泗州屯戍重兵。这等于是直接打史浩的脸了,无异于说史浩畏金而过于保守,竟置两淮于不顾,一味追求加固长江防线。而军事上历来有所谓"自古无淮,则未有能保江者"的论断,这便又等于在暗指史浩全然不懂军机大事了。史浩在八月除参知政事成为执政副相之后,果然一改此前赞同天子重用张浚的作态,而是加以报复,"浚所规画,浩必沮挠",至如"不赏海州之功,屈死骁将张子盖,散遣东海舟师,皆浩之为也"。

史浩之所以如此判若两人,实则也相当好理解。起初他亦明白自己的这位新官家胸中有着恢复旧疆的壮志,如果阻挠他起用张浚,并不合适。然而当张浚全不留情面地驳斥自己屯守瓜洲、采石的建议后,如果自己不加以反制,满朝文武都会讥笑他软弱可欺,不敢用事,这将极不利于日后拜相施政,官场是历来是拜高踩低,越柔弱越遭人欺负。再者,他明白自己即便赞襄张浚的恢复路线,有所成就后也都是张浚的风光,甚至极可能会因此被召回来任东府宰相,以张浚出将入相三十年的资历、威望,他史浩恐怕只有在都堂里拱手唯唯的份了,是可忍,孰不可忍!他是要做帝王师、大宰相的人,怎么可能给张浚做嫁衣?想通了这些,史浩内心开始准备走另一条与张浚完全对立的政治路线,他亦深知,要做有实权的宰执,就必须有自己明确的政治蓝图,岂可"甘附骥尾",为人之附庸,那样的宰执不做也罢!只是不知,这种个性,是否遗传到了他儿子,后来权势通天的宰相史弥远身上?但我们已经能看到,新天子赵眘的政府内阁班子,从起初就已经与前线统军的张浚出现不和了,这无疑给即将上演的北伐蒙上一层令人担忧的阴影。

就在这段时间,出使金国的洪迈一行也遇到了外交风波,而这一风波的出现反而有利于新官家赵眘对金强硬政策的实施。

七月二十九日(甲子),洪迈、张抡等赍国书进入金国燕地腹心。宋廷要呈交给金人的国书也是备述再敦盟好之意,如云:"海陵失德,江介兴师。过乃止于一身,盟固难于屡变……若使干戈不息,赋敛繁兴,坠民涂炭,咎将谁执?……尚敦旧好,勿徇群言。"其中是很明确的。虽然完颜亮这个暴虐之徒撕毁盟约,妄动刀兵,致使南北汹汹,但大宋到底是胸襟广大,只责其一人,不认为整个金国都有过错。如果宋金两国不能达成休战,则各自军费浩大,不免税赋科敛百姓无有停止,届时南北军民生灵涂炭,这弥天大错谁来承担呢?还是期望再敦旧好,达成和议,请贵国皇帝不要妄听反对的话,还是念着两国过去之盟好为上。

洪迈一行起初入金国境内时,女真朝廷里的接伴使倒也没有为难宋国来的外交使节,双方约定在大金皇帝御前,一概用对等的"敌国礼"。结果才进入燕京,金国上层却完全推翻了自己的接伴使与洪迈等人的约定和承诺,请宋国使节依绍兴和议以来的近例改易国书,即是说,仍要求大宋在国书中执"陪臣礼",自称臣如何如何。这对打赢了绍兴三十一年南北大战的宋廷来说显然是不可接受的,洪迈、张抡完全明白这个道理,如果二人这时候轻易接受了这一变卦,简直难以预料朝廷会怎么降黜他们。

于是洪迈以正使身份明确表示拒绝在国书里称臣。这下可好,金国立即封锁招待宋国使节的驿馆,断水断粮,大有不同意更改国书称臣便长期扣押使节,甚至饿死他们的作态。

这下洪迈、张抡等害怕了,他们想到过去被扣留在北方的王公大臣和那些骇人听闻的传言,没坚持多久便决定服软了,形势比人强!二人一合计,那就改国书吧,即便回了大宋被贬至岭南也总还有遇赦北归的机会,好过被扣在这夷狄腹心之地,生死莫测又或受尽欺辱。洪迈遂改易国书表章等一应外交文书,并且表示愿意遵循绍兴和议时所谓"陪臣礼"之近例。

金国皇帝完颜雍这才下旨召见宋廷使节,而入殿面见之时,按旧例使副都不需要行跪拜礼,结果这次二人都在威逼压迫下跪了下去,可说是丢尽了大宋脸面。

洪迈、张抡总算是捡回一条命,从北方回到了淮河以南,他们自然先抵达了江淮宣抚使、魏国公张浚所在的建康府。二人不免夸大其词,无非是要尽力掩饰他们的责任,把金人的诡诈凶恶与无耻寡信都添油加醋地说给张魏公听,具言金国对待我大宋使臣毫无礼数,更硬要大宋仍然自称陪臣,殊为狂悖!

这便令张浚更坚定了对金强硬的路线,他当即上奏朝廷,认为不应当再遣使往虏人之处自取其辱。但史浩又一次反对,他认为应当继续遣使,报金国以今上登位事,并且最终说服了天子。于是朝廷派出刘珙为使臣,结果到了金国境内,果然女真人再次责以绍兴和议的陪臣旧礼,刘珙不从,遂"不纳而还"。等于说金人驱逐了宋廷的使节队伍,这又是一次外交上的挫败,更是国家朝廷之耻辱。

果然,洪迈回到临安后立刻遭到殿中侍御史张震的弹劾,因为本来洪迈慨然请行而充贺金国皇帝登位使时,乃是倡言欲令金称兄弟敌国,且归还河南之地,以使汴京得复、祖宗陵寝得祭扫。现在这些一句没办到,是为欺君,且甚至擅自在国书中称臣,有辱国体,使太上、天子、朝廷都颜面受损。洪迈自然遭到罢官。

却说起初还有不少人,尤其是中低层的官员尚不知道内里细节,只听闻洪迈一行差点被扣留,并不悉知此行受辱非常,如范成大甚至作诗《洪景卢内翰使还入境以诗迓之》云:"玉帛干戈汹并驰,孤臣叱驭触危机。关山无极申舟去,天地有情苏武归。汉月凌秋随使节,胡尘卷暑避征衣。国人渴望公颜色,为报寰帷入帝畿。"从范成大当时甚至美誉洪迈为当代苏武来看,中下层官吏与朝廷上层之间存在比较严重的信息不对等,至少在时间上有明显的先后之别。

新皇帝赵眘或许是既怒且喜的,倘若金人礼遇有加,自己还没有兴兵北伐的借口呢,何况毕竟恢复之事,北内的太上是不太赞成的。太上倾向通过外交努力达成和议,赵眘也是心知肚明的,因而如今洪迈、张抡出使受辱,金人坚持要宋国仍然执"陪臣礼",反倒给了大宋伺机渡淮开战的理由!

不过说一千道一万,眼下之事总是有辱国格,且又在自己刚刚登极的当口发生,殊非美事。想那坠马又碍事的户部侍郎汪应辰已经出外知福州,再无人激烈反对给太上上尊号了,便用此天子大孝的圣德之事来遮掩一二吧!

八月十四日(戊寅),宫门提早两刻开启,执行相关礼仪的行事官员朝服入大庆殿,各履其职。无多时,皇帝赵昚服隆重的通天冠、绛纱袍而入,这种冠服乃是宋代天子在祭拜天地,正旦、冬至大朝会和大册命之时才穿上的庄严礼服。通天冠更是大有来头,据信从秦朝以来便一直是皇帝之礼冠,帽子上山额后多达二十四梁,山额往往用金博山,附蝉十二,青表朱里,首施珠翠,又组缨翠緌,玉犀簪导,若百姓有幸望见,大约是要说一声"奢遮"的。此刻官家赵昚一身方心曲领的云龙纹绛色纱袍,腰间束着根玉带,将尊奉太上皇帝尊号的册宝发给了行事礼官们,然后再返回大内,准备登御辇。在所有类似这样的朝廷或皇室内部重大礼仪活动中,我们可以注意到,天子不仅是代表他个人充当典礼仪式中的重大角色,更是礼法与统治的符号,这种场合里的天子必须全神贯注、一丝不苟,因为任何一星半点的失仪、纰漏都会在儒家文化主导的政治语境里被放大,多半就要成为一次圣德有亏的重大礼法事故,且会被记录在帝王的起居注,最后修进实录等国史档案里。从这一层意义上来说,我们非但不应当认为这些繁文缛节只是无聊多事的封建文化且必然无益于当时的实际政治,更要认识到礼法一定程度上是外朝的官僚集团(而宋代主要是文臣士大夫群体)在朝代更迭的漫长历程中所继承和发展起来的用以约束看似无所不能、为所欲为的皇权之形式,其效果本身便包含在形式中。这样的重大典礼仪式无疑会让孝宗赵昚或是其他绝大多数的皇帝感受到,君王宝座赋予的权力并不是无限的,更不代表可以任意妄为,若是具备哲学天赋的皇帝甚至或许会意识到天子之位本身只是礼法制度的一部分,但也是这一礼法的一个重要核心与基础,当一个事物背负了如此多重大意义的时候,去侈谈它有多少自由,无疑是幼稚和不合适的。不过我们也应当看到,这样来自礼法及其背后史官、文臣集团的约束,某些时候往往又会激起皇帝内心的反感,甚至会以各种途径,乃至不择手段地进行正面或旁敲侧击的迂回反抗,试图在一定程度或范围上挣脱这些约束,去接近权力的无限、意志的无限。这种皇帝几乎始终和必然要痴迷的接近无限权力与无限意志实现的意图,与官僚集团背后的礼法对天子这一最高统治符号的约束,二者间构成了一种二律背反。因为天子是礼法制度存在的意义与重要基础,舍却天子,则礼法制度本身将无法有效自上而下地施行,甚至会土崩瓦解,这在皇帝大权旁落的割据乱世之中特别显著。礼法制度的存在和运行势必要求天子的至高无上和集权,但皇帝总是有着个人的七情六欲,他并不会总是按照官僚集团的总体意见垂拱而治,而是总要谋夺超越礼法约束的"非分非时"之特权。古代庞大王朝帝国之难治与逐渐衰落,某种根源正在于此,即天子与礼法本身的矛盾上。

准备完毕之后,参加礼仪活动的官僚们身着常服出和宁门,恭恭敬敬地导册宝往北内德寿宫而去。官家赵昚自然也要乘坐御辇前往,待他的车驾抵达后,群臣们便与皇帝入内。

这时候太上皇赵构御殿,也是冠服隆重,今天的事情对"父子"二人来讲,与其说是家庭意义,毋宁说是礼法大事,是国家之大事。

官家赵昚当即入拜于殿上,奉册宝予太上、太上皇后,尊赵构为光尧寿圣太上皇帝云云。而行事的礼官们便归班群臣队列之中,于是百官拜舞称贺太上皇帝、太上皇后。

整个庄严的典礼到此便算走完了流程,然而如此彰显太上绍开中兴的文治武功与今上尊奉非常的纯孝圣德之仪式,却始终在雨意垂垂未肯休的环境里草草结束,事实上"仅能成礼"。

朝廷当然考虑过举行这样重要的典礼如果遇到下雨的问题该怎么办,官家和朝廷的对策是"防患于未然"。前一天晚上,皇帝诏迎西湖边天竺寺观音祈求明日晴天,结果不知是观音大士没听到呢,还是太上皇赵构实在谈不上"光尧",第二天举行仪式时老天一点面子都不给。君臣构成的礼法实体看来并不符合董仲舒《春秋繁露》里机械宇宙的设想,全无天人感应的效果,又或者说这正是上苍笑出眼泪讥讽赵构和赵昚父子与尧舜相比乎?

八月二十五日(己丑),群臣请以"会庆"名官家之圣节,也就是说今后皇帝赵昚的生日(十月二十二日)便叫作会庆节,如太上赵构生辰则为天申节一般。官家赵昚乃在九月初二(乙未)同意了群臣之请。

以后每年到了这一天,朝野相庆,恭贺官家万岁寿诞,许多大诗人都写过会庆节的贺圣诗,如范成大便在淳熙三年(1176年)四川安抚制置使任上写过《会庆节大慈寺茶酒》,颂云:"霜晖催晓五云鲜,万国欢呼共一天。澹澹暖红旗转日,浮浮寒碧瓦收烟。衔杯乐圣千秋节,击鼓迎冬大有年。忽忆捧觞供玉座,不知身在雪山边。"又如杨万里在绍熙二年(1192年)江南东路转运副使任上也写过《下元日诣会庆节所道场,呈余处恭尚书》:"琳宫朝谒早追趋,漏尽铜壶杀点初。半缕碧云横界月,一规银镜裂成梳。自拈沉水祈天寿,散作非烟满玉虚。已被新寒欺病骨,柳阴偏隔日光疏。"

文臣因天子生辰圣节而为诗恭贺,本属稀松平常之事,不过若比较范成大与杨万里的两首诗,似别有一番趣味。范成大在淳熙二年起以敷文阁待制任四川安抚制置使、知成都府,事权之大已经几如宣抚使,他的仕途也进入一个青云直上的阶段,当此际,我们从他的诗作里可以轻易读出色彩斑斓的气氛,且末句"忽忆捧觞供玉座,不知身在雪山边"又点出自己身在蜀中,却始终感恩皇帝知遇重用的心思,可谓花团锦簇之外通篇俱是表述忠心之言。然而杨万里的诗则大相径庭。绍熙元年时,已经禅位成为南宋第二位太上皇的赵昚之《日历》《圣政》修成,本应由杨万里作序和奉进,但赵昚还记着淳熙十五年(1188年)翰林学士洪迈请以吕颐浩配享高宗皇帝而将张浚排除在外时,杨万里抨击洪迈是指鹿为马的那档子事。当年官家赵昚怒不可遏,认为杨万里把自己比作了被赵高玩弄于股掌之间的昏君秦二世胡亥,于是当时就贬黜杨万里外知筠州。因而在绍熙元年,赵昚仍然对杨万里厌恶不已,乃从自己禅位后闲居的重华宫里对在位的皇帝赵惇(即光宗)施加压力,让他将刚被召回临安府不久的杨万里再次赶出国门,于是以直龙图阁出为江东运副。仕途再次横遭打击之下,次年圣节,杨万里的诗作读起来便有些古怪。其前四句的措辞与意境似乎出现在恭贺太上生辰的诗作中颇为不妥,如漏尽本谓计时之铜壶漏刻已尽,天将拂晓,但却云"杀点初"。"杀点"乃宋时之语词,如《宋会要》中提到北宋真宗时通进司收受文字入禁中的制度,云"若是常程文字,不是画时待报公事,并须候杀点后即得入,不得辄有住滞",据此可知"杀点"大约即截止时间的意思。因而这开头两句便是说杨万里赶去太上皇赵昚会庆节贺寿道场的时候,堪堪最后时刻才到,差一点就迟到了。这是为人臣子应该有的行为么?且此乃恭贺圣寿性质之诗,虽"杀点"并无大凶的语意,但以杀字入诗,得无不当乎?后两句写景,又谓碧云遮月,致使银月不全,有如玉梳,又用"裂"字入诗,且为残缺之意象,又似不吉祥。到了五、六句方说自己手拿沉香祈祷太上天寿万岁无疆,庆云五色,祥瑞满玉虚之仙宫。这才稍微缓和了上半首颇为不恭和怪诞的语调。然而末尾两句又说自己新寒病骨,且落于柳阴障日、阳光稀疏的意境而结束,则诚非祝寿之佳语。这就让我们看到了一个似乎对太上赵眘暗怀不满的杨万里之形象,应当也是圣节贺寿诗作中罕见的格调。

九月间宫府之间又上演了一次冲突风波。

先前与张震多次共同弹劾论列的右正言袁孚再上弹章,论太上皇北内的宦官梁康民欲在德寿宫旁开办酤酒之事。在袁孚这样的台谏之臣看来,太上退闲颐养,岂可有中官阉竖于德寿宫外行卖酒的牟利勾当,岂不是有损圣德,惹人耻笑?

官家赵眘看到弹章后当然是感到颇为棘手的,因为事关太上,处理不当的话,就会令北内的赵构疑心自己不够恭顺孝敬了。于是皇帝批答袁孚奏疏,说:"览卿所奏及德寿宫,朕令询问,即无此事。朕心悚然。今后论事,毋或如此!"

新官家的批答很明显是在回护北内,说查下来这是袁卿你风闻奏事有误,德寿宫并没有要酤酒的意图,就差说这是别有用心的人在造谣生事了。因而赵眘表示"朕心悚然",朕十分惊惧诧异啊!并且告诫袁孚乃至台谏,今后论事,不可再这样了。然而宋代风宪耳目之臣设立之初,本就有权风闻奏事,说得不实也不加罪责,这话里的意思实际不是不许台谏以后再"风闻",而是不许台谏再论及德寿宫,更不许有损太上!

为了向北内的父亲赵构交代,官家立刻批旨,除袁孚为吏部郎官,等于说要把袁孚从言路挪走,不让他再担任谏官了,以示薄惩,这样想必太上也能稍微消消气了。

第四章 绍兴内禅与龙飞在天 277

大臣们立刻进谏,认为不可。因为袁孚身为言路之臣,只是在忠实地履行自己的责任,并无过错。现在若是把他从台谏系统调走,今后恐怕风宪耳目之臣就会心生畏惧,助长望风希旨的柔佞苟且之风,非新政所宜有。

袁孚也是个有脾气的,干脆乞请补外,不在临安待着了。赵官家看到宫府汹汹,于是想息事宁人,便准其所请,于九月十四日(丁未),诏编类圣政所详定官、右正言袁孚出知温州。

结果就在十天后,诏令再改,袁孚不但不出国门了,反而授予他直秘阁的贴职,令其兼权中书舍人。显然,文臣集团们在取得了第一次抵制中官李绰提举军器所的胜利之后,绝不允许向禁中任用内侍的趋势有所退让,他们乘胜追击,又欺负天子新立,太上不便出面直接干预,导致最后皇帝赵昚只能朝令夕改,反而给予袁孚贴职的嘉勉,又让他兼任权中书舍人的要职。文臣集团、主战势力的抬头,正是绍兴内禅、孝宗即位之初的一个朝局特点。

但文臣集团和主战势力们并不知晓,他们的这位新官家很快就会逐渐学会利用和分外文人士大夫,并且将继承北内太上用近臣中官制衡外朝的手段,从而在乾道、淳熙年间变本加厉地以内侍、近习压制文官集团对他圣心独裁的约束。

倘若顺着一些蛛丝马迹来看,官家赵昚的动作甚至在把右正言袁孚从台谏言路调走之后便立刻开始了。九月间,皇帝将周操除为右正言,补了袁孚离开台谏后的空阙。周操此人乃是绍兴五年汪应辰榜的进士,年龄应当已经比较大了,但长期沉沦下僚,在绍兴二十六年时还只是一个正九品的"国子监录",位在国子正、太学正、武学谕这些底层官吏之下,只能管一管国子生不守学规这样的小事,此年中升迁为从八品的太学博士兼武学博士,绍兴二十九年左右已任正七品吏部员外郎兼权右司郎官,然而只除员外郎而不是郎中说明他当时的资序仅为通判,尚不到知州级别,绍兴三十一年十一月得入台谏,以从七品的本官左承议郎为监察御史。从周操在乾道年间的仕宦升迁履历来看,进入台谏系统是他文官生涯中极为重要的一步,不光如此,更值得我们去关注的是,周操接替袁孚为右正言,极可能是皇帝赵昚经过深思熟虑之后的一步棋。

何以如此推断呢？首先,周操在成为右正言之后,立刻于此年十月连续有两次重要建言。一是说如今百官哪怕如县丞、主簿之微,无不整日想着于数月间入为郎官,若得为郎官又希冀火速迁卿、监,直指当时官场中人人觊觎幸进,不务正业,更遑论为官一任、造福一方这样的弊端现状。但这不过是老生常谈的吏治话题,本无甚稀奇或高明之处,且从另一角度说不让官员久任其职,正是宋朝驾驭文武群臣的祖宗家法之一。但周操的话最后之重点乃是:"臣愿陛下,面谕大臣,自今内外除授之际,恪意精选,务在久任。"官家赵昚立刻诏令三省遵守,表现了对周操意见的认同。周操这番话的意思,实则重点并不在吏治,而是乞请天子集权。根据当时的制度,两府大臣在内外文武百官的除授上有很大的权力,一方面天子不可能熟知庞大帝国的海量中下层官员,因而由两府宰执们拟定除授、黜陟的人选,从制度上来说具备相当的合理性,但这无疑也会对皇权掌控官僚队伍的程度和实际效果造成一定影响。因此周操所说的"恪意精选",言外之意应当是天子须将人事任免的大权慎重再慎重,不可轻付二三大臣,听以一面之辞,要做到恩出于上,而非出于都堂三省,否则百官岂不都成了宰执门生么？而这一点,从孝宗朝宰执任免之频繁,皇帝本身对相权的警惕等后来之事中都可以得到足够的证明。所谓"务在久任"并不是要天子罔顾祖宗家法,而是要让底下的百官们明白,如过去那样跟对了上司或送足了好处便多半能有机会升迁的老黄历要改一改了,从今往后百官都必须尽心为天子牧民治邦。甚至可以说"务在久任"更是针对掌握官吏提拔大权的都堂而言的。换言之,打这之后,天子将时常过问官员调任、升迁等具体细节,不得随意进呈,轻降指挥,而启幸进不正之风!对于孝宗赵昚这样一个在即位之初就锐意恢复的君王来说,再没有比集权独断更重要的事情了,如果从这一角度去审视周操看似寻常的进言,再联系此前台谏系统和新君之间的宫府矛盾,便不难得出上述之推论。

周操在十月初九(壬申)还有一次更明显的重要建言:"三省有六房,其属为六部,而御史台有六察,所以相为表里也。祖宗之意,正欲御史纠六房六部之稽违者。今之六房六部人吏,积习玩侮,情弊百出。欲望申严行下六察官,每月纠参所隶官司,亲加询究,小事具奏,大事随长贰上殿,庶几察官各举本职。"

东府下面的三省各有自己的"吏、户、礼、兵、刑、工"六房来分管尚书省六部的具体事务,而御史台也有"六察司"。六察司这一部门本是沿袭唐代制度,唐朝时监察御史便有分纠六部过失之权责。但宋初六察官之设只是临时为之,未置官司,一直到神宗皇帝元丰二年年底,才于御史台中专门设立六察司并至今。六察司实际上无权纠察三省、枢密院等最高权力机构或近要官署之文字,但拥有监察六部及以下百司簿领文字(官署衙门记事的簿册或文书)之权,专设吏、户、礼、兵、刑、工六察,元丰七年以后便以监察御史任之。这本亦不过是神宗皇帝确立的旧制度,但周操的进言为天子打开了一道向都堂、六部加以整肃而收权柄于上的门径。从制度本身的规定来说,御史台六察司确实无权干预宰执们所在的两府或说都堂,但宰相们的东府下属的六部里有着千头万绪的各种具体行政事务和无数的文书,监察御史们既然有权纠察六部及以下百司,那么便几乎可谓是牵一发而动全身。这个以小博大的突破口选得非常准确甚至刁钻,且周操建言,应让六察司每个月都要完成纠察参劾各自所分管监察职责的官司之指标,这就使得天子有从细部入手,抓牢六部乃至百司事权的可能。更妙的是,周操建议,若纠参的是小事则详细奏禀,大事还要随御史台长贰同班上殿面圣,如此一来,皇帝用风宪耳目之臣制衡两府、三省六部和在京百司就更有实效了。

于是,果不其然,官家赵昚再次大为赞赏,诏令"检举见行除令施行",亦即是说,照准实施,不得有误,钦此!

从另一个角度来说,将周操迁为右正言,是新皇帝打进原本台谏系统的一个颇隐秘的钉子。因为由监察御史而右正言,这两个职务都是从七品,看似并非提拔而只是平级调动,旁人也很难在最初就窥见天子的意图而尝试反对。但在风宪言路中历任谏官与御史之后,自然便为继续大力提拔周操做足了资历上的准备。

那么我们何以能进一步知晓上述推论的可能性呢?实则我们只要去考察周操此后的仕宦便可略见端倪。周操为右正言后,其升迁之路可谓恩遇非常。隆兴元年(1163年)起,他已先后在台谏中历任殿中侍御史和侍御史(御史台次长官)之要职,不久又任权尚书吏部侍郎,几乎一跃就要成为六部的副贰官长,隆兴二年七月周操以秘阁修撰外知太平州,后又知衢州,到了乾道年间,他回到行都临安,最晚在乾道三年(1167年)十月时已任从三品的兵部侍郎!此后他又迁吏部侍郎,并于乾道五年(1169年)四月除徽猷阁直学士,再知太平州。至此,我们可以清晰地看到,从官家赵昚迁周操为从七品的右正言起,到他成为从三品六部侍郎级别重臣高官,最多只花了不到五年时间。倘若不是周操深得圣心,屡屡执行天子的意志,何来这般异数?这样的升迁履历,已经可以有力地佐证我们上述之推论,即皇帝赵昚在绍兴三十二年以周操接替袁孚出任右正言,乃是以其为心腹股肱之一,通过其在风宪言路的作用收拢权柄,制衡两府三省,从而为启动恢复事业、北伐大计做准备,当然背后的最根本目的自然不离帝王加强皇权专制独断的意图。

除仕宦升迁之外,尚有更多具体事件中的证据可知周操在相当一段时间内确与皇帝保持高度一致,仅在隆兴元年(1163年)曾觌、龙大渊的宠用近习事件上他身为御史不得不与台谏乃至文臣们站在同一阵线,也做了"章十五上"的姿态反对皇帝用曾、龙二人,毕竟文臣对内侍、近习群体的排斥乃是当时文官集团里的一种政治正确。但与当时上到执政张焘、中书舍人张震,下到如周必大、陆游等群臣都因反对而被罢官出外不同的是,周操在这一次风波中并未因为连续上十五封章疏而遭贬黜,他的出外也在次年七月,且被授予了秘阁修撰的贴职,便也很能说明问题。皇帝赵昚没有在隆兴元年一并黜责周操,乃是因为天子完全知道周操是心向着自己的,与其他文臣不同,便也不宜深责了,反而庇护、保全。但分析至此,不免便有所疑问,既然周操是官家赵昚的得力助手,何以仍在次年令其补外知太平州呢?难道正是要他在地方历练一二,方便再加提拔吗?

不过我们恰可以通过周操在隆兴二年出外的理由来进一步论证他是如何与孝宗皇帝保持高度一致的。隆兴元年七月汤思退复相,以尚书右仆射、同中书门下平章事兼枢密使,其背后自然是北伐受挫,德寿宫太上皇借机迫使皇帝赵昚召回汤思退并令再登宰相之位,主持和议。汤思退便以淮西安抚司干办公事卢仲贤为枢密院计议、编修官,持报书往金人大营议和,又以其党吏部侍郎王之望为通问使,知閤门事龙大渊为副使,准备用割弃海、泗、唐、邓四州的条件与北虏媾和。时任殿中侍御史的周操便弹劾卢仲贤不应擅许四郡,与张浚遣其子张栻入奏卢仲贤辱国无状互相呼应。实际上我们不难推知,汤思退准备割让四州的想法绝对不是他个人敢于许诺的,而多半来自北内太上皇赵构的暗示,代表的是德寿宫之意志。锐意恢复的赵昚在不得已复相汤思退之后,很明显仍然不想立刻放弃北伐的路线,但他不便自己在台前与代表太上皇的汤思退大动干戈,因而周操便成为了他的代言人之一。果然,周操的弹章一上,官家赵昚便立刻降旨,卢仲贤下大理寺究勘问罪,召张浚赴行都临安商议南北大计。彼时的赵昚,在两淮战事受挫和太上皇赵构的双重压力下,实际上仍在做着一番努力,这也是不应无视的。

隆兴元年七八月间,在张浚江淮都督府改为江淮东西路宣抚使司又重新恢复为都督府的风波中,又是时任殿中侍御史的周操谏言说:"官爵者人臣一己之私,有罪随即贬削,乃分之宜。若都督之名,实国家用人之权柄,岂得亦行递减!"周操之论一进,皇帝赵昚立刻说:"此论甚善,可与复都督府。"于是,八月八日诏复张浚都督江淮军马。从这次事件中我们又可见到,尽管此前张浚因符离之溃本官被降特进,官家赵昚甚至一度说要"罢枢密使",在左相陈康伯认为不妥之后才改变主意,但应当认识到这恐怕是出于顾虑北内太上皇的态度所致,不过一种对外的姿态而已。当时的天子尚未完全放弃张浚及其对金强硬的路线,这才是周操一言而能动天子的根本原因所在。

然而在汤思退令王之望"盛毁守备",做出了"四州撤戍"这样的丑事,以及唆使尹穑弹劾张浚督府参议官冯方,且论列张浚耗费国用无算而徒劳无功之后,张浚终于心灰意冷,自请解除都督江淮军马之差遣。这时候,又有周操进谏的身影。他说张浚"忠勤,人望所属,不当使去国"。可见,周操至此一直是天子赵昚用以收拢事权、推行恢复路线、保全张浚的代言人之一,是替帝王意志说话的重要助力。无奈张浚去意已决,"凡八章乞致仕",加之来自北内的巨大压力,政府班子里的首相又是汤思退这样的主和大臣,官家赵昚终于被迫妥协,决定弃地求和。在这种局面下,周操作为极力主张保全张浚的"主战"派,自然是要在隆兴二年宋金和议之时被赶出国门的,否则无以向太上皇交代,也无法在朝野中为主和势力加码。弄清了这一点我们便知晓周操绝非因为忤逆圣心而在此年七月补外,实则恰恰是因为处处说出了天子想说而不方便说的话,才以秘阁修撰的贴职暂时出之于外,这不是一种贬黜,相反正是皇帝在保护周操。

若仍认为论据尚显不足,不妨再看乾道七年(1171年)至八年时周操所任的职务:从三品太子詹事。太子詹事一职顾名思义,本应当是东宫之官。只是宋代的太子詹事一般并不掌东宫事,但在孝宗赵昚乾道七年时,这一差遣成了当时的专职职务,确乎是要求周操陪侍、教导皇太子赵惇(即后来的宋光宗)的。试问,倘若周操并非皇帝赵昚极其信重的股肱大臣,如何会任命其为专典东宫之事的真正意义上的"太子詹事",让他在赵惇左右呢?相信论述至此,我们已经梳理出一条清晰的轨迹,即皇帝赵昚与周操君臣二人自龙飞之初到乾道八年这十年间是如何紧密配合、默契无间的,直至后者自请在外宫观。此时再回头看我们的推断,应当已无疑问。

从这一点上来说,孝宗皇帝赵昚无愧是南宋比较有手段与水平的一位帝王,至少在对内问题上,他大约从高宗赵构身上学到了不少本领。在其刚刚即位的绍兴三十二年,屡遭宫府冲突,他能果断慧眼识才,通过补调周操为右正言,成功地逐渐收拢事权,并支持和推行了张浚的北伐路线,这是政治经验尚不够充分的年轻天子所展现出的比较成熟的政治手腕或说天赋。无奈的是一则张浚年事已高,二则诸将多有不堪,三则北内的太上终究不支持北伐,这便让官家赵昚这一从绍兴三十二年起猛烈燃烧起来的恢复故土之梦想遽然破灭于一、二年间,确乎可惜!

隆兴元年十一月时,北伐受挫,汤思退派遣卢忠贤使金,卢忠贤带回了金人平章事仆散忠义的外交文书,凡四项要求:一者,叔侄通书之式;二者海泗唐邓之地;三者岁币银绢之数;四者叛亡俘掠之人。周操在这种情况下仍然反对割让四州,这也可看作是皇帝赵昚在"犹欲止割泗、海,徐议唐、邓"后的一种坚持和反抗。而当赵昚让执政拿出虏人国书给侍御史周操、右正言陈良翰看时,执政们居然敢顶着天子不拿。如果这背后没有来自北内德寿宫太上的授意和压力,宰执大臣们如何敢这样忤逆当朝天子,甚至可说无视今上的权威?且汤思退随后又说张浚深孚众望,应该召其归阙,其实际用意自是召张浚回到临安,通过复相张浚来解除其兵柄,以方便汤思退在前线布署"四州撤戍"促成和议。而这样的丧权辱国行为,没有太上皇赵构的支持,汤思退虽为宰辅,也没有这个胆量顶着官家赵昚来做这些事。这都表明来自德寿宫的巨大掣肘和压力。汤思退在次年三月"请上以社稷大计奏禀上皇,而后从事"便是明证。在隆兴元年年末之时,北内的太上皇赵构利用官家赵昚朝德寿宫奏禀军国大事之机会,装得似乎才知晓南北之间已然在遣使通问,和议正在进行,居然"甚喜,谕上以欲自备一番礼物"——这位做了三十六年皇帝、对金称臣二十四年的太上皇赵构居然说要以自己的名义备礼慰问金人,他急于和议的丑态真是令人难以置信!到隆兴二年十一月时,官家赵昚无奈下诏:"朕以太上圣意,不敢重违。而宰辅群臣前后屡请,已尽依初式,再易国书,岁币成数,亦如其议。"其中的无奈,是可以想见的。

当然,话又说回来,在任用周操为右正言的时候,官家赵昚对这些后来之事还一无所知呢,他或许也正得意于自己的帝王心术,憧憬着真正中兴大宋的文治武功。

第五章
典型的成功官僚和非典型文臣

绍兴三十二年行都临安的西百官宅里,如今正是三月光景,时任秘书省正字兼国史院编修的周必大这会正和比邻而居的宗正寺主簿陆游以及来访二人住处的监行在太平惠民和剂局范成大、枢密院编修尹穑聚于一室,吃着从市肆上买回来的酒食,畅谈着近日的朝野见闻。

座中四人虽然如今俱在行都临安,但只有周必大于去年进秩为从八品的"左宣教郎",由选人跃入京官的尊贵行列,而另外三人都还在选调之中,心里不免有些艳羡于得授馆职清贵又改了京秩的周必大了。

这会众人酒过三巡,菜过五味,周必大忽然道:"务观,正月里送杜殿院之出国门,送行诗里我看属你写得最好呐!"

尹穑当即吟诵出陆游所作的《送杜起莘殿院出守遂宁》:

羽檄联翩昼夜驰,臣忧顾不在边陲。
军容地密宁当议,陛下恩深不忍欺。
白简万言几恸哭,青编一传可前知。
平生所学今无负,未叹还乡两鬓丝。

吟罢,尹穑又道:"好一句'臣忧顾不在边陲',颈联亦是妙甚,务观诗才他日必追前人矣。"

范成大亦笑着说:"某最喜尾联'平生所学今无负,未叹还乡两鬓丝'。吾辈君子行事,不正当如此么?"

年近不惑的陆游听着友人们的称赞,也是有些高兴,他又自酌了杯,一饮而尽后方开口道:"子充(周必大字)的送行诗依某来说,才是笔力最为雄健。"

陆游正待吟诵几句他最欣赏的周必大之诗,那边博闻强记的尹穑却已是抢先开口了。

只见尹穑拿着筷子在杯碟边叮叮当当,仿佛击节而歌:

识公七年前,青衫骑破鞯。送公七年后,金章大州守。穷达反掌耳,置之勿复论。忆公出蜀日,避名如避喧。神羊一在首,慷慨眉宇轩。朝陈击奸疏,暮进兴邦言。炎炎中郎将,解带西南奔。矫矫内押班,挂冠神武门。所以杜御史,姓名满乾坤。人生有聚散,安所非游宦。徵黄不作难,圣主方味谏。

周必大亦是举杯朝尹穑报以微笑:"拙诗不堪,辱少稷(尹穑字)之口,污诸君之耳,愧甚,愧甚!"

范成大道:"且让某来猜一猜务观最喜子充哪几句诗如何?若是猜得对了,务观当要浮一大白,猜错处,自是某来罚酒!"

众人都是大笑,直是仿佛有那轰饮酒垆,春色浮寒瓮的豪气之相投。

范成大说:"必是那'朝陈击奸疏,暮进兴邦言。炎炎中郎将,解带西南奔。矫矫内押班,挂冠神武门。所以杜御史,姓名满乾坤。'是也不是?"

陆游拿起酒杯便在众人的起哄下一口闷了,又道:"知我者,其至能(范成大字)乎?"

尹穑道:"好一句'炎炎中郎将,解带西南奔。矫矫内押班,挂冠神武门',这对仗功夫,他日子充必是内制大诏的翰苑第一把笔杆子啊!昔日带御器械刘炎管禁中市易,通北贾而大为奸利,其妄议朝政则语言狂悖,莘老以闻,斥监嘉州税,岂非'解带西南奔'乎?今有貂珰张去为致仕,岂非'挂冠神武门'者?以刘炎之环卫中郎将对张去为内侍押班,诚妙笔生花!"

周必大道:"少稷赞太过矣,某当为之色赧。"

陆游戏谑说:"子充此言差矣,我等见你眼下未尝脸红,如何曰色赧?是欺吾辈诸君,当浮一大白,以示薄惩!"

周必大亦为之一笑:"得,得。"乃自酌自饮了一杯。

尹穑道:"仆近日又闻子充次韵张大著(张震时任秘书省著作郎兼权仓部郎官,与周必大同在秘书省为馆职)之诗。其中'出游写我忧,驾言岂顾返。撑舟度平湖,蜡屐试叠巘。境幽客更佳,风静日亦烜。尔仆毋告劳,我足尚忘蹇'之句,得无似渊明意境,摩诘旨趣乎?"

周必大道:"过目不忘,谁言能胜少稷?无怪乎士大夫交相称许,公卿交荐,行在百官争识,翰林西掖诸公又有诵少稷之诗于众者。某在馆中,尝闻官家语大臣:'是盖东州佳士,何以处之',连天子都如此盛赞少稷,就莫要再谬赞敝人啦。"

"不然。"尹穑又斟了杯酒,抿了一口道,"子充诗中又云'所嗟虮虱臣,无术助龙衮。颇闻议深讨,将士不及饭',这是在寻幽探胜之余,不忘君父、社稷,甚得杜子美忧国之诗意。结尾一句谓'愿言休王师,岁熟禾自稛',正是吾辈君子不忍百姓涂炭之心,子充有宰衡气度也。"

陆游、范成大亦共同劝酒:"祝子充步步高升,吾辈亦是窃效贡公喜,难甘原宪贫啊。"

众人一时俱是欢笑盈舍。

正饮酒间,陆游道:"前些日子闰二月时辛幼安献俘行在一时,诸君如何看?"

范成大道:"如今行都里各种传闻,说他领五十骑,缚那叛徒张安国于五万虏军之中,如挟狡兔,束马衔枚,间关西走淮,端的是英雄少年,非凡锐勇。"

周必大一哂:"吾在馆中,亦听闻张安国之被擒多是李太尉帐下王世隆之功,辛幼安倡此等大言,恐怕是有窃名邀功之嫌。"

尹穑给周必大斟酒一杯后也说:"正是,想那辛幼安以我辈文臣自许,如何做得那些武夫事。且将自己说得神勇无敌,颇不可信。官家还是宽容,大约为了千金市马骨吧,不戳穿也不厚赏,由得他去江阴军做个签判。"

"以某之见,大有不然。"陆游驳道,"吾曾闻陈相公言及幼安,说他甚有举止见识,非一般之人。若此间事,皆他诞言张大之辞,如何不见王世隆等辈论说,纵然王世隆官卑职小,李太尉何不言之?"

周必大笑道:"务观倒是看重这辛幼安。不如我等且听一听务观的说法,在务观看来,辛幼安又是如何办到这等神奇之事?"

陆游仰头满饮了一尊,望向窗外淅沥的细雨,眼神仿佛越过长江的波涛,涉过淮河两岸,到了那山东虏人的大营外。

辛弃疾在海州听闻到这一噩耗，几乎如遭霹雳。饶是他这样已然见惯了尸山血海的勇武之人，也被这样的消息震愕不已。

"哨骑带回来紧急军情，山东已生大变，东平府义军首领耿京遭麾下大将张安国杀害，现鞑子已授他济州知州……"

这一番话此时在辛弃疾脑海中如声声闷雷，不断回响。

由于宋廷授予耿京的乃是武臣极品官阶的节度使之衔，此番本来还有两名枢密院小使臣吴革、李彪同行，给耿京的节钺告命和其麾下山东义军的两百余份官告都由二人携带保管着。然而到了楚州之后，吴革、李彪考虑到宋金战事并未停息，居然心生畏怯，死活不肯深入金人领土，于是反而把节钺、官告统统交付给辛弃疾，让他与贾瑞带回山东，他们二人只在海州等候。无奈之下，辛弃疾便与贾瑞等由几个亲卫陪同，一路至海州，这时李宝派遣的王世隆恰好率数十骑来与辛弃疾一行会合。

但就在众人自海州出发往北而去的途中，噩耗传来了。耿京帐下有二十万人，声势颇大，如今淮北中原义军多已被镇压或散归田垄之间，这二十万人对大宋便格外显得重要。若说官家赵构对其全然不重视，又怎么一下子就超授其节钺？耿京在东平府，李宝在海州，两军相距不过七百里，正是大有作为的形势，居然变生肘腋，出了这样的惊天变故！

贾瑞道："幼安，本来大帅在山东，朝廷李太尉的兵马在海州，此地尚有魏胜将军所部，若是北伐，大事极有可为！眼下却怕是连官家的任务都完不成了，耿帅已经遇害，我们带来的节度使印信、节钺和两百道官告都无人可授了……不如且回去吧！哎！"

众人不免都是面色凝重而阴沉，连一向自诩武勇无畏的王世隆也默不作声了。

忽听得辛弃疾气冲霄汉地喊道:"某绝不会就这样回临安去!我已有了决定,我要到济州,活捉张安国这厮,唯有如此,才能警示天下人,卖国求荣不会有好下场!也只有如此才能鼓舞天下群氓士子的勇气,也正可向女真豺狼表明,中原并非任其欺凌!男儿到死心如铁,些许事,别人怕,某辛弃疾不怕!"

这掷地有声的一番话令王世隆等无不动容,这时候他猛地也一拍大腿,怒喊道:"入娘的张安国,俺也跟着幼安去!"

辛弃疾朗声笑了起来:"诸位好儿郎,可愿随我二人杀贼!"

王世隆带来的数十骑顿时无不义愤填膺、血脉偾张,齐声喝道:"杀贼!杀贼!"

贾瑞知道,他已经没法劝阻辛弃疾了,真是疯了。

然而辛弃疾并非空有一腔锐勇,更不是要逞匹夫之勇,得到了王世隆等人的呼应之后,他主动提议,先返回海州,与其他在李宝帐下的山东义军将领商议,做好各种准备再前往山东济州。

回到海州后,在招讨使大营校武场内,此时正聚集了李宝麾下最精锐的一批亲卫和哨探。

辛弃疾在李宝身边高声说:"鞑子在山东总也有几万人,大伙怕不怕!"

"不怕,不怕,俺们不怕!"这些李宝的亲卫都是身经百战的老兵,哨探更是仿佛特种部队一样,常常出入敌境,和金人周旋,这会都是摩拳擦掌,高声喊着,想跟着眼前这位月色下俊逸非凡的少年英雄去捉拿叛徒。真不愧是岳飞部将李宝所带出来的亲兵和哨探!

辛弃疾道:"此行必定危险重重,你们中随我而去的人,可能会牺牲在山东,可能没有办法再回到家人身边……但是中原的父老百姓们,盼着大宋的王师,盼着我们去赶走鞑子,我们抓住了叛徒,那些獐头鼠目的人就会胆寒害怕,鞑子们就不敢再轻视我们宋人!我们的背后——是大宋,是整个大宋!是无数家人乡亲世世代代生活着的土地!我们要去的地方,我们还不曾收复的地方,那里也是大宋将近两百年来我们祖辈父辈、列祖列宗生活的地方!我们要让天下人看到,要让天下人惊醒,大宋不是没有好汉,大宋的军队里不是只有逃兵和孬种,我们要把叛徒捉回,要把金人占领的地方捅个天翻地覆!"

"必胜!必胜!大宋必胜!"亲卫和哨探们都齐声高呼起来,夜色里的大营中,军士们的呼喊声震平野,仿佛直冲明河,要驱散月影,逐杀北房。

于是李宝给辛弃疾挑选了近百名由亲卫和哨探中佼佼者所组成的锐卒,又按照商定的策略,给了辛弃疾八十匹战马的宝贵资源。

一行人自拂晓起发,诸人走了几日,深入山东金人境内四百余里后,乃留了二十骑骑兵看管着多余的三十匹战马作为接应,辛弃疾则与王世隆、马全福二人率领剩下的五十骑,直趋济州。

山东济州金军大营。

张安国和邵进这会正在城外的军营里,陪着来接收义军余部的金人将领酣饮作乐。中军大帐里甚至还找来了几个美艳的行首花魁。两个身段最好、容貌最艳丽的妓女一左一右在伺候着女真将军,张安国和邵进身边也各坐着一个。

只见张安国谄媚地堆着笑道:"勃极烈(即女真语:字董。有长官、首领的意思),俺们山东这里地处偏僻,不比开封、中都等地,您来这边受苦了,不过俺们真是三生有幸啊,和您这样的女真大英雄一起喝酒……"

金将粗暴地把左手边的妓女搂进怀里,道:"张知州,你能手刃了耿京这个逆贼,我大金也是很器重于你的。不过,眼下南面宋狗的节度使就在海州,且这海州还有一个名唤魏胜的反贼,据说也做了宋狗的官,日后还要靠张知州带路,让本将军把他们扫除殆尽,你和邵进到时候可要继续为我大金效力,不得推三阻四,瞻前顾后啊!"

张安国听到这傲慢的话语,心里也是恨得牙痒痒,但形势比人强,便赔笑说:"勃极烈哪里话,这是自然的,俺们能为勃极烈驱使,便是只作两个马前卒,也是开心得不得了,怎么会怠慢了大金的军务呢,呵呵。"

边上邵进也赶紧放下酒樽,一个劲地点头哈腰。他却是个没什么大主意的,平日只听张安国使唤,这会见自己的带头大哥服软做小的样子,急忙也是摆出一副对女真勋贵奴颜婢膝的模样,唯恐让眼前这位大酋宇董不高兴了。

"哈哈哈!"金人将领又搂着左右两位花魁的小蛮腰道,"现在都元帅奔睹(完颜昂)开府山东,若是尔等跟随我剿平了那群土鸡瓦狗的南朝懦夫,自也将你们的功劳报于汉国公、太保奔睹大帅!"

"勃极烈说得极是,俺们自然唯勃极烈马首是瞻!"张安国使了个眼色给邵进,二人当即异口同声应和道。

就在张安国和邵进点头如蒜地连连称是的时候,只听帐外两记沉闷的倒地之声,一只铁掌已经掀开了中军大帐的门帘!

"谁?!"金人将领率先反应过来,他猛地推开左右两边的花魁妓女,拿起右手边的宝刀,厉声质问道。

"山东辛弃疾来取尔辈贼子性命!"

随着这一声仿佛惊天动地的呼喝,张安国和邵进简直不敢相信自己的眼睛,都瘫倒在妓女怀中,瞠目结舌,直愣愣地看着辛弃疾、王世隆、马全福这些昔日起义军中相熟的同胞率领着身后俱是金人哨骑打扮的宋军们冲入大帐之内!

原来,辛弃疾一行人袭击了金军的哨探,穿上他们的甲衣,因辛弃疾会说几句简单的女真话,而骗开了守卫不严的济州金军大营!此时大营内女真本族兵马、契丹、奚人、渤海人组成的仆从军为数不多,另有数万被收编的耿京义军精锐,由于金人将领到来不久,尚未完成整编,是以军营内纪律不明,颇为混乱,这就给夜色中的辛弃疾一行人创造了绝佳的机会!

"你,你不是在南朝么,怎么忽然到了此间?!"张安国吓得面如金纸,不由自主地问出了这句话。

"正为捉拿你这叛贼!"辛弃疾再不多话,已是冲向了张安国!

他身后的王世隆、马全福俱是冲向帐内金将的亲卫,一时厮杀在一起!

辛弃疾几招便刺伤了金军将领,一把抓起瘫软得如一滩泥似的张安国,急道:"事不宜迟,我们走!"

却说马全福接过辛弃疾扔给他的张安国,立马绑上了粗绳子,而大帐外的刀兵和脚步声已经传了进来,说明有不少金军正在靠近!

辛弃疾率众人冲出大帐,这时候外圈已经围了至少数以百计的金军士卒。

王世隆、马全福诸人架着张安国也随辛弃疾闯了出来,诸人见到已有不少金军堵在大帐门口,不远处更有骑马的将佐带着金兵赶来,当下也不免心头一紧。久留敌营,任你三头六臂,必然是命丧当场!

辛弃疾小声对诸人道:"一会厮杀起来,各自夺马,我等的马匹多是不可能指望了,切记夺马而走,张安国务必要看好了!"

众人皆是点头颔首。

辛弃疾一眼扫过去,见到穿着金军甲衣的兵卒之中,间有原来耿京军中的袍泽,想到金将还受伤倒在大帐中一时不能出来,乃高吼道:

"尔等孳薹已死,大宋十万王师顷刻便至,耿节帅帐下原来的弟兄们,何不随我辛弃疾反正杀贼!"

金人队伍里耿京原先的义军战士们这会都认出了作金军哨骑打扮的辛弃疾,在那里情不自禁地传起了话。

"是辛书记。"

"真的是辛书记!"

"是辛书记!——"

"杀贼!"

"反正、杀贼!"

"反正归义!"

转眼间,金军队伍里就一片混乱,原来的义军战士,不少人都反戈相向,刀枪刺进了身边金军士卒的身体里,同时高喊着"随辛书记杀贼!"

王世隆诸人见了,无不动容。

"今日方知书记如此英雄!如此得人心!"

"杀出去,夺马破营!"

辛弃疾一声呼喝,已是化为一道残影,长剑光芒四射,忽高忽低,左右回旋,所到之处,尽是金人的断肢残臂,其剑意忽如惊湍直下,跳珠倒溅;又有若小桥横截,缺月初弓……一时间金军士卒给他杀得节节败退,几乎是魂飞魄散。王世隆、马全福诸人更是在他身后收割得好不快意,也是厮杀得风生水起,还真将中军大帐附近包围他们的金军杀得颇有些溃不成军。

这时候,一名女真猛安带着一队骑兵冲杀过来,甚至也不顾自己人,因为金人军法酷烈,长官若死,则以下可皆斩,这时候便哪还顾得了许多?

马蹄如兽啸,长枪似恶龙,迅如奔雷袭来,辛弃疾却不闪不避,不知意欲何为!

电光火石之间,只见长剑一挥,女真猛安反被刺翻落马,辛弃疾一步跃起,就跳到了马鞍上拉住了缰绳!

战马被辛弃疾发力拉得忽然停在原地,两条粗壮的后腿陡然站立,前腿高高抬起,辛弃疾在月光之下仿佛天神下凡,睥睨众生,原先的义军士卒们无不欢声如雷!

"大宋十万王师顷刻便至!随我杀贼,随我反正杀贼!"

夜色中,辛弃疾谎称大宋王师将至,不知实情的金军慌乱无措,加之原先的义军士卒不少都反戈相向,营内顿时乱成一团。

王世隆、马全福诸人都或袭杀金人将佐、骑兵,或抢到了无主的战马,这时候纷纷随辛弃疾纵马奔驰,要破营而出。

一行五十人此时折了有十几个,抢到马匹的都赶紧上了马背,跟上了他们的这位"辛书记"。

金人点起了一个又一个火把,夜幕下,军营中仿佛星光点点,但刀剑枪棒乃至箭矢弓弩都拦不住辛弃疾一行人了,他们趁着金营此时的混乱不堪,终于是杀出了条血路,越过大营门口的鹿砦拒马,夺路而走!

金军倒也能组织起骑兵追击他们,夜色里弓箭零零散散地互射了一阵,好在辛弃疾箭法如神,黑暗中几乎箭无虚发,射落了好几个追兵;他又早有布置,众人便得以不惜马力,一个劲地狂奔,到了接应之处,纷纷换上休息到现在的新马匹,如此这般,一昼夜不息,终于是摆脱了金军骑兵的追击……

这可真是"壮岁旌旗拥万夫,锦襜突骑渡江初。燕兵夜娖银胡䩮,汉箭朝飞金仆姑"!

辛弃疾率领着一行数十骑自月夜中血战破营,快马雕弓,挥鞭射箭,一路至于淮水,那清绝英逸的身影,真是风华绝代,连岸边汩汩的淮河波涛也仿佛为之赞叹,如鸣佩环地迎接着英雄的归来。

可惜辛弃疾此时无法知晓,酒席中想象着此事的陆游也尚不能预料,这竟然就是辛幼安最后一次深入北房领地,是他"挽银河仙浪,西北洗胡沙"的壮志能付诸实践的一次绝唱,他将英雄空老于江左,而那些"用之可以尊中国"的满腹韬略,最后都"却将万字平戎策,换得东家种树书"!此恨如何!

听完陆游的想象,范成大率先喝了一声彩,当即浮一大白。

"好务观,将那辛幼安月夜杀敌擒叛说得如此跌宕起伏,如临其境,壮哉壮哉!若他日你与辛幼安得见,他还不知今日你怎生赞许、描摹他的这番功绩呢!"

陆游一笑:"吾徒长幼安年齿十余岁,不过是虚度,恨不能如他那般也与北房厮杀,方此金瓯有缺,遗民左衽之时,丈夫功业,正要马背上得,岂只在诗书乎?"

周必大是颇为欣赏陆游的诗才的,但他显然不赞同陆游对辛弃疾如此推崇备至。他小酌一杯道:"务观诗文才高八斗,若是仿效那唐传奇,写起故事来,怕不是要风靡勾栏瓦子,让说书人嚼破嘴了!"

尹穑闻言亦说:"务观还是爱褒奖武夫,自建炎以来武臣们跋扈不轨,凌轹朝廷,若不是故相公赵元镇(赵鼎)、张老相公等左支右绌、力挽天倾,恐怕不等虏人南寇,我们文人士大夫先要无置锥之地了!"

范成大见状便道:"且吃酒听雨,闲来又杀得半日光景!"

周必大看着窗外尚不肯停歇的雨水密密滴落,乃道:"这南北之间,有人想战,有人想和,有人想不战不和……"

尹穑眼睛一亮,说:"子充以为当如何?"

周必大正色敛容道:"不论战、和、守,必也正名乎!"

"说得好!"范成大微微颔首,"若不能正敌国礼,仍要称臣,那简直是欺我中国无人!"

"总还是要看官家意思、朝廷指挥……"周必大看着窗外细雨,似是出神地喃喃说。

这行都临安的雨水,不光是此刻落在四人眼帘内,也落在禁中与御街两旁的官署屋檐上,更落在里巷坊间的泥石地里,竟由天上的晶莹汇成一股股污浊的细流,不知不觉注入临安府的角角落落。也不知这等阴柔烦湿何时才随着春夏交替,秋去冬来一扫而空。

诸人散去后,尹穑骑着羸弱的一匹瘦马自是归家去。他不免想到,周必大此人或将就要得到显用。此无他耳,秘书省作为馆职,历来都是储备人才的清贵之地,其他行在的官司衙署平日里治事办公日不暇给,忙到放衙甚至是筋疲力尽。而秘书省不同,乃是南宋之重建馆职所在,平日不过是与省中同僚查阅古籍善本或禁中文书,修订校勘加以编撰等职事,原无许多琐屑忙碌,常能诗歌唱和,为文人之雅趣,真可谓是涵养从容了!且更紧要的是,虽然此时的馆职已不如北宋时期馆阁之尊荣,但仍是青云直上的绝佳捷径,几乎可说要路有阙,必由此选,多的是由馆职而台谏,台谏而侍从,侍从而宰执的,这一路上去,岂不就得了清凉伞和那一套相公的奢遮仪仗,位极人臣了么?再况且,他周必大之所以能应试馆职(按制度常例,馆职必考试后才除授,除非天子殊恩),还是因为绍兴三十年时首相汤思退的青眼选中了他。虽然现在汤思退是再出外而知绍兴府去了,但在尹穑看来,官家赵构的求和之心还是比较明显的,谁也说不准日后汤思退是不是还有机会复相。总而言之,周必大是有前途的。

　　尹穑又听闻,周必大幼年身世颇是悲惨可悯,本来祖父做到一州通判、父亲也做过太学博士,都是有官身的文臣,结果他们二人却在建炎三年(1129年)往扬州天子临时驻跸之所觐见时遇上了金军入侵两淮的事情,死于兵燹战火之中,那一年,周必大才四岁。原本官宦之家的依靠眼看着就这么没了,只能随母亲王氏和祖母居于庐陵。谁承想,十年都不到,绍兴八年母亲王氏又病逝了,十三岁的年纪居然已经父母双亡。命运多舛、早岁多艰的周必大,绝对会成为一个十分务实和审时度势的人,而这样的人物,才容易在官场上把握住机会,青云直上。这正是尹穑看重周必大的一个原因。好在周必大的家族里还有个伯父叫周利见,绍兴八年周必大母亲去世时,正是这位赴任广东转运判官的伯父途径上饶,将周必大及其长姐与幼弟一并带走,就此才算又有了依靠。绍兴二十一年进士登科之后,秦桧党羽王葆时为覆考官而大为赏识周必大,遂将女儿嫁给他,纳其为婿。虽然周必大在二十六年时因为邻居监察御史冯舜韶之妻弟家失火,知临安府韩仲通以故曲加回护,反归罪于周必大以朝廷命官而不能谨防火烛,导致丢官,经历了短暂的仕宦受挫。但很快在次年即高中博学宏词科,成了该年制科试唯一通过的人,大约即是在此次博学宏词科的考试中,周必大庄严雄健的文风笔力引起了官家赵构的注意,从此简在帝心,奠定了之后入馆职的基础。

尹穑在回家的路上转瞬间脑中闪过许多念头。他心比天高,自许大才,养望不仕近三十年,如今满朝公卿争相举荐、称赞,他终于决心要开始攀登宦海的权力阶梯,而自己的诗文才气与直谅之名正可以为他铺平升迁的道路。于是在这当口,他便刻意与朝中文学之士往来,以期交好,经营自己的官场人脉,周必大正是他看中的未来卿相之选。

到了寓居的家门口,尹穑看到两个半大的顽童犹在细雨中追逐欢闹,甚是雀跃,而一只野猫却躲在自己的屋檐下雨淋不着的角落里蜷缩着打盹,颇得安详之乐。他忽然想到了前几日在周必大住处读到的那篇策论。

周必大有记日记的习惯,亦有将自己在朝廷里为官的仕宦文字和闲暇所写诗歌、书信记录下来的癖好,因此尹穑读到了那篇周必大在绍兴三十年应馆职策问所写的文章。这篇策论被官家赵构大为赞叹,周必大也顺利地除秘书省正字而入馆,尹穑以是几乎只字不差地记在了心中,更是得意地从中窥探出官家之喜好乃至周必大之仕宦话术。工欲善其事,必先利其器,学好了别人怎么合乎圣心,也就不难被帝王重用了。

尹穑记得,翰林学士洪遵所撰的馆职策问题目大致是问方今天下,兵、吏、财三者之弊病互相关联,计将安出?

而周必大开篇第一句就大有奥妙,其云:"臣闻有弊可言,不害为治。无弊可指,君子惧焉"。表面看似乎只是在破题,但内里大有玄机。这话的言外之意便是,寻常君王或是昏聩刚愎之人主,岂能听逆耳忠言,惟有德之天子,才能使四方异同褒贬之论,辐辏于上。换言之,周必大一上来就含蓄地点明,当今官家正是历史上少之又少的明君贤君啊!果不其然,后面便申述铺陈,乃云:"吾君躬圣神,总万邦,旰食而宵衣,任贤而使能。勤俭修乎一身,仁心孚乎遐迩。凡可以为民兴利而除害者患弗闻耳,一闻焉,未尝弗行也。道纯德厚,元元幸矣。顾天下之事,犹有可言者焉。"绍兴和议的屈辱称臣只用"仁心孚乎遐迩"便遮掩过去了,不光是遮掩,想必更是解释得龙颜大悦,因为官家是出于仁恕不忍之儒家圣君之心,为了南北军民安享太平才不得已屈己为之,这就是圣天子之仁心,令地无分宋金南北、人无分夷狄老幼,咸能天下归心了。元元之幸啊,这真是苍生百姓之福!

尹穑清楚地记得,接下来他刚读到周必大论兵时候的语句,几乎以为不过是腐儒老生常谈,如云:"自战国秦汉以来,其兴衰治乱鲜不以兵,而其节制训齐则系于将。今不察将之能否,而惟兵之众寡是问,其可乎?晋文公之伯也,车七百乘耳。然少长有礼,卒成大功。至昭公平邱,车乃四千乘,是宜诸侯震惧,无敢窃议。然子产乃谓,晋政多门,贰偷之不暇,何暇讨。是则兵不在众明矣。李信、蒙恬以秦兵二十万伐荆,王翦曰,非六十万不可,则兵又有时乎用众也。虽然,二者皆是也。兵寡可也,寡而不精,则不可也。兵多可也,多而冗则不可也。"这不是正确的废话么?两可之说,一会说兵寡好,一会说兵多也对,如果策论只写到这种程度的论兵之言,赵构恐怕是要笑掉大牙的,什么腐儒书生!后面又说什么如今军队疏于操练阅习,养兵乏术而不以道,老弱癃羸不去,冒滥空额不革,这不过都是秦桧专权之后蹂躏兵将的恶果,无人不知,全不是高明之见,不值一提。

然而绝妙的是,周必大笔锋一转,从"无事则劳吾拊循,有事则干吾法纪矣"出发,得出了这样一句结论:"虽然,此特任将之效,而未若御将之为尤急也。"原来此前说了那么多看似废话的庸论,只是为了引出这个"御将"的观点。天子最关心什么?自然是军权。如果诸将难御,不从指挥,那么无论才与不才,都是国家朝廷之大害,更是人主君王之大忌了!周必大举了一个很形象的例子,可见其文字功夫的厉害。他说:"夫一仞之墙,民不得踰。百仞之山,童子升而游焉。何者,凌迟故也。"七八尺的矮墙,普通人不借助工具已然没法飞檐走壁翻过去了,然而一座百仞之山,儿童也能够顺着山路爬上爬下,这便是因为驾驭将帅军旅的制度败坏了的缘故!多么形象的类比!因而周必大写出了两句极是符合帝王心思的话语作为小结:"堂陛之势不可以不严……臂指之势不可以不运!"朝廷之威权不可以不严,对将帅如臂指使的驾驭不可以不具备!其余的兵卒精锐与否都是其次,因为"今朝廷清明,纲纪不紊。彼提尺籍伍符于外者,犹懈弛因循,不能作士气,偃塞傲睨,不能体上德。假令幽障之烽起,插羽之檄驰,虽使兵精,适足恣其飞扬耳"!这番话实在是说到了官家赵构的心里去。如今家军问题大体已经解决,御前诸军的制度早已确立,然而那些操持着军功簿,滥用军法御下以拥兵自重的在外将帅,尚且敢玩忽职守、因循苟且,治军不作为,又欺朝廷难以尽知行都阃外的军务之事,多是傲慢无礼、阳奉阴违,全然不知道体会天子圣德与苦心!倘若边境有警,即使他们麾下兵卒精锐,也不过是正好让这些武夫更加恣肆猖狂,助长其飞扬跋扈之气罢了!后面周必大更是用刘邦与项羽楚汉相争,困厄于成皋之时能轻易夺张耳、韩信之兵符和周亚夫军霸上,然而汉文帝先驱不得入营,军中谓闻将军令不闻天子之诏的例子,但却得出了这样的观点:"呜呼,信、耳虓将也,而高祖之术能行于败衄之余。亚夫平平耳,孝文乃不能伸威于畿甸,幸亚夫无反相耳。向使稍怀顾望,岂可不为寒心哉。明主鉴二者之得失,则尊君卑将之道,默然而意传矣!"姑且不论刘邦之夺韩信兵权,后世习惯认为周亚夫治军严明,汉文帝有识将之慧眼,是君贤臣才的美谈,然而周必大反用其意,说周亚夫才干远逊韩信,但文帝以天子之尊,居然在京师附近便不能号令自己帝国的军队,幸亏周亚夫无反心啊!周必大认为,刘邦作为帝王是深得御将之术的,文帝则不然,所以为人主者,必须做到四个字:尊君卑将!

原来,周必大的策论在论说兵事时,并不是要讲如何提高军队战斗力云云,而是专说帝王如何驾驭诸将,使他们俯首帖耳,这是真正以小臣的身份,深谙天子幽幽之"圣心",无怪乎大获赞赏!

尹穑坐在家中,心里回味起这一段来,犹情不自禁地拍案叫好。人皆谓周必大作得好文章,信不虚言!自己也要好好学学才是啊!尊君卑将四个字,岂非盖过万言?

再如其最后论南北大势,乃曰:"夫中国御戎,守信为上,应敌次之。国家守信,愚曰可矣。礼以来之,恩以结之,金币以饵之,奈何琬圭之瑞虽交,而蹄林之马常秣,抑不知恫疑虚喝,高跃而不敢进耶?其将深思远谋,多方以误我耶?是未可知也。顾当坚盟誓之约,而修政事以应之耳。"这些言论,所谓当以信义礼节而待北虏,以恩惠、币帛偿其贪欢,不惧其虚张声势的动兵恫吓,而一力内修政事,坚盟誓之约,不过是顺应了官家赵构的偏安意图,说到了他心坎上。至于后以卞庄子刺虎的例子,论金人"咆哮于无事之秋,跳梁于四达之衢",只要我大宋"激厉我将帅,甄别我人材,均节我财用,毋为戎首,以尽夫自治之道,设有警焉,相时而动",便能使丑虏自蹈陷阱,自取其辱,不过是夸张大言。说来说去,只在"以尽夫自治之道"一句话而已!秦桧已死,当绍兴更化之际,再说求和之论,是要人人喊打的,但回到"自治"的说法上,则上合天心,又保留了体面,实在是妙哉妙哉!

尹穑这时候听到了家门口野猫的叫声,他站起身来,一把将那瘦瘦的狸猫抱进了屋子里。这周必大真是会写文章啊,知道什么该说,该怎么说,该如何让官家看了舒服,读到顺心,此子不可小觑,前途诚不可限量!

是了,只要一心合乎天心,其无往而不利,岂是虚言?

尹穑如此想着,将狸猫放在脚边,露出了狡黠而自得的一抹笑意。

三月的雨,犹在临安都下淅淅沥沥个不停。

四月二十二(戊子),起居舍人充大金国贺登宝位使洪迈一行向官家赵构陛辞,准备离开临安府,往淮河以北金人领地而去。

为诗送行的人自然很多,范成大《送洪景卢内翰使虏二首》其中之一写得极好,云:"檄到中原杀气销,穹庐那敢说天骄。今年蕃始来和汉,即日燕当远徙辽。北土未干遗老泪,西陵应望孝孙朝。著鞭往矣功名会,麟阁丹青上九霄。"范石湖对金仇恨、轻蔑之态尽在其中,最后才卒章显志,赞许洪迈归国之后他日必定青云直上。毕竟洪迈慷慨激昂,说要让北虏与大宋称兄弟之国,以敌国礼相待。

周必大的诗从文学角度而言就写得没有范石湖这般好,但赞美洪迈的成分显然更高:"尝记挥毫草檄初,必知鸣镝集单于。由来笔下三千牍,可胜军中十万夫。已许乞盟朝渭上,不妨持节过幽都。吾君甚似仁皇帝,宜有韩公赞庙谟。"每一句都在盛赞洪迈,又说他檄文可比十万王师,更美誉其有韩琦之才略,等于说夸洪迈有拜相之日。洪迈、洪遵、洪适三兄弟是洪皓八子中最杰出的三个人,眼下都在朝中为官,周必大自然看得出三兄弟的远大前程。从这一点上来说,周必大不光是会做官,也更会做人。

重要升迁很快就如期而来了。五月四日(庚子),诏:秘书省正字兼国史院编修官周必大守监察御史。

中书舍人唐文若所撰的制词云:

> 敕左宣教郎秘书省正字兼权国史院编修官周某:朕招选时髦,储之册府,以须不次之用。盖亦居久而后察也。尔华赡之文,灿于给札;笃实之论,具于奏篇,斯固察识之矣。擢居宪府,助朕耳目,孰曰不宜。汝其雍容台评,茂著贤业,其日新于誉,处式务称于所蒙。可特授依前左宣教郎,守监察御史。

周必大的仕宦自进入台谏起,便算是进入快车道了。与他交好的陆游、范成大、杨万里等相对而言都还坐着冷板凳,陆游稍好些,但也难以媲美周必大之入馆职,又由馆职而入风宪言路,实在是令枣木巷石灰桥附近的"西百官宅"里的左邻右舍无比羡慕。

昔年在庐陵时便结下友谊的杨万里于零陵县知晓了这一喜讯,便写信和诗向友人周必大表示祝贺。诗中云:"班心公定可,更可押廷班。"班心指的是朝会时御史所站立之处,此是明周必大之除监察御史;"押廷班"即押班,唐代便以监察御史来管理朝会百官位次。然而在宋代乃是以宰相与参知政事押班,这便似乎也有对周必大入两府的期待了。

五月二十八日(甲子),有旨立皇太子,赐改名烨。我们的新官家赵昚差一点可就叫赵烨了。当时吕广问乃是权礼部侍郎,他知晓周必大博学,乃以此事问及,周必大道:"烨字与唐昭宗名字同音,作为嗣君名讳,可乎?"

吕广问一听,真是没问错人。他是首相陈康伯的姻亲,便赶紧将此事告知陈康伯,于是才进呈御前,另取旨改名为"昚"。周必大的博学又一次让自己崭露头角。试问此事,新官家赵昚如何不会铭记于心呢?哪个帝王会高兴自己的圣讳居然与历史上的某位君主同音,而失去了独一无二的特殊性?若是无周必大之意见,这倒成了礼部的一桩重大失误,甚至属于礼法事故,严格来说礼部和总负责的两府是要有责任的。简单的一句话,既令陈康伯和吕广问得以避免此事,又令两代天子记住了自己"博学多闻"这一标签,周必大的运气实在是好得很了。

六月二十二日(丁亥)这天,侍从、台谏、礼官等于都堂集议太上尊号"光尧寿圣"恰当与否。在这一次事件中,乍看起来似乎周必大看走了眼,没摸透太上皇帝赵构的心思,实则大约未必如此。

那位坠马侍郎汪应辰立即加以反对,且理由确乎充分。盖尊号一事,始于玄宗皇帝李隆基开元年间,到了我朝神宗皇帝元丰年间便已经罢废。一则唐玄宗天宝十四载之后,盛极而衰,国家倾颓,几乎因安史之乱的板荡兵祸而四分五裂,终成藩镇割据与宦官专权的败亡之世,怕是不祥。二则既然神宗皇帝已然罢废尊号,便算是有祖宗朝先例可循,应当遵守祖宗制度,不再加尊号。

参与集议的文臣们因此一半签书赞同,一半不书。而在两可之间另有意见者如给事中金安节、中书舍人唐文若、权吏部侍郎凌景夏、徐度、殿中侍御史张震、监察御史周操、周必大、芮烨、陈良翰等,各以奏状上呈,众人颇认为"光尧"二字近乎"神尧"之意,而"寿圣"作为尊号之一部分又于英宗皇帝的诞辰"寿圣节"同名,不甚妥当。

周必大所上的《太上尊号议》极堪玩味,今录于下:

> 臣闻举旷古所无之事者,不可泥历代已陈之迹。昔尧之禅舜固美矣,然犹在既老之后,未有春秋鼎盛,视听方疆,中外无事,而能脱屣万乘,亲授嗣圣,为万世法如太上皇帝者也。陛下欲加上尊号,致推崇之谊,诚未为过。然德之盛者,言虽多而不能尽,况区区数字乎?今天下之所传诵者,太上难名之德也。天下之所愿欲者,太上无疆之寿也。日者既合二美而名宫矣,因而用之,其说盖有三焉。不失熙宁却尊号之诏,又有以称陛下尊太上之心,一也;语简而所该者备,诚至而请祝者大,二也;即所居而播鸿名,自我作古,三也。一举而三美从,岂不增光太上巍巍之德,而尽陛下事亲之孝乎?太上皇帝伏请上尊号曰太上德寿皇帝,太上皇后伏请上尊号曰太上德寿皇后,仍俟来秋奉上册宝,庶几声容文物,得以备焉。谨议。

我们必须注意到的是,眼下朝堂上反对上尊号的声音很大,在文臣官僚集团中几乎有一半的中上层官员不赞成此事。如果周必大贸然与文臣士大夫集团中的这种"秉正直言"之风相左,那么他长久以来所得到的极佳风评,将有可能受损。因此如何在这样一种情况下,既保住自己直言进谏的公忠之美名,又不违背太上希冀尊号的虚荣心与新官家赵昚为太上上尊号的孝心,这是一件极有难度的事情。然而周必大的答卷无疑是高手中的高手,属于满分。

他在自己貌似反对的奏议里一上来就开宗明义,说太上您的功业乃是旷古所无,是空前盛大宏伟的,因此不必也不可拘泥前代的旧事(因为都比不过太上呐)。譬如往昔帝尧禅位给虞舜,固然是千古美谈,但当时尧已然老迈了,自古以来还从没有在春秋鼎盛、年富力强,且天下太平无事的时候,能像太上这样主动让天子之宝座如脱鞋履之不挂于心的。太上亲自将帝位禅让给嗣君,创万世可循之法,实在是空前的伟大!那么因此,如今陛下想要为太上加尊号,也是理所应当的。但是太上圣德广袤无际,长篇大论也完全不能穷尽,何况区区几个字的尊号呢?如今天下所传颂的,是太上难言之广大圣德,苍生所仰望的,是太上万寿无疆。

因此周必大提出,尊号固然应该加,但是不应当叫"光尧寿圣太上皇帝",而应当以"太上德寿皇帝"为尊号之圣名。何以如此呢?因为一是这样折衷之后,不失熙宁罢尊号之诏的神宗皇帝之意,又兼顾了如今陛下尊太上之孝心。二是以简要的二字,相对完备、至诚的表达了请祝之意。三者,太上今闲养悠居之北内正名"德寿宫",以所居之名而作为尊号播之四海,这便是属于我朝自己的创新,非是沿袭古人,因而谓之"自我作古"之美也。

亦即是说,周必大实际上表达的态度是不反对官家赵昚给太上加尊号,然而认为原先拟定的"光尧寿圣"有所不妥,并拟进了一个新的挑不出毛病的尊号来作为备选,且尽述三点足令太上喜笑颜开的理由。那么周必大便做到了既与那批"秉正直言"的文臣同进退,又赞成了两代天子加奉尊号的别样心思,里外都做得滴水不漏。这与汪应辰极力反对,甚至使得太上皇赵构脱口而出颇为不满的话语是完全迥异的。

这样的人,如何会没有机会画省中书、凤池宣麻呢?当然如果从这一角度去推断后来他在给舍封驳曾觌、龙大渊除授旨意时候,不肯向天子妥协的一系列言行,似乎不能完全认为他定是料事于机先,谋定而后动,纯粹为了赚取直名,或许也有一部分年轻气盛的因素。但总的来说,以给舍封驳之类的事情而去官的人,少有后来不被召回,加以大用的,相反正可获得士林称赞,赚足清誉令名,应当说,周必大确乎是个懂得为官之道的仕宦之能手。

大约"光尧寿圣"的尊号既满足了赵构自比圣君帝尧的虚荣之心,又符合他希冀长寿享乐的愿望,故不愿更改。于是六月二十七日(壬辰),官家赵昚有旨:"不须别议!愿于都堂元集议状内签书姓名者听。"用不着再议了,愿意集中到都堂签书同意的来,反对的一边去,别找不痛快。

周必大的反应是不再坚持己见,奉诏而已。

在这样的大事上,他显得极为知晓分寸,拿捏得住直言与妥协的尺度。

却说辛弃疾在生擒了张安国之后,一度在临安颇有一些称许他忠勇的声音,甚至有所谓"壮声英概,懦士为之兴起,圣天子一见三叹息,用是简深知"的说法。但这大约终究是洪迈后来的过誉之辞,或者说不过是当时还在官家宝座上的皇帝赵构礼仪性质的程式化表演,夸赞几句"实赖奋勇之举,宽予忧顾之心,今擒贼人,天下振奋"之类的套话。辛弃疾立此大功,令天下皆知首鼠两端的叛国者必有典宪诛殛,却只是得了个小小的江阴军签判的职务,去往两浙西路长江下游的小小军州,以签判行通判之权,品阶大约不过是从八品左右,可谓人微言轻。若赵构真的重视辛弃疾,完全可以令他如周必大一般召试馆职,留在临安府,给予他清贵的文学之职,这将极大地便利辛弃疾结识朝廷诸公,逐步升迁。然而,辛弃疾完全没有得到这样的机会。

不过由于江阴军地处两浙,七月间张浚除为江淮宣抚使,重掌东南沿江及两淮重兵,辛弃疾竟得到了面见深受中外之望的老相公张浚的宝贵机会。

按说辛弃疾这样卑微的职务,要得到位高权重的魏国公张浚单独接见,是十分困难的。但张浚自然也听闻了辛弃疾五十骑闯金营生擒叛徒张安国的壮举,大约出于赏识与张浚本人喜好招揽英豪、归正人的姿态,便给了辛弃疾见面详谈的一点时间。

张浚坐于上首道:"辛签判生长于山东,必熟知北虏虚实,今日见某,将有以教之耶?"

辛弃疾道:"虏人新酋(完颜雍)正为缓兵之计。眼下逆亮伏诛,他刚刚坐上宝座不久,亟须稳定国内局势,加上也终归是要在名义上被我大宋承认他这皇帝才好,于是方遣使议和。我们趁着虏人撤退时收复的东南十个州郡,乃是虏人势必想要夺回去的,否则我若屯重兵于此,河南之地,虏人不得不日夜枕戈,劳心劳神,耗费粮饷更是无数。加上传闻金人境内多有契丹等族起义,辛某以为,这千载难逢的时机,与其等着金人秋高马肥之时肆意入寇,以迫我就其范围,不如先发制人,痛击北虏,以示膺惩!"

张浚听了这话眼神一亮。

"战端一启,必有先后主次。则辛签判以为,一旦北伐,当主攻何处?"

辛弃疾略无迟疑:"当取山东!"

张浚捋须思考了片刻说:"某愿闻其详。"

第五章 典型的成功官僚和非典型文臣

"今日中原之地,其形易、其势重者,即是山东也。不得山东则河北不可取,不得河北则中原不可复!山东作为对于恢复中原如此重要的战略要地,恰巧北虏在这里的兵力和军备相对都是薄弱的。而山东百姓又民风彪悍劲勇,是一股可以利用的辅助力量。

金人在淮阳以西至于汧、陇(约在今陕西、甘肃),不过约十万女真本族之军。虏人调发签军已见出极难。逆亮南寇之时,整整两年时间,方签发得聚数十万之众。不过只有沿淮有许多捍御之兵卒。何不摆出全面战争的假象,出四路疑兵,以混淆北虏视听,使其不能知晓我真正战略目标?

譬如可以令一路举兵于川蜀方向,做出进攻关陇地区,收复长安的态势;一路举兵于襄阳,做出窥探洛阳,收复西京的姿态;另一路举兵淮西,表现出要克复东京的模样。则其淮阳以西至汧、陇一线之十万军队必然分聚三地;对于我们发动全面战争的姿态,北虏势必从燕山老巢、山东、中原调来援军。然后我们做足大举北伐的态势,把这些金军吸引在关陇、洛阳、河南一带,那么山东就几乎谈不上有多少防御力量了。为了进一步令山东境内青、密、沂、海四州数千之兵亦成为摆设,还可派遣水师战舰,往来驰于登、莱、沂、密、淄、潍诸州,令这数千兵力也疲于奔命,分守各地。在这种宋金开战,境内空虚的情况下,山东必定盗贼蜂起,这又成为我们可以利用的因素。而令一员骁勇善战之将,拣选精兵数万,步骑相半,直趋山东,则拿下这一战略要地就几乎易如反掌!

收复山东之后,不可立即四下出击,而是应当一方面固守住山东,召集民间武装力量,教以战守之法;另一方面则广发檄文给河朔州郡,令其反正归降,并辅以出兵恐吓于其左近,河朔州郡就有可能如韩信破赵举燕一样望风而降。而北虏境内的异族也会见机起事,金人三路与我对峙之军进退失据,又后院起火,军心已乱,筑城而迫降可也;驱虎吞狼,渔翁得利可也;纵其撤退,追击其于半路亦可也。

相反,如果不知道避实击虚,在北伐的时候希望数路并进,在正面战场上与金人大军寸土必争,以为万全,那么就多半会失败。因为'吾兵为虏弱久矣,骤而用之,未尝不败'。设使顺利收复了东京、洛阳和关陕地区,那么金人最精锐的本族女真武士势必从燕、蓟大举南下而来,东渡泗水,以山东之粮为依托,与我大宋周旋。到时候就一定守得住,而不是大溃败?过去三京不就在绍兴十年兀术率军南侵时得而复失么?何况,即便能守住,但仍然没动摇到金人在河北之地的统治,克复中原就仍然任重而道远。"

辛弃疾的意见可谓是高屋建瓴,深得兵家虚实之道。他认为应当故布疑兵,使北虏不能知晓大宋北伐真正的主攻方向和战略目标,他极有见识地认为现阶段虽然确实有机可乘,但仍不是足以一举恢复旧疆的大好时机,而是应当谋划妥当,进行一次战略目的明确的"有限北伐",避开金军在河北、河南与两淮的重点防御,去直取守卫薄弱的山东,从而伺机切断河南与河北的联系,做到可随时自山东、两淮同时进兵,分道合击,威胁中原。且山东临海,宋军有水师巨舰之利,能较容易地增兵为援,是极有利于恢复事业的一块形胜之地。在如此低微的职务上,在极其有限的信息下,辛弃疾做出了几乎当时最为高明的战略判断,提出了极具可实施性和极大成功可能的军事意见,这都无疑展现出辛弃疾高人一等的军事天赋,绝非普通宋代文臣那样的纸上谈兵、书生误国。

不过张浚是何许人也?他经历过靖康丙午时节天崩地坼的剧变,

领导过建炎年间平定苗刘的勤王之役,又曾经略关陕,与娄室、兀朮这样的金军最高层将领周旋,更曾在两淮以丞相身份都督诸路军马,节制几位建节的宣抚大帅,什么样的风浪和人才庸夫没见过呢?

相信张浚的内心是近乎完全赞同辛弃疾的,以他多年统军御戎的军事经验,不会不知道这里面确有真知灼见,确有克敌破虏的妙策。然而张浚与此时位卑言轻的辛弃疾看待事情的角度必然存在很大的不同。对辛弃疾来说,正因为他官位低微,有机会见到张魏公这样的宣抚大使,说出怎样激进的对金强硬之建议都是没有心理负担,也无须承担什么后果或顾虑其影响的。而张浚则大有不同。正是因为他过去总中外军政的丞相兼枢密使、都督身份,也因为他毁誉参半的那些复杂功过,他的一举一动都会被朝野以及那位仍在北内德寿宫里伸长了手、要施加自己巨大影响力的太上皇所放大和过分解读。太上想要与金人和议的心思,张浚侍君三十几年,如何能看不透?便连太上对自己的厌恶,他也是深知明白的。当此赵构禅位,新君甫立,战和犹在两可之间的微妙时候,张浚不得不谨言慎行,且他还没有回到两府,尚缺乏一个宰执督军的正式名义来领导可能会有的北伐军事行动。

大约正是基于这些考量,张浚并没有表现出对辛弃疾极大的赞赏,只是淡淡地说:"某只受一方之命,此事恐不能主之。"

辛弃疾并非不明白这里面的潜台词。张浚此时虽然得了江淮宣抚使的偌大头衔,但要知道此时在荆襄,还有一位赵构的心腹参知政事汪澈正担任着湖北京西路督视军马,等于说汪澈乃是以副宰相的执政身份都督荆襄、京西之宋军,而对金的北伐,若张浚没有整个东南的最高军事指挥权,则是无法顺利进行的。如今汪澈的职务尚在张浚之上,张浚不可能仅仅以少傅、观文殿大学士这些虚衔去领导一个戴着两府宰执头衔督军在外的汪澈。从制度上来说,目下的张浚没有节制整个东南宋军的权力和可能。若要实现这一点,他必须再入两府,获得比汪澈更高的实际职务,即便不是宰相,也得是枢密使一类。

张浚因而没有承诺辛弃疾任何事情,甚至没有提出将其辟举到自己宣抚使幕府中的意思。而以宣抚使之大权,调动一个小小的军州签判,实不过是他上奏天子的只言片语而已。

那么何以张浚没有如此做呢?是否张浚果真如许多论点所持的意见那样,乃是一个志大才疏、极其昏庸不堪的误国宰相?

恐怕并非如此。

在辛弃疾提出这一系列宏大的北伐军事谋划的时候,西北战场上四川宣抚使吴璘正与金军展开着残酷的争夺战,宋金双方最终在泾原、秦凤之间的德顺军形成了对峙。而德顺军作为当时形势下关陕几乎最为重要的战略要地,已经关系到整个西北战场的战局发展,金军对此有着十分清醒的认识,先后增兵,必欲夺回德顺军,以扭转不利的战争态势。

因此辛弃疾的天才策略如果得以及时顺利实施,就能极大地牵制金军,很可能既收复了山东,又帮助吴璘的西军在关陕站稳脚跟。如此一来,十年之内,恢复事业可能会进行得越来越顺利。

这一点,张浚自然也看到了。

于是到这一年冬天,张浚利用其子张栻和宣抚司二把手宣抚判官陈俊卿入觐临安的机会,让他们将奏疏带至御前,向官家赵昚提出了"临幸建康,以动中原之心,用师淮堧,进舟山东,以为吴璘声援"的北伐军事建议。

从后来的事态发展来看,我们有理由推测这是张浚与天子赵昚之间经过一段时间的文书沟通,做出的一个默契之举,试图进行大举反击金人的军事行动。张浚所提出的策略中,能够看到采纳了一部分辛弃疾的高明建议,主张分兵进击。但是所谓"用师淮壖",即在淮河以北与金人交战、夺回河南的策略显然是辛弃疾所反对和认为易招致失败的,为何张浚竟然不能看透这一点而仍要向天子赵昚提出这样的战略方针呢?

似乎只能认为,倘若张浚并非蠢笨不知兵的庸才,则多半是官家赵昚锐意恢复,因为年轻气盛而急于收复对宋来说意义重大的旧都汴梁,且祖宗陵寝尽在河南,若是得以成功收复,确实意义非凡,是一桩盛大的中兴武功。也就是说,这很可能是为了进一步彻底说动天子下定决心,张浚不得已向官家赵昚进行了战略上的妥协。毕竟北伐要在很大程度上受到德寿宫太上明里暗里阻挠的压力以及朝中仍然执行太上和议路线的文臣们的反对,加之又有一批江南势力代表的大臣们更愿意守御和自治的整体倾向,如果力排众议最后只是主攻山东,则在新皇帝看来,未免有点虎头蛇尾、得不偿失。对年轻的新君而言,他要的是如唐太宗那般鞭笞四夷、万邦来朝的盛世功业,这都需要自己通过北伐的节节胜利和恢复象征意义重大的东京乃至河南来压制反对的声音,来抵挡住太上那里必然会有的"不支持"。

那么为何张浚在此后从未将辛弃疾辟入自己的宣抚使司或者枢密都督府呢?史书上没有告诉我们原因。但似乎可以从其他的史料记述里找到一些相对可能与合理的蛛丝马迹。绍兴三十二年初,由于北房郎主完颜亮身死而金军撤退,两淮、荆襄的宋军乘胜收复海、泗、唐、邓、陈、蔡、许、汝、嵩、寿等州郡,但随着金军复来,逐渐在东南只留下了海、泗、唐、邓尚在宋军手中。四月间,金军便以数万人军包围海州。宋廷便任命张俊旧部张子盖为镇江都统制,率军驰援海州,并受措置两淮事务的张浚节制。张子盖也果然不负众望,在石湫堰大败金军,解海州之围。十月时,张浚已决心用辛弃疾策,先取山东,大约便举荐张子盖为淮东招抚使,然而参知政事兼权知枢密院事史浩力阻,且令陆游代为拟奏,极论不可。此事最终作罢,次年正月史浩拜右相,张浚拜枢密使,然而进取山东的策略毕竟没有被允许,张子盖听闻朝廷不从,竟感愤悒而死!由于此前淮西招抚使李显忠和建康都统制邵宏渊二大将已经建议渡淮袭取金人积粮甚多的宿州之灵璧与虹县,虽然张浚言之于朝,亦受史浩反对,但他只能去迎合官家赵眘急于克复东京,使河南祖宗陵寝之地归于版图的雄心,于是便在二将的策略基础上,再上出师两淮以北伐的谋划。

我们如果斗胆猜测一下,是否有这种可能?在此次绍兴三十二年冬张浚之子张栻与宣抚判官陈俊卿陛见入对的时候,张浚为了避免自己提议而遭到巨大阻力,反为不美,于是在奏疏中表示用兵山东乃是归正人签判辛弃疾所进之策,则如提议不成,也不至于引起朝野喧嚣。而后来的发展正是因为史浩等人的反对,非但没有及时北伐,以呼应吴璘在西北的有利局面,甚至闹出了可笑可悲的丑剧。莫非这便是张浚不得已,失去了辟辛弃疾到自己身边的合理理由?从他对张子盖的安排来看,大约本也可能将辛弃疾辟入张子盖的淮东招抚司幕府,然而用兵山东的计划终于没有实现,因此辛弃疾便没有得到这样的机会。

真正的原因由于史料不足,我们尚难以确知。但我们可以知晓的是,辛弃疾始终没有得到机会参与此后的北伐行动,他只能在公事无多的小小江阴军坐等前线的消息,坐看宋军之成败。这对于梦想恢复中原,尽逐北房的辛弃疾来说,无疑是极其痛苦的。

他在次年的立春日,写下一首《汉宫春》云:

春已归来,看美人头上,袅袅春幡。无端风雨,未肯收尽余寒。年时燕子,料今宵梦到西园。浑未办黄柑荐酒,更传青韭堆盘。

却笑东风从此,便薰梅染柳,更没些闲。闲时又来镜里,转变朱颜。清愁不断,问何人会解连环。生怕见花开花落,朝来塞雁先还。

他哪有闲情逸致来置办立春的节令吃食,图个应景呢?光阴飞逝,家国仇恨如连环难解,只怕是自此以后年年不忍睹那百花齐放、落英缤纷。流年暗换,人空老去,只有那北来的大雁如期先还!这首词仿佛具备了一语成谶的魔力,不光是开了辛弃疾壮志难酬的诗词纾愤之端,更是道出了他将要一生苦痛、挣扎和不甘的心路轨迹。

其实何止是他,便是宰执张浚、皇帝赵昚又何来自由的意志可言?他们都困在赵构、秦桧二人自绍兴十一年末建立起的偏安"盛世"里,仿佛在一幅女娲的宝物"山河社稷图"中一般,无法挣脱那"圣人"和"贤相"编织下的太平体制,也无法阻止那君臣二人对能战之将校士卒的投闲置散甚至蹂躏迫害,更遑论争取被他们一次次伤害到的中原忠义百姓的民心了。

北伐取胜的机会从军事策略角度上而言在当时并非全无可能,但若加上政治因素,考虑昔年秦桧得以大行其奸恶的真正背后因素——赵构,算上他在德寿宫里伸出来的手及其身后的主和势力在胜败之时的花式掣肘,那么可以说,北伐要成功丁其时,亦是难上加难的。至少赵眘这样才略与胆识的皇帝还不足以肩负起重组朝野主战势力、整合全国抗金力量的重大责任，因此这不光是辛弃疾或张浚个人的悲剧，也是赵眘自身的悲剧，更是时代的一幕冗长悲剧。

但绍兴三十二年的辛弃疾还全然不能知晓这一切，他和所有当时的人一样，处于历史的迷雾之中。他甚至后来要写洋洋洒洒的《美芹十论》给官家赵眘，也要写尖锐无比的《九议》呈当时他给予厚望的乾道年间一度之独相虞允文。然而那些与周必大之雍容，甚至圆滑而又"中庸"的言辞绝不相同的万言书和对宰相的批评指正，如何能起到实质性的作用呢？在乾道六年（1170年）好不容易召对延和殿，得面陈天子的机会时，辛弃疾又"论南北形势及三国、晋、汉人才，持论劲直，不为迎合"，全然不知道或说不愿意曲顺圣心、褒扬宰臣，从而不仅在当时失去了让皇帝赵眘天颜欢悦、简在帝心的可能，更大大得罪了宰相虞允文。以辛弃疾的文学之才和实干能力，若肯稍微屈就皇帝、宰臣的既定方针，他很可能在临安至多区区正八品的司农寺主簿任上得到升迁的机会，而不是被一脚踢出行都，往破败不堪、官员多不愿赴任的滁州为知州。

辛弃疾这样一位允文允武，确有非凡军事天赋的非典型文臣，在讲究窥探上意、曲意逢迎官长，尽量拉帮结伙的官场中是混不开的。他虽有冠绝南宋之填词才华，令许多文臣士大夫称许不已，但他耿直不二，从不愿向当国秉政的宰执决策层刻意迎合，又不能对地方同僚的种种不法行为视而不见或同流合污，这便造成了他虽于弱冠之龄入仕，却在历经高宗、孝宗、光宗、宁宗四朝的漫长时间里长期得不到成为侍从两制重臣的机会。换言之，在他仕宦的绝大多数时候，他完全被排除在军国大事的决策圈之外，更遑论入为两府宰执，秉国当政而展布底蕴、内革弊政、措练强军、外克胡虏、北定中原这样的大事业之机会了。

反观周必大,则是十分务实的典型文臣士大夫。其祖父、父亲俱罹难于金人之兵凶,但在绍兴三十二年九月以起居郎(从六品)的新迁官职上,与翰林学士承旨洪遵、给事中金安节、中书舍人唐文若的正式联名奏状里,他却屈服于更倾向议和而自治的观点。其中云:

准绍兴三十二年九月七日尚书省劄子节文,九月七日,三省枢密院同奉圣旨,敌人来索旧礼,及中原归正之人源源不绝,宜各以己见指陈定论者。右臣等窃度今日之势,非惟中国利在速和,而虏意未尝不欲和也。前日使者先至,近者书词虽嫚,而卒章实致志焉,情状略可见矣。然又惧我测其实而有轻彼之心也,故倡为大言,邀索旧礼。吾若直情径行,而不示以开纳之意,则边备未固,国用方匮,亟与之战,能无殆乎?若因其咫尺之书,遽为之屈,安知不乘我之怯,继以难从之请?不与是废前功也,与之尚何以为国?故臣等以为莫若折衷斯二者,而婉辞以应之,使彼有以借口,而吾可以纾难,其庶几乎?昔庆历中,契丹挟西夏之扰,无故而请地、请婚,其求非不大也。仁宗一再遣使,稍增岁币遂已。为今之计,谓宜效此。遣使亦有定论,则书辞未当遽屈,而使指可以密授,或许岁遗金缯如前日之数,或许稍归侵地如海、泗之类。使彼无意于和,则虽用旧礼何益?或有意也,得此亦可以借口而来议矣。使介往复,动涉数月。吾于其间,汲汲然以内修外攘为事。他日以战则克,以和则固。此上策也。若夫归正之人,招之非计也,拒之不能也。惟申谕边帅,继自今勿以赏格诱之斯可矣。迁阔之言，未敢以为至当也。惟陛下择焉。谨录奏闻，伏候敕旨。

奏状中说得很明白，"窃度今日之势，非惟中国利在速和，而虏意未尝不欲和也"，即如今南北的形势是宋金双方都以和议为上策，这是签订新盟约的有利前提和基础。对于金人提出仍要恢复绍兴和议的称臣旧礼，洪遵、金安节、唐文若、周必大的联名状子里认为，"边备未固，国用方匮，亟与之战，能无殆乎"。他们倾向自治的一大理由是眼下边防的军事力量谈不上固若金汤，国家财用也十分紧张，如果匆忙与金人交战，必取败辱。但是奏状又提出不能仅仅因虏人国书慢词之来，便妄自菲薄地同意恢复对金称臣的旧礼，于是他们提出了折衷的办法。即仿效仁宗皇帝庆历年间契丹威胁动兵、索地请婚而富弼出使一事，认为可以恢复绍兴和议时候的花钱买和平之条件，甚至归还海、泗等新近克复的州郡。至于奏状末尾所谓可以借此争取到时间整军备守，"内修外攘"以至日后战必克，和则固，全都不过是维护面子而已。对于恢复事业的淡薄，正体现在奏状中请求皇帝申谕边境帅守，不要再积极地招徕归正人这一点上。

但是周必大既然与洪遵等人同状奏呈和议自治的建议，便不畏惮于忤了新官家赵昚的锐意恢复之心，而为皇帝所不喜么？毕竟当时文臣群体中还有很多不同的，甚至激烈反对一味议和的声音。如殿中侍御史张震便说："海州控扼海道，陕西地多险要，皆不可弃。至于受册礼、绝归附之类，其不可有十。"权工部侍郎张阐也进言说："选将练兵，名分可正，江、淮授田，遗民可招。"这些言论都明确反对割让土地与拒纳归正忠义之人。

事实上在这篇联名奏状之前，周必大犹有一篇大意类似，措辞却更激进的"论北事劄子"。他在其中同样认为,方今南北形势,虏人也是想要重修和议的,至于其故意傲慢无礼,不过是一种漫天要价的姿态,也意图避免被大宋窥破其实,导致宋之轻视于金人。但周必大在这一封劄子里明确地提出"臣愿再以敌国之礼尝之",这种态度是比联名奏状更有"气节"的,且周必大巧为譬喻之文辞,说什么"使朝廷他日果如勾践之报吴、唐太宗之谋突厥,从一时之宜可也,不然,何以待之?"等于说,他向官家赵昚画了一个漂亮的大饼,说今日若与北虏议和,这样的权宜之计并不会妨碍到陛下如勾践灭吴、唐太宗大败突厥那样的恢复事业,也给赵昚找了一个台阶下。不过这封《论北事札子》下周必大自注"不曾用此",似乎没有作为正式的奏札走规定的流程而达于御前,但我们有理由相信,他仍然利用自己起居郎这样得以侍立螭坳、随从天子以掌记皇帝言行的左史身份,而将这封札子中的主要观点向官家赵昚加以表述过。这才是后来赵昚一再称赞周必大的原因之一。

我们不妨再从议论派遣大臣使蜀一事上考察周必大的战和倾向。当金军右副元帅徒单合喜与四川宣抚使吴璘在德顺军相持时,吏部郎官杨民望建言应该弃关陕三路,而全力保住川蜀。于是官家赵昚诏侍从、台谏各举荐可备使蜀之大臣。台谏共举福州知州汪应辰和平江府知府沈介、宣州知州许尹,但周必大却与级别更高的侍从们一道共举此前便在太府卿、四川总领任上多方阻挠吴璘、虞允文的王之望为使蜀大臣。王之望此人无论是在总领任上还是汤思退复相后,都是一力执行赵构之意志,又党附汤思退的侍从以上之重臣。受到史浩影响的皇帝赵昚采纳了周必大等人的建议,乃以王之望权户部侍郎充川陕宣谕使,力请勿弃关陕三路的虞允文反而罢知夔州。这便可见,周必大非常善于观望朝中风向,且应当确乎是更倾向和议和自治的,对北伐、恢复并无多少积极的期待。

且如周操为右正言而助力新君赵昚之集权尝试,周必大在成为记注官性质的起居郎之后,曾在天子初御经筵时进奏,云:"祖宗置经筵非为分章析句,正欲人主从容访问,以裨圣德,究治体,惟陛下留意。"这番话是值得略加品味的。经筵本身设立的初意,显然是以儒臣讲经论史,启沃圣心,从而提高天子的文化素养。自北宋中期之后,经筵诸多规定渐渐形成。经筵官常被命坐、赐茶,以示恩荣和礼数的优渥。而与在正式朝会中不同,经筵进行中君臣的服饰穿着、时间长短、所讲内容都较为弹性、随意,往往俱着便服,既可以借讲论经史而指陈时政,又可以直接向天子阐明政治意见。这样的话,经筵便不再只是简单的帝王学习经史之活动,而同样具备了相当的政治色彩。且在宋人的政治文化中,如果经筵官在经筵中只是分章析句,讲论经史,便会被认为不称职,议论时政成了经筵活动中的重要环节。那么从这一层意义上来讲,经筵活动对帝王而言,既是一个与文臣拉近距离,笼络人心的活动,同时也更多了一个了解外朝风向、朝野情况的有效渠道。皇帝还可以将自己属意和有意提拔的大臣选入经筵,加深君臣彼此之间的沟通与了解,为其日后的升迁和执行帝王意志做准备。因此周必大的话,正是在提醒新君赵昚,要善于去利用经筵这一场合,"从容访问",与外朝的文臣群体建立更密切的联系,笼络高才而可用之人。至于所谓的"以裨圣德,究治体",这个治体是什么呢?说来不过是帝王的集权,不过是大权不可旁落的帝王术罢了。"圣天子垂拱而治"在这里具备着两种完全不同的维度和解释。文臣集团如果十分强势和团结,他们就希望天子纳谏从善,最好只是一个盖图章的礼法象征,做一尊遵行儒家政治理念的人偶便可,想要集权的皇帝就会被文臣官僚们说成是刚愎独断、一意孤行之类,若是出了能废立天子的权臣,则大约还要给皇帝扣一顶"独夫"或是"民贼"的帽子;相反,倘若皇帝高度集权,所任用的宰辅重臣们都是自己帝王意志的忠实执行者,则他便不用再事必躬亲,屡屡走到台前亲自与文臣集团打擂台,那么他便可以标榜"垂拱而治",然而朝野称颂了。古代的政治文化和儒家童话逻辑背后,这样的真相是屡见不鲜的。

周必大的建言无疑是令官家赵昚十分受用和满意的。早在八月周必大刚刚升迁为起居郎而直前奏事的时候,赵昚便嘉勉说:"朕数年前见卿文,有近作可多进来。"一句话不光表示了他周必大早就简在帝心,更告诉他,君臣之间勿须有什么隔阂、顾虑,若有诗文乃至时政意见都可以将文字呈到御前。

赵昚也开始火速提拔周必大了。九月十四日(丁未),令周必大以起居郎兼编类圣政所详定官;九月二十四日(丁巳),居然让周必大同时再兼任权中书舍人和权给事中!

中书舍人是正四品的两制高官,且判中书后省一应事务,属于后省长官,又负责撰写外制诏令,与闻军国大事;给事中亦是正四品,乃门下后省官长,掌审读中央颁降与地方上奏的重要文书,有封驳、书读的大权,亦是参与大政的机要职务。虽然周必大此时只是"权中书舍人""权给事中",并非正式除授,但多有历练之后便自权而试(元丰改制后,寄禄官品低于职事官二品,则带试字),也就成了真除了。要知道,此时周必大的寄禄官,也就是本官不过区区正八品的左奉议郎!一条青云大道,似乎正在周必大面前依稀可见。这一年,周必大年方三十有七。而此时期他的好友陆游、范成大、杨万里等都还可算是真正的沉沦下僚。"

九月二十六日(己未),周必大刚刚兼任权中书舍人和权给事中不久,便欲行使其封驳权。周必大之高明,正在于他不走佞臣路子,保持自己的文臣士大夫之忠直形象,却常能在皇帝和官僚群体中两头讨好,左右逢源。

那么他所封驳的是官家赵昚的什么旨意呢?

且看其后来所上的论奏《论婉容翟氏位官吏碍止法人转行状》:

> 给事中金某、权中书舍人周某状奏,准中书门下省送到录黄一道,为婉容翟氏进封本位官吏并合推恩内碍止法人特与转行,令臣等书读,须至奏闻者。右臣等闻,勋绩著则品秩崇,品秩崇则恩数厚。故凡文武官之平进者,皆为法以止之,不可踰也。近者太上皇帝推扈从之赏,陛下施登极之恩,可谓事大体重矣。然其间有法当回授者,未尝转行,岂容披廷奉事之人,独越此例?其数虽微,其源不可启也。臣等欲望圣慈,将上件碍止法人特与转行指挥,速赐寝罢,所有录黄,臣等未敢书读。谨随状缴进以闻,伏候敕旨。

原来,由于官家赵昚新君登极,龙飞施恩,他宫里头的妃嫔翟婉容便也因此得到恩赏,可以迁转品位。然而由于碍止法的存在,不论文武大臣或是宫中妃嫔、女官、内侍宦官等,皆受到碍止法的限制,品阶到了一定级别,如无特旨,不可迁转,但为了避免恩赏被浪费,于是允许"回授"。所谓回授即是说,可以将自己的迁转之恩所带来的升迁机会转授给弟侄、子孙入仕或迁官,也可以回赠亲属,如已故的父母等长辈。在这种制度下,通常受碍止法限制的人,均是可回授,不可直转升迁。

但翟婉容并非寻常文武之臣,而是宫中品阶正二品的皇帝之妾,大约以得宠故,吹了番枕头风,于是便让官家赵昚下特旨,予以许其直转升迁的殊恩。中书门下省收到这录黄的旨意后,周必大便对金安节说:"妃嫔位非中宫即医流,皆碍止法。前德寿推江上扈从赏,今上覃恩,并不转行,止令回授,似当论奏。"

这话的意思十分明白,亦即是说妃嫔无论品位高低,只要不是中宫皇后,那就一概视作和医官一样,都要受到碍止法限制。况且此前太上皇推恩赏赐亲征扈从的功劳,乃至现在官家龙飞登极之恩,一概都是不许直转,只允许回授,那么如何能例外呢?

金安节为之一叹:"君言是也。近夏贤妃位推恩,安节实未晓,已书读行下。今恐相戾,君自缴奏可也。"

给事中金安节显得很为难。因为此前正一品、秩视三公的贤妃夏氏在推恩时也用枕头风说动官家赵昚下特旨,当时金安节没有深究,已然书读允许,颁行了下去。如果现在封驳,岂非自相矛盾,于是他让周必大自己缴奏圣旨。

周必大也没有让金安节下不了台,委婉地说:"若尔,尚可商量。"

二十七日(庚申),讲筵后金安节与周必大便先后留身独对。

金安节退下后,周必大上殿,至于御座前。

官家赵昚亲自迎接慰劳说:"朕初止谓卿能文,适金安节说卿欲论婉容位转行碍止法事,不谓卿刚方如此。可便进文字来。"

皇帝表现得从善如流,非但没有生气,反而赞赏周必大不止是文章过人,且刚直方正,当卜便同意了封驳事,要他写好文字进呈。其实正如周必大在论奏中所说的那样,宫禁掖庭中的妃嫔,终究不过是天子之妾而已,如何能屡屡为其破例,不遵循朝廷的法度呢?对富有四海的皇帝来说,女子与宦官等内廷之事,在这一方面往往是无可无不可的,就像仁宗皇帝本来答应给张贵妃的伯父张尧佐以宣徽使的美官,结果御史中丞包拯大加反对,唾沫都喷到了仁宗脸上,前后反复数百言,仁宗也只能作罢,非但不能迁怒包拯,反而对张贵妃说:"中丞向前说话,直唾我面。汝只管要宣徽使、宣徽使,汝岂不知包拯是御史中丞乎?"对天子来说,恩赏后宫妃嫔等左右之人,固无不可,但若是文臣以法度说事、阻挠,那么皇帝改变主意,也可以得到从谏如流的美名,亦无不可,左右算不得大事,没必要和文臣们脸红脖子粗。

于是待金安节、周必大二人如上所引的论奏一进呈御前,官家赵昚便御笔批了十三字:依奏夏妃位官吏,亦合依条回授。

真是善哉善哉,圣德的天子不光是收回了翟婉容直转升迁的旨意,甚至还追回了夏贤妃推恩直转的"成命",这可真是皇帝与文臣皆大欢喜,天子得纳谏之令名,文臣获刚直之美誉,只是却要让两位娇滴滴的后宫妇人心有戚戚焉了。

十一月二十一日(癸丑),周必大又缴驳了一道旨意。新官家赵昚登极,大赦之际,不少罪臣之后得以叙复原官,其中就包括蔡卞的儿子蔡仍。

说到蔡卞,其知名度在民间自然远逊其兄蔡京。毕竟老公相蔡太师在徽宗朝逢君之恶、权倾朝野,鼓捣"惟王不会"的奸言,助道君皇帝缔造了那纸糊的"丰亨豫大"之盛世,实在是天下皆知("惟王不会"是说至尊如天子,其财用不当计算,其实不过是蔡京化用《周礼·膳夫》"岁终则会,唯王及后、世子之膳不会"以取悦徽宗赵佶的鬼话)。然而事实上在哲宗朝时，蔡卞的官位权势还在同胞兄弟蔡京之上。蔡卞是二府里的执政，蔡京当时只不过是翰林学士承旨、知制诰的两制身份。蔡卞原本依附独相章惇，在哲宗为皇帝时与兄长蔡京为奸作恶，以至时人为民谣"大蔡小蔡，还他命债"加以讥讽，足见朝野怨声载道，他协助章惇大搞"编类章疏与看详诉理文字"，几乎掀起了可谓文字狱形式的对元祐旧党的迫害，即追责元祐年间高太皇太后垂帘听政时期，过去曾任两府、侍从、台谏等要职的大臣有无诋毁神宗皇帝熙宁新法的语言文字，并逐渐将审查、翻旧账的范围扩大到尚书省六部诸司及以下臣子；且对于元祐年间在看详诉理所因过去反对新法而翻案的一系列案件进行"再翻案"。通过拉清单一般的地毯式翻查，将每一案件的当事人（申诉者、看详处理的官员等）统统加以黜责，制造了哲宗朝的政治清算运动，甚至是一定程度上的政治恐怖。故而从这些问题上来说，朝野之人对蔡卞的憎恨犹在蔡京之上。且其作为王安石女婿的身份，又使得南宋时将北宋灭亡的责任一股脑怪罪到了介甫相公和蔡卞、章惇等新党头上，确乎在当时的政治语境中算是人神共愤。

周必大在《缴驳蔡仍叙官状》中说：

> 右臣等闻，孔子之言曰"赦小过"，又曰"周有大赉，善人是富"。若乃生则迷国不道，没则流祸无穷，其子孙岂可下同于小过，而例霑大赉之恩乎？按蔡卞阴贼险巧，远出京右。绍圣以来，挟绍述之说，济奸欺之实，履霜失戒，驯致坚冰。此邦之仇，民之贼也。今若使其子得以赦原复正郎位，则宿奸巨蠹之后皆可复齿仕籍，失政刑矣。惟陛下明诏有司，毋泥文而启奸，庶几为恶者稍知惧焉。所有录黄，臣等未敢书读，谨随状缴进以闻，伏候敕旨。

周必大用自己雄健的笔力,抨击已故的蔡卞属于活着的时候误国不道,死了还要贻害千年的大奸巨憝。因而他的子孙怎么能也雨露均沾地享受到天子登极的龙飞之恩赦呢?且算起来,蔡卞是绍圣绍述的主要罪臣之一,明知祸国殃民却毫无戒惧,埋下了后来靖康之难的种种前因,实乃国家之仇人,百姓之贼子。如果现在让他的子嗣居然能因为大赦而复官,那么那些"宿奸巨蠹"的奸佞之后代都可以循例再入仕为官了,这就不光为害非细,且有损政令与国家典宪。因此他请求皇帝赵昚明诏有司,不得拘泥大赦文字而启奸恶之复萌,这样那些奸邪小人才会稍知畏惧。

官家赵昚再次从善如流,在三省同奉圣旨时,给出了最高裁决:蔡仍叙官指挥更不施行!钦此!

周必大此次的缴驳,无疑令朝野士林对其风评更佳,也必然收获许多憎恶绍圣绍述,而以君子、正人自居的文臣之好感。他以区区八品的左奉议郎之阶官而权中书舍人与给事中的机要职务,却处事有节、端正有度,这便为他赢得了更高的声誉,也让天子对他更是高看。

在绍兴三十二年近尾声时,周必大又应诏上《条具弊事状》,针砭时弊,论十事之不当,俨然方正刚直的重臣指点江山而不失雍容肃穆。

此年中,周必大有四首诗名《渔父四时歌》者,颇堪玩味。

今录其中一首如下:

白浪粘天云覆地,津人断渡征人喟。
欲矜好手傲风波,故把扁舟恣游戏。
雪蓑不博狐白裘,尺寸之肤暖即休。
卖鱼得钱沽美酒,翁媪儿孙交劝酬。

田家禾熟疲输送,乐哉篷底华胥梦。

诗谈不上高明或妙笔,更远不能和周必大的好友陆游相比,但从这首摹写在船上讨生活的渔夫的诗歌中,不难看到,身处要职,正仕宦得意的周必大眼中的渔家趣味是那样的悠闲安适。然而这种渔父的快乐是真实的吗?抑或只是贵为文臣士大夫的周必大高高在上的臆测和无病呻吟?古人的乡土观念如此之重,对田产屋舍的渴望如此之深,若非必不得已,若非土地上的夏秋两税和各种名目繁多的科敛附加(如支移、折变、加耗、合零就整、预借、头子钱、和买、斛面等等),布衣百姓之家谁会乐意于在江河之中颠簸?孟子谓"有恒产者有恒心",渔民们正是因为无恒产,才得过且过,"卖鱼得钱沽美酒",而烦恼、饥饿之余才"乐哉篷底华胥梦"。实际上,哪里是悠哉乐哉呢,像这样的底层贱民,其安详自乐不过是一种黄粱奢梦。

可这种粗褐短布的黔首百姓之苦,此时的周必大大约是不能真正体会到的。文人们崇拜陶渊明,不过是因为想学其逍遥却不能,真让他们躬耕田垄之中,晨兴理荒秽,带月荷锄归,那恐怕才要了他们的享乐之命呢!身居庙堂之高,吟诗作赋于朱门之中,道两声林泉隐逸之乐,那是风雅之事,可真要日日稼穑,食那藜羹,饮些粗茶,岂非斯文扫地?

这便是周必大写了那么多诗,却不可能有杜甫那样悲天悯人,写尽百姓疾苦的传世之篇的其中一个原因了。

等到次年,周必大就将因为在论列曾觌、龙大渊的宫府冲突风波中与文臣集团保持一致而在三月间主动请求奉祠,主管台州崇道观,任便居住。他将在四月之初离开临安,一路游山玩水,到七月方回到家乡庐陵。但他的这一次主动丐祠出国门，只不过是他青云之路上一个小插曲罢了，他最终将位登宰辅，成为一人之下万人之上的左丞相，也就是都堂首揆、政府首相。

而辛弃疾却要在自己的仕宦生涯中屡遭白简弹章，被差遣得忽东忽西，甚至"二年遍历楚山川"，甚至"带湖买得新风月"，甚至"老退何曾说着官"……他只能慨叹"但将痛饮酬风月，莫放离歌入管弦"，只能发发牢骚"毫发皆帝力"，只能说"功名浑是错"，也只得自嘲"功名妙手，壮也不如人，今老矣，尚何堪，堪钓前溪月"。

周必大还会在仕宦中与辛弃疾发生交集，甚至成为他的拦路虎。辛弃疾于淳熙八年（1181年）第一次被弹劾罢官，在被迫闲居信州的近十年中，宰相王淮曾一度欲起用辛弃疾，便是周必大坚决反对。王淮不解，谓："幼安帅材，何不用之？"然而周必大却道："不然，凡幼安所杀人命，在吾辈执笔者当之。"其实早在辛弃疾于淳熙二年（1175年）江西提刑任上讨平茶商军的时候，周必大便在朝中评价辛弃疾为人"轻锐"，淳熙七年（1180年）辛弃疾于知潭州兼湖南安抚使任上藏匿御前金字牌，创设"飞虎军"的行为，周必大三年后在与太常少卿林栗的书信中也竟说成了"长沙将兵原不少……若精加训练，自可不胜用。而辛卿又竭一路民力为此举，欲自为功，且有利心焉"。周必大的这种态度，正可作为当时朝中主张自治和持重的文臣集团对辛弃疾实际观感的一个缩影。

二人在绍兴三十二年如此不同的际遇便也足以预见到他们此后决然迥异的宦海浮沉。周必大是典型的成功文臣，而辛弃疾则是非典型的不成功文士。那种足以让辛弃疾这样的英雄人物展布才干的时代土壤实际上是不存在了，或许在有宋一代从来也不曾真正长期存在

第五章　典型的成功官僚和非典型文臣　331

过。在这偏安江左的小朝廷所缔造的政治文化中,正是周必大这样行事中庸、"方正""审慎""得体"的人才能一路平步青云,久在中枢。

至于恢复旧疆的事业,在倾向自治的大臣们看来,不值得去操切,而在辛弃疾、陆游这样的文人这里,则永远只是一个远在天边的幻梦。辛弃疾在暮年眼睁睁地看到志大才疏的韩侂胄所领导的开禧北伐如他所料的一般仓皇失败,当韩侂胄在慌乱无措中终于想到要将对金战事交给辛弃疾来挽救他的政治生命和平章军国事的权力时,幼安已经走到了他人生的最后时刻,何况,这已迟之太过了。正是:岂有豪情似旧时,花开花落两由之。何期泪洒江南雨,又为斯民哭健儿。

人生际遇的难以预料和朝局的波谲云诡就如同此时尚和周必大、陆游等人相交好的尹穑一样,可待到隆兴年间,他就将一跃而依附到复相的汤思退那里,弹劾张浚,一力求和,以至于被太学生张观、宋鼎、葛用中等七十余人上书,归诸于"汤思退、王之望、尹穑"的所谓三贼之行列,太学生们甚至申言"今敌人长驱,直至淮甸,皆思退等三人怀奸误国,岂可置之不问哉?此三人之罪,皆可斩也。臣愿陛下先正三贼之罪,以明示天下"。

值得一提的是,假若相信岳珂所说,昔年东京的太学生中出了教兀朮不须退兵的汉奸,可此时看来临安行在的太学生们却颇忠义而有气节。这又是为何呢?原来,如今的太学,正是旧日岳飞的赐第。看来,岳元帅虽然肉身已遇害而殒,其精神犹在感染、影响着年轻的太学生们,此即所谓不朽乎?

在这个世界上,人之难知,不惟难以逆料自己的气运际遇,也难以看透他人的品性之如何。利之一字,几人能放下,名之一字,多少人又趋之若鹜。而北定中原的梦想与名利相比,未免过于既重又轻了。

第六章
西军的黄昏

绍兴三十一年九月,宋金西北边疆。

完颜亮大举南寇,空国而来,要一举灭亡大宋的军事行动于此时正式拉开了帷幕。

这位野心勃勃的女真皇帝以河中尹徒单合喜为西蜀道行营兵马都统制,令其率精兵五万,由凤翔府取大散关。

九月二十九日(戊戌),四川宣抚使吴璘、四川安抚制置使王刚中奏报金军来犯,游骑已至黄牛堡。

吴璘已经年届花甲,这时候犹有病在身,严重时每日竟要服丹砂数十粒,然而国难当头,自兄长吴玠为川蜀大帅之后,实际上"吴家军"就是守卫西部边疆的大宋西军了,他责无旁贷。暂时不便骑马的吴璘命麾下抬着肩舆,赶赴前线,一路上他轻车简从,身边甚至只带着一批亲卫牙校,径至于杀金平,驻军于黄牛堡以南不远处的青野原。

金军游骑多为斥候和小股先头部队,其见吴璘旗号,颇有畏惧,便乃退却。吴璘见状对左右将校道:"以吾观之,来犯之虏军不过是贼人自守之兵,不足为虑!"他立刻调遣兴州等地内郡兵马,分道而进。

诸将至吴璘帐下,这位四川宣抚使又面授机宜,于是其麾下西军对金展开反击,几乎是"所至皆捷",克秦州而生擒金人守臣萧济,又连破陇州、洮州。金人兰州汉军千户王宏本为宋秉义郎,于是杀兰州刺史、安远大将军温敦乌也及镇国上将军、同知兰州蒲察撒等,率步骑七百人来降,兰州遂亦克复。

十月初四日(癸卯),都堂下指挥,除少保、四川宣抚使吴璘兼任陕西、河东招讨使,显然是认可了吴璘在西北打开的局面,许其相机进讨。在十月间两淮宋军由于王权逃遁的缘故而一溃千里时,吴璘所部却在关陕越战越勇,成为当时除海路李宝外,三大战场上唯一对金人逐渐取得优势的所在。

西军的另一支偏师由利州路金州都统制王彦率领,吴璘分遣其东向进军,于是他命麾下统制官任天锡、郭谌等领精兵出洵阳,于十月二十日(己未)克复商州,俘获金人守将昭毅大将军完颜守能、同知商州马彦。

二十五日(甲子),吴璘之子兴州前军统制兼主管中军军马吴挺在德顺军治平寨再败金军。

十一月初一(己巳),王彦部将领任天锡率军至虢州城下,金人守臣萧信迎战而败,遂弃城逃遁,官军收复虢州。

至十五日(癸未),吴璘的西军已经收复秦、陇、洮、兰诸州,王彦部则东向而攻克商、虢二州,金军重兵此时屯守在凤翔府、和尚原一带以及凤翔、宝鸡以南,黄牛堡、青野原以北的大散关之中。从军事地理的角度来看,在这时候,西军已据秦、陇,吴璘次于青野原之南的仙人原,而王彦所部已克复商、虢,在金军之东,几乎形成了对关陕金军三面包抄,截断归路的态势。虽然随着克复州郡的渐多,宋军分散在关陕广大的城寨州军之中,但若能及时调度,分进合击,极有可能击溃北房军队,趁势恢复近乎整个关陕。不期吴璘病重,只得暂时自仙人原回到更南方的兴州延医问药,他留下军中大将,保宁军节度使、兴元诸军都统制姚仲在仙人原上节制兵马。整个关陕局势,仍然是有利于宋军的。就在不久前,虞允文刚刚于采石矶挫败金人皇帝完颜亮渡江的企图,东南形势正在好转,更不用说完颜亮已然时日无多,很快就将死于麾下契丹将领耶律元宜(阿列)等策动的兵变。

十七日(乙酉),王彦麾下第七将邢进自华阴进军,支援先锋任天锡部,克复西面的华州,俘获金人昭武大将军、同知华州韩端愿等二十余人。这样一来,王彦部宋军便已接近富平和永兴军,即离长安也不很遥远了,若措置得当,加上天时地利的运气等因素,三面围堵金军未必只是理论上的可能!

从此月二十一日(己丑)总领四川财赋的王之望所上奏疏中,我们可以确知吴璘之病非轻。王之望说吴璘"平时多病日饵丹砂数十百粒,比暴露之久,时复发作。前欲遣姚仲出秦州,而身自攻关,最苦脏腑,脏腑稍安,又苦肾肠之疾,每疾剧时,亦颇危殆,几至死。以今月十五日下仙人原,还兴州医治,却令姚仲在原上弹压兵马。强敌对垒,人心危惧,四川事势可为寒心。蜀人前此恃以为安者,以其侄吴拱在此,缓急有赖。吴拱移襄阳,渠每以失助为忧。今疾病如此,岂可不预为之所?"因而王之望建议调襄鄂帅吴拱入川陕,那么吴璘一旦恢复健康,得侄子吴拱之助(吴璘兄长吴玠之子),则"军声愈振,可以速成大功",万一吴璘一病不起,有吴拱在,西军也能妥帖。但官家赵构将吴拱任命为荆湖统兵将领,自然有他帝王心术的考量,不让吴氏子弟尽在蜀中,故不可能接受这一建议。吴拱一直要等到乾道三年(1167年)

吴璘病逝之后,才迁为利州路安抚使、兴元府知府,可见在利于恢复事业的军事任免和防备猜疑将领之间,赵构作为天子总是选择后者的。十一月二十九日(丁酉),赵构甚至下诏给吴璘,让他在关外招募勇士以充效用,给予这些悍勇的西北边民不刺面的特殊待遇,让吴璘每募集满三百人,就押送往行都临安,这显然是赵构还在担心东南形势,担忧着自己的安危,尚未确知完颜亮已死呢。毕竟关陕哪有自己的帝王安危重要?

吴璘虽然暂还兴州医治调理,但关陕的战斗仍在继续。

十二月二十二日(庚申),吴璘之子吴挺麾下兴州左军统制王中正在于家堡与金军交战,击退虏人后攻克治平寨,王中正作战英勇,甚至左边脸颊被投枪刺中两次犹负伤杀敌,终于获胜。

时间进入绍兴三十二年,天子赵构终于确悉金国皇帝完颜亮被弑后,已经在去年的十二月自临安府出发,开始了所谓御驾亲征的表演。

正月中,兴元都统制姚仲以吴璘之命令,率东路宋军自秦亭出据巩州。而王彦部宋军则分屯商、虢、陕、华。

一、二月间,兴州前军同统领惠逢所部又在吴璘此前下达的命令下,间道出临洮,向熙州与河州进发。吴璘平日善以恩威待边陲番人,因此惠逢所部很快遇上了赶来与他们汇合的蕃兵统领权知洮州李进与同知洮州赵阿令结。宋军乃与蕃兵先拔会通关,俘获金人关隘守将成俊。随后宋军中有将校献计,认为若先攻守御力量薄弱的河州,则兵力较河州为多的熙州之金军必然驰援。而一旦河州不能数鼓而下,顿兵城外,熙州金军又至,则腹背受敌,不若大张旗鼓,假意作出引兵向西,直捣河州的样子,而设伏于熙州往河州的来路险要之处,便可击溃熙州金军,如此则河州亦可轻易而下。惠逢决定用此计策,于是正月十九日(丙戌)设伏于间家峡,以待熙州金军自投罗网。熙州金军将领温迪痕(或即《金史》所谓石抹迭勒,可能只是一个姓氏而已,如温迪罕之类。)率金人正军一千五百人及仆从军一千五百人果然驰援河州,至间家峡,宋军伏兵四起,金军溃败,然追至托子桥处居然出现了如张飞之据长坂坡的一幕。温迪痕亲自殿后,立于桥右,瞪目直视宋军追骑,吼道:"会来此决死!"宋军终不敢相逼。这一场伏击战和追击无疑说明,在当时宋朝军队中,西军中的将校确实具备比较高的军事素养,而金人将领也尚有骁勇无畏者,算是一个有趣的小插曲。

二月初三(庚子),惠逢所部乃乘胜克复洮州以北、巩州以西的河州。是役也,河州蕃民部落指挥刘全、李宝、魏进纠集百姓,反正归义,活捉了金人的同知河州郭琪,向惠逢之师投降。河州百姓已有多年不见官军,至此乃用香花铺路迎接王师,多有垂泪流涕者,陕右之民仍然多有心向大宋的啊!时河州宁河寨守将为金人坚守,寨中民众破门而入,竟将宁河寨金人官员怒而杀之,裂其尸泄愤,并以其首级献寨投诚。

但正如四川总领王之望屡屡上奏朝廷所说的军兴财用捉襟见肘之困窘,宋军入河州,将校士卒几乎人人夸耀战功,惠逢亦知道必须犒赏手下弟兄们,但他只拿得出一人十余文钱的赏赐。而当时关陕因为宋金开战,物价腾踊,一个炊饼居然要卖几十文钱。诸军士得到这可怜的犒赏,无不是气得把铜钱砸到地上,破口大骂:"我等捐躯下河州,今性命之贱,乃不值一炊饼也?"这自然反映了当时随着西军在关陕的接连奏捷、收复州郡,却颇有粮饷犒赏方面的现实问题,这也是以兵部尚书之尊出为川陕宣谕使的虞允文与四川总领王之望的一大矛盾所在。

第六章 西军的黄昏

在这种兵卒的不满情绪下,有传言谓金军将以重兵来夺河州,惠逢为免河州新复、城内反覆,于是留儒林郎吕某权河州事,留数百兵卒于城内,他则率大军退屯利于防守的会通关。河州百姓父老无不拦住惠逢座下的战马,声泪俱下地力劝:"钤辖但坐府中,我曹出力血战,必能抵挡虏人,何患兵少?"百姓们的情感是如此朴实,他们不愿意宋军离开,愿意为大宋死守,但惠逢退守会通关可左右支援河州或进攻熙州,从军事角度来说确无不妥,属于比较谨慎持重的举措。然而百姓们毕竟不能明白这些。

关陕的战场正急需吴璘这样的方面宣抚大帅来坐阵,否则收复的州郡越多,西军兵力便也越分散,若金军集中优势兵力各个击破,则后果亦是不堪设想的。

虞允文刚刚接了宣谕川陕的差遣,他奏禀朝廷,请求关陕战场上的宋军除了常规的给降军费犒赏外,如遇临时支用有所不足,乞请现在事先估算费用,由朝廷下指挥,就近在四川总领所处支取钱物应付,以日后四川应缴税赋内拨还。又请新复州县有阙官待补的,由自己与诸军大将共商后选差。

虞允文敏锐地注意到了眼下关陕战场的有利形势,他这是企图为西军在关陕收复失地的军事行动提供更多的钱物保障,也为自己和西军大将争取更多的便宜行事之权,以免公文往还东南行都与西北边陲之间,而延误军机。他刚刚被任命为川陕宣谕使,朝廷自然没有马上自己打自己脸的可能,于是一切照准!可这却埋下了虞允文的宣谕司甚至吴璘的宣抚司和王之望的总领所之间的矛盾,从这一角度来说,急于议和的赵构并不会担心西军打得过好,不愿和议,钱粮馈饷的这些命脉都握在甚是体知天子之心的王之望手上呢。

此前退屯会通关的惠逢又另派兵向河州以北进军,于二月初六(癸卯)接连收复积石军与来羌城,俘虏同知积石军高伟。而金人约万余军旅亦果然再至河州,先是复陷宁河寨,尽屠寨中所有百姓,又包围河州。

在金军经历了最初的慌乱后,这样的拉锯战在关陕战场上多有发生,宋军也并非处处高奏凯歌。

由于吴璘在兴州医治调理,此时兴元都统制姚仲已经是关陕战场上级别最高的西军将帅之一,他命步军六千四百人攻秦、洮之间的巩州,帐下将校以为当兵贵神速,攻敌不备,掩袭巩州,则必可破城。然而姚仲大约畏惧吴璘治军之严,反退治攻城器具,以为可策万全。结果荒唐的是,到了巩州城下,才发现所造的梯砲等和巩州城墙高度不符,姚仲无奈,于是令利州路梁、洋两州的"义士"(由良家子组成的民兵)奋死先登。姚仲所拥的正军乃是西军精锐,皆披挂重甲拱卫着他,却令穿着纸甲(宋代盔甲分为铁、皮、纸三等。纸甲约出现于五代,极厚而不便奔驰,确有防护弓箭之效,宋代多装备非正规军)的利州义士们冲锋于城下。战争是残酷的,关陕战场上姚仲的策略绝非个例,高宗赵构曾问吴璘胜敌之术,璘曰:"弱者出战,强者继之。"赵构自作聪明地附会道:"此孙膑三驷之法,一败而二胜也。"可见,这大约是当时的西军最高统帅吴璘所制定的策略,毕竟精锐的西军战士实在太精贵了,自富平之败后,二十多年来乃是由吴玠、吴璘二人极不容易地训练出的一支擅长防御、具备了一定战斗力的国防军,甚至可以说,在绍兴末年其战斗力显然已冠大宋御前诸军之首。由于攻城器械尺寸不对,未能高过城墙,且大约巩州金军已谍知宋军之来,早为守御之备,姚仲所部围攻巩州三日夜,然始终无法破城。于是姚仲决定退兵,当时无数巩州父老自发地为宋军运送米面粮食,军营中堆积如山。然而此时,望着撤退的宋军,巩州百姓们无可奈何,都明白金人必将屠杀他们泄愤,为了自救,巩州百姓只得杀了官军最后的辎重部队中的几个兵卒,烧毁了一小批军粮物资。百姓们的困窘,亦是无可奈何。

姚仲退守更靠近秦州的甘谷城,留麾下统制官米刚等另领兵马驻巩州郊野,以待时机,姚仲自己则引兵趋德顺军。不久,在二月十八日(乙卯),姚仲所部进抵关陕战略要地德顺。显然,这也是吴璘在返回兴州前便布置给姚仲的战略命令,要他拿下对恢复关陕至关重要的形胜之地——德顺军。

得知前线各处的军报后,四川总领王之望上奏朝廷:

> 契勘蜀中用兵一百六十余日,贼守散关益坚,吴璘使姚仲攻之不能破。正月初,姚仲领兵三万余人出秦亭,取巩州不下,二月初退守甘谷城。王彦之众分屯商、虢、陕、华四州,虢、华为贼所取,贼去复得之。陕州见亦与贼相持,事未可保。近吴璘遣兵复河州,闻见谋德顺、熙州,未知如何。惟本所供馈日广,不容少阙,其为劳费,不言可知。目下且尔枝梧,若更不增科敷。蜀人易动难安,不敢轻扰,且保固根本,以为永图。

这段奏疏十分重要,可以看作请求退保川蜀的一个开端。王之望的意思是,如今西军出蜀中而入关陕,已经一百六十多天了,但是金军主力之一扼守的大散关始终无法攻克,如今姚仲连区区巩州都不能收复;王彦所部也在商、虢、陕、华四州与金人相持拉锯,因此他得出一个结论,即关陕战事还属于"事未可保",成败未定。德顺、熙州的战事当然也在关陕的未知数里,而随着西军战事的深入,供费日广,已经到了勉强为之,拆东墙补西墙的程度了,并说如果不增加对蜀中百姓的征敛,恐怕军费就会难以为继。但他又强调,蜀人是不那么安分守己的,自己不敢轻易以苛捐杂税的手段去扰民,朝廷还是应当考虑"保固根本,以为永图"。这个"根本"对于西部战区来说是什么呢?自然便是川蜀了,因为无法恢复关陕还尚且不至于亡国,但若丢了四川,那么荆湖难保,荆湖一丢,虏人顺江而下,东南也无。这便是在提醒朝廷,也是在为赵构的主和意志发声,保全川蜀与恢复关陕,哪个更重要,哪个关乎社稷存亡?

攻拔德顺军不利后,姚仲又派遣副将赵诠与王宁引兵往攻与德顺接壤的东北方向之镇戎军。从军事地理的角度来看,由西至东,德顺军在西面,当中是北面的镇戎军和接壤的南面之渭州,东面则是原州在上,泾州在下。这五个州军正好位于过去北宋时期关陕的核心区域,即陕西五路合并后的秦凤路东侧与永兴军路接壤的所在。吴璘兴州大军之入关陕,所收复的州郡基本都在这个区域以西,而王彦所部自金州攻克的城池则俱在这一区域以东,可见,如果德顺军一带守御不住,西军的这两支大军就容易被金军切割开来,难以互相应援缓急。

镇戎军中驻守的金军大约兵力不多,于是未敢出城野战阻击,而是闭城坚守。此番宋军颇为英勇,登城后大量发射神臂弓,可见投入了一批相当精锐的部队,装备了当时极具威力的兵器,因而压制了镇戎军中虏人敌楼的火力威胁,又以重兵分道侧击,守军不支。在这种情况下,镇戎军中主簿赵士持与镇戎军同知任诱先二人开城门出降,迎官军入城,于是活捉镇戎军知军、振戈将军韩珏。

但在更西面的熙河地带,拉锯战仍在进行。闰二月初四(辛未),

金军以熙州、兰州之兵会师,包围河州。统兵将领正是先前在托子桥效燕人张翼德喝退曹兵的温迪痕。河州既围,经过两天的攻城战,温迪痕倡言道:"河州能为南人死守,甚壮。今我留此,万一汉军乘虚入熙,则熙又为人有也,不如引兵归援熙耳。"于是率兵退去。

河州城上士卒与民夫见到金军攻城不克,已然撤退,似劫后余生般狂喜不已,交相称贺。两天的战事后,参与守城的百姓与兵丁都疲惫不堪,乃弛甲而坐,入夜则困倦而眠。漏夜渐深,四下里伸手不见五指,忽然便听闻一阵阵沉闷杂乱的敲击声,原来竟是金军铁骑填平了一段护城河,正在城下捣毁河州土夯的城墙!而河州百姓们睡得正沉,居然毫无知觉金军夜袭偷城。不久,城墙已破开了口子,女真骑兵们鱼贯而入,遂大开城门,全军以进,河州自然是在夜幕的掩护下沦陷旁手了!

第二天初六日(癸酉),凶恶的金军驱赶河州父老婴孺数万人,尽屠之!又逼迫强壮者数千人为其仆从军,不从则皆加以杀害。河州之围也,惠逢救援不及,闻屠城事,亦掩面泣下而已。

讽刺的是,尚不知道河州屠城事件或者说也不会在乎军民性命的官家赵构次日问宰臣金人之消息。时右相朱倬谓,金人新郎主葛王乌禄(完颜雍)有兄弟争立之内乱。皇帝赵构沾沾自喜地表示:"金主再世篡弑,自此必内难未已,为之君者,不亦难乎?"朱倬见天子颜色,也立刻顺其心思说:"臣以为金人将有所谓五单于分裂之势。"赵构喜道:"若果真如此,那么吾中国太平无事矣!"这位御宇称帝已经三纪的天子,其溺于苟且偷安的丑态,可谓毕露无遗。最高统治者如此无志于恢复,则西北关陕的战事会走向何方呢?

金军也正在紧锣密鼓地调兵遣将,因此大约大散关中的兵马已调离走一部分。吴璘久欲攻克大散关,于是先期以其宣抚司之命令,调遣上万梁、洋义士,皆授以纸甲,随兴元府驻扎御前右军统制杨从义、同统制田升等将官率军趋散关。

闰二月十六日(癸未)夜,杨从义等引兵悄然至大散关下,金人竟不能觉知。于是命梁、洋义士冲锋先登,大散关易守难攻,金军立刻反击,官军甚至一度从城下逃回,而义士无不奋勇决死,牺牲大半。杨从义督官军再攻,靠着万余梁、洋义士不计代价地前仆后继,终于在城墙上站稳了脚跟,四鼓后破关而入,关内金军撤往凤翔府西南的宝鸡,而宋军乃又分兵据和尚原要地。关陕战事打到现在,宋军仍然能保持总体的优势,这与吴璘人在兴州治病,却仍然以宣抚司命令指挥诸将,授以方略有关,也离不开他多年来治军严厉所带出的这一支相有较高军事素养的西军其本身的战斗力。但西军每战多用梁、洋义士打头阵,此番攻克大散关又是不计牺牲导致伤亡过半,梁、洋二州所在的利州路百姓颇悲恸不已而切齿恨之。

此役中王之望与西军的矛盾也更加尖锐了。战前,都统司干办公事朱绂借口"诸军斗志不锐,战心不壮",请求王之望的总领所事先拨赏军费,且一要就是一二百万贯,作为整个西军的犒赏之用,以免每次打了胜仗之后还要等待核实战果、申报宣抚司、总领所等候指示,公文一来一去,犒赏往往需要几十天才能送到军中,立功将士们等得心都冷了。这样,岂不误军国大事?实则朱绂这样一个小小的都统司干办公事如何有胆量或者说够格与四川总领王之望叫板,提这种要求?多半是其背后的西军高层,甚至是吴璘命人指使,其初衷或许与虞允文要求的尽量满足西军军费,而使其得全力恢复关陕大同小异,但这无疑进一步加剧了西军团体和代表赵构意志、代表朝廷的总领所之间的矛盾。

于是在闰二月二十六日(癸巳),王之望果然上书都堂,对宰执们大谈金人求和的意图,假意说什么"陕西之地,决不可失",却提出"宜以我所得陈、蔡、唐、许、颍、嵩、洛并他路诸州两相换易"的天方夜谭之建议,即将淮河以北收复的土地与金人交换关陕诸州,试问金人如何会愿意将关中形胜之地尽皆拱手换给大宋?他上书的实在意图,仍然是要都堂下指挥,速成和议!

原本天子密诏,许四川总领所增印三百万道钱引(即纸币,南宋绍兴年间的一种可兑换金银铜钱的凭证),但王之望声称恐怕造成通货膨胀,令钱引陡然大幅贬值,于是竟不增印。闰二月间,川陕宣谕使虞允文要求支取百万贯钱引以备招募军马,王之望不得已才增补了一百万道,作为新复州军支用并犒赏军功。

此月中,兴元都统制姚仲又亲统兵马,与忠义民兵统领段彦合兵一处,引兵攻克平安关寨,进至原州。如前所说,德顺军、镇戎军、渭州、原州、泾州这五个州军乃是关陕中一块四通八达的中心区域,具有极高的战略意义,对保住新复州郡和恢复关陕都至关重要。因而进攻原州显然也是吴璘的关陕战略中必须执行的一个步骤。

姚仲与段彦兵马至于原州城下,金军坚守不出,姚仲令段彦的忠义民兵先登,大约吸取了上次攻巩州不克的教训,姚仲此番进军掩袭颇迅猛突然,金军准备不足,竟让段彦所部的忠义兵马先登之后就从城墙上逃了下去,于是大军进城,克复原州,金人的原州知州完颜撒里死于城中,同知原州纥石烈讹鲁等官吏多被生擒俘获。姚仲大喜,遂命段彦知原州,又令其遣将扫平原州城附近的西壕、柳泉、绥宁、靖安四个金军的军寨,试图将原州彻底纳入西军控制。

但另一方面,姚仲布置在德顺军的部队,其攻城的战事进行得并不顺利。兵锋至德顺近四十天,城墙上仍然是金国的大蠹,吴璘虽不在前线,但闻之颇不乐,于是命麾下武当军承宣使、夔州知州李师颜代替姚仲指挥战事,且命自己的儿子中军统制吴挺与李师颜一同节制军马,继续猛攻德顺,誓要拔之。

金人当然亦知道德顺军在控制关陕中的战略意义,因而屯驻在此地的金军非常强悍,女真本族武士的数量不少,《金史·徒单合喜本传》中云:"丹州刺史赤盏胡速鲁改以兵四千守德顺。"说明至少有四千最精锐的女真武士驻守德顺,其战斗力远非契丹、渤海、奚人和汉军等仆从、签军可比,且听闻宋军进攻德顺后,金人立刻调兵来援。陕西战区金人最高统帅左都监徒单合喜与其副都统张忠彦所部自凤翔倍道兼程,合喜又命令熙、河二州金军与泾原之军分道自东西方向前后来援德顺。[按《要录》云:"会金国都统完颜合喜、副都统张忠彦⋯⋯又遣左都监自熙河⋯⋯"然不知完颜合喜何许人也。而徒单合喜本为完颜亮任命的西蜀道兵马都统,葛王完颜雍即位后改任徒单合喜为"陕西路统军使,未几,改元帅右都监。表陈伐宋方略,诏许以便宜从事。转左都监",则显然所谓都统完颜合喜与左都监乃是一人。又据《会编》云:"丞相纥石烈(改作赫舍哩)志宁、左右平章完颜合喜⋯⋯"而徒单合喜后为平章事,且完颜合喜之称,除《要录》《会编》外他书未见,疑即是徒单合喜。]

吴挺遂与金军驰援之师在瓦亭打了一场遭遇战。吴挺麾下吴胜、朱勇、王宏等与金人交锋,王宏率部身先士卒,坐下战马中箭矢无数,而王宏犹不退半步,金军先行退却,应是往德顺军城池中去。

但局部遭遇战的彼此试探并不会改变总体战况,由于金人大发援兵,德顺军城内外金兵数量已至少在五万以上,且本族女真精兵众多。宋军将领李师颜和吴挺等召集将校军议,众人都颇有畏惧德顺金军兵盛甲精之心,皆倡言持重,不可冒进,乃顿兵德顺军而不敢再攻城或与金人决战。

此时宋军在德顺的兵马处于人数劣势,李师颜与吴挺显然也无法强行令诸将士殉命忘躯,奋勇向敌。就在宋金于德顺彼此相持,李师颜与吴挺焦躁等待的危急时刻,三月初五(辛丑),少保、奉国军节度使、四川宣抚使、领兴州驻扎御前诸军都统制职事、充利州西路安抚使、判兴州、充陕西河东路招讨使、成国公吴璘亲自统兵来到了德顺军!

李师颜、吴挺所部西军见到他们的大帅病愈而归,亲至前线,顿时宋军营垒中欢声如雷,震彻山冈。人人都高喊着:"宣抚相公来也!宣抚相公来也!吾必胜矣!"吴璘的威望可见一斑,对于争夺于整个关陕至关重要的德顺军,没有他亲自督战,恐怕还真的不成!

原来,吴璘在兴州医治调理了一段时间后,终于还是不放心关陕战事,已经于前些时日动身前往德顺军以南的秦州,此番正是由秦州引兵而至德顺。他先行与数十骑亲卫直入营门,所带来的援军尚在其后。这时候的吴璘哪里看得出已至耳顺之年?他虽然须发银白,但却在高头大马上坐得稳稳当当,背挺得笔直如山峦之入云霄,在将校士卒们眼中,他们的这位大帅此刻不啻一个擎天的巨人,一座矗立在关陕的高塔,有他在的地方,就有战无不胜的西军,就有凯歌奏捷!

营垒里的宋军兵将们全都站了起来,无不以手加额,不知是谁先喊了一嗓子,顷刻间便是震天响的"宣相万胜!宣相万胜!西军万胜!西军万胜!"

无数的鸟雀被惊骇得从营帐顶上腾空飞窜,声浪一波盖过一波,李师颜和吴挺自然听到了将校士卒们的欢呼声,二人也从中军大帐中出来,迎接他们的宣抚相公!

不怒自威的吴璘在马背上只是徐徐抬起了他的左手,营垒中山呼的声响顿时止息,其得军心竟至如此!

"天子万岁,大宋万胜!"吴璘高声喝道。

于是军营中再次爆发出将士们的呼喊:"天子万岁,大宋万胜!"可喊着喊着,又成了"宣相万胜!宣相万胜!西军万胜!西军万胜!"

却说李师颜、吴挺将这位上司与父亲身份的四川宣抚使迎入大帐,吴璘并无半句多余的话,径直道:"且将我的帅旗升起来,让虏人哨探远远便能望见!召集诸将,立刻军议!"

李师颜和吴挺这下顿感有了主心骨,亦是如欢呼雀跃的将士们一般信心十足。

营垒中不久便升起了吴璘的大纛,上面写着他那长长的奢遮官衔,而中军帅帐中的军议结束后,吴璘乃率亲卫牙校数十骑出大营,一路径至德顺军金人城外,以观虏人虚实。

德顺军要塞护城壕和羊马墙后面那堵超乎常规的高高的女墙上,守御的金军忽然发现了数十骑宋军,其中颇有识得吴璘的兵卒,当即惊呼:"此南人西军吴相公也,听闻他在兴州养病,如何已到了城外,莫非从天而降耶!"

金军士卒这时候都围过来觇望窥探,确认了是那西军大帅吴璘之后,众金军无不是咨嗟惊叹,一时间甚至连发弓弩威吓驱逐都忘了,只是人人低语:他吴相公如何来了?他人都易与,独他吴宣抚难敌!

吴璘远远望见德顺军要塞女墙上人头攒动,他已实地考察了城池周围的地势,便跃马挥鞭,率亲卫扬长而去。

第六章 西军的黄昏　347

回去后，吴璘又马不停蹄地按察诸军屯驻的营盘，考虑到金军兵力占优势，且精兵甚多，多半会出城野战，以图在城外将宋军击溃，于是他吩咐诸军预先修治"夹河战地，以预处我师于便而致敌于不便"，从而最大限度地遏制金军女真本族武士的锐勇和反复冲锋。吴璘甚至连将随军转运民夫与番落奴隶布置在哪里都做了细致安排，以免为金军所趁，而民夫、番奴慌乱奔逃，反冲乱自家军队阵脚。

做妥了这些战前准备，吴璘又再次召开军议，历数攻拔德顺不克以来诸将功过，乃命将其中一怯战之将推出辕门斩首示众，当其时也，诸将为之股栗而知畏，无不从命。士卒见骄懦之将被以军法处斩，皆乐宣抚相公赏罚分明，不用担忧自己冲锋陷阵而落了个徒劳。

待夹河战地修治完毕，转运民夫、番奴皆安置妥帖，吴璘决定对德顺军发动进攻！

决战当日，吴璘率诸军至德顺军城外，金人亦整军而出，倚城而阵。吴璘所统宋军约三万余人，金军超过五万之众，且有城池要塞之地利，然而将校士卒却远比先前士气高昂，便是因为吴璘亲至军中，督战阵前。当年武安公（吴玠）和宣抚相公连金兀术都击败过，那时候才是真正的以寡击众，不照样打得兀术割须弃袍，几乎是仅以身免么！眼下又算得了什么！

宋军此刻已在夹河战地中阵列完毕。最外围摆开拒马，以阻拦金军铁骑突进，重甲长枪手密密匝匝地排列在拒马后面，忠义人马亦在其后作为支援，皆有令，临阵后撤者，斩！又以精锐重甲步兵为阵列中心，与装备神臂弓等利器的弓弩手位于一处，骑兵则列大阵左右两翼，以一名统制负责战场指挥，下设四名统领管带，又设正副将、准备将、部队将等各自统率所部，一阵凡三千余人，步军居阵内者凡一千二百

人,阵心布置一千人。此即吴璘所创的所谓"叠阵法"。吴璘对金人与宋军的优劣短长有十分清醒的认识,曾谓:

> 金人有四长,我有四短,当反我之短,制彼之长。四长曰骑兵,曰坚忍,曰重甲,曰弓矢。吾集蕃汉所长,兼收而并用之,以分队制其骑兵;以番休迭战制其坚忍;制其重甲,则劲弓强弩;制其弓矢,则以远克近,以强制弱。

吴璘于是命令先以数百轻骑兵诱虏人出战,金军果然鸣鼓进军,其锐勇的女真本族武士皆冲锋而来,突袭宋军阵列,几乎是空壁而出,大约想一鼓作气,冲乱宋军最外围的诸阵兵马。但吴璘已先治夹河战地,多设沟壕壁垒,西军士卒几乎无人慌乱,待金军至一百五十步距离,方以神臂弓兵起立,箭矢攒射,火力覆盖之下,虽然金军女真精锐披挂重铠,亦伤亡一片。

阵中外围两肋的骑兵此时多有出动,阻击切割冲锋的金军,而金人见状也将更多的铁骑投入战场,阿里喜(女真本族武士的傔身随从,谓之"贴军")和各族仆从军蚁附于后,不计代价地直冲夹河战地内宋军的一个个阵列,宋金双方一时间白刃相接,进入残酷的血战时刻。

吴璘与亲卫立在一小丘上,得以清晰地俯瞰战场全景,他的大纛帅旗在身后迎风招展,猎猎作响。这位宣抚相公不时命亲卫下去传达命令,调遣兵马投入到战场的一个个角落与金军厮杀,双方苦战至天色薄暮,已到处都是死尸相藉,红褐色的血液染遍了夹河战地中宋军的壁垒阵列之内外,但金军仍在前赴后继地轮番猛攻。

每当一阵出现稍稍被金军压制的不利情形,吴璘便令亲卫传呼:

"某将战不力!"阵中诸将听闻,无不畏惧宣相军法,即挥军殊死斗,几乎个个一马当先。

金军关陕地区的最高统帅徒单合喜自然也在城楼上观战指挥,他此番几乎出动了身边全部精锐的女真本族武士,重骑兵也已经轮番进攻,屡屡冲击宋军阵列,不可不谓坚忍持久,但还是无法击溃宋军的防线,无法令某一阵掉头而奔,出现宋军常见的一阵败北,而诸阵皆溃的情形。

吴璘临战把握战机的能力极强,他敏锐地注意到金军士气和厮杀的力度已经随着天色渐暗而迅速下降,这些金人毕竟不比当年了!他果断决定,将预备队都投到战场上!于是一队队作为最后机动力量的西军铁骑在铿锵作响的甲胄兵器声和马蹄如雷震的威慑下,从吴璘周遭高喊着"杀贼!杀贼!"直冲入战场。

这位久经战阵的老帅预先就将预备队布置在夹河战地的高处,于是西军重骑兵们得以借俯冲的力量,凭高而下,一时间真是势如破竹,将困在低洼处的金军步兵和阿里喜、仆从军们杀得血流漂杵,而金军的铁骑则分散在宋军一个个阵列内外,无法组织起有效的反冲锋。就在这时候,金军中异族的仆从军和那些强行签发的汉军都开始丢盔卸甲地往身后的城池逃跑了。胜负的天平已然倒向了西军!

徒单合喜见状,知道今日再不收兵,只恐城池不保,于是下令鸣金撤退。

金军如蒙大赦,纷纷逃窜,只有最精锐的本族女真武士尚能且战且退,最后也终于撒腿就跑,半入城中,半入城外金军壁垒营寨。

可惜的是,吴璘此刻在德顺只有这三万兵马,若是能集结更多精锐和骑兵,这趁胜追击,或许便能完全冲散金军营垒,夺下城池,那时金军只有败逃的份了。

吴璘命诸军修整造饭,枕戈待旦。拂晓天色将明之际,他下令诸军主动突袭城外金军营垒,金人此番不敢再出营决战,于是坚壁不出。而兵力并不占优的宋军能够在坚城要塞之下反而压制住了人数更多的金军,这对金人的士气,尤其对其中仆从军、签军来说造成了极大的伤害。后来一俘获投降的金军将校道:"自吾从敌百战,未尝见如此。吴公可谓神矣。"

至夜,天大风雪,徒单合喜为免这数万金军久困德顺,被吴璘调兵包围而歼灭,于是无奈在夜色中悄然引兵退出了城池,城外营垒也只是虚张旗帜,一夜之间,金军尽遁。

三月十二日(戊申),吴璘亲率兵马入城,西军终于克复德顺!

由于吴璘军法严明,不许扰民,德顺军城中市不改肆,父老孺幼、布衣百姓们皆拥马迎拜,吴璘及身后宋军骑士几乎无法前行,百姓们无比热烈地为西军的胜利欢呼,城内竟成了一片为王师庆贺的人潮海洋。

此时就连花甲之年,见惯了成败荣辱、生死得失的吴璘也不由地有些出神。他仿佛出离于此刻的欢声笑语,似乎百姓们喊的"相公!相公!"近在耳边,又若即若离似在洪荒之外。吴璘仿佛回到了三十年前,回到了在兄长身边随他上马厮杀,下马饮酒的青春年华,那时节他一顿能吃几斤牛羊肉,喝几坛子西人自酿的美酒。小山重重,烟波霭霭,云卷西风画楼东。但这一幕幕陡然变转,那是一片杀声四起,狼奔豕突的旷野,戴着铁兜鍪的骑兵漫山遍野地赶着一群分不清是军人还是民夫的溃逃者们,他们只是一路溃逃,一路溃逃。相公补天身名裂,挽明河兮洗膻腥,怎敌他,数奇将庸金瓯缺,东南怯!

吴璘蓦地回过神来，这位刚打了一场硬仗，克复德顺军的关陕之地最高统帅竟努力咬牙，似乎在强忍着什么。

他明白了自己为何出神，为何恍惚，为何记忆如黄河决堤一样涌上心头。

兄长未能收复关陕的遗恨，恩相张公功败垂成的中兴事业，便让我吴璘接过！

中兴当自关中始，就让我拿下这关陕之地，临死前为大宋打下恢复旧疆的基础！

若是恩相还有机会典兵江淮，自己则在关陕用兵，那时，便让北虏和朝中诸公们看看，大宋是不是能翻身！是不是还有心向中原，能战敢战的将相兵卒！

收复了战略意义极大的德顺军后，吴璘又另遣忠义统领严忠克复了镇戎军与原州以北的环州，那里金人的守备力量薄弱，严忠攻克环州的同时也俘获了守将郭裔。至此，德顺军、镇戎军、原州都已经克复，且连成一片，关陕中心的战略要地几乎尽在宋军掌握之中。

三月十八日(甲寅)，四川宣抚使吴璘返回南面凤州的河池，与来到此地的兵部尚书、川陕宣谕使虞允文会面商谈。

二人在河池见面后不免惺惺相惜。吴璘盛赞虞允文采石矶力挽狂澜的壮举，后者亦是对吴氏将门忠荩国事，御敌于川陕，保全西蜀安堵的功绩乃至如今的凯歌频传称颂不已。他们都认为，此确是经略中原的大好时机。譬如可令董庠守淮东，郭振守淮西，赵撙次信阳，李道进新野，吴拱与王彦合军于商州，吴璘、姚仲以大军出关辅，于是因长安之粮以取河南，因河南之粮，而会诸军以取汴京，则兵力全而饷道省，至如两河，可传檄而定。一条恢复旧疆、驱逐北虏的皇皇大道仿佛出现在他们眼前。二人英雄所见略同,颇有相见恨晚之感,于是虞允文便将两人所商议的一系列宏大的军事筹划尽写入联名奏疏中,驰驿发往临安。虞允文和吴璘这两位在绍兴末年闪耀的文武大臣,在那畅所欲言的夜晚,彼此都有一种天下风云出我辈的感慨,可他们并不知道,这一切设想,甚至连一条都无法实现。

另一方面,丢了德顺军的金人十分紧张,乃命一军由开远堡攻打镇戎军,当时镇戎军中姚仲所留的宋军官兵并不多,关陕的这块五个军州相连的冲要之地,仍处于反复争夺中。

三月二十二日(戊午),就在金人使节高忠建等离开临安府的这一天,西北战场上忠义军统制兼知兰州王宏引兵克复会州。

然而三月二十五日(辛酉),金人又派兵与熟悉当地地形的泾原蕃部首领之子杏果一同包围原州,企图夺回这几个德顺军周围的重要州军。宋军守将段彦与忠义统领巩诠亲自领兵上城墙,与原州官吏军民坚守。金军来势凶猛,依原州城建设寨垒,城内官军人少,又无多少骑兵,只能坐视金人在城外不远处修成军寨,且将城外百姓、粮食、牲畜等都掳掠殆尽,又轮番昼夜攻击。原州城固然在关陕地区也算坚固,但无奈此刻城中民兵都没有像样的盔甲,甚至连纸甲都配不齐,只得在夜色中派一队哨骑间道往镇戎军求援。但镇戎军又如何有兵力救援原州?只能略派小股兵力而来,总是杯水车薪,难以撼动城外金军。而吴璘的宣抚司增援镇戎军尚要在数日之后,直是缓不济急!且王之望又于此时扬言要丐祠乞请宫观差遣,种种困难接踵而至。

四月初一朔日(丁卯),吴璘方才得知德顺军方面的军报,云金人包围原州,且建设军寨,敌势益壮。然而吴璘的西军如今也已随着收复州军的众多,而铺开在关陕由西至德顺军、镇戎军、原州一带的广大区域里,确乎到了颇棘手的时刻。原州受围已五日,在段彦、巩诠屡屡告急之后,前线战场上这时候几乎可算西军第二号人物的姚仲考虑到镇戎军同样兵少将寡,于是命德顺守军抽调步军五百增戍镇戎军,又命卢仕闵亦从德顺带精兵五百驰援原州。

姚仲看到的只是原州一地的得失,而关陕战场上真正的统帅四川宣抚使吴璘却是要从整个大局的角度去考虑和统筹,他认为即便原州失守也不会对西军的战略目标造成决定性影响,相反只要固守住德顺,关陕西部收复的近十个州军就可以逐渐恢复元气,招募兵丁,且多能就粮于关陕腹地,减轻自蜀中粮草辎重转运的巨大压力。而一旦时机合适,若能以吴拱所部汇合东面商、虢屯驻的王彦部,则吴璘麾下的兴州西军主力与吴拱、王彦东西夹击,令重兵在凤翔府一带的金军腹背受敌,届时收复整个关陕并非纸上谈兵。而若德顺有失,则非但这一东西夹击的战略无法实现,新复的关陕西部州军也将无法遮护了,甚至自德顺军至南面仙人关一带多平坦地势,则设有不利,四川全境也是有一定危险的。这些问题,吴璘相信金人在关陕的统帅徒单合喜一定也能想到,那么金军就势必会重整旗鼓,以大军再至德顺,必欲夺回,如今金军在原州的行动正是一个前奏。

因而在四月初七(癸酉),吴璘非但没有下令调兵支援原州,反而以宣抚司指挥姚仲派去原州的右军统制卢仕闵领山外四将、山里四将等部落蕃兵,立刻赶赴德顺军,屯于德顺城池以北的东山寨,增强德顺军防御。不仅如此,吴璘正在为德顺军极可能面临的第二次宋金决战做准备。次日初八(甲戌),吴璘又奏言:"收复秦洮路,招到正兵弓箭手万人,乞支给器甲。"在当时,自绍兴和议休战二十年来,成都、潼川、遂宁府、嘉、邛、资、渠七个地方的作院(即地方上的兵器制造所,作院工匠以厢军充，每年有一定的课额要完成）仍然每日造甲，而兴元府、阆、成州、大安军、仙人关六作院则日造神臂弓、马甲、披毡，二十年来器械山积。从这一点可以看出，南宋虽然只有半壁江山，但综合国力是不算弱小的，更具备大规模生产军工物资的能力，这还是在秦桧专权的情况下。但赵构的朝廷显然不能完全对吴玠、吴璘统率的西军放心，因此并没有将兵甲支取的权力交给宣抚司，而是仍要奏禀朝廷，取指挥。若吴璘西军之入关陕时，能事先带上一批兵甲，则可以即刻武装起新复州军所招募来的兵马，那么在关陕的局面又将不同，不至于在用兵时如此捉襟见肘。可赵构自然不是这样想的，如果给了吴璘的四川宣抚司便宜支取地方作院兵器的权力，吴璘固然可以用来武装关陕边民，若是有谋反之心，也完全可以旬日间武装起数以十万的川陕之人来加入他的西军，以二十万大军南下荆襄，后果不堪设想。此番吴璘乞请支给兵甲，朝廷还是批准了，乃令总领所拨万副器甲与之。

就在同一天，吴璘又下令姚仲率领所部兵马即日启程，赶赴德顺驻守，德顺原本的驻军以及后来派遣过去的卢仕闵、姚志等统制并听姚仲节制。但吴璘也考虑到前线军情颇有瞬息万变的时候，便也允许姚仲如有机便，可以进兵克复泾州、渭州等处。姚仲又请吴璘从兴元府、洋州调遣一千兵马增补给他，吴璘亦同意了。于是姚仲以河池、秦州等处兵马汇同所部精锐正军共近万名西军，并赴德顺，又以余下兵马分屯甘谷城、摧沙、镇戎军三处。

然而原州被金军包围已有十多天，金人在城外建造攻城大砲十四座（人力抛石机），又用鹅车洞子（攻城车）拥迫城下，箭矢、巨石乱发，原州军民坚守之下伤亡惨重。于是原州守将段彦、巩诠再急于镇戎军守将秦弼，秦弼亦无多少兵马，只能再禀报宣抚司。吴璘只是命秦弼率领镇戎军境内四个蕃部兵马全军支援原州,并不考虑从德顺军抽调军队。

姚仲麾下卢仕闵认为原州危急,请求让他带所部兵马支援,但都统姚仲大约畏惧吴璘让他坚守德顺的命令,只许以统制李在分遣治平寨屯驻兵马五百人往救原州。卢仕闵无奈,分遣一部官军屯驻距原州五十里的榆林堡,以为应援,又让人驰报原州段彦、巩诠,让他们知道官军正在准备增援原州,以坚定原州宋军守城的信心和意志。

但到了四月底,三十日(丙申),姚仲不知出于何故,忽然决定只留少部分兵马屯守德顺,他自己则尽率德顺精兵与平日自将的常从精锐,大约总数在一万人以上,从德顺军出发,驰援原州。

五月初二(戊戌),尚不知道姚仲已经违背自己命令的吴璘乃从河池至凤翔一带视师。当时凤翔府尚在金军控制下,很可能左都监徒单合喜即在城中。吴璘此举,大约便是想前去侦查凤翔金军虚实,以为后续的决战做部署准备。

就在这一日,姚仲所部的赵诠有七百骑兵在驰援原州的路上已经攻克了金人的开边寨,金军谍知后亦派出千余人从原州而来,与赵诠的骑兵打了一场遭遇战,金人败走。另一路金军二百余骑又与卢仕闵部交锋,亦败退至九龙泉。但这些金军的试探只是在麻痹宋军,好让姚仲以为原州的金军软弱可欺,不足为惧。

姚仲果然心生轻视,令统制姚公辅、赵诠等先领兵七百进入原州,又令统制姚公兴在原州北岭击退一部金军,夺取北岭隘口,为大军自北岭救援被围的原州城铺平进军道路。

初六日(壬寅),姚仲所部万余精锐西军由九龙泉抵达原州北岭。然而岂料金军早就在北岭部署了上万重兵,先前的接连败退不过是示敌以弱，等候宋军进入北岭金军选定的战场而已。

寅时将近，天色渐亮，宋军才刚刚发现金军的踪影。姚仲急令卢仕闵所部与陕西兵马为头阵，自己所统率的主力精锐六千四百十零八人的正军则分为四阵，分列于北岭各相对得地利之处，并命统制姚志所部为后拒（居后以抗击敌人的部队），列于隘口以西，也保障己方退路。

虽然金军设计步步诱敌，又事先设伏于北岭，几乎是一出围点打援的军事好戏，但吴璘命姚仲所屯戍在德顺的这支西军确实精锐悍勇，仓促间列阵迎敌，无不尽力鏖战。金军每次冲击宋军阵列，都以三千重甲骑兵决死而来，迭为进退，反反复复，宋军阵列开合，两军白刃相接凡数十回，金军仍不能占到多少便宜，双方都在北岭留下了无数尸体，各有伤亡。

不幸的是，由于姚仲的大军乃是全军而至，辎重队自然也在军中，转运的民夫和运粮的非一线部队惶恐失措，乱行不整，宋军第一、第二阵方与金军死战，胜负未分，而金人一支骑兵已经看出宋军辎重队混乱于阵内外的破绽，撞开了第三、第四阵列外的拒马，冲入宋军两阵中，阵心步军动摇，而辎重队四下逃窜，杂乱于阵中，遂使第三、第四阵宋军无法组织起有效抵抗，也无法相互支援接应。北岭战场的形势开始大大有利于金人。

第五阵乃是姚仲的亲卫牙兵所在，最是精锐无畏，至此窘境，姚仲也知道一旦战败，吴璘问罪，恐怕就要贬窜海外！于是他命亲卫牙兵们全数压上，与金军女真武士们缠斗死战，想要稳住阵地，自辰时杀到未时，三个多时辰里步骑死伤遍野，最后终于抵挡不住，五个宋军阵列都开始了溃逃。

不幸中的万幸，列阵于北岭隘口以西的第六阵姚志得知诸阵皆被击败后,并未怯战逃跑,而是鼓舞全军:"前军既败,我辈进亦死,退亦死。等死耳,进犹可生也!"

于是姚志所部前去接应溃逃的五阵宋军,不久,金军骑兵果然追至,姚志不慌不乱,令长枪手尽坐,神臂弓先发,平射弓再射,严格地遵循吴璘所制定的叠阵法,五波箭矢如雨而下之后,金军的重甲骑兵经过差不多四五个时辰的厮杀,也是到了强弩之末的境地了,乃退兵二百步,见姚志大阵严整,金军终于归南山原。

北岭之战太过惨烈,时已黄昏,残阳余晖与地面上漫山遍野的血迹把这山谷染成了一片仿佛人间的活地狱,伤者哀嚎着,死去的袍泽与金人的尸体混杂一处,已成了深闺思妇的梦里人,再也回不到家人妻儿的身边了。

姚志焦急地派手下兵丁寻找姚仲,若是这位保宁军节度使、龙神卫四厢都指挥使、兴元都统制、兼知兴元府的西军二号人物就这样死在了北岭,那可如何是好!不久,虽然没有找到姚仲,但亲卫来报,说是姚仲已经带着牙校到了开边寨修整。姚志终于松了口气,乃令麾下将官杨立领神臂弓重甲步兵各五队,据守九龙泉大川路,以防备金人敌骑在夜色中追击宋军的溃逃之师。布置完这些,姚志才率领所部撤退。这一战虽败,但姚志的表现无疑说明西军中还是颇有具备相当军事素养的将领的。

姚仲在战后清点伤亡,这才知道此役光是统制、统领级别的将领就战死了七个,将官阵亡三十人,队将七十三人牺牲,再往下的低级统兵小校则不计其数。夏日的正午,姚仲却觉得自己瑟瑟发抖,寒意遍体。自己此番几乎全军救援原州,实际上是违背吴璘命令的,宣相只说如果机便,可以适时分遣小部师旅克复渭州、泾州,可从来没说允许他全军支援原州！这打赢了或许还好说，眼下却是大败！姚仲无奈，只得瞒报北岭五阵宋军战败的消息，并且把败仗说成了胜仗，只说第六阵姚志立下奇功，以捷报上禀宣抚司。

吴璘这时已经能确定金军关陕统帅徒单合喜就在凤翔府，他一面关注着德顺军、原州、镇戎军的情况，一面又还是不放心，乃命亲卫将他亲笔书信带去交给姚仲，以问前方敌情。吴璘在信中强调："合喜孛堇(孛堇即勃极烈，女真语长官也，常以指女真大将、贵臣)次凤翔，坚守不出，势不易取，虽原州围未解，可且赴德顺。"吴璘不厌其烦地提醒、告诫姚仲，务必要认识到德顺军的重要性，即便原州危急，还是留屯德顺方为上策。但他的书信还没能送到姚仲军前，北岭之战已经打完了。

在这战局变化莫测的当口，两天后的五月初八(甲辰)，太府卿、总领四川财赋王之望再度丐祠，乞请宫观，朝廷自然不许，实则这不过是王之望在摆姿态而已。他又上书都堂云：

> 近缘宣谕司令本所桩管吴璘所得敌人米斛价钱，别听支用。本所会问宣抚司，悉无实数，与吴璘几生间隙。幸而相照有素，所以无事。

当时吴璘的四川宣抚司在新收复的诸州县中得米约三十五万石，虞允文以川陕宣谕司的名义命令王之望的四川总领所，要求他"纽算籴本、水脚钱数，令项桩管，听候取拨，合计钱引三百九十余万道"(详见第四章王之望、虞允文冲突)。王之望认为，虞允文这种不经核算，不顾总领所情况的"狮子大开口"是不可理喻的，他甚至说自己出于公忠体国的谨慎考虑，去询问吴璘的宣抚司，到底在新复州军中得到了多少粮食,结果宣抚司都报不清楚,说不出个准确数字来,以至于总领所与吴璘之间几乎产生误会和嫌隙。王之望的话十分恶毒而有技巧,又说幸亏一直互相关照、知会,所以终于没闹出什么乱子。可这些话在朝廷看来,便是深有可忧。因为以前没闹出乱子,不代表以后不出乱子。大宋的文臣官僚集团对武将的猜忌防范几乎是一种一贯的共识,难道都堂的宰执们读到王之望的上书,不会担心假如未来某一天宣抚司与总领所彻底闹翻,吴璘在他麾下那些粗浅无识的武夫们的撺掇下,是不是会有出格的举动,闹出真正的大乱子来?四川是荆襄、东南得安的重要所在,是决计不能乱的!

但王之望的上书乃是一石二鸟之计,他又在书信中说:

> 虞尚书久在川蜀,乍自东南还,不深知近来事体,而其人疏通果决,锐于立功。凡有所闻,推行奏请,惟恐不及,而于虚实之际,未暇审详。窃意朝廷皆以为然,一一施用,或别致抵牾。兵戎财赋,事关安危,不可不审也。

王之望的意思是说,虞允文从东南朝廷中来到川陕,还没有时间深入知悉眼下的军情财用等一系列情况,不像自己则是四川总领的职务,才最清楚各种细枝末节的现实问题。且虞尚书此人说得好听是通达而果断,但他急于立功,以至于想到什么就急着奏禀朝廷,惟恐来不及,却全然不深察相关利害。如果朝廷一切以虞允文的川陕宣谕司之建议、奏疏为准,全部采纳其意见并一一实施,恐怕有时候不免造成多方矛盾,要出乱子。兵戎军机、财赋粮饷,都是关乎国家安危的大事,不可以这样不审慎呐!

王之望将自己与吴璘宣抚司、虞允文宣谕司的矛盾再次向都堂挑明,这样的掣肘对恢复关陕无疑是极为不利的。

五月十三日(己酉),王之望又收到了虞允文的宣谕司公文,论及招兵买马和吴璘、姚仲出师关陕等事。他又在答复中大谈:"南北通使,和议必成……姚帅年来数奇,不可委以要地,更宜与宣威议之。"实则便是对虞允文的扩招兵马和进一步收复关陕的策略提出反对,并借口姚仲近年来走霉运,有关作战的具体问题,应该要和四川宣抚司吴璘共同商议才能决定。但吴璘此时人在凤翔视师,何时才能与王之望、虞允文三方共商边事?这自然是场面话,踢皮球,来个"拖字诀"罢了。王之望的书信还未送达虞允文的川陕宣谕司,姚仲战败的消息就来了。王之望多半颇为得意,以为有料事于先的远见。

讽刺的是,王之望如此掣肘锐意恢复的吴璘与虞允文二人,官家赵构却在与权户部侍郎吴芾论财赋用人的问题上时说:

> 川陕用兵,朕全得一王之望之力。大军十余万众,数月与虏角敌,而蜀人不知,他人安能办此?之望在蜀,几如萧何之在关中。

天子竟将王之望比为汉初三杰之一的萧何,说"他人安能办此"。确乎是别人办不了,因为王之望处处惟以窥探上意为心思,忙着琢磨、体会和执行赵构的帝王意志,当赵构希冀南北和议的意图越来越明显时,王之望已经全然不顾关陕的恢复事业,牢牢勒紧钱袋子,无怪乎"蜀人不知",因为王之望打心眼里不愿筹措更多的军费物资来满足西军所需!

却说在五月十七日(癸丑),吴璘略有听到传闻,说姚仲所部似乎吃了个败仗,他立刻派人将姚仲麾下左军第四正将张傅抓起来严加审问,这才知道了姚仲违背自己命令,贸然全军救援原州而在北岭大败的事实真相。盛怒之下的吴璘立刻派亲卫赶赴姚仲军前,传达宣抚司指示,要求姚仲来自己身边议事。同时,他再从宣抚司发布第二道命令,以姚仲麾下统制姚公辅、赵诠两部兵马屯守原州与镇戎军接壤一带,密切关注原州金军动向,且听候中军统制吴挺节制,不得自行调拨进退,如果擅离职守,稍有罪责,并处斩!这说明,吴璘已经决心要一步步夺姚仲兵权,准备向他问责了!

五月十九日(乙卯),吴璘再度以宣抚司指挥令姚仲与其所部兵马并赴河池,到自己军前听候差遣,这当然是要完全罢姚仲兵柄了。同时,五月间,吴璘又下令宋军攻取熙州,遂俘获金人都总管刘嗣,于五月二十三日(己未)克复熙州。

> 三大将之出也,兴州路得秦、陇、环、原、熙、河、兰、会、洮州、积石、镇戎、德顺军,凡十二郡。金州路得商、虢、陕、华州,凡四郡。独鄜以重兵扼凤翔,故散关之兵未得进。

也就是说,虽然姚仲所部在原州北岭战败,但西军主力之出兴州以后,已经收复了关陕西部十二个州军;而王彦部偏师也收复了关陕东部四州。宋军在关陕反击战进行到这个时候,已然收复了大片土地,获得了许多物资和潜在的兵源。宋金对抗在关陕这一地区,形势仍是较有利于大宋的。但也要看到,金军关陕统帅左都监徒单合喜仍在凤翔府屯有重兵,金军的主力尚在,并未被大部歼灭,要恢复关陕全境,赶走金人,则必须有朝廷的全力支持,至少四川总领所得和虞允文的川陕宣谕司一样,完完全全与吴璘的西军一条心,否则事犹未可知。

时间到了六月朔日初一(丙寅),吴璘亲率一部兵马驻扎在凤翔以南、和尚原、大散关东北方向的大虫岭。

姚仲终于从原州赶来,到了吴璘军前帅帐之中。而姚仲的兵马已经被吴璘命李师颜代为节制,至此姚仲已经成了个除了亲卫以外,一兵一卒都没有的光杆司令了。

姚仲一身戎装,向吴璘行礼。

"末将见过宣相。"

吴璘坐在虎皮交椅上,眼皮都不抬一下,只是淡淡地说:"尔是节帅,眼睛里大约是没有某这个宣抚使的罢。"

姚仲闻言大恐,当即道:"末将岂敢！只是因原州军情紧急,来不及事先禀报宣相,这才事急从权,便宜为之。怎知房人狡诈,恁地先在那里设伏……"

话还未说完,吴璘拿起帅案上的一方砚台就砸向了姚仲！

"尔白打了几十年仗！你和底下的兵有什么区别,与渠一般没的见识！德顺军若丢了,原州要了何用？德顺军在,原州、泾州、渭州,我西军想取,早晚取之！德顺一丢,原州兵马再多,也是北房口中吃食,你怎敢违我节制指挥,擅自出兵,今日且要知道某军法如何！"

姚仲一听,情知不妙,果然吴璘大手一挥,帐内亲兵已经将他一左一右夹在了当中,把他腰间兵器卸下,脱了他的兜鍪。

"推出辕门斩首以徇！"

这是要将自己斩首示众！

姚仲顿时大声求饶。

第六章 西军的黄昏

幸亏帐内随军转运判官赵不愚为其说项求情,姚仲这位已经建节的武臣大帅才算保住了性命,于是下河池狱关押,等候发落。与此同时,金军围原州益急,自五月至今,共增兵一万五千步骑,调丁夫五千余人转运,攻城砲座造了六十几台,又有搜城车、呆楼洞子(形如洞,内空似屋的大型攻城武器,下置车轮,往往安装巨木,以生牛皮覆盖在外面防御箭矢等,又以铁皮包裹,人在洞子内,推而前进)等十几辆攻城器具,接连猛攻原州城。自城东至西南隅,金军共建六个军寨,围城之势,颇为骇人。原州城内守将段彦告急求援的文书,几乎是一日五至。

在关陕局势尚且未定,宋金仍在交战的情形下,六月初四(己巳),诏立皇太子,内禅已经即将举行,次日初五日(庚午),又下诏:龙神卫四厢都指挥使、潭州观察使、鄂州驻扎御前诸军都统制、充湖北、京西制置使、京西北路招讨使吴拱为安远军承宣使,主管侍卫步军司公事。也就是说,表面上是赏茨湖之捷,但实则非但没有采纳吴璘和虞允文驰驿上奏的建议,让吴拱所部北上会师王彦,相反却让成闵、吴拱、李显忠三大帅全都改任三衙管军的高级军职,从而令他们原本所负责的三大招讨司"结局"。这说明,天子赵构决定在东南战区,停止一切对金人的反击行动,全力促使议和进程有实质性进展。不久,官家赵构下御扎,两天后的六月十一日(丙子),内禅大典在紫宸殿举行完毕,两代天子完成了形式上的权力交接,皇太子赵眘成为新的大宋皇帝。

新天子自然要对边境手掌重兵的宣抚使吴璘加以慰劳,于是下御笔亲扎云:

> 昔在旧邸,每共定省,侧闻太上皇帝圣训谓:"今日元勋旧德,同国休戚,无如卿者。"且曰:"偏师之出,曾不淹时,三路土

疆,悉归版籍。朕闻此事,欣赞慕用,盖非一日"。

但这些极尽褒美的御扎文字,不过是漂亮空洞的场面话,实际上太上皇赵构自然是不会全力支持恢复关陕之策略的。

七月三日(戊戌)收复巩州之后,整个关陕西部自积石军、兰州至德顺军都已被宋军控制,陕西五路可以说已然恢复了一半以上,如能得到东南宋军自商州、虢州会师王彦部之增援,东西夹击金军,将之击败,迫使金人退出关陕并非没有可能。

应该说,赵昚即位后也是锐意恢复的,与北内太上皇不同,他先是立刻手书召张浚入对御前,又进封张浚魏国公,除其为江淮宣抚使、节制屯驻军马,又在八月除吴璘以四川宣抚使兼陕西河东路宣抚招讨使,扩大了他在关陕的职权,由"陕西河东路招讨使"改"宣抚招讨使",显然在除命之初,对恢复关陕寄予厚望。

收到临安都堂的除拜诏令之后,吴璘自然是感到了新天子的支持和恢复之渴切。吴璘又料定金军统帅徒单合喜必然会调集大军企图重新夺回德顺军,以破解金人在陕西的困境,于是他马不停蹄地率军亲赴德顺,再次勘察德顺军地形,发现在德顺之东有一座东山,北面则有一座北岭,得出了"东山小而可守,下瞰城中;北岭形势延接,实控扼之地"的敏锐判断。

吴璘遂令城外的数万西军"连营北岭,掘重壕筑垒,开战道,益为不可犯之计以待敌"。连营北岭,当是为了倚山布阵,则金军无法出于其后,挖掘战壕、筑造壁垒则是修建防御工事,发挥西军善于防守的长处,开战道则是为了大军各阵之间可以互相支援,保护粮草转运,如此以逸待劳,焉有不胜之理?

吴璘带着西军中的诸将在德顺军一处山峦上俯瞰地势,他扬起手中的马鞭,指着远处道:"虏人之来,必于彼处安营扎寨。"诸将皆唯唯。

却说金军关陕最高统帅左都监徒单合喜也在思考着夺回德顺一事,一日军议,完颜璋道:"原州虽有重兵围城,奈何宋人吴相公不似他麾下姚仲好欺,再不派大军自德顺救原州之围。若要复取德顺,须都督率大军亲至,退敌必矣!"金军诸将皆赞同此议,认为应大军自凤翔开赴德顺,吴璘闻之,必定益兵集结于彼,只需在决战中击溃宋军,吴璘一退,西部州军本就不可能有太多宋人的屯驻兵马,定然望风披靡,关陕不足平!

徒单合喜采纳了这一建议,于是亲统四万正军,又带上仆从军、签军、转运民夫等数万人,开赴德顺,与完颜悉烈等会师,合兵一处,号十万大军以为恫吓虚声,但关陕的女真本族精锐确实已多在军中,徒单合喜做了毕其功于一役的准备,务求在此决战中打垮吴璘所部西军,夺回德顺,迫使其退走秦凤。

第二次德顺军会战就要爆发了!

据后来王之望的奏疏来看,所谓"四川精锐皆属吴璘,吴璘精锐尽在德顺。德顺正军三万余人",则我们可以推测德顺军第二次会战爆发时,西军主力精锐至少有三万余人,加上蕃兵、梁洋义士等各种非正规军和新招募的兵丁及转运民夫等,总体人数应在六万人以上,甚至更多。可见,这是自绍兴三十一年完颜亮大举南寇以来,宋金双方在关陕最大规模的决战,这一仗若输,如果西军主力精锐被重重击溃,则非但德顺军保不住,关陕收复的十几个州军也保不住,甚至如果金军就此入蜀,也不是完全的危言耸听!

不久,哨骑来报,金人大军安营之处果然如吴璘所料,几乎是分毫不差,诸将无不叹服。宋金双方便开始了在德顺的相持和试探。

一日,数千金军铁骑出营,至北岭宋军营垒不远处。吴璘立刻下令西军骑兵出战,金军对宋人居然没有据寨而守,乃敢主动以骑兵交锋,颇有些准备不足,大约由于太过靠近宋军营垒,可能遭遇到神臂弓、床子弩等远程重型武器杀伤,西军铁骑跟着一上,数千金军骑兵显然也没有要在敌人营寨旁死战的意图,乃狼狈驰走,往己方营垒撤去。初战小小挫退金人铁骑兵锋,西军士气颇振。然而吴璘忽然下令,北岭营寨中驻扎的西军立即于今夜全军移师城中,不得片刻迟缓,如有违戾,并将官士卒军法处置!

德顺军城池在六盘山以西不远,所谓东山大约就是指六盘山。将士们虽然畏惧吴璘军令之严,但都对他们的这位宣相的这番调动命令觉得不知所谓。因为凡守城,只要兵力充足,少有大军全部龟缩城内的,至少一军在城外建营垒,以为犄角,则相互应援,攻城的敌军不能任意妄为,还要分兵保护粮饷转运等。而如今本在东山北岭下倚城下寨,又有背靠六盘山之地利,为何主动抛弃营盘,难道是金军众多,要坚城不出死守?可德顺以西已经克复了那么多州军,加上粮道在外,把机动权都放弃给敌军,真的是用兵之道么?将校士卒虽然不敢违抗吴璘的指挥,但颇有窃窃私语,交相困惑不堪的。

夜色下,东山北岭处的一部西军精锐乃尽入城池歇下。

天明,出城巡逻的哨骑忽报大量金军出其营垒,直扑北岭山脚下西军此前下寨之处,诸将与兵卒这才恍然大悟。原来吴璘料定,金人试探之后,必定大军来袭,企图拔掉北岭下宋军营寨,从而为围攻德顺军城做准备。

此番金军铁骑与阿里喜和仆从军、签军等一共出动了数万人,天未亮就造饭出发,想要打宋军一个措手不及,结果到了北岭西军营寨外,却发现只是一座空营盘,了无所得。金军诸将犹倡言宋人胆怯,不敢与大金王师对决,乃龟缩城内,今日必破城!

于是数万金军转而至于德顺军城下,欢噪诟骂,意甚自得,想要引诱宋军出城决战。城墙上西军将士听到金人的种种高声侮辱,无不怒目圆睁,愤怒已极。然而吴璘一概不许出战,只命偃旗息鼓,遂西军无人敢喧哗。诸将请战不成,也只得忍耐着。

金军在德顺城下空耗精力,一直至于日头偏西,到了未时四刻,吴璘在城楼上按视金人动向虚实,见金军辱骂之声渐低,多有猛安等坐在地上歇息,其仆从军、签军所在旗帜不整,心知北虏士气已惰,于是传令骑兵做好战斗准备,鸣鼓作出城状。

金人自丑时将尽用饭毕,随即整军出营,行军至北岭西军留下的营盘处,复又行军到城下,至未时已经有五个时辰不曾吃过东西。本来的战略乃是天将亮未亮之际,趁宋人最困乏时突袭西军营垒,因而完全没有考虑到吴璘居然会丢下建设完备的防御工事,龟缩于城中的反常之举,故除正军重甲外,无不是轻装上阵,不曾带干粮。到这会已经是又渴又饿,未战便先没了大半力气。金军情知不妙,立刻下令撤军,往自家大营方向而去。

此时,吴璘乃命西军铁骑出城追击,金人早令仆从军、签军先撤退,用正军中的女真骑兵殿后,但金人骑兵亦不敢在大军撤退以后孤军在宋人的德顺城下力战,以免被源源不断的西军给咬住,只得放了阵箭矢,也拍马而走。于是西军铁骑一路追袭,女真骑兵们一会工夫便赶上了大部队,却一时之间也没有大将的指挥,落在后面的步军便遭到西军骑兵冲击,慌乱之中折了几百人,金军大部才进入营寨。西军骑兵也见好就收,返回城内。这一番交锋,又令金军士气受挫。

徒单合喜突袭北岭营盘捞了个空,自是极为恼火,他终于认识到吴璘诡诈非常,一时之间也更加慎重起来,下令暂时坚守壁垒营盘,不许轻出,违令皆斩。

面对金人这种坚壁不出的姿态,吴挺向父亲建议,以轻骑向金军挑衅邀战,其若出动主力,则西军便可出奇兵批亢捣虚,掩袭偷营,劫寨断其归路,可一战而败虏人贼军。

吴璘只是笑道:"前者吾实则虚之,挫其利在速战的锐气,如今其合喜孛堇必然知我能用兵,多诡道,轻易如何会上当?但正要他们不上当哩,五哥你且看战场上虚则实之的兵法,看看阳谋之如何!"

次日,吴璘令张自己的帅旗大纛,亲统西军数千骑兵径至金人营垒不远处。西军铁骑一路上见到巡逻的金军哨探,也不追袭,任其归报徒单合喜。合喜闻言,果然认为这是吴璘使诈,想要用他宋军关陕统帅的身份作饵,诱金军主力出营,而以其西军伏兵包抄自家侧翼,甚至劫寨烧毁辎重,来个釜底抽薪的绝户计,叫大金的王师没了补给进退两难!徒单合喜乃下令坚闭营门,胆敢请战者斩!

可这位金军左都监全然不知,吴璘亲率数千西军铁骑诱敌的同时,乃是为了将金军哨骑都骗回去禀报军情,而这时候西军主力大部队已然出城,到了六盘山靠近金军营寨的山头上。原来,六盘山是一座在德顺军以东,斜斜地呈南北走势的山脉,先前西军倚六盘山北岭下寨,金军自然也知道背山扎营的好处,乃将营盘设在六盘山南面山麓。吴璘定计,此番所谓诱敌不过是以虚为虚,纯属障人耳目、瞒天过海,是为了让西军主力转移到金军大营头上,且要在上面筑堡而守!

这一段时间关陕多雨雪,天气大寒而地冻,筑堡难以进行,可吴璘早有料及,令上山的诸军都背负大量木柴,烧土而掘地打桩,一夜之间,竟然果真建好了一座简易的堡垒,成为六盘山南面山头上的一座军事要塞!诸将至此更是对吴璘五体投地,其用兵之妙,将金人耍得团团转。

却说入夜后,有大营中兵士来报,说壁垒外宋军轰隆隆不知闹什么动静,起初徒单合喜只当这是吴璘在搞鬼,想要扰得金军枕戈待旦而一夜不能入睡,最后清晨时分突袭大营。于是他下令诸军一律好生歇息,自命亲卫不眠不休,巡逻营盘,紧守壁垒大门,且对囤积辎重的所在严加看管,片刻不容无人。

然而一夜无事。徒单合喜刚刚醒来,正在帅帐内洗漱,亲卫已经夺门而入,连行礼都忘了,正要说话却紧张得结巴起来。

这位金军关陕最高统帅左都监合喜见状不乐道:"尔心急火燎,却是何事?莫非宋军来袭?"

那亲卫道:"禀告孛堇,晨光下东山顶上居然一夜之间多了一座宋军的军寨!"

徒单合喜闻言如遭霹雳,他决非庸将,转瞬之间就明白了是怎么回事,原来自己完全给吴璘玩弄于股掌之间,那吴璘数千骑不是以自己为饵,是要骗他坚守不出,好让宋军跑到大金营盘头上去筑城!要知道宋人定然带了充足的补给上去,且可以随时随地居高临下地冲击、突袭自家营盘,这可真是令人有气亦不知道往哪出!如果不拔掉这个头顶上的宋军堡寨,拖下去在屡屡骚扰中金军士气会越来越衰落,最后西军再调集各地宋军,包围过来,全力一击,莫说必输,恐怕几万人都要折在这东山脚下!好狠的吴璘!这是在逼自己犯尽兵家忌讳,以步卒仰攻山中敌寨堡垒,可是如果不攻,拖下去金军也是输!

一刻都不能犹豫了！徒单合喜当即命自己带来的四万女真正军全部集结，其阿里喜驻守营盘弹压仆从军与签军，眼下这样仰攻山上敌军重兵屯守的堡寨之硬仗，只能靠女真人自己了，其他只能打顺风仗的仆从军、签军那是全然靠不住的，去了只能误事！

此时吴璘早在山头上的军寨中部署诸军防御已毕，他当然知道徒单合喜已经无计可施，只能硬着头皮来打宋军堡寨。无多时，哨探来报，云金军数万正军重兵业已出营，正往山脚下来，阵势颇大，气焰汹汹。

吴璘对左右道："敌虏这是殊死一搏，譬如猛兽饿极，将入网罟，不过自赴死而已，无足惧！"

四万女真正军各个披挂重甲兜鍪，但是由于要从山脚下仰攻山头，骑兵是不可能上去的，若以重骑兵上山，到了山顶宋军堡寨前，马力已乏，无法发挥骑兵冲锋的战斗力，反而白白损失宝贵的战马，于是只得以步军集团冲锋的战术，奋死向前，没有第二个选择。

吴璘的三万西军精锐几乎尽在此刻的东山南面山头上，十几个阵列倚堡寨而分布，无不严阵以待。

约莫一个时辰后，哨骑禀报金军已在三百步外，于是吴璘令诸军神劲弓、克敌弓乃至搬运上来的重型床子弩先发，一时之间嗡嗡巨响，有如飓风之过山冈，数之不尽的箭矢往仰攻上来的金军阵中倾泻而下，顿时便倒下数百人！但徒单合喜战前训示极严，命各谋克设督战队，后退一步皆斩！血腥味和同伴的死亡这时反倒激起了女真正军的凶心，各个嚎叫着更冲锋狂奔起来，但宋军阵中第二轮神臂弓也开始了万箭齐发，箭矢如雨，霹雳弦惊，两百步内金军又是伤亡了数百人！

此时西军的重骑兵已然在堡寨两侧列阵完毕，神臂弓第二轮射击后,西军铁骑开始从山头向下冲锋了!

"西军万胜!西军万胜!"

宋军的铁甲骑士们高喊着口号,马蹄如连环奔雷,仰攻的女真武士直感到山坡上泥石飞溅,尘沙扑面,这脚下的东山仿佛在颤抖,而他们兜鍪后的眼睛都几乎无法睁开,待看清时,已经是西军铁骑尽在身前,一杆长枪马槊狠狠扎进了女真武士们的胸口!才一个照面,数以百计的金军精锐就被开膛破肚地倒在血泊中,西军铁骑们松开手中一支支命中敌人的骑枪,纷纷从腰间拔出长刀,收割着一个又一个全副武装却无济于事的女真步军的性命。血肉之躯在仰攻的山地间如此脆弱,这是女真人很少能体会到的无力和挫败感。难道连宋军堡寨的大门都看不到就要败了么?

不过此番上山的女真正军毕竟人数极多,前后四万人都陆续蚁附而上,仍是有金军以谋克为编制冲破了西军铁骑的屠杀范围,可到了山头上,等待他们的却是又一轮弓弩的劲射齐发。

吴璘身边的亲卫此时再抑制不住兴奋,大着胆子道:"宣相若更有五万精兵在山下攻袭房人大营,贼无葬身之地矣!"

是啊,若更有五万官军为援,自己便有信心把徒单合喜的关陕金军在此战中吃个七七八八,让金人再也不敢留在关陕,可王彦和吴拱的援军又在哪呢?朝廷压根没让吴拱北上,更别提让二人会师,自东面掩杀过来的打算了!

却说随着金军越来越多,西军铁骑乃迅速撤回堡寨两侧,稍作休整,而付出了极大代价方到山头上的金军又在宋军的十数个大阵前倒下了遍地的尸体,这才形成了冲阵的白刃战。但这个时候,西军最外围两翼的重骑兵再次冲杀到阵前,从金军的两个侧翼将他们往大阵中间驱杀,阵中弓弩则一波接着一波地只管往前面倾泻,而西军万胜的呼号一浪高过一浪,和女真武士们的惨叫声与沉闷的倒地声形成了巨大的反差,仿佛是此刻天地为之变色的原因,更是生命如草芥的激越苍凉之金缕曲奏响在山头,吟啸于刀兵相交和尸山血海之间。

自天亮时分上山厮杀到现在已经天色欲晡,至于下午申时(午后三点至五点),然而西军的大阵丝毫不乱,一个阵列都未被金军击溃,反倒是仰攻上来的女真武士们尸横遍野,血流漂杵!不少统军的猛安、谋克将校都已阵亡,失去指挥的一支支金军更是只能勉强做困兽之斗,彼此缺乏应援,各自为战,打到这个时候,其实已经十分清楚,不过是在增加伤亡罢了。

金军的溃逃不知是从何处开始的,有些谋克(百人队)连督战队都死光了,更是无法弹压,越来越多的金军掉头转身,往山麓方向狂奔起来,数万女真正军战败了。

徒单合喜知道,不能再打下去了,今日非但不可能拔掉这个山头上的宋军堡寨,再勉强为之,只恐怕要折损半数女真正军!他只得下令鸣金收兵,退回金军大营壁垒之中。

西军铁骑自然从山头上再冲杀下去,好一番砍瓜切菜似的追亡逐北,一路上又令金军丢下了无数尸体。绍兴和议之后,便是采石矶也不曾有过这样的惨败!可以说几乎整整二十年,金军本族正军没有这样输得如此之惨了!

可惜的是,此时德顺的西军主力兵力亦有限,不足以挟大胜之势攻破金军营盘,于是吴璘亦鸣金收兵,复还山头堡寨之中,仍对徒单合喜的金军保持着居高临下的巨大威压。

入夜的堡寨中,西军庆贺大胜,诸将尽皆以茶饮代酒,来敬他们的宣抚相公,自大将至士卒,无不赞叹宣相神算不可及。

吴璘下令清扫战场,将砍下的女真正军首级在堡寨前筑为京观,假若敌军还敢仰攻来犯,必然见之心惊胆寒,股栗欲堕,无能为也。

吴挺面露喜色地对父亲说:"大人,北虏自此失陕西三路形胜之地,粮运迂险,虽大酋合喜孛堇亲提河南陕右兵而连败,亡失益众,尺寸不能进。而我西军又东山横其冲,北岭窄其后,三路粮食皆我有。我出兵要敌粮道,敌必艰食,困于补给之难,终失东山下大营!届时,我西军从天而降,凭高视下,破敌如黄河之决堤,敌虏岂能抗拒?陕西恢复在即矣!"

徒单合喜在营寨之中完全明白这些道理,他下令全军施行严格的粮食配给制度,坚守不出,却日夜怅恨愁绝,而思考不出任何破局取胜甚至全军而退的计策。这个关陕的秋冬,太难熬了!

于是宋金双方便在六盘山南面一直相持到十月。吴璘发宣抚司公文给虞允文,想和他一起上奏,请朝廷调商、虢一带王彦诸军自东而来,迂回取道秦州,增援德顺军,以击金军侧翼,则届时西军自东山而下,南北夹击,徒单合喜就将一败涂地。

新官家赵昚得知前线军报后,却只是下亲札抚慰吴璘,说:"览虞允文奏,知卿智勇兼济,力抗强敌,卿历世忠劳,国家是赖。"却只字不提允诺调遣王彦诸军应援,分道合击之事。

而在这个时候,徒单合喜已经决定全军而退,设法保住剩下的力量,再做打算。于是金军分遣一军进取德顺军西南一百里之水洛城,又开道于六盘山以南之陇山,实则即是想要多方迷惑吴璘,好伺机撤军,逃遁而去。

但吴璘识破了这些鬼蜮伎俩,谓其黔驴技穷,乃"部置诸将,分屯要害,且益出蜀口之师,分德顺兵,整阵内外,相合以蹙敌"。亦即是说,在王彦诸军不至的情况下,吴璘极其巧妙地利用近乎困于绝境的金军之恐慌心理,把手中有限的关陕西军调拨到了极致,分屯各要害之地,以示包围金军、截断其归路的态势。金军大营中畏惧无措的心理正在无可阻挡地蔓延,将校士卒皆相与言:"东南宋军至矣,我等将何之乎?"金军误以为大宋的东南官军已经到了德顺军以南,部署在各个要隘路口,以阻遏其撤军,这种慌乱在仆从军和签发来的汉军中更是一发不可收拾,金军士气不问可知。

可讽刺的是,新天子赵昚即位以来,东宫僚属们以从龙之功各个立登要路之津,反对关陕恢复的声音却也逐渐达到了一个顶峰。《宋史·虞允文本传》中云:

> 孝宗受禅,朝臣有言西事者,谓官军进讨,东不可过宝鸡,北不可过德顺,且欲用忠义人守新复州郡,官军退守蜀口。允文争之不得,吴璘遂归河池,盖用参知政事史浩议,欲尽弃陕西,台谏袁季、任古附和其说。

楼钥所撰的《史浩神道碑》中云:

> 吴璘以兵取德顺,捷至,方议行赏,公奏,诸葛亮出师必攻陈仓及郿,即今之凤翔,得之,则可窥长安。高祖出汉中,正此道也。姜维舍此而多出陇西狄道,临洮得之无益。今乃蹈维覆辙,臣恐遂失蜀矣,宜勉谕其归。登命公即选德殿庐作诏,令撤戍班师,专保蜀口,以俟大举。

原来,新君赵昚的两府宰执班子里,反对恢复关陕,主张退保川蜀最卖力的便是天子在潜邸时的东宫老师、参知政事史浩。他口若悬河、滔滔不绝地指点官家赵昚,说过去诸葛亮北伐,必定要攻打陈仓和郿县,也就是如今的凤翔府,这是因为一旦克复凤翔,就能进逼长安。而汉高祖刘邦之出汉中,东取天下,也是经由此道。姜维掌蜀中军权之后却并非如此,反而舍弃诸葛亮的正确战略,多次从陇西狄道出兵,可得了临洮一带又有何用呢?如今吴璘用兵关陕,却正是在重蹈姜维之覆辙,不吸取姜维失败的教训,一旦有所失利,岂不是如姜维时候那样,连川蜀都要不保了么?所以应当加以晓谕,令吴璘趁眼下形势尚可,择便利全师退保蜀口,以为万全,以待来日大举北伐。不说主和势力,单说朝中倾向持重自治的大臣,也多是认为用归附的忠义人马和蕃落屯守新复州军也就是了,左右这些人折了也没什么可惜的,西军却应当退守蜀口,保住川蜀根本之地。在他们眼里,从来没有将关陕的民心当回事,更没把为西军箪食壶浆、应募从军的关陕百姓性命当回事。呜呼哀哉!

我们可以从中看到,所谓"以俟大举",只是为了掩饰"退兵"这一极端保守策略之遮羞布,全无半分可操作性。设想关陕不恢复,谈何从蜀中北伐?诸葛亮自蜀中兴师,兵出祁山,难道竟克复中原了么?

不难看出,史浩的论断完全是纸上谈兵!三国时期是否已经存在双马镫尚且存在争论,且严格来说,三国时期的战争中步军仍然是诸葛亮与曹魏双方在关陕对决的主要兵种和力量,骑兵成为野战的决定性力量应当形成于南北朝时期。而宋金战争时,金人最具战斗力的无疑就是其女真铁骑,若采用史浩所说的古来之正确策略,要在凤翔、宝鸡一带的关中平原进行决战,试问当时吴璘的西军是否有足够的骑兵足以在野战中击溃金军?

且吴璘本就是德顺军人,自幼生长在关陕,十八岁便以良家子从泾原军,与兄长同西夏人有交战经验,对于关陕的地形再了解不过,远非史浩这样的江南两浙之人所能比拟。

德顺军之重要还不光是前文所述的地理形势问题,据《宋会要辑稿》可知,如熙宁三年十二月二十七日,群牧判官王晦言:

> 乞自今原、渭州、德顺军买马使臣任内,每年共添置马一万匹。如使臣买及年额,乞优与酬奖。所少马价,乞下买马司擘划及支川绢,或朝廷支拨银绢应副。勘会原、渭州、德顺军三处,三年买一万七千一百匹。

则显而易见,德顺军一带是产马之地,失去关陕的西马,则南宋便只能从西南少数民族手中买得马匹,如川秦马、广马之类,其数量、质量并在北宋之下。陆游便曾说:

> 国家一从失西陲,年年买马西南夷。瘴乡所产非权奇,边头岁入几番皮。崔嵬瘦骨带火印,离立欲不禁风吹。圉人太仆空列位,龙媒汗血来何时?

但这些问题史浩全都选择视而不见,却拿千年前的蜀汉战争来硬套如今的宋金对决,这真是何等荒唐!

大约因为被史浩蛊惑,以及朝中重臣仍然多是赵构主和意志的附庸,加之来自北内太上皇赵构的压力,九月间官家赵昚便让史浩执笔，拟了一道诏书发给四川宣抚司，此即《赐四川宣抚使吴璘回师秦陇诏》：

> 朕比览卿奏，念卿忠劳，此心未尝一日不西向，而卿子挺又能坚守德顺，备殚忠力，世济其美，传之方册，可企古人。今若并力德顺，敌或遁去，进前所得不过熙、原，恐将卒疲毙于偏方，无益恢复。以朕料之，若回师秦陇，留意凤翔、长安，乃为大计。卿更审处也。卿所带忠义兵却须守挈老小，于秦州以里措置屋宇屯之，必得其用。比王彦之去，闻极迟迟，此深可罪，亦有曲折，拱知其详。卿且包含用之，方时艰难，人材不易得，卿当使过以责其后效。传不云乎："师克在和"，此之谓也。边地多寒，卿宜益加保护，副朕注想。

这份诏令虽然没有直接勒令吴璘班师，但已经提出了这一建议，用天子的口吻说"以朕料之，若回师秦陇，留意凤翔、长安，乃为大计。卿更审处也"，便是让吴璘好好想想，最好还是听皇帝的话，知道轻重缓急。又说王彦之军不至，是其个人之罪，要吴璘曲加海涵，说什么"师克在和"，如果不是朝廷没有严令王彦，没有令吴拱带军队前去会师，怎么会一步都无法从商、虢一带向东逼近，真正威胁到凤翔、德顺的金军主力呢？

却说虞允文自来到川陕担任宣谕使之后，这位具备较高军事天赋的兵部尚书已完全认识到了德顺军一地的得失干系到整个关陕的恢复与否，于是他在九月底得知了朝廷建议吴璘退师秦陇以保川蜀后，立刻抗章直言：

璘之往德顺，先留兵二万人在蜀口，以万人在杀金平，以万人守大虫岭之天池。天池在大散关之前，与和尚原相对，山形尤峻，阻有水草之利，又界于入蜀二大路之间，可以腹背当敌。璘云："和尚原止可以扼一路。以前措置，有未尽者。今年五月亲行大虫岭，始得之。殆天赐也。"至如德顺之险，自今春用尽兵力，然后得之，势须必争，理当固守。若一旦弃去，不独失三路之地，而三路之兵、三路之粮，尽资于敌。盖弓箭手二万乃土著之人，不肯徙家于近里州县，而官军所因之粮尽仰给于新边。自去岁九月用兵出秦州，未尝自河池运一粒米出关以给军食，而诸州县城寨日下所管，见在尚三十余万石，而就籴之数不与焉。所以七月间身往德顺，方择地利捍防，适与敌值，不免须用兵力摧敌之锋，以争北山东山堡之胜势。今濠堑深固，敌多死伤，德顺可以必守，但每恨兵力不足，不能大破敌军，成大功尔。璘与臣说如此，臣博采舆论，酌以愚见，在今日之势，诚不可轻弃德顺，退守蜀口。且璘自八月末与敌相持已近七十日，三大战之后，敌不能有吾丈尺之地。自璘回河池，今又半月，敌之智力，又不能有所逞。则是璘规摹措置，可以固守，已有明效，必能上宽西顾之忧。今士夫之论，以谓一弃德顺，则敌复收三路兵粮，而窥蜀口之路愈多矣。自德顺至仙人关下皆平慢土坡，见尽耕种，而路皆方轨，敌兵可以长驱⋯⋯今两界堠在秦州之皂郊，平川中无一水一阜之可凭，有目者皆可见也。臣比者亲行此数郡，见士夫之论诚为不诬。若朝廷必欲弃新复之地，臣尝具申，乞别选官付以此事，臣决不敢卖国为苟容之计！

从虞允文的抗章上书中，可以显见，吴璘在亲率西军精锐主力赴德顺军之前，已经"先留兵二万人在蜀口，以万人在杀金平，以万人守大虫岭之天池"，对防备金军突袭川蜀做了详细的防御布置，根本就不存在史浩这类不懂军事的庸夫所担忧的那种可能。且德顺一丢，已经恢复的陕西三路土地、资粮甚至招募的民兵也等于全部拱手让给了北虏。虞允文实则已经很明白地指出官家赵眘的诏令中，所谓要让"忠义兵却须守挈老小，于秦州以里措置屋宇屯之，必得其用"是无法实现的错误指挥。因为"弓箭手二万乃土著之人，不肯徙家于近里州县"，这些招募的民兵都是安土重迁，不肯轻易离开本乡本土定居的土著百姓，怎么会愿意丢下家里的田宅，另往一切未知的秦州安住呢？虞允文甚至不点名地批驳了太府卿、总领四川财赋王之望每以军兴乏粮饷的怪论，他说："自去岁九月用兵出秦州，未尝自河池运一粒米出关以给军食，而诸州县城寨日下所管，见在尚三十余万石，而就籴之数不与焉"，纵然虞允文企图令皇帝改变心意，有所夸大，但西军在恢复关陕、节节胜利的同时得到了相当多的粮米，从而几乎自给自足，大约并非子虚乌有。虞允文更重申和强调："璘自八月末与敌相持已近七十日，三大战之后，敌不能有吾丈尺之地。自璘回河池，今又半月，敌之智力，又不能有所逞。则是璘规摹措置，可以固守，已有明效。"换言之，此番决战以来，金军丝毫便宜都没有占到，并且我们得知了一个很重要的信息，取得巨大战略优势后，吴璘从德顺军回到了河池，他所以在十月份请求与虞允文一起上书催促朝廷令王彦所部进军，正是因为他也收到了皇帝建议他退师的诏令，乃要做一番犯颜直谏的努力，企图争取朝廷对恢复关陕、击溃金军的最大支持，或者说至少不要掣肘。

虞允文还告诉皇帝赵眘，自己实地考察后更是发现德顺军至仙人关的地形十分平坦，加之秦州也缺乏阻遏金军骑兵的有利地势，一旦德顺失守或者弃守,那么金军窥伺川蜀的办法和进军之路才防不胜防!他无比悲愤地表示,如果朝廷竟然非要无端抛弃关陕新复的十几个州军形胜之地,那么不如改任他人来取代自己川陕宣谕使的差遣,只要自己在这个职务上一天,就绝做不出苟且卖国的事情!

这等于已经不点名地指着史浩在骂他误国误天子了。

虞允文前后上章十余次,反对罢兵退师,主动葬送恢复关陕全境的大好局势。

可朝廷的反应却是,在十月罢免了虞允文川陕宣谕使,而改以王之望为宣谕使,那么被赵构从北内施加巨大影响力的南宋朝廷,究竟意欲何为,已经不言自明了。

虞允文仍然不愿完全放弃,他曾上书首相陈康伯,请他驳斥史浩的谬论,以成天子恢复旧疆的大业。然而陈康伯亦是赵构留在两府中的心腹宰执,他虽然颇为方正,却"牵于同列,不能回也",实则倒并非完全是因为被其他宰执的集体意见阻挠,主要是陈康伯深知北内太上皇和议之心甚坚,即便自己出面,也只是徒劳。

于是在吴璘和虞允文知其不可为而为之的"徒劳"里,困于德顺的金军反而获得了喘息修整的机会,从九月到十二月令他们惶惶不可终日的宋军三面包围始终没有来到。

十二月初四(丙寅),官家赵昚终于下达了更为正式的撤军班师命令,以御笔手诏的形式,从东南数千里之外火速下发给吴璘的宣抚司。

幕府中的僚属们看到这份御笔手诏都不敢相信,他们望着平日里从容自若,此时却面色死灰的宣抚相公,纷纷进言道:"苟利社稷,专之可也。此举所系甚重,兵不可遽退!"

文官僚佐们话音刚落,诸将也忍不住七嘴八舌地嚷嚷起来。

第六章 西军的黄昏

"是啊宣相！不能退兵！这不是胡乱指挥么？只要对国家朝廷有利,将在外,君命有所不受啊！俺们多少弟兄流血牺牲,才收复关陕许多州军,眼看就要耗死鞑子贼军了,焉能拱手让给他们！何况如果退兵,那合喜字萆纵骑兵追袭,为之奈何？"

吴璘一反常态地没有喝止幕府内的诸人,只是安安静静地听着他们的抱怨、谩骂、规劝……

"宣相拿个主意吧！"

"俺们都听宣相的！"

"愿为宣相效死！"

"宣相且宜三思,诚不可轻退,异日绝无机会！"

待众人声音渐渐低了下去,吴璘方长叹一声："璘岂不知此！如果舍弃陕西三路,我西军如何再与金人周旋？现在新近归附的蕃落、民兵不下几十万,大体都能在新复三路中补给妥帖。西民百姓也乐于输纳,何也？关陕若复,西民自安,川蜀更是固若金汤,百姓都懂！昔年和尚原之战时,何等不利,然而贼房尚且大败,不敢向蜀,况今逆亮死,敌内讧未久,合喜尽西兵顿德顺城下犹不能抗我,岂暇谋蜀！岂暇谋蜀！"

众人一听,似乎宣相还是决定继续用兵,心下无不一喜。

然而吴璘继续说："但主上即位之初,璘握重兵在远,朝廷俾以诏书从事,璘敢违诏耶？"

是了,新官家赵昚刚刚登极为天子,吴璘作为吴氏将门第二位领导人,镇守川蜀,典兵十万于西陲,朝廷也因此安抚防患于非常,如果公然不遵守天子的御笔手札,这在临安诸公们的眼里,是何等严重的政治事件？这是让赵家的军队又回到了过去跋扈自专的家军时代,是取死之道!

幕府中的诸人顿时沉默了。

吴璘看着史浩执笔的那十来个大字"弃鸡肋之无多,免狼心之未已",终于是不再说话了,他只是如昔年的老相公张浚在富平之战后一样,痛苦地闭上了双眼。可富平毕竟是战败了,眼下却是有利于宋军啊,是不败而无端班师撤退!

好一句"弃鸡肋之无多,免狼心之未已",好一个史浩!

人声鼎沸终于变成了一片死寂。

虞允文卸任川陕宣谕使之后,被召回行都临安。一见天子,他便直接说:"今日有八可战。"

官家赵昚乃问及弃地之事,得失几何云云。虞允文于是以笏画地,陈其利害。半晌,并非蠢人的赵昚终于明白过来,也终于想要去反抗一次太上皇的意志,他大呼:"此史浩误朕!"

可吴璘已经从德顺军撤退了。

徒单合喜得知后简直大喜过望,金军不仅逃出生天,更是得到了追袭宋人归师的千载难逢之良机!那个南面的小朝廷啊,真是什么都没变,二十二年前是如此,现在亦是如此!真是天助大金!

在王之望忠实的执行和逼迫下,西军仓促引退。金军铁骑火速点兵出营,乘西军之后,一路在平坦的关陕土地上追杀着落在后头的西军步卒,从王之望后来的奏报可以得知,这三万西军最精锐的百战之师,生还者居然不到七千人。将校所存无几,连营恸哭,声震原野。

西军不败而败了,而金人不胜而胜。

《金史·徒单合喜本传》云:

宋张安抚守德顺，亦弃城遁，胡速鲁改邀击之，所杀过半，擒将校十余人，遂复德顺州。宋之守秦州者，亦自退。高景山定商、虢，宗室泥河取环州。于是，临洮、巩、秦、河、陇、兰、会、原、洮、积石、镇戎、德顺、商、虢、环、华等州府一十六尽复之，陕西平。

宋军从绍兴三十一年反击后到隆兴元年初，整个关陕恢复的一十六个州军，大片的土地、财货、人民、蕃落全都丢光了，连最精锐的西军也遭到几乎灭顶之灾。

更为讽刺的是，又一个二十二年之后，在淳熙十一年（1184年）三月，官家赵昚觉得有必要训示当时的蜀中三帅，即吴挺、郭均、彭杲，便写了一份亲札御笔给当时的西府长官知枢密院事周必大，即《宣示蜀帅亲扎御笔》，其中云：

将来虏人或有侵犯之釁，国家或为进取之策，先于何路出师，合取是何要地？昨者兴师，主帅愚谬，举措无谋，宜为深戒！

这里所说的"昨者兴师，主帅愚谬，举措无谋"，自然指的就是昔日的四川宣抚使吴璘了。官家赵昚这时候已然做了二十三年天子，厚黑之学算是到位了，不似当年脸皮薄，尚在德顺撤军之后又赐亲札给吴璘，慰藉他说："前日德顺回师，道远不知卿等划，朝廷过虑，致失机会。"而今的皇帝则是一股脑把以往过失推给了被迫遵行御笔指挥的吴璘。可怜的是，吴璘早在乾道三年（1167年）便赍恨以殁，几乎死不能瞑目，对赵昚来说正好死无对证，难道你吴挺还敢有所非议、玷污圣德？

周必大作为执政长官奉圣旨，领御笔后，回奏道：

臣等仰见陛下睿谋经远,圣略沉几,非徒示兴王之规模,亦欲知诸将之能否。臣等齐心展诵,如窥《河》《洛》图书之秘。下情不胜荣幸,谨遵圣训……

好一句"臣等齐心展诵,如窥《河》《洛》图书之秘"啊!原来官家不要脸的鬼话,居然和《河图》《洛书》一样大有玄机,可以学以经纶天下,可以学以安邦定国,可以学以鞭笞四夷。大约学到至深处,就可恢复"九天阊阖开宫殿,万国衣冠拜冕旒"的汉唐盛世了吧!

可直到韩侂胄的开禧北伐,西军再也没能缓过气,甚至还闹出了吴挺之子吴曦叛变,据蜀称王的大乱子。

谁还曾记得,在绍兴三十二年的那个晚上,西军登上六盘山南面山头,一夜筑城,天大雨雪,北风咆哮,有一位白发苍颜的老将军正站在悬崖峭壁间,独倚高寒,愁生故国。他正要气吞骄虏,缚住苍龙,可那当斩楼兰的三尺利剑,却在大风雨雪里渐渐地模糊了,只越来越分明地听到东南传来的阵阵琵琶旧语。

尾声
新的年号，旧的轮回

绍兴三十二年十二月初六（戊辰），这是新官家赵昚正式下御笔手札令吴璘西军班师撤退的第二天。尚且还不知道自己听信了史浩那些纸上谈兵的建议会导致关陕、西军面临何种局面的天子，眼下又降下御札，召侍从、两省、台谏赴尚书省，令即刻在都堂内各自条具时政弊端。一众大臣们固然知道这往往是新皇帝登极后的固定套路，但这种条具时弊的奏疏，写得过于具体则得罪同僚，流于空乏必令官家不喜，委实难办。于是大家请求，乞许三日内条对，就不要在都堂里当场完成了，又不是科场考试，圣天子何必为难文臣们呢！

不过，亦有人当场一挥而就，完成了条具时弊的奏疏。次日初七（己巳），官家自景灵宫行香后，乃亲自下御笔催促众臣上交条对。近来他越发感受到许多臣子都窥伺着北内太上的意志，自己这天子做得颇不是滋味。

参知政事史浩向官家乞请稍加宽限，务必令众臣得以详尽论述时弊，以补阙政。

赵昚不乐，亲批数十语，云："近臣非若疏远之士，不知时务，令宣之于口,书之于简,何择焉?若徇人情,朕所不取!"

尔等近在朝堂左右的大臣,并非偏远地方之小吏,不能通晓时政诸弊,现在朕让你们写在奏疏中,有什么好权衡取舍,讳闻于上的?如果尔等胆敢曲从人情关系,遮掩不实,虚以文饰,朕绝对不会被你们轻易糊弄!

看到官家这气势汹汹、怒火渐显的御笔文字,史浩立刻又进奏说:"陛下姑欲知时弊,非掩士大夫不备,而穷其所短也。"

天子赵眘也是颇聪明的一个人,史浩一说,他便明白了。自己想要做大有为之主,想要以条具时弊的借口调整人事等,更要在刚即位的时候努力争取群臣的支持,这样才能尽快地摆脱,或至少减轻来自德寿宫太上意志的压力,如果一味对文臣士大夫群体态度强硬,只会让他们对自己暗怀不满,更加倒向北内,以后施政更是难上加难。这九五之尊,也常做不得快意事!

时间终于走过了绍兴三十二年,朝廷定下了新的年号,是为"隆兴"。

"隆兴"者,乃是为了合"建隆""绍兴"两个年号之义。建隆乃是宋太祖赵匡胤的第一个年号,这自是表明新官家乃太祖一脉,根基正统,同时又表示承嗣太上,故取"绍兴"。"隆兴"又让人想到兴盛强大、繁荣宏伟之义,端的是个好年号。

然而就在改元后的第二天,正月初二(癸巳),在关陕与吴璘西军相持,困厄于德顺的金军一部兵马攻陷了西南方向的水洛城,正在准备寻找良机撤军,尽量全师而退。

远在北宋仁宗皇帝庆历三年(1043年)的时候,围绕水洛城筑城与否一事,曾在当时的关陕与东京朝堂内引起了激烈的政治风波。彼时北宋已自康定元年(1040年)三川口之战后,又经历了康定二年(后改元庆历)、庆历二年的好水川、定川寨一共三场对西夏的败仗。水洛城位于当时北宋的秦凤路、泾原路之间,能在秦凤路与德顺军之间建立起更紧密的联系,也就是所谓"秦渭通路"。阁门祗候、静边寨主刘沪建议在水洛筑城,且得到了"陕西四路马步军都部署兼经略安抚招讨使"郑戬的支持,筑城一度十分顺利。然而到了此年年底,以枢密副使宣抚陕西的韩琦却反对筑城水洛。郑戬等人认为"今若就其地筑城,可得番兵三五万人及弓箭手,共捍西贼,实为封疆之利"。而陕西五路的最高军政长官、西府执政韩琦却认为,水洛城并没有太大的战略意义,因为所谓的"秦渭通路"早就由新近修成的"黄石河路"实现了,且沿途一应驿站俱全,又有陇山为屏障,若筑城水洛,一旦西夏军从泾原路发兵应援,极可能重蹈葛怀敏兵败定川寨的覆辙。当其时,"知渭州尹洙及泾原副都部署狄青相继论列,以为修城有害无利",陕西的文官尹洙和泾原路武将狄青都站在了韩琦这一边,同样反对筑城水洛。由于韩琦是以宰执身份宣抚陕西,职位远在郑戬之上,仁宗皇帝起初听了韩琦的意见而罢免了郑戬的职务。谁承想刘沪和文臣董士廉因为筑城已一大半,不愿功亏一篑,当地归附的番部也极力支持,于是竟不遵从渭州知州尹洙罢筑水洛的命令,尹洙两次召二人返回,刘沪、董士廉皆视若无睹,反而"日增版趣役",加紧筑城,"洙亟命瓦亭寨都监张忠往代,沪又不受",在数次违反文臣节制的情况下,暴怒的尹洙遂下令狄青"领兵巡边,追沪、士廉,欲以违节度斩之",也就是要将二人抓捕,甚至以军法处斩。可朝廷里,参知政事范仲淹和台谏欧阳修等人却支持郑戬、刘沪的筑城策略,他们认为先前的三场对夏战役的失败,都暴露出朝廷安抚武臣、招揽番部的工作十分不到位,本着这样的考虑,他们并不在意韩琦对当时关陕秦凤、泾原实际军事地形等情况的了解,而是以更宏观的文武、汉蕃关系的角度去考虑,自然便与同一政治派系的韩琦产生了分歧。于是优柔寡断的仁宗只得"命盐铁副使鱼周询、宫苑使周惟德往陕西,同都转运使程勘相度铸钱及修水洛城利害以闻",二人抵达当地后,正见到番部惊扰,争收积聚,杀吏民为乱的景象,乃认为须安抚番部,达成其筑城的意愿,最终朝廷修改成命,释放了刘沪和董士廉,仍然修筑完成水洛城。

围绕昔年的水洛城一事,我们可以看到以下两点:一是文武之间的矛盾深具历史渊源,韩琦所谓的"今来若以刘沪全无过犯,只是狄青、尹洙可罪,乃是全不计修水洛城经久利害,只听郑戬等争气加诬,则边上使臣,自此节制不行,大害军事"确实不无道理。二是如同深居九重宫阙之中的天子赵昚不能深知关陕形胜利害之处,当时的北宋决策层,如果不是像韩琦这样曾久在关陕的,一样是对边关具体形势缺乏深入了解的。因此,一味地以文制武,或者以文臣在前线执行帝王或两府意志,百般掣肘统兵的武将,多是不利于军事行动和战略目标之达成的。祖宗家法与现实问题的矛盾在这一层面,尤为突出且难有良策。

却说尚未知晓关陕行将如何的官家赵昚乃在初八日(己亥)正对一事犹豫不决着。

御案上摆放的乃是史浩拜右仆射兼枢密使和张浚除枢密使兼都督江淮军马的除目。然而想到来自北内德寿宫的巨大压力,天子不得不在心里反复权衡。终于,皇帝赵昚拿起御笔,将张浚名字后面的"枢密使"三字划去了,即只将张浚由江淮宣抚使升为都督江淮军马,不令其再入两府班列,也许这样一来,太上也不便再说什么了吧!

次日(庚子),执政奏对,赵眘不免将史浩、张浚除拜右相和都督的事情说与群臣们知悉。大约执政中两位同知枢密院事黄祖舜和张焘以为不妥,毕竟张浚曾是出将入相的太上时宰臣,如今命其开都督府,却不给予他两府的官职,有失中外之望,于是"请如初意"。天子一听,他正愁没有合适的理由让张浚回到两府里呢,这不是正好么?

但是制书大诏已经交付给阁门,眼下便只好用旧文首尾制词宣告于廷,而命直学士院刘珙归改其词正式颁行下发。当日乃宣麻:史浩拜右相兼枢密使,张浚进枢密使、都督江淮军马。

在赵眘想来,终于还是办成了让张浚回到两府为宰执这件事。有了这一恩遇,想必张浚也会感恩戴德,勉力为天子办事,以成中兴吧!

这一天,官家赵眘又令礼部贡院锁院,这是为即将开的龙飞榜科举做准备,乃命翰林学士承旨洪遵知贡举,兵部侍郎周葵、中书舍人张震同知贡举。由于此次免解就试的人较多,复又增加参详官二人、点检官四人。"天下英雄,其尽入吾彀中矣!"

虞允文卸任川陕宣谕使,回到行都后,在入对时反复论述秦凤、熙河、永兴三路对于关陕的重要性,而关陕又是恢复事业和中兴武功的必争之地。这位五十三岁的朝廷重臣说到激动处,甚至以笏板在地上比划给天子看,言明德顺一丢,主动撤军有怎样的巨大风险,而关陕诸路如何,金军既据陕西五路,则四川如何云云。

赵眘这才明白自己在大内皇宫完全不能深知的许多细节,终于明白吴璘的西军如今收复了如此多的州军究竟对他恢复旧疆的帝王大业又怎样的意义和重要性。赵官家讷讷地答以:"此史浩误朕!"

皇帝后悔了。

正月二十六日(丁巳),天子追回成命,诏吴璘军进退可从便宜,等于给了吴璘继续在关陕相机用兵的自主权。可临安至关陕近四千里，以宋时的交通条件，金字牌要送达吴璘的宣抚司，可能需要半个月之久！等收到天子的新诏令时，西军迫于班师命令早已自德顺仓促撤军，且果然被金军骑兵追击，伤亡惨重。新收复的陕西三路自然也丢光了。至于财货、资粮、器甲乃至蕃部人马、兵源等更是顾不上，尽送给金人了。

三月初，开都督府在外的枢密使张浚缴进金人副元帅纥石烈志宁之回书。其中云："志宁白宣抚执事：向者新主初立，即舍淮南地，先遣信使，而宋乃袭我归师，稍侵吾疆，今得来书，以天时人事逆顺为言，固争旧礼，不议他事。且陕西所失地近已克复，将士或执或死，其数甚多，此由宋国贪土地之故，不顺天德，不惜人命，以致此也。志宁材虽不武，被命分阃，师之进止，得以专之。倘能先归侵地，以示诚款，则往复之礼，乃可徐议。今则按兵不动，以俟来音，宜深思熟虑，毋贻后悔。"

金人统帅纥石烈志宁的回书用语是颇傲慢而不乏讥讽的。不用说所谓宋国不顺天德、不惜人命而自取其咎的用语，单是"志宁材虽不武，被命分阃，师之进止，得以专之"，就好似在讽刺赵昚庸碌不知兵，遥制吴璘于数千里之外，终于导致宋国陕西三路得而复失，先胜后败。那"毋贻后悔"四字，更是让天子赵昚如鲠在喉，恨不得张浚能生擒此逆酋字辈，献俘行在，好让他亲自问一问纥石烈志宁，什么叫毋贻后悔！尔胡虏无知，抗拒天兵，如今且后悔不后悔！

三月间，恼羞成怒的赵昚几乎是将怒气都爆发在给舍封驳龙大渊、曾觌的宫府冲突中，自参知政事张焘、右谏议大夫刘度、中书舍人张震、给事中金安节、权给事中周必大、殿中侍御史胡沂，乃至于芝麻绿豆的小官陆游等都卷入这场风波中，无不是遭到了赵官家的"处分",或是自请出外奉祠。

四月初八(戊辰),召张浚入对。于是史浩、张浚二人在宰执同班奏对的御前会议上针锋相对地辩论起战和之事来。

张浚请天子即日降诏驾幸建康,以动中原之心。

然而史浩立刻讥讽说:"先为备守,是谓良规;议战议和,在彼不在此。傥听浅谋之士,兴不教之师,敌退则论赏以邀功,敌至则敛兵而遁迹,致快一时,含冤万世!"

班退后,史浩仍然不愿就此放过张浚,诘问道:"帝王之兵,当出万全,岂可尝试以图侥幸!"

张浚不悦,拂袖而去。

不久,两府再次同对御前。

张浚道:"中原久陷,今不取,豪杰必起而收之。"

史浩反唇相讥:"中原必无豪杰,若有之,何不起而亡金?"

张浚亦不甘示弱:"彼民间无寸铁,不能自起,待我兵至为内应。"

史浩一哂:"陈胜、吴广以锄耰棘矜亡秦;必待我兵,非豪杰矣。"

这话的意思是说,秦末陈胜、吴广在大泽乡揭竿而起,不过是率领着拿锄头等耕种器具的农民,却开启了亡秦的序幕,现如今中原民间力量若无我大宋王师之助力,便不能成气候,则绝非豪杰也。可秦代骑兵还没有形成对步兵的绝对优势,马镫都不一定有,谈何大规模的骑兵集团冲锋?而金人铁骑自灭契丹、陷中原以来,何其凶悍,中原起义的忠义民兵们没有足够的盔甲、兵器,更不可能经过阵列训练,如何能抵挡金人正军的摧残?史浩拿这些前朝之事议兵,岂不是误国?

张浚听着史浩的疯话,知道决计不可能说服他,于是便不再进言,反而趁内引奏事的独对机会,告诉天子赵眘,说史浩固执,不可付以恢复大事,如今若不把握机会,一旦金人伪定既成,北伐就恐怕没有那么多优势了,且金人到秋高马肥之际,多半还要谋划南侵以逼迫我大宋,不如此时先发制人,攻其不备!

想到在太上的压力和主和势力的种种掣肘下,关陕三路的得而复失,想到史浩一次次的纸上谈兵,赵昚被张浚打动了,深以为是。赵官家知道仍然在执行太上意志的首相陈康伯和自己的老师右相史浩绝不会赞成此事,于是他对张浚道:"恢复之事,暂时不必由三省、枢密院降指挥,魏公可径自督府行下命令,朕不为遥制!"

皇帝赵昚终于决定顶住各方的压力,来一次豪赌。他准备绕过自己的两府宰执,直接由张浚的都督府主持北伐,必要时天子也可以下密旨给前线将帅,在赵昚想来,有知兵的枢密使张浚总统其事,北伐一定能有所成就!就在四月间,天子下诏,罢免掣肘吴璘的王之望,赵昚对用兵北线已下定决心。

然而,原本张浚的策略是出师淮甸,以为吴璘西军在关陕之应,且奇袭山东,攻金人以不备,可如今陕西已尽失,西军受到重创,而前线的两位大将李显忠、邵宏渊所献的又是进攻淮北虹县、灵壁(皆在今安徽宿州)之策,天子更在意的也是由淮北而克复河南,以夺回旧都东京汴梁,对掩袭山东的兴趣并不大。整个北伐的策略,都被迫做了很大的改变。但要说服天子愿意顶住太上和主和大臣们的压力,甚至绕过两府,张浚不得不曲从帝王的急切心思,这场北伐从一开始其实就走了样。

于是张浚自临安至扬州,合殿前、江淮兵马共有八万官军,经检视,可用者凡六万,于是分隶于李显忠、邵宏渊二将,号二十万以为虚声恫吓北虏。

经过一番布置和筹备,四月二十八日(戊子),邵宏渊所部进屯盱眙,二十九日(己丑),李显忠所部进屯定远。五月初四(甲午),宋军二人所部渡淮。

隆兴北伐便在这样的情况下悄然开始了。

战事竟出乎意料的顺利。

初七日(丁酉),李显忠率部克复灵璧县,邵宏渊进抵虹县,亦与金军开始了交战。初八日(戊戌),李显忠东趋虹县支援,两天后(庚子),金人驻军虹县的知泗州蒲察徒穆、同知泗州大周仁开门出降,渡淮王师军势大振。不久,五月十三日(癸卯),金军右翼军都统萧琦率亲从百余人来降李显忠。而张浚也已于前一日(壬寅)渡江视师。

史浩在这种情况下终于知道了官家赵昚绕过两府直接北伐,对于反对用兵的他来说,如此军国大事,天子居然不告知自己,留在宰相位子上也不过是徒惹台谏弹章了,于是请求罢相。十五日(乙巳),史浩罢右仆射兼枢密使。侍御史王十朋甚至弹劾史浩有八大罪,即怀奸、误国、植党、盗权、忌言、蔽贤、欺君、讪上,于是出史浩知绍兴府。王十朋再论,谓:"陛下虽能如舜之去邪,未能如舜之正名定罪。"史浩这下甚至连知绍兴府亦做不得了,改为奉祠,在外提举宫观,彻底靠边站了。

五月十六日(丙午),李显忠、邵宏渊率军克复宿州。是役,金人出城野战,李显忠大败其众,追奔二十余里,城中巷战,又斩首数千,擒将校八十余人。捷报至临安,官家赵昚大喜过望,乃御笔手书慰劳张浚:"近日边报,中外鼓舞,十年来无此克捷!"在天子看来,攻取河南,光复东京只是时间问题了。

当时,金人皇帝完颜雍已经任命右丞相、都元帅仆散忠义驻守开封,而以左副元帅纥石烈志宁驻守于睢阳(河南商丘南)。得知宋军渡淮北伐后,金军迅速做出反应。由于此番用兵在夏季,霖雨连绵,金人仰仗的骑射难以发挥威力,甚至出现了"胶解,弓不可用"的现象,仆散忠义调拨开封府库中的劲弓,发放给纥石烈志宁所部大军。做好了这些准备后,金军十万步骑出河南,五月二十日(庚戌)先头部队已经抵达宿州。纥石烈志宁乃令从军虚张旗帜,驻宿州之西以为疑兵,又令麾下三猛安将军驻宿州南面,自己则率大军驻州东,以阻遏宋军撤退之路。善于用兵的纥石烈志宁已然布置下陷阱,等着宋军自蹈而入。

五月二十一日(辛亥)李显忠率军与金军先锋万余人马交战,将其击退。

但就在这时候,宋军前线两位统兵大将之间的矛盾再也压抑不住,开始爆发出来,由涌动的暗流变成了黄河决堤。

据后来周密所撰《齐东野语》云,时宿州城府库内有"金三千余两,银四万余两,绢一万二千匹,钱五万缗,米、豆共粮六万余石"等财货物资,而李显忠竟然"乃纵亲信部曲,恣其搬取,所余者,始以犒军人,三兵共一缗。士卒怨怒曰:'得宿州,赏三百,得南京,须得四百。'既而复出战,悉弃钱沟壑。由是军情愤詈,人无斗志。"如果完全采纳周密的这一叙述,则李显忠对于宋军士气急转直下应负有极大责任。然而周密生活的时代距隆兴北伐已经有百年之久,恐怕不能轻易当作信史。

若据与李显忠基本同时代的张抡所撰《故太尉、威武军节度使、提举万寿观、食邑六千一百户、食实封二千户、陇西郡开国公、致仕赠开府仪同三司李公行状》(以下简称《行状》)来看,则大有不然。其中云:"遂收复宿州,破贼而食……郡帑金帛,即追库务官吏,对邵宏渊等按簿籍,仅得十万缗,米斛半之。公尽以犒军。……前此都督魏公移书于公曰:'昨陛辞日,面奉圣训,军马渡淮,即令邵侯听公节制,仍令具知禀守。'待缴奏,邵殊不乐。至是复以公移,俾分节制。邵益衔公,殆不可与共功矣。"

则据《行状》来看,宿州府库中仅有十万贯钱,并非所谓"金三千余两,银四万余两,绢一万二千匹,钱五万缗"[金价一两在绍兴四年(1134 年)为三万文,宁宗嘉定二年(1209 年)为四万文,姑取为一两黄金折四十贯钱,隆兴二年,一两白银约三千文,则大致略少于四贯钱;绢价可据绍兴二十六年知约在四千—五千五百文,则一匹绢率为五—六贯。则按《齐东野语》,宿州至少有三十九万贯钱]。且李显忠已将其全部用于犒赏官军。不过,《行状》文字有其特殊性,往往都是为传主颂扬,故亦不可尽信而不加甄别。大约李显忠以邵宏渊所部屡战不力,确实有根据军功,厚此薄彼,赏自己所部较多而犒赏邵宏渊所部较少的现象,但《齐东野语》所云,应言过其实,尽诿过于李显忠,亦应不是事实。

更重要的是,从《行状》中可以得知,原本官家赵昚乃是明确令邵宏渊受李显忠节制,但由于邵宏渊以功多出于李而生嫌隙,张浚为避免矛盾激化,遂命其各自节制所部。

方邵宏渊攻虹县不克,李显忠"遣灵璧降卒开谕祸福,金贵戚大周仁及蒲察徒穆皆出降……又有降千户诉宏渊之卒夺其佩刀,显忠立斩之,由是二将益不相能"也是一个激化二将矛盾的原因。军中自来都是讲究护短,李显忠斩邵宏渊麾下将校士卒,则后者断然是愤怒之至的。

关于二十二日金人大军来到之后的记述,宋金双方的史书各执一词,都说己方大胜,如宋人之史笔云:"公亲挥钜斧,手杀数十百人,将士争奋,击敌下城。敌兵攻南城者,毙于礧木矢石,积尸齐羊马墙,壕水尽赤。"又云:"显忠竭力捍御,斩首虏二千余人,积尸与羊马墙平。"而金人则曰:"志宁麾诸军力战,世辅复大败,走者自相蹈藉,僵尸相枕,争城门而入。门填塞,人人自阻,遂缘城而上。我军自濠外射之,往往堕死于隍间。杀骑士万五千,步卒三万余人。"一说金军死伤狼藉,与内壕羊马墙齐平,一说二十二日之战宋军伤亡逾四万人,"往往堕死于隍间",也是在城墙下尸积如山的意思。

实则宿州城内外宋军至多六万人,加之转运的民夫等当有十余万人,但一日间伤亡四万人,而城不破,宋军未当即溃逃,可知金人叙述极为夸大,绝不可信。但二十二日(壬子)这一天,宿州攻防战中,双方应当都付出了不小的伤亡,甚至确实到了城墙下血流成河、尸横遍野的地步,只不过双方都讳言己方伤亡,故皆张大其辞,各云大胜,声称伤亡多在敌军。

我们可确认的是,宿州战役中,邵宏渊所部几乎按兵不动,没有积极应援李显忠所部。当城墙内外的宋军以克敌弓等远程武器箭矢齐发之际,邵宏渊竟然对左右道:"当此盛夏,摇扇于清凉之下,且犹不堪,况烈日被甲苦战乎?"

又据《宋会要辑稿·兵一四》:"探得归德府伪元帅会和诸处蕃贼军马,欲来复取宿州,显忠预于宿州城外布列阵势,以待贼军。今月二十日辰时,伪元帅领五万余众,并系马军,冲突官军,箭凿如雨,东西阵脚二十余里。显忠劝励将士,极力斗敌,马步军既拥而上,转战回旋百余合。申时后,贼兵败北,追十余里,杀死不知其数。"可知,此番纥石烈志宁统率的金军并非如虚张声势的所谓"十万大军",应当乃是五万骑兵,与宋军李显忠、邵宏渊两部六万人兵力相当,宋军甚至占据背城列阵的地理优势。这就无怪乎二十二日申时,大战四个时辰,金军暂时收兵之后,次日再战,李显忠慨叹:"若使诸军相与掎角,自城外掩击,则敌帅可擒矣。"此番旨在说与不肯应援的邵宏渊听的话,虽然不免有所夸大,但李显忠以自己所部人马,抵御住了金人的反扑,应当是事实。而《宋史·李显忠本传》中所谓大败孛撒(即仆散忠义),应是谬误,当时战场上金军统帅乃是纥石烈志宁,并非驻节开封的金人丞相仆散忠义。

二十二日夜,"中军统制周宏鸣鼓大噪,阳谓敌兵至,与邵世雄、刘侁先各以所部兵遁;继而统制左士渊、统领李彦孚亦遁。显忠移军入城,殿司前军统制张训通、马司统制张师颜、池州统制荔泽、建康统制张渊各遁去"。而邵世雄正是邵宏渊之子。按照《行状》说法,"黎明,马军去几尽",即是说这几位逃跑将军带走了绝大多数的战马,仓皇撤退了。在这种情况下,李显忠只能移军入城,据城而守,失去了倚城野战,以骑兵机动应援的可能。

二十三日(癸丑),纥石烈志宁指挥金军再次攻城,是日应当又是一场恶战,互有死伤,金军亦收兵,不能破城。邵宏渊非但不肯弹压部署,全力配合李显忠,反而倡言:"金添生兵二十万来,傥我军不返,恐不测生变。"到了这种地步,李显忠终于明白,已经指望不上邵宏渊一星半点了。讽刺的是,远在千里外的临安朝廷还不知道前线战事已然急转直下,犹且下诏以功拜李显忠开府仪同三司,除淮南京畿京东河北招讨使;邵宏渊授检校少保、宁远军节度使、淮南京畿京东河北招讨副使,显然是天子还期待着乘胜追击,进一步扩大战果。

是夜,李显忠长叹一声:"天未欲平中原耶,何沮挠如此!"

终于，官军趁着夜色，出城撤退。当其时，天子赵昚也确有敕书传到前线，以为盛夏暑热，恐不利连续作战，乃有所谓"见可而进，勿堕敌计之语"。按照《行状》说法，正是在这种情况下，"有中公以飞语者，曰：'是欲降敌耳，不然盍去？'至晚一城恟恟"。如果这种说法属实，那么想必正是邵宏渊令亲信在宿州城内官军中散播谣言，即所谓李显忠不遵从皇帝敕书指挥，不肯撤军，乃是为了伺机投靠金人，导致城内官军更加疑惧惶惑，军心益不可用。

二十四日（甲寅），纥石烈志宁麾下"夹谷清臣、张师忠追及世辅（李显忠），斩首四千余，赴水死者不可胜计，获甲三万，他兵仗甚众"，此即是有名的"符离之溃"。撤退的宋军在符离被金军铁骑追赶上，一时间哀鸿遍野，士卒掉臂南奔，转运丁夫等更是将一应器甲资粮全都抛弃，隆兴北伐居然不到一个月便儿戏般荒诞地遭到沉痛打击，可谓颜面扫地。

据《齐东野语》云："浚时在盱眙，去宿尚四百里。传言金且至，遂亟渡淮入泗州，已而复退维扬。窘惧无策，遂解所佩鱼，假添差太平州通判张蕴古为朝议大夫，令使金求和。僚吏力止之，以为不可。乃奏乞致仕，又乞遣使求和。孝宗怒曰：'方败而求和，是何举措！'"

如果完全相信这段记述，则张浚之无能懦弱也可见一斑。然而这大约尽是不实之言。按《齐东野语》的作者周密，其曾祖父周秘乃是太上赵构绍兴年间的御史中丞。绍兴七年八月震惊中外的淮西兵变发生之后，八月二十五日（乙卯），御史中丞周秘入对，论曰：

  右仆射张浚，轻而无谋，愚而自用。德不足以服人，而惟恃其权；诚不足以用众，而专任其数。若喜而怒，又怒而喜，虽本无疑贰者,皆使有疑贰之心;予而阴夺,夺而复予,虽本无怨望者,皆使有怨望之意。无事则扬威恃势,使上下有睽隔之情;有急则甘言美辞,使将士有轻侮之志。郦琼以此怀疑而叛。然则浚平日视民如草菅,用财若粪土,竭民膏血而用之军中者,曾何补哉?陛下若不逐浚,则纪纲何由张?辅相何所惮?敌人诱掖之谋将日至,将士摇动之情将日生;百姓无以慰其愁叹之心,众情无以安其忧惧之意。陛下如有区区之心,尚欲观其后效,则臣谓浚之才术止于如是而已。愿早正其误国之罪,以为后来之戒。

可见,周密的曾祖父周秘乃是绍兴七年淮西兵变后弹劾宰臣张浚的急先锋,且措辞之激烈,仿佛当时的过错尽在张浚一身,直指张浚为无德无才且不能御下之蠢人当国。

绍兴七年九月初六(乙丑),御史中丞周秘又上殿入对,弹劾宰相张浚有二十条大罪,并说:"凡此二十事,虽未足以尽浚之所为,而不达军情,不恤民力,不用善言,不畏公议,其所以至于败事者,实皆由此。今犹强颜庙堂之上,以淮西之变为细事,以吕祉之死为奇节,尚欲文饰其过,以欺圣明,此亦可谓无耻矣!望将浚前后罪状明正典刑,以为人臣误国者戒。"

张浚在九月十三日(壬申)被免去右相兼枢密使、都督诸路军马的职务后,以从二品、班序在六部尚书之上的观文殿大学士之殿阁职名出外提举江州太平观。然而周秘并不打算就此放过张浚,他立刻进言说:"浚自再用之后,日欲侥幸功名,每以侈言诞计,欺惑圣听,陈设利害,几于劫持。论其专制,岂特王恢之比?今既败事至此,而犹以秘殿隆名,退安真馆。如此,则浚之误陛下信任者,其何所惮?伏望削夺官职,重赐窜责,以为大臣专权误国之戒!"

王恢乃汉武帝时率大军出击匈奴无功而返之人,周秘的意思就是说张浚事权之重、得君之专如此,远过于王恢之流,但误国又远在其上,罪莫大焉,怎么还可以给他显赫的殿阁职名,应当加以褫夺,重赐贬窜!于是张浚乃在十五日(甲戌)落观文殿大学士,依旧提举宫观。

绍兴七年十月初三(壬辰),御史中丞周秘又论张浚罪,以为令其奉祠仍不足以正张浚误国之愆,乞更赐贬责。六日后,周秘再奏:"浚去国之数日,乃与宾客置酒高会,从容游观,殊无恐惧循省之意。今闻盛兵自卫,居苕、霅间,若不稍申遣罚,则浚必不自知其罪,而四方之人,亦未必知浚之所以去也。"

《三朝北盟会编》亦云:"既而周秘以浚之责未厌公论也,乃复论列,请贬岭外。"也就是说,周秘甚至主张要将曾贵为宰相的张浚贬窜到五岭以南的蛮荒之地,以示严惩。由于赵鼎等人的求情分说,张浚被责授从六品左朝奉大夫、秘书少监,分司南京,永州居住。

经过这一番梳理,可以显见《齐东野语》的作者周密之曾祖父周秘乃是昔年弹劾论列张浚的主要台谏大臣,可谓是冤家对头。作为其后人,周密自然要遵循曾祖父对张浚的论调,不可能反而为张浚翻案,因此在自己的记述中对张浚加以贬低也是情理之中了。赵鼎又曾对高宗赵构说:"妒贤长恶,如赵霈、胡世将、周秘、陈公辅之徒,陛下能去之乎?"从中也可略见周秘的立朝大节之如何。

总而言之,符离之溃导致官家赵昚满怀希望的北伐忽然间就遭到当头一棒,这势必使得北内太上与主和势力迅速抬头,更加阻挠用兵,急于议和,贬窜妄动兵戈又误国蒙羞的文武之臣。

但一时间,远在临安的天子赵昚还没有收到前线的兵败消息,五月二十五日(乙卯),尚沉浸在官军连战告捷、克复宿州的喜讯下兴奋不已的赵官家下诏亲征,次日(丙辰),又诏令枢密使张浚兼都督荆襄军马,显然这是天子认为张浚北伐已获得初步胜利,是时候拿掉那个执行太上意志,不肯配合北伐的汪澈了,改由张浚节制荆襄,等于是下定决心,将东南兵马都交给魏公,好让他放开手脚,全面在淮北用兵,以期收复河南,使旧都东京和祖宗陵寝都尽回大宋手中!

当皇帝在憧憬着中兴武功的同时,李显忠与邵宏渊堪堪率领残部抵达濠州。据《建炎以来朝野杂记》云,张浚此时确有上奏朝廷,乞遣使议和,又乞致仕之举。但应当分辨清楚的是,张浚的这一姿态并不是怯懦退避。其主张先于北房议和,一是因为此时新败,军心士气颇不可用,两淮有被入侵的危险,若与金人谈判,也可争取时间调集兵马守御两淮防线,再图反攻,因此张浚的乞请议和与主和势力的求和是不能简单划等号的。二是张浚乞致仕,是当时官场中的一贯姿态,他以枢密使的宰执身份在前线开都督府,如今兵败,就必须表示责任在己,乃是要主动替天子揽过,从后来的事情看,张浚还想再做一番努力,并不是真的要撂挑子,不负责任地开溜。

六月初四(癸亥),都督府的文书终于抵达临安,官家赵昚这才知道淮河以北的战事是个怎样的结果,这才知晓官军已经狼狈不堪地撤了回来,而自己的北伐眼看着成了个笑话!他仿佛已经看到等自己去德寿宫朝见时,太上脸上那种看透一切的表情,宛如他这位天子只是一个不谙世事的无知顽童,怕太上那眼神里"陛下终是年轻"的无尽意味!

初八日(丁卯),召观文殿大学士、提举洞霄宫汤思退为醴泉观使兼侍读,急赴行在。显然,这多半是赵构让官家把汤思退召回来,好主持对金人的和议。这一回,赵眘没有勇气顶着太上不从,一意孤行了。

但天子还不肯完全认输,次日(戊辰),又召此前因为与王之望不和,反对西军主动撤退而出外的敷文阁学士、知太平州虞允文赴临安。官家赵眘想到了这位敢于任事,又知兵多谋的采石矶功臣。

为了应对可能面临的糟糕情况,也迫于太上的压力,六月十三日(壬申),乃以太上之亲信武臣,太傅、同安郡王杨存中为御营使、节制殿前司军马。

六月初十四(癸酉),天子下诏责己,有云:"朕明不足以见万里之情,智不足以择三军之帅,号令既乖,进退失律。……素服而哭崤陵之师,敢废穆公之誓;尝胆而雪会稽之耻,当怀勾践之图。"于是左相陈康伯待罪,张浚本官降从一品特进,改充江淮宣抚使。整个南宋朝堂,对于北伐失利,开始了一系列自责、降黜。

六月二十日(己卯),李显忠责授清远军节度副使,筠州安置;邵宏渊降五官,责授靖州团练副使,南安军安置。

六月二十五日(甲申),虞允文除湖北、京西宣谕使,数日后改充制置使,这显然是官家赵眘要以虞允文为荆襄战区的统帅,守御长江上流地域。

七月初四(癸巳),汤思退除特进,拜右仆射、同平章事兼枢密使,进封荣国公(一说拜相在七月庚寅朔日)。汤思退的复相标志着以北内德寿宫太上为首的主和势力开始逐渐掌权,果然七月初七(丙申),罢张浚江淮宣抚司便宜行事之权,这是为了防止张浚轻易再兴兵锋,不利议和。汤思退复相日,李显忠再责授果州团练副使,潭州安置。

但官家赵眘仍是不甘心的。在右谏议大夫王大宝、起居郎胡铨等主战势力的乞请下,特别是前督府参赞军事陈俊卿上疏言:"若浚果不可用,宜别属贤将;如欲责其后效,降官示罚,古法也。今削都督重权,置扬州死地,如有奏请,台谏沮之,人情解体,尚何后效之图!议者但知恶浚而欲杀之,不复为宗社计。愿下诏戒中外协济,使得自效。"

于是天子在八月初八(丙寅)又复以张浚都督江淮军马。两日前,金帅纥石烈志宁再次致书南宋都堂,二十一日(己卯)进呈御前,皇帝乃降付督府,但张浚以不答作为自己的表态,而陈康伯与汤思退两位宰相都已明确表示,应尽快与金人达成和议。在这种情况下,赵眘不得已要做两手准备。二十八日(丙戌),他同意右相汤思退以卢忠贤为枢密院计议官,持宋廷的报书往纥石烈志宁营中进行谈判,报书内容表述了海、泗、唐、邓四州不可割还,而岁币可以商量,但也因两淮凋残,理应减损数额。

九月卢忠贤陛辞之际,官家赵眘反复叮咛,决不可许以海、泗、唐、邓四州之地,但汤思退已暗中告诉卢忠贤,若金人必欲得之,许之无妨。卢忠贤遂至宿州,时金人丞相仆散忠义亦在,乃颇恐吓之。卢忠贤生怕给金人扣在淮河以北,不放他回去,于是立刻答应回去后当禀明朝廷,许割还四郡给大金。

朝中的主和力量正处于日渐强大的过程中,张浚之子张栻入对临安,天子赵眘乃又将张栻引见给了太上,大约正是北内德寿宫里的赵构有此要求,才有这一番安排。

及入德寿宫,太上问:"天下军国事,南北之间,卿父谓何如?莫便议和否?"

张栻亦不敢抬头观察这位"退养闲居"却大权在握的太上皇,只是小心翼翼、字斟句酌地回答说:"臣父职在边隅,战守是谨。此事在庙堂,愿审处而徐议之,尤贻后悔。"

其实张浚的态度已经通过其子张栻所说的"无贻后悔"明白无误地表达了出来,而张栻或许不知道,这大约是赵构最后一次想要试探清楚恢复了都督名义的张浚究竟是怎么想的,是否愿意妥协,是否愿意由主战而改为赞成和议。可"无贻后悔"四个字让养尊处优、气定神闲的太上皇神色顿时黯淡了下去。

赵构的口吻已经有些寒意:"说与卿父:今日国家举事,须量度民力、国力。闻契丹与金相攻,若契丹事成,他日自可收卞庄子刺虎之功。若金未有乱,且务恤民治军,待时而动可也。"

言下之意再清楚不过,张浚丝毫不考虑民力、国力,贪图恢复大功,眼下契丹之乱实则已基本平息,金人伪定既成,哪里还有机会?正该关起门来过太平日子,你好生告诉尔父张浚,切不可再生事,误国议和之大计!

张栻的心无疑也冷了下去,他终于知道为什么父亲张浚不愿答复此前天子降付的金帅纥石烈志宁的来书。眼前这个德寿宫的太上皇,压根就不想与金人决战,只想着图个太平快活啊!

与天子赵昚离开德寿宫时,官家犹问起张浚饮食起居如何,张栻心里,却尽是父亲那日渐老迈的脸庞,他曾经在四五岁时见过的无以名状之光芒,如今已然消失了。

十一月初二(己丑),卢忠贤回到了临安,带回了金人的国书。书中要求四件事,一是定叔侄之礼,二是割还海、泗、唐、邓四州给大金,三是岁币银绢如旧,四是将叛臣及归正人遣返北方。更甚者,仆散忠义在国书中表示,须于十一月二十日以前,宋再遣使持誓书来报,颇有一番最后通牒的威胁意味。

天子赵昚感到了深深的屈辱和无力,他如何不知道,这小臣卢忠贤背后是主和的宰相汤思退,若没有汤思退首肯和教唆,卢忠贤何来胆子擅许这些条件?尤其是自己百般叮嘱他不可割让的四州之地!但还能如何呢,汤思退背后正是禅位给自己却仍然以各种形式掌握着权力的太上啊!

不久前,曾被右谏议大夫王大宝弹劾而奉祠的王之望起复为权户部侍郎、江淮都督府参赞军事,迫于压力下了诏令的天子赵昚当然知道,这多半是太上要将王之望安插在张浚身边好加以监视和掣肘。王之望果然上奏云:"人主论兵与臣下不同,惟奉承天意而已。窃观天意,南北之形已成,未易相兼,我之不可绝淮而北,犹敌之不可越江而南也。移攻战之力以自守,自守既固,然后随机制变,择利而应之。"

王之望果然是体会和执行赵构意志的一个好手,连奏疏文字也将赵构九分鬼话、一分真话又卒章显志的本领学得惟妙惟肖。他大谈南北之势已经形成,是天意,天意岂可违背?有那力气费劲去攻战,不如自守偏安,自然是事半功倍,而所谓"随机制变,择利而应之"不过是虚言,一力求和、苟且偷安才是真。

愤恨的天子虽然不能将王之望怎么样,却还可以把奏疏留中不发。

但宰相汤思退在进呈奏疏前已经看过了王之望的文字,很是满意,于是在十一月十三日(庚子)突然奏请以王之望充金通问使,龙大渊副之,许割弃四州,求减岁币之半,从而达成合议。

即位不过一年多的皇帝赵昚本想着克复河南、夺回东京,哪里能轻易接受这样耻辱的条件?汤思退见到这位新官家犹豫不决,心生一计,乃与左相陈康伯、参知政事周葵、同知枢密院事洪迈经过商议后,在两府入对时一同进奏:"张浚宿望,实当栖寄,凡所持论,人无不从。

侍从、台谏之臣,亦当与闻国论。望召浚归阙,特垂谘访。"

汤思退等宰执之所以在这个台谏颇反对割还四州的当口,异口同声地将张浚捧得如此高,还说应当召回临安,置于朝堂,似乎出于公心,但不难看出,这极可能是宰执们在执行北内太上的指示,要张浚回到临安,以解其都督江淮军马的兵权。

面对隐藏在幕后咄咄逼人的北内太上,天子赵昚只能试图从侍从、台谏中寻求支持。于是他下令群臣集议,让侍从、台谏们议论"当与不当议和,合与不合遣使,礼数之后先,土贡之取予",并限一日内集议。

十一月十五日(壬寅),侍从、台谏集议。

吏部尚书凌景夏、户部尚书韩仲通、权吏部侍郎余时言、刑部侍郎路彬同奏,以为四州疆土当与祖宗陵寝及钦宗梓宫两易互换,否则不可白白割还北虏。

礼部侍郎黄中、兵部侍郎金安节同奏,以为四州为两淮、荆襄之屏蔽,宁稍增岁币,断不可与。

侍御史周操、右正言陈良翰同奏,亦以为土疆不可与,边备不可撤,且乞令张浚条具,应参考其意见。

给事中钱周才、起居舍人马骐同奏,亦云四州不可割还,也乞令张浚参决。

工部尚书张阐独自上奏,其态度较为激进,认为四州不可割,"今不如击之,既胜而后与和,则恩威兼著。"

起居郎胡铨的奏疏最为态度鲜明而措辞严厉,其云:"虏因符离之役,震慑求和,今欲与不共戴天之仇,讲信修睦,三纲五常扫地尽矣!况万万无可信之理!何㮚(lì)、黄潜善、秦桧前车之覆,不可不戒!"

监察御史阎安中亦独自上奏,以为"四州我之门户,决不可弃,当以和好为权宜,用兵为实政"。

侍从、台谏中反对割还四州的声音十分响亮,连窥见太上与汤思退相为表里、一心求和,从而正准备伺机党附汤相公的监察御史尹穑都说:"国家事力未备,当与虏和,惟增加岁币,勿弃四州,勿请陵寝,则和议可集。"他虽然已经力主和议,但是也不敢明着说可以放弃四州,仍是与大部分台谏官员一样主张不可割还。

张浚时犹在扬州,他听闻了朝中侍从、台谏们反对割让四州的呼声,于是遣子张栻入朝,奏劾卢忠贤辱国无状的大罪。看到群臣们也群情激奋地反对屈辱求和,官家赵昚终于恢复了一些勇气和信心,此时又是周操站出来论列卢忠贤不应擅许四郡,于是天子将卢忠贤下大理寺,削官问罪,十九日（丙午）又召魏国公张浚赴行在临安。

这时,出为京湖制置使的虞允文也连番上疏,直指四州不可弃。

面对群臣如此的态度,宰执集体却不向着天子,更站在了侍从、台谏的对立面,二十五日（壬子）一同进奏说:"此皆以利害不切于已,大言误国,以邀美名。宗社之重,岂同戏剧!今日议和,政欲使军民少就休息,因得为自治之计,以待中原之变。"

两府宰执如此反常地与群臣完全意见相左,且指斥侍从、台谏为"大言误国,以邀美名",这背后没有北内太上的影响,又如何可能呢?

至此,天子赵昚终于明白,自己的努力和侍从、台谏的支持并没有什么作用,也不能阻止德寿宫太上赵构对宰执们的操纵和压力,和议成了眼下压倒一切的政治正确,于是命王之望、龙大渊从临安出发使金。

十二月初三日（己未）,陈康伯离开相位,二十一日（丁丑）,汤思退拜左仆射兼枢密使,进封庆国公,成为首相。但赵眘似乎还想做最后一丝努力,他拜张浚为右相兼枢密使的同时,令其依前都督江淮东西路、建康、镇江府、江阴军、江州、池州军马,仍然保留了都督府和张浚的兵权,保留了随时令张浚再赴前线督军的可能。天子不免想到,初九日(乙丑)张浚入见时,曾力言金未可与和,请官家驾幸建康以图进兵。于是在汤思退、张浚拜左右丞相之前,皇帝赵眘便下手诏,令"王之望待命境上,令胡昉等先往谕金帅以四州不可割之意;如必欲得四州,则当追还使人,罢和议。"

有趣的是,汤思退之拜左相麻制有云:"咸成功而匪懈,正须姬旦之图其终。"周公辅成王的典故谁人不知,这似乎在说当今天子仿佛是不足弱冠的童子周成王,这份宣麻拜相的大诏背后究竟有怎样的故事,有没有太上暗含警告的意思,我们已不得而知了。

张浚的麻制则有云:"是用复延登于宰廷,仍总督于军垒。"亦可见天子赵眘仍对张浚以及对金强硬之路线抱有一丝幻想和最后的一点点坚持。

可也仅是如此而已了。

这期间,三上札子论国事的小臣朱熹因为倡言"君父之仇不与共戴天。今日所当为者,非战无以复仇,非守无以制胜",表露了反对一味求和的主张而触怒宰辅汤思退,故除朱熹为武学博士,让他一边待着去。

胡铨则因为说"京师失守自耿南仲主和,二圣播迁自何㮚主和,维扬失守自汪伯彦、黄潜善主和,完颜亮之变自秦桧主和。议者乃曰:'外虽和而内不忘战。'此向来权臣误国之言也。一溺于和,不能自振,尚能战乎?",愤而乞求补外,离开临安,只是未蒙准许。

辛弃疾后来的挚友,此时的布衣,永康陈亮上《中兴五论》,力排和议,不报。

这就呈现了一幕荒诞而又写实的滑稽剧。南宋朝堂里职位最高的宰辅决策层中,除了张浚完全反对求和之外,汤思退等宰执基本都力促和议,反而是侍从、台谏乃至小臣和布衣百姓,多有明确反对和议的。朝堂似乎割裂成两半,朝野似乎也在战和问题上对立起来。

天子赵昚正陷入无力挣扎的矛盾之中,到了隆兴二年三月,他一面下诏,令"荆襄、川陕严为边备,仍不得先事妄举",这一戒敕将帅不可擅自兴兵的诏令,很难说不是迫于北内太上和两府宰执的主和压力。但另一面,天子又诏张浚视师江淮,让他离开临安,往前线措置军务,似乎还不愿完全屈服主和势力的政治路线。

就在张浚离开行都之前,汤思退及其背后的太上皇赵构几乎已经向当朝天子摊牌了。汤思退作为首相,面对着官家赵昚,居然说:"请陛下以社稷大计,奏禀上皇,而后从事!"

这种赤裸裸的态度,无疑令皇帝极为愤怒,他御笔批复三省:"虏无礼如此,卿犹欲议和。今日虏势,非秦桧时比,卿之议论,秦桧不若!"

天子在宣泄着他的不满,你汤思退贵为当朝首揆,却要朝廷向北虏屈膝求和,简直是比秦桧还不如!可这样的宣泄也只是一时激愤而已,并无什么实际作用。

汤思退窥见天子的态度,乃令王之望等上奏,诡称兵少粮乏,楼橹器械未备,斥候全无,委四万众以守泗州非计。汤思退之党羽户部侍郎钱端礼亦言:"兵者凶器,愿以符离之溃为戒,早决国是,为社稷至计。"言下之意便是,如今边备不堪,万万不可再触怒大金,而是应当戒勿用兵,以免自取其辱,为了天下社稷,官家您还是从了吾等忠臣们的建议,与大金议和吧!

正是在这样的情形下,赵官家颇不能相信仅仅因为符离之溃,两淮已失去了抵御金人侵犯的能力,他便命张浚以右相兼枢密使的身份,再赴江淮视师。

张浚这位六十有七的老相公也在做着最后的努力。当时他招徕山东、淮北忠义之士,以填补建康、镇江两军兵额,共招募到一万两千余人;又建万弩营以备抵御金人骑兵,而招淮南壮士及江西群盗又万余人,守于泗州。张浚凭着他多年来丰富的军事经验,在两淮与长江沿岸,"凡要害之地,皆筑城堡;其可因水为险者,皆积水为匮;增置江、淮战舰,诸军弓矢器械悉备",可谓做了相当全面的守御准备。此前在渡淮北伐时投降的金军右翼军都统萧琦乃是契丹望族,为人颇沉勇有谋,于是张浚甚至有着一番更大的计划,准备令萧琦尽领契丹降众,且以檄谕契丹,约为应援,从而试图待金人来犯时在其后方掀起契丹族起义,令北虏后院起火。

可汤思退又岂是庸人?他能在秦桧为独相,权倾天下的时候游刃有余,不被秦桧猜忌,最终两次登上首揆的宝座,哪里会没有一番手段呢?他暗中令王之望阻挠两淮守备,以向天子表明边疆难以敌金人之来犯,边备诚不可恃,又命党附于自己的右正言尹穑论列都督府参议官冯方,接着再弹劾张浚费国不赀,空耗无数国家帑藏财货不说,更是跋扈专权,应当先罢都督府,以示和议之诚,又请以王之望和钱端礼为两淮宣谕使,代替张浚主持前线军政。

在这种时刻,那位"锐意恢复",一心要做真正的中兴雄主,自比"唐太宗李世民"的官家赵眘,终于是在强大的现实压力下退缩了,妥协了。他只能将怒火发泄在辱国的小臣卢忠贤身上,乃将其"除名,械送郴州编管",剥了他的官身,窜逐地方。可这又何济于事呢?

此时张浚终于明白,自己依靠的那位天子,屈服了。

四月间,张浚回到镇江,上书乞罢都督府。当他抵达平江时,又乞罢相。

尽管左司谏陈良翰、侍御史周操一同上奏,并言张浚忠勤,人望所属,不当使去国。但张浚已然心如死灰,连上八道奏章,请求致仕,吾老矣,无能为也!

隆兴二年,四月二十三日(丁丑),张浚罢右仆射兼枢密使,授少师、保信军节度、判福州,依前魏国公。张浚再次辞任,只求致仕,于是改醴泉观使。

罢相的大诏里有云:"粤从绿野之游,殆为苍生而起。"这不过是褒美的虚言,后面却说:"朕念疆垂之久戍,诏师众以代更。分遣从臣,往宣使指。棘门如儿戏耳,庸谨秋防;衮衣以公归兮,庶闻辰告。叠览指瑕之奏,且披请老之章。"

原来,天子是哀怜两淮边关将士久戍于外,劳苦难得休憩,这才定更戍之计,令侍从大臣往为宣谕。况且这一去,朕才知道,宰臣们说边备不堪,确属事实,防秋可忧。眼下论说魏公的弹章不少,魏公又主动请老致仕,朕自然要保全魏公!

到了这一步,实际上官家赵昚已完全倒向了弃地求和的太上之路线。

张浚几乎是眼睁睁地看着汤思退令王之望等人将沿边备御之器具、城寨等,几乎尽皆废弛毁去,又撤去海、泗、唐、邓四州之兵,罢筑寿春城,散万弩营,辍修海船,拆去所筑水堰……

但汤思退自以为得计,和议即将达成,金人却已经是等得不耐烦了,准备以兵胁和,用动刀枪的方式迫使宋国屈服,达成和议。说来可笑的是,这时候天子赵昚令首相汤思退出为都督江淮军马,可汤思退从来没有真的在前线指挥过军戎之事,更不要说统御诸将、擘画军机了,他拖拖拉拉压根不肯去,反而推荐已经荣升参知政事的党羽王之望以执政身份代为出外督军。

据说,王之望因此与汤思退"交詈朝堂",公然在都堂里吵了起来。王之望诘问说:"丞相除都督,命下两月,顾望不行,今事急却推之望去,如此则是丞相平时止要享堂食,急处求自脱耳!"话没说完,担心着刀枪无眼,弄不好有生命危险的副宰相王之望居然声泪俱下,朝臣听闻,无不嗤之以鼻。

十一月时,金兵已经从清河口渡淮,守将魏胜战死,刘宝、王彦等各自从楚州、昭关南逃。由于汤思退、王之望都不愿往前线督军,无奈之下,官家赵昚只能起用太上皇的亲信武臣杨存中为都督。

愤怒的太学生张观、宋鼎、葛用中等七十二人伏阙上书,请斩汤思退、王之望、尹穑三奸臣,窜逐其党羽洪适、晁公武等。

金军不久自濠州再渡淮河,分兵攻陷滁州。于是朝廷命王抃往金营议和……

隆兴二年十二月,和议达成,宋金约为叔侄之国,易岁贡为岁币,减十万之数,割让商、秦之地,海、泗、唐、邓亦割还金国……

早在和议达成之前的八月,张浚在无限的愤恨之中去世了。这是一个时代的终结,标志着一心恢复旧疆、驱逐北虏的大事业实际上已然结束。此后无论是贵为宰相的虞允文还是如辛弃疾、陆游这样的主战文臣,他们都没有能去实现这一梦想。而下一次对金人的大规模反攻,尚要等到四十二年之后韩侂胄的开禧北伐。只不过,那又是另一个荒唐的闹剧罢了。

参考文献

一、古籍

1. ［元］脱脱：《宋史》，中华书局，1985年。
2. ［宋］徐梦莘：《三朝北盟会编》，上海古籍出版社，2008年。
3. ［元］脱脱：《金史》，中华书局，2016年。
4. ［宋］李心传：《建炎以来朝野杂记》，中华书局，2016年。
5. ［清］徐松：《宋会要辑稿》，上海古籍出版社，2014年。
6. ［宋］刘时举：《续宋编年资治通鉴》，中华书局，2014年。
7. ［宋］李心传：《建炎以来系年要录》，上海古籍出版社，2018年。
8. ［宋］徐自明：《宋宰辅编年录校补》，中华书局，1986年。
9. ［宋］陆游：《剑南诗稿》，上海古籍出版社，2017年。
10. ［宋］陆游：《渭南文集》，浙江古籍出版社，2015年。
11. ［宋］史浩：《鄮峰真隐漫录》，文渊阁《四库全书》本。
12. ［宋］罗大经：《鹤林玉露》，上海古籍出版社，2012年。
13. ［宋］朱熹：《朱子全书》，上海古籍出版社，2002年。
14. ［宋］洪迈：《夷坚志》，中华书局，1981年。
15. ［宋］黎靖德：《朱子语类》，中华书局，1986年。

16. 《宋大诏令集》,中华书局,1962年。

17. [宋]张孝祥,徐鹏点校:《于湖居士文集》,上海古籍出版社,2009年。

18. [宋]范成大,辛更儒点校:《范成大集》,中华书局,2020年。

19. [宋]周应合:《景定建康志》,南京出版社,2009年。

20. [宋]王存:《元丰九域志》,中华书局,2019年。

21. [宋]范成大:《范石湖集》,上海古籍出版社,2010年。

22. [元]尤玘:《万柳溪边旧话》,文渊阁《四库全书》本。

23. [宋]潜说友:《咸淳临安志》,浙江古籍出版社,2012年。

24. [宋]周密:《武林旧事》,中州古籍出版社,2019年。

25. [宋]王铚:《默记》,文渊阁《四库全书》本。

26. [宋]江休复:《江邻幾杂志》,文渊阁《四库全书》本。

27. [宋]许观:《东斋纪事》,文渊阁《四库全书》本。

28. [宋]叶绍翁:《四朝闻见录》,中华书局,2011年。

29. [宋]佚名,燕永成点校:《中兴两朝编年纲目》,凤凰出版社,2018年。

30. [宋]佚名,孔学辑校:《皇宋中兴两朝圣政辑校》,中华书局,2019年。

31. [宋]章如愚:《群书考索》,广陵书社,2008年。

32. [宋]刘清之:《戒子通录》,文渊阁《四库全书》本。

33. [宋]岳珂:《桯史》,中华书局,1981年。

34. [宋]洪迈:《容斋随笔》,上海古籍出版社,2015年。

35. [汉]司马迁:《史记》,中华书局,2014年。

36. [明]杨慎:《廿一史弹词》,文渊阁《四库全书》本。

37. ［宋］李纲：《梁谿集》，文渊阁《四库全书》本。

38. ［宋］曾公亮：《武经总要》，文渊阁《四库全书》本。

39. ［宋］庄绰：《鸡肋编》，文渊阁《四库全书》本。

40. ［宋］胡铨：《澹庵文集》，文渊阁《四库全书》本。

41. ［明］陈邦瞻：《宋史纪事本末》，中华书局，2015 年。

42. ［明］田汝成：《西湖游览志余》，文渊阁《四库全书》本。

43. ［宋］佚名：《朝野遗记》，文渊阁《四库全书》本。

44. ［五代］王定保：《唐摭言》，上海古籍出版社，2012 年。

45. ［宋］周密：《齐东野语》，上海古籍出版社，2012 年。

46. ［宋］杜大珪：《名臣碑传琬琰集》，文渊阁《四库全书》本。

47. ［宋］朱弁：《曲洧旧闻》，文渊阁《四库全书》本。

48. ［宋］佚名：《大宋宣和遗事》，文渊阁《四库全书》本。

49. ［宋］确庵、耐庵编，崔文印笺证：《靖康稗史笺证》，中华书局，2010 年。

二、著作

1. 王曾瑜：《鄂国金佗稡编续编校注》，中华书局，2020 年。

2. 虞云国：《南渡君臣：宋高宗及其时代》，上海人民出版社，2019 年。

3. 徐吉军：《南宋都城临安》，杭州出版社，2008 年。

4. 于北山：《陆游年谱》，上海古籍出版社，2017 年。

5. 赵维平：《尤袤年谱》，上海三联书店，2012 年。

6. 韩酉山：《张孝祥年谱》，安徽人民出版社，1993 年。

7. 孔凡礼：《范成大年谱》，齐鲁书社，1985 年。

8. 许起山：《中兴遗史辑校》，中华书局，2018 年。
9. 王曾瑜：《岳飞和南宋前期政治与军事研究》，河南大学出版社，2002 年。
10. 何忠礼：《南宋全史》，上海古籍出版社，2016 年。
11. 于北山：《范成大年谱》，上海古籍出版社，2017 年。
12. 于北山：《杨万里年谱》，上海古籍出版社，2006 年。
13. 辛更儒：《张孝祥集编年校注》，中华书局，2016 年。
14. 龚延明、祖慧：《宋代登科总录》，广西师范大学出版社，2014 年。
15. 龚延明：《宋代官制辞典》，中华书局，2017 年。
16. 辛更儒：《杨万里集笺校》，中华书局，2007 年。
17. 王瑞来：《周必大集校证》，上海古籍出版社，2020 年。
18. 张希清：《中国科举制度通史·宋代卷》，上海人民出版社，2017 年。
19. 王化雨：《面圣：宋代奏对活动研究》，生活·读书·新知三联书店，2020 年。
20. 寺地遵：《南宋初期政治史研究》，复旦大学出版社，2018 年。
21. 郦家驹：《宋代土地制度史》，中国社会科学出版社，2015 年。
22. 白滨、李锡厚：《辽金西夏史》，上海人民出版社，2016 年。
23. 王曾瑜：《宋朝军制初探》，中华书局，2011 年。
24. 龚延明、祖慧：《宋代登科总录》，广西师范大学出版社，2014 年。
25. 王曾瑜：《金朝军制》，河北大学出版社，1996 年。
26. 宛敏灏：《张孝祥词笺校》，黄山书社，1993 年。
27. 邓广铭：《岳飞传》，商务印书馆，2015 年。
28. 李辉：《宋金交聘制度研究》，上海古籍出版社，2014 年。

29. 李昌宪:《中国行政区划通史·宋西夏卷》,复旦大学出版社,2017年。
30. 龚延明、岳朝军:《岳飞研究论文集汇编》,浙江大学出版社,2013年。
31. 程民生:《宋代地域文化史》,安徽文艺出版社,2017年。
32. 辛更儒:《辛弃疾研究》,人民文学出版社,2008年。
33. 邓广铭:《辛弃疾传·辛稼轩年谱》,生活·读书·新知三联书店,2017年。
34. 许浩然:《周必大的历史世界:南宋高、孝、光、宁四朝士人关系之研究》,凤凰出版社,2016年。
35. 邱光明、邱隆、杨平:《中国科学技术史·度量衡卷》,科学出版社,2001年。
36. 刘永海:《宋代军事技术理论与实践——以攻城、筑城、守城为中心》,人民出版社,2020年。
37. 周勋初主编:《宋人轶事汇编》,上海古籍出版社,2015年。
38. 《宋元笔记小说大观》,上海古籍出版社,2011年。
39. 曾瑞龙:《拓边西北:北宋中后期对夏战争研究》,浙江大学出版社,2019年。
40. 傅伯星:《大宋衣冠:图说宋人服饰》,上海古籍出版社,2016年。
41. 徐吉军:《宋代衣食住行》,中华书局,2018年。

三、论文

1. 邱鸣皋:《陆游研究札记》,《徐州师范大学学报》,2001年第27卷第4期。

2. 何忠礼:《"兀朮遗桧书"说考辨》,《杭州大学学报》,1980 年 3 月第一期。

3. 王曾瑜:《关于秦桧归宋的讨论》,《历史研究》,2002 年 6 月 15 日。

4. 何忠礼、何兆泉:《关于秦桧归宋问题的再讨论——兼与王曾瑜先生商榷》,《历史研究》,2003 年 10 月 15 日。

5. 王嘉川:《秦桧归宋问题平议》,《河北大学学报》,2006 年第 4 期。

6. 姜锡东:《岳飞被害与昭雪问题再探》,《郑州大学学报(哲学社会科学版)》,2007 年 3 月。

7. 王智勇:《论宋、金德顺军之战》,《四川大学学报(哲学社会科学版)》,2003 年 4 月。

8. 汪圣铎、乔东山:《史浩与宋金和战——以德顺之败和隆兴北伐为中心》,《浙江学刊》,2011 年 3 月 15 日。

9. 王聪聪:《周必大年谱长编》,华东师范大学博士论文,2014 年。

10. 王亚丹:《汤思退研究二题——围绕"地域集团论"和〈宋史·汤思退传〉的讨论》,浙江大学硕士论文,2017 年。

后　记

　　这是我关于宋代文史的第四本书。写完第六章的时候，已是2021年2月27日的凌晨一点半。第六章是关于绍兴三十二年年末，宋金在德顺军对峙时的种种，最后以对西军统帅吴璘的一段描摹而结束，写完颇有一种怅恨与难以名状的满意感。终于是将这段历史书写出来，画了一个句号。彼时还在犹豫是否要写一个尾声来交代隆兴北伐前后的事情，以作为对绍兴末年政局的一个补充和再审视。待尾声写完，乃在此年3月7日的晚上。

　　宋代经历了靖康之难后，许多文献因此失传。但有关两宋的各种史料仍然浩如烟海，宋代方方面面制度的变化又非常繁多，笔者在努力揣摩历史事件背后的内在逻辑和尽力还原历史"可能之真相"时，难免有所疏漏。或囿于学识之浅陋，史料文献之未能尽稽；或窘于方法上的浅薄，妄下一二"自圆其说"的论断。种种不足，尚待方家和读者朋友包容与批评指正。

　　之所以选择以"绍兴三十二年"为一个切入点来考察这段历史，粗略来说有以下两点的原因。笔者在学生时代最初对于文史的兴趣，更多关注在故事本身，如王朝之兴衰、帝王将相之成败等。黄仁宇先生的《万历十五年》则提供了一种比较独特的视角，从一个更具体的时间截面来剖析一个王朝深层的政治文化结构和人物的内在困境，这就使得读者能够从更细致的角度去认识相对更宏观的历史问题。工作以后，曾拜读茅海建先生的《天朝的崩溃》。该书对鸦片战争的深入挖掘和鞭辟入里的分析，读来令人豁然开朗，不免对历史细节的探索和叙述都产生了一种心驰神往的渴求。

这固然是颇为久远的一种"缘起"，从拙作自身来说，选择这一年作为审视南宋历史的角度，是因为绍兴三十二年发生了不少值得关注的大事、小事，许多后人耳熟能详的人物都在这一年登上历史舞台，且绍兴三十二年前后，正是南宋由"绍开中兴"的绍兴体制走向宋孝宗时代所谓的"乾淳之治"的过程。

本书由楔子、六个大章与尾声组成，其写作顺序即如目录所示。在最初的构思中，便有了撰写"中兴四大诗人"的念头。绍兴三十二年前后，尤袤、杨万里、范成大、陆游四人都已经在宦海中经历了最初的磨炼，四个年龄极其接近的大诗人在他们生活的时代遇到了哪些问题，有着怎样的悲欢忧乐，又折射出当时怎样的政治格局和官场文化，成了一件十分值得叙说的事情。除尤袤在当时尚未与宰执重臣有太多联系之外，杨万里、范成大、陆游都已经与朝廷的高层有了或多或少的关联。尤其陆游、范成大二人与秦桧余党宰臣汤思退的关系较为密切，且因此影响到二人的仕宦。

张孝祥作为第二章的视角人物，亦有着一番笔者对他诗词之偏爱的理由。多年以前，笔者的一位友人谓其最爱孝祥词，乃将其《六州歌头·长淮望断》诵于某听，遂使笔者也开始接触到这位词风瑰奇雄伟的诗文大才。而张孝祥作为少年得志的状元，其与宰臣汤思退在当时的朝堂上更是密切非凡。考察张孝祥之际遇浮沉,不能不为他受汤思退之恩,而又心怀恢复壮志的矛盾感到扼腕与无奈。通过梳理张孝祥如何在汤思退的帮助下平步青云以及其在汤思退派系中的作用,展现了更有血有肉、有矛盾、有困窘的活生生之人物,尽可能地通过张孝祥这一角度,将当时朝堂台谏、两制、科举等制度如何运转,描绘在一幅画卷中,庶几可令人得管中窥豹之效。

第三章花了最多的时间来书写。选择胡铨与岳飞作为切入点来考察"绍开中兴"这一体制的形成及其在绍兴末年仍然明里暗里存在的巨大影响力,正是因为他们二人是绍兴体制中最突出的两个文武异类。即便如张浚、赵鼎由不免能曲意隐忍一二,但胡铨、岳飞却是始终与绍兴体制全然对立的人物。胡铨请斩秦桧的言论,即便千年之后读来仍令人感佩他的勇气;而岳飞的武功建树与被害的曲折过程则更是有着值得梳理真相和辨正本源、剖析深层原因的必要。从对二人的政治迫害中,可以清晰地看出当时的南宋朝廷是如何运转的,其谋求偏安的政治路线如何成为压倒一切的最高纲领,赵构、秦桧的君臣独裁是如何形成以及后续的影响延续到绍兴末年仍然具有怎样的意义。理解绍兴体制,是弄清绍兴三十二年前后诸多重大事件的一个基础,正是因为这一体制的存在,许多匪夷所思的事情才具有"荒诞的正确性"。

第四章将视角放在高宗赵构与孝宗赵昚两代天子新老交替的历史事件中进行叙述和分析考察。赵构炉火纯青的帝王术在谋求议和的过程里体现得淋漓尽致,而从张浚、叶义问、汪澈、朱倬等宰执重臣的进退中,更不难看出这位赵官家的种种手段和布局。后半章则主要着眼于新天子赵昚在宫府冲突前后,作为一个锐意恢复的年轻皇帝是如何设法通过各种手段,尤其是以台谏来帮助自己集权,憧憬中兴武功的种种情况。

第五章选择了周必大和辛弃疾作为叙事主角并加以比较。周必大仕宦的时间较长,又位登宰辅,与同时代的许多著名人物有过交集,甚至私谊紧密。其留下的文献也成了考察绍兴末年和孝宗朝的极为重要而有价值的史料。相较于陆游、杨万里等周必大之友人,这位孝宗朝久在中枢的宰辅大臣是一个真正懂得为官之道的人,通过梳理其在绍兴三十二年的一些言行、奏疏,可以很清晰地看到周必大的立朝风格,对我们理解绍兴末年到孝宗统治时期的南宋政治格局、文化也有很大的帮助。而对辛弃疾的叙述主要集中在其向张浚的献计献策,但由于史料的缺失,关于内中许多细节只能由今人做一番揣测而已。辛弃疾的仕途之坎坷,也正是整个南宋的政治环境造成的,并非仅仅因为他个人的性格。

第六章将叙事重点放在了长期以来容易被忽视的宋金两次德顺军之战以及吴璘西军被迫班师撤退的事情上。大约当时为了顾及太上赵构和皇帝赵昚的面子,有关吴璘所部西军主力在德顺军的战争经过,史官可能做了许多隐晦的处理,以至于现存的宋朝史料较为疏略。从金人的史料与吴璘的神道碑(吴武顺王璘安民保蜀定功同德之碑)中,我们才能够基本重建西军经略关陕,乃至在德顺军两次决战中的具体情况,并试图描述一些细节问题。但金人史料多扬胜讳败,不实之处不少,而神道碑之体例也多是为传主褒美,因而都必须做一番辨别和取舍,才能相对看清当时的真相。要言之,吴璘的西军在关陕确乎曾占据了较大优势,若能得到朝廷的全力配合,守住关陕新复的十六个州军应当没有太大问题,甚至有可能进一步击溃徒单合喜所部金军而尽复关陕。但可惜的是,这几乎成了绍兴十年岳飞班师的一次翻版。不同的是,吴璘小心谨慎,奉诏恭敬,不敢辄有怨怼,又久镇川蜀,才没像岳飞那样遇害,而得了善终。然而我们仍应看到,吴璘西军的不败而败,是如何在绍兴末年成为一种必然的,在这一过程里,自川陕到东南的南宋文武之臣和两代天子又起了怎样的作用,这些对理解绍兴末年的政局都有着重要意义和价值。

  细心的读者一定不难发现,在笔者的这本拙作中,基本贯彻了比较严谨有据的叙述分析,在一些必要之处都引用了史料来更好地呈现当时的实际情况,并通过剖析史料来重现当时的政治运转模式,而在一些故事性较强的段落里,也有一些小说笔法的运用,如人物的一些心理和对话等,但大多数仍是从史料中来,少部分属于笔者拙劣的"艺术加工",以让读者能更身临其境,有更好的代入感和阅读体验。

  文史类作品作为学术著作与历史小说之外的另一种叙述模式,笔者始终在思考和摸索该如何平衡严谨、深度与大众接受度。在这个信息爆炸的时代里,知识碎片化的现象日趋严重,人们往往已经没有耐心坐在桌案前读一本比较严肃的书,娱乐反而成为读书的一种目的。

  但笔者始终坚信,对历史文本的书写应当是要有一定原则的,这条路也具有其自身的意义,并不因为市场导向的变化而失去其价值。我辈致力于笔耕者,正当不断努力,尽可能写出有趣而有一定深度的历史文本,以飨广大读者。如果能在传承文化这一事业上,有一些细微的贡献,那便是功德无量了。

  总之,正是怀着这种心情和想法,自第一本书以来书写至今,虽颇有自觉会意之处,但疏漏、错谬难免,仍望批评指正,包涵见谅。

王晨
2021 年 3 月 15 日

图书在版编目(CIP)数据

缔造的"中兴":南宋绍兴三十二年的政局与人物／王晨著 .— 上海:上海社会科学院出版社,2023
 ISBN 978－7－5520－4087－6

Ⅰ.①缔… Ⅱ.①王… Ⅲ.①中国历史—研究—南宋 Ⅳ.①K245.07

中国国家版本馆 CIP 数据核字(2023)第 030723 号

缔造的"中兴"
南宋绍兴三十二年的政局与人物

著　　者:王　晨
责任编辑:张钦瑜
封面设计:璞茜设计
出版发行:上海社会科学院出版社
　　　　　上海顺昌路 622 号　邮编 200025
　　　　　电话总机 021－63315947　销售热线 021－53063735
　　　　　http://www.sassp.cn　E-mail:sassp@sassp.cn
排　　版:南京展望文化发展有限公司
印　　刷:上海万卷印刷股份有限公司
开　　本:890 毫米×1240 毫米　1/32
印　　张:13.5
插　　页:2
字　　数:308 千
版　　次:2023 年 3 月第 1 版　2024 年 2 月第 3 次印刷

ISBN 978－7－5520－4087－6/K·679　　　　定价:78.00 元

版权所有　翻印必究